# HSK 速成强化教程

## 六级

刘超英　龙清涛
金舒年　蔡云凌　编著



北京语言大学出版社
BEIJING LANGUAGE AND CULTURE UNIVERSITY PRESS

**图书在版编目（CIP）数据**

HSK 速成强化教程. 六级 / 刘超英编著. -- 北京
: 北京语言大学出版社, 2013.7（2024.9重印）
ISBN 978-7-5619-3554-5

Ⅰ. ①H… Ⅱ. ①刘… Ⅲ. ①汉语－对外汉语教学－
水平考试－自学参考资料 Ⅳ. ①H195

中国版本图书馆 CIP 数据核字(2013)第 139863 号

**HSK 速成强化教程　六级**

**HSK SUCHENG QIANGHUA JIAOCHENG　LIU JI**

责任编辑：周婉梅
责任印制：邝　天

出版发行：北京语言大学出版社
社　　址：北京市海淀区学院路 15 号，100083
网　　址：www.blcup.com
电子信箱：service@blcup.com
电　　话：编 辑 部　8610-82303647/3592/3395
国内发行　8610-82303650/3591/3648
海外发行　8610-82303365/3080/3668
北语书店　8610-82303653
网购咨询　8610-82303908
印　　刷：北京鑫丰华彩印有限公司

版　　次：2013 年 7 月第 1 版　　印　　次：2024 年 9 月第 7 次印刷
开　　本：787 毫米×1092 毫米 1/16　　印　　张：25.25
字　　数：495 千字
定　　价：79.00 元

**PRINTED IN CHINA**

# 编者的话

自 2009 年 11 月国家汉办推出新的汉语水平考试（HSK）以来，新 HSK 在海内外受到了广泛的欢迎。

如何在考试之前的有限时间内，经过强化训练，提高考试能力，使自己现有的汉语水平充分发挥出来，取得理想的考试成绩，这是许多考生面临的问题。

目前图书市场上可见的 HSK 真题集以及各种模拟试题集，给考生们提供了丰富的学习资料。然而，对于自学者来说，光做习题似乎仍感不够。对多项选择题，做对了是不是真懂了，做错了**为什么错**，光靠做题是得不到解答的。对书写、口试等需要考生自己提供答案的**主观题和考试**，考生更是感到难以把握。考生迫切需要有**针对性**的指导。

同时，不少教学机构纷纷开设 HSK 课程，各类考前辅导班也应运而生，这给了考生们很多直接的帮助。然而现有的 HSK 学习材料多数是试题集，比较**系统的教材**不多，需要教师花费大量时间去备课、找材料，对于一些对 HSK 研究还不太多的教师来讲，难以很快抓住重点，在一定程度上也影响教学效果。**拿来就可以在教学中使用的 HSK 教材**将会给教师带来极大的便利。

为了满足广大考生和汉语教师的需要，我们编写了这套系列教材《HSK 速成强化教程》。教程每册对应一个级别的考试，包括：

《HSK 速成强化教程　三级》（另配练习册）
《HSK 速成强化教程　四级》（另配练习册）
《HSK 速成强化教程　五级》（另配练习册）
《HSK 速成强化教程　六级》（另配练习册）
《HSK 速成强化教程　口试（中级）》
《HSK 速成强化教程　口试（高级）》

本书是为准备参加 HSK(六级) 的考生和指导 HSK(六级) 考生的汉语教师编写的。本书的指导思想是**针对考生的问题，以考点和难点为纲，以真题为例，讲练结合，同步练习，巩固进步，及时总结**，使得考生稳步前进，有成就感。为便于教学，本册**听力的例题都配有录音**。书写提供了一些典型的学生作文，进行实例分析。如果希望增加练习量和模拟试题量，还可使用与本书配套的《HSK 速成强化教程　练习册六级》。

本教程的录音资源，可扫描书后的二维码获取。课堂教学用 PPT 可在北语社网站上免费下载。

编写本教材的四位教师龙清涛、刘超英、金舒年、蔡云凌（以姓氏笔画为序）是北京大学对外汉语教育学院的教师，曾担任过多年辅导 HSK 的教学工作，有丰富的教学经验。2002 年我们编写的《HSK 速成强化教程（高等）》出版，受到海内外广泛欢迎。新的 HSK 考试推出后，我们继承了原版品牌教程成功的编写结构，融入丰富的教学经验，加上对新的 HSK 大纲及真题的深入研究，编写了本教程，希望能真正满足考生和汉语教师的需求，成为 HSK 图书的新品牌。本教程在教学中试用过，并根据教学中的反馈做了相应的修正。模拟试题也进行过试用，其难度与 HSK 正式考试的难度相当。

本书的部分试题素材取自于期刊及网络上的文章、访谈等，根据需要，我们对其内容进行了必要的改写。在此谨向所有相关的文章作者表示由衷的谢意，并恳请这些作者对于我们所做的改写予以理解。

本系列教程各分册模拟试卷听力试题所用中国民乐由“女子十二乐坊”演奏，在此深表谢意。

尽管我们努力使本教材解释准确、试题严密、语言通俗、使用方便，但一定仍有一些不足之处，恳请本教材的使用者批评、指正。

编者

# Introduction

The new HSK test has received great popularity in and outside China since it was created in November 2009 by Hanban.

Many candidates are concerned about how to improve their test-taking skills after a limited period of intensive training and to fully display their Chinese proficiency in the test and get a satisfactory result.

There are collections of HSK past tests and model tests available in the current market providing candidates with abundant learning materials. However, self-taught learners need more than just exercises. For a multiple choice question with more than one answer, it is possible that one makes the right choices without truly understanding the question or chooses the wrong answers without knowing why. The case is even more serious with subjective questions and parts such as writing and oral test which need candidates to give answers on their own. Therefore, candidates need better-targeted guidance.

Meanwhile, HSK courses and pre-exam tutorial classes thrive in educational institutions, directly offering much help to candidates. The problem is most of the HSK tutorial materials are collections of test questions rather than systematic textbooks. Teachers need to spend a lot of time preparing lessons and searching data. Teachers who haven't done much research on the HSK find it difficult to immediately grasp the key points, and the efficiency of instruction is impeded to a certain extent as well. HSK materials that can be used in classes without difficulty will bring great convenience to teachers.

To meet the needs of HSK candidates and Chinese teachers, we've designed the series of textbooks—*A Short Intensive Course of HSK*. Each volume corresponding to one level of the test, the series includes the following volumes:

*A Short Intensive Course of HSK (Level 3)* (Supported by an independent workbook)

*A Short Intensive Course of HSK (Level 4)* (Supported by an independent workbook)

*A Short Intensive Course of HSK (Level 5)* (Supported by an independent workbook)

*A Short Intensive Course of HSK (Level 6)* (Supported by an independent workbook)

*An Intensive Course of HSK: Intermediate Oral Test*

*An Intensive Course of HSK: Advanced Oral Test*

This book is written for HSK Level 6 candidates and their teachers. This book has its own guiding principles. Taking candidates' problems into consideration, it lists the testing items and difficult points, illustrates them with examples in the past tests, combines instruction with practice, reinforces learning through immediate exercises and makes timely summaries so that candidates can make steady progress and get a feeling of fulfillment. All the examples in the listening part are provided with sound recordings to facilitate teaching. Learners who want more exercises and model tests can use this book together with the workbook matching it—*A Short Intensive Course of HSK* (Workbook 6).

Scan the QR code on the back of the book to get the audio files. The PowerPoint slides for classroom use can be downloaded free of charge from the website of BLCUP at www.blcup.com.

Long Qingtiao, Liu Chaoying, Jin Shunian, Cai Yunling, the four authors of this book, are experienced teachers in the School of Chinese as a Second Language of Peking University who have been HSK tutors for many years. In 2002, we published the book *A Short Intensive Course of HSK (Advanced)*, which was well-received both in and outside China. After the introduction of the new HSK, we wrote this book based on the successful structure of the original brand, combining our rich teaching experience with the in-depth research on the Syllabus of New HSK and the new HSK test papers, in the hope that it will become a new brand of HSK books that truly meets the needs of the candidates and teachers. Before its publication, this book has been tried out in classrooms, and revisions have been done based on the feedback. The trial results show that the model tests in this book demonstrate similarity to the official HSK test in difficulty.

The book includes certain materials taken from articles in some journals and websites, with necessary changes done to them. We hereby extend our sincere gratitude to the original authors of these articles and hope they won't mind the changes we've done.

Sincere thanks will go to Twelve Girls Band, who have performed the Chinese folk music before the listening part of each model test in the audio recordings accompanying the series.

Despite of our efforts to make it a book of accurate explanations, well-conceived test questions, popular language and easy use, there must still be deficiencies in it. Therefore, any of your criticisms and suggestions will be appreciated.

From the authors

# 目 录 Contents

HSK

# 第一单元 01

## 考试须知·结构导读·使用建议

## 一、什么是新 HSK？

根据《新汉语水平考试大纲　HSK（六级）》的说明，新的 HSK 是一项国际汉语能力标准化考试，重点考查汉语非第一语言的考生在生活、学习和工作中运用汉语进行交际的能力。新的 HSK 分笔试和口试两种考试，笔试和口试是相互独立的。笔试包括 HSK（一级）、HSK（二级）、HSK（三级）、HSK（四级）、HSK（五级）和 HSK（六级）；口试包括 HSKK（初级）、HSKK（中级）和 HSKK（高级），口试采用录音形式。

| 笔试 |
|---|
| HSK（六级） |
| HSK（五级） |
| HSK（四级） |
| HSK（三级） |
| HSK（二级） |
| HSK（一级） |

| 口试 |
|---|
| HSKK（高级） |
| HSKK（中级） |
| HSKK（初级） |

笔试有纸笔考和网考两种形式。网考在电脑上完成考试全过程。

## 二、你适合参加哪个等级的考试？

在你准备参加考试之前，先要根据自己的汉语水平选择参加哪一个等级的考试。有以下三个参考标准：

第一，估计一下自己的汉语词汇量。HSK 各个等级的考试是按照各个等级的词汇量表来命题的。HSK 各个等级的词汇量是：

| 新 HSK 等级 | 词汇量 |
|---|---|
| HSK（六级） | 5000 及以上 |
| HSK（五级） | 2500 |
| HSK（四级） | 1200 |
| HSK（三级） | 600 |
| HSK（二级） | 300 |
| HSK（一级） | 150 |

你可以根据自己学习汉语的情况，大致估计一下自己的词汇量有多少，或者从低至高，看一下各级《新汉语水平考试大纲》的词汇，判断一下自己掌握的词汇相当于哪一个等级。

第二，参考一下自己学习汉语的时间。根据《汉语水平考试考生手册》的说明，HSK（一级）主要面向按每周 2–3 课时进度，学习汉语一个学期（半学年）的考生；HSK（二级）主要面向按每周 2–3 课时进度，学习汉语两个学期（一学年）的考生；HSK（三级）主要面向按每周 2–3 课时进度，学习汉语三个学期（一个半学年）的考生；HSK（四级）主要面向按每周 2–4 课时进度，学习汉语四个学期（两学年）的考生；HSK（五级）主要面向按每周 2–4 课时进度，学习汉语两年以上考生；HSK（六级）考生学习汉语的时间要比五级的更长。请注意，以上所说的每周 2–4 课时主要参考的是目前海外大多数汉语学习者的学习时间，如果在中国国内学习汉语，或在海外每周课时较多的机构学习汉语，每级需要的学习时间就要相应地缩短，学习时间只是一个参考。

第三，根据你参加考试的目的来选择。如果你参加考试的目的是检验自己学习汉语的情况，只需要参考以上两个标准就可以了，但如果是希望进中国的高等院校学习，你最低应该参加 HSK（四级）的考试。

本册是为参加 HSK（六级）的考生编写的。

## 三、新 HSK（六级）考什么？

根据《新汉语水平考试大纲 HSK（六级）》，HSK（六级）共 101 题，按考试顺序分听力、阅读、书写三大部分。

<table>
<tr><th colspan="2">考试内容</th><th colspan="2">试题数量（个）</th><th>考试时间（分钟）</th></tr>
<tr><td rowspan="3">一、听力</td><td>第一部分</td><td>15</td><td rowspan="3">50</td><td rowspan="3">约 35</td></tr>
<tr><td>第二部分</td><td>15</td></tr>
<tr><td>第三部分</td><td>20</td></tr>
<tr><td colspan="4">填写答题卡</td><td>5</td></tr>
<tr><td rowspan="4">二、阅读</td><td>第一部分</td><td>10</td><td rowspan="4">50</td><td rowspan="4">50</td></tr>
<tr><td>第二部分</td><td>10</td></tr>
<tr><td>第三部分</td><td>10</td></tr>
<tr><td>第四部分</td><td>20</td></tr>
<tr><td>三、书写</td><td>作文</td><td colspan="2">1</td><td>45</td></tr>
<tr><td>共计</td><td>/</td><td colspan="2">101</td><td>约 135</td></tr>
</table>

全部考试约 140 分钟（含考生填写个人信息时间 5 分钟）。

## 四、HSK（六级）怎么考？

考生按照规定的时间凭准考证进入考场。

考试开始时，主考提醒大家关闭手机等注意事项。然后你要按照主考的要求填写答题卡上的个人信息。要参考准考证，用铅笔填写答题卡上的“姓名”“国籍”“序号”“性别”“考点”“年龄”等信息。

填写完答题卡上的个人信息之后，监考发试卷。试卷是密封的，你拿到试卷后不可以马上打开。

试卷发完后，主考会向大家解释试卷封面上“注意”的内容，你可以一边听一边看。解释完之后，主考宣布：“请打开试卷，现在开始听力考试。”这时你要打开试卷上的密封条，看试卷。

主考播放听力录音，听力考试就开始了。开始时是简短的考试说明的录音，如果你听不清楚，应马上举手告诉监考。在做听力题的时候，你可以先在试卷上画答案，也可以在试卷上做记录。等到听力录音播放完之后，主考会另给考生 5 分钟时间正式写答案，这时候可以把画在试卷上的答案写到答题卡上。

然后阅读考试开始，考试时间是 50 分钟。在还剩 5 分钟时，主考会提醒一次考试时间。

阅读考试结束后，监考会发书写材料。在主考宣布书写考试开始后，会给 10 分钟时间阅读书写材料，但阅读时不能抄写、记录。10 分钟后，监考会收回书写材料。 然后你要根据刚才阅读的记忆，把阅读材料缩写为一篇 400 字左右的短文，时间是 45 分钟。你应该用铅笔直接把作文写在答题卡上。还剩 5 分钟时，主考会再次提醒时间。

书写考试结束后，监考会来收回试卷和答题卡。

等监考清点完试卷和答题卡之后，考试结束。

## 五、HSK 成绩有什么用？

根据《新汉语水平考试大纲　HSK（六级）》的说明，新的 HSK 延续原有 HSK 一般（或通用）汉语能力考试的定位，面向成人汉语学习者。主要用途有：

1. 为院校招生、分班授课、课程免修、学分授予提供参考依据。
2. 为用人机构录用、培训、晋升工作人员提供参考依据。

3. 为汉语学习者了解、提高自己的汉语应用能力提供参考依据。

4. 为相关汉语教学单位、培训机构评价教学或培训成效提供参考依据。

考试结束后三个星期左右，考生可以收到 HSK 成绩报告。

HSK（六级）成绩报告会告诉你听力、阅读、书写和总分四个分数。每个部分满分是 100 分，总分满分是 300 分。总分 180 分为合格。

例如，某个考生的成绩报告如下：

| | 满分 | 考生分数 |
|---|---|---|
| 听力 | 100 | 75 |
| 阅读 | 100 | 70 |
| 书写 | 100 | 57 |
| 总分 | 300 | 202 |

这个考生的总分过了 180 分的合格标准，所以其 HSK（六级）考试合格。

根据《新汉语水平考试大纲　HSK（六级）》的规定，HSK 成绩长期有效。作为外国留学生进入中国院校学习的汉语能力的证明，HSK 成绩有效期为两年（从考试当日算起）。

另外，按照中国教育部的规定，外国留学生凭汉语水平考试（HSK）成绩报告注册进入中国大学的本科专业学习。HSK（四级）的及格线为 180 分，也是作为中国政府奖学金理学、工学、农学、医学（中医药专业除外）、经济学、法学、管理学、教育学等学科专业的预科学生完成一学年预科教育后应达到的汉语言水平。（见《汉语水平考试考生手册》）

## 六、考生应注意些什么？

（1）考前准备

考试前，建议你仔细看一下《新汉语水平考试大纲　HSK（六级）》，通过看“HSK（六级）考试介绍”了解考试形式，通过看、做大纲中的样卷熟悉答题方式。此外，在大纲中有一个“HSK（六级）词汇”，列出了 5000 个词[①]，由于六级的试题中的词汇是以这些词为基础的，所以整个看一下，可以使你心中有数。在看词汇表的时候要注意：第一，这 5000 个词包括了从一级到五级的 2500 个词，又增加了 2500 个第六级新词。另外，由于六

① 2013 年开始新HSK词汇大纲中个别词语等级做了调整。本书依据修订后的HSK（六级）词汇大纲编写。

级的词汇是5000 **及以上**，所以在考试中会有一定数量的词语是词汇表中没有列出的，需要平时积累。第二，HSK在确定词汇表时有意识地把词汇学习和汉字学习结合起来，例如：收入了“羊肉”“涮火锅”，但没有收入“涮肉”，这是因为学生在学习“羊肉”“涮火锅”的时候对其语素“肉”“涮”都有了解，因此也应会“涮肉”一词，这类词虽然词汇表中没有，学生也应该掌握，在考试中这样的词也会出现的。可见，学习词汇时应注意语素意义，掌握词语的构成方式。

由于考试大纲只是讲一些原则，只有一套样卷，作为复习准备还不够，考生还应该做本书练习册或模拟试题集深入学习，有条件的也可参加考前辅导班，进行强化训练。

（2）有关考务问题

HSK的考务由汉考国际教育科技（北京）有限公司（简称：汉考国际）负责，有关考试的日期、考点、考试费用、报名等问题，可以向“汉考国际”咨询。

网址：www.chinesetest.cn

电话：8610－59307634/59307630

传真：86－10－59307600

电子邮箱：kaoshi@chinesetest.cn

（3）进行考试

• 必须带的东西

准考证和身份证件。考生报名成功并收到报名确认信息以后，可以登录到“汉语考试服务网”上选择自行打印准考证，或者到报名的考点领取准考证。去考试时一定要带准考证。另外，还要带身份证件，如护照、身份证等。如果没有带这两样东西，考生不能进入考场。

铅笔和橡皮。答题的时候应该用铅笔，铅笔必须考生自己带。铅笔最好是黑一些、粗一些的，比如2B铅笔。另外，还要带橡皮，做题时如果发现错了可以马上改。注意，考生在考场里是不能互相说话的，如果去借橡皮，会有不必要的麻烦。

手表。考试时需要自己控制时间，有的考生忘了戴手表，不得不问监考老师，这不光麻烦，而且浪费时间，也分散自己的注意力。有的考生平常习惯用手机看时间，但考试时是看不了手机的，所以最好准备好手表。

• 别迟到！

按照规定，考生应该在考试开始前半小时到达指定考场。听力考试开始前，迟到的考生可进入考场参加考试；听力考试开始后，迟到的考生要等听力考试结束后才可进入考场参加阅读考试，所耽误的时间不补；阅读考试开始后，迟到的考生不能进入考场参加考试。所以，千万不要迟到！

• 答案要写在答题卡上。

HSK 考试的所有答案都必须**写在答题卡上**，写在试卷上无效。考生在考试时在试卷上画的答案、做的记录是考试过程中用的，考试结束后都会销毁，有用的答案都应该写在答题卡上。答题卡是用机器自动处理的，答题卡上涂答案的横道一定要涂得粗一些，重一些，否则阅读设备难以识别。

• 有的题没把握怎么办？

考试时有一些选择题，你会觉得好像两个、三个都是对的，这种时候有的考生就空着不答，有的就把两个或三个字母都画上横道，如：

× [A] [B] [C] [D]　　× [A] ■■ [D]　　× ■ [B] ■■

这样都得不到分。注意：HSK 考试，每题只能画**一个**横道，多画作废，答错题不会倒扣分，所以，如果你对某些题没有把握，你就猜一猜，选一个，有可能就猜对了，即使猜不对，顶多是没有分。但如果你空着或画了两个、三个字母，肯定没有分。

另外，HSK 答题的时间是有限的，如果感觉某一道题特别难，你已经用了很多办法还是想不出来，就不要在这一道题上浪费时间了，可以先选一个，同时在试卷上做个记号，最后如果有时间，可以回过头来再考虑。因为难题和容易的题的分数是一样的，所以你应该抓紧时间把你有把握的题都做出来。

• 考试紧张征

有的考生平时汉语基础不错，但是考 HSK 时就紧张，应该会的也做不出来，结果自己的水平没能考出来。“考试紧张征”可以分几种情况：

①心理负担太重，把考试当做检验自己汉语水平的“法官”，生怕考不好就证明自己汉语水平差，影响自己的自信心，或怕丢面子。其实这是完全没必要的。考试就是考试，有一定的偶然性，不能把它和实际的语言水平画等号。比如，从理论上讲，凡是受过中等以上教育的说汉语的母语者考 HSK 都应该得满分，但其实不然，汉语母语者有时也会做错，特别是

听力部分。HSK 的考试成绩都是装在信封里给考生本人的，不会丢面子。HSK 的考试机会要比学校里的课程考试多，一次考不好，还可以考两次、三次，直到考好为止。

②把考题想得太难，见到一些比较容易的题却想得太复杂，不敢相信自己的判断。HSK 试卷里既有比较难的题，又有相对比较容易的题，要相信自己的判断。

③没有控制好时间，前面的题花的时间太多，到了后面时间不够就紧张了，越做越乱，出现很多不应该有的失误。考前准备时，要练习掌握时间，掌握一种合适的做题节奏，不能太慢，当然，也没必要太快，太快了也容易出错。考试时要自己用手表掌握时间。

（4）考试分数的秘密

HSK 考试卷面上的得分是卷面分，或原始分。为了使分数能更准确地反映考生的水平，最后给考生的不是卷面分，而是经过处理的转换分。处理的过程比较复杂，比如有**等值处理**等。我们简单谈一下等值处理。

HSK 是一个标准化的考试，所以从理论上讲，同样水平的人，不管参加哪一次考试，得到的分数都应该是一样的。但实际上，要求每一次考试考卷的难度完全一样是很难的，所以要对考生的原始分数做等值处理：如果这次考试比较难，大家的分数可能都会提高一点；如果比较容易，大家的分数可能都会减低一点。用这个办法可以尽量做到，不管考生参加哪一次考试，同样的水平能得到同样的分数。

因此，有的考生考试时发现这一次考试比较难，就着急了，或怪自己运气不好。其实，如果难的话大家都难，最后分值可能会调整，所以不必着急，只要尽你最大的努力去考就行了。有的考生刚考完感觉不太好，但成绩出来后发现还不错，可能就是这个道理。

## 七、本书结构导读

本书一共分六个单元，见目录。

第一单元“考试须知”主要是对 HSK（六级）有关问题的总的介绍说明。

第二单元和第六单元是两套 HSK（六级）的模拟试卷，每套试卷后面都有答案和题解。

从第三单元到第五单元是对HSK（六级）的三个大项的单项训练。每个单元有三到七课。每一课包括几个部分：

☆题型与特点
- 题型
- 特点

☆考点与难点
- 说明
- 常见错误
- 应试策略与技巧
- 练习

☆本课小结
☆课后练习
☆练习答案、题解（听力有录音文本）

具体说明如下：

**题型与特点** 一般分两个小点：

**题型** 举例说明某一个部分的试题的样子。

**特点** 分析某一种题型的特点。如果某一课不讲新的题型，这一部分就省略。

**考点与难点** 是分析某一部分的试题主要想考什么，什么地方比较难。这是每课的主要部分，根据内容，每课会讲几个“考点与难点”，如听力第1课：

考点与难点（一） 长选项
考点与难点（二） 笑话、趣闻

在每一个“考点与难点”下面分几个小点：

**说明** 对某一个考点做概括的说明，或举例分析难点。

**常见错误** 分析考生在做某一类试题时常犯的错误，包括考试策略上的错误和语言知识、语言技能上的不足。

**应试策略与技巧** 针对考生在某一类考点上的问题，提出一些应试策略，即碰到某类题应该怎么考虑，也提供一些应试技巧，说明可以用一些什么方法来做这类题。有时，根据内容，也可能在几个“考点与难点”之后有一个总的“应试技巧”。

**练习** 是针对某一个“考点与难点”进行同步练习，通过练习掌握刚学的内容。

**本课小结** 是对某一课的主要内容做一个概括，便于考生记住要点。如听力第 1 课：

**本课小结**

- **主要考点难点**：1. 长选项；2. 笑话、趣闻。
- **考生常见错误**：不习惯这种题型，来不及读选项；没有抓住笑话的最后一句话，抓不住笑话的细节和言外之意。
- **主要应试策略**：先读选项，有重点地听，边听边答题；注意最后一句话，注意笑话的细节与言外之意。

**课后练习** 是对某一课所学内容进行的综合练习。

**练习答案及题解** 包括每一个“考点与难点”练习的答案和“课后练习”的答案及题解。第三单元“听力”还包括各课听力练习的录音文本。

## 八、自学者怎么使用本书？

*1* 自学者可以先把第一单元“考试须知”大致看一下，对有些不太明白的地方可以先放过去，等学完本书之后再看一遍，就比较容易看懂了。

*2* 建议在学第三到第五单元的单项训练之前，先把第二单元“模拟试卷（一）”做一遍，这样做的好处是：首先，对考试可以有一个完整的印象。其次，可以知道自己的问题在哪里，复习时可以抓重点。“模拟试卷（一）”后面有答案和题解，做完后对照答案和题解就可以知道自己错在哪里。有些题虽然做对了，但其实是猜对的，自己并不十分清楚，仍然属知识上的弱项。应注意的是，进行模拟考试最好自己看时间，一次做完，中间不间断，因为 HSK 不仅要考你能不能做对，而且要考你能不能在规定的时间里做完。

*3* 第三到第五单元的单项训练是本书最重要的部分，这三个单元是相对独立的。自学者如果有比较多的时间，可以按照顺序把三个单元依次学完，这样可以得到比较全面的训练。如果时间比较紧，也可以根据自己的

问题，重点学某一部分，等有了时间再学其他部分。在学某一个考点时，一定要做这个考点的练习，如果有问题，再回过去研究考点，直到完全掌握。“课后练习”是对各考点练习的补充，可以巩固已学的东西。如果还想多做练习，可以找真题集或模拟试题集。听力部分的学习方法，可以看下面给辅导班的建议。

4 单项训练学完之后或参加正式考试之前，可以做“模拟试卷（二）”，也按照规定的时间做。这既是对自己学习效果的检验，又是考试前的热身训练。做完后对照后面的答案和题解进行分析，看看自己哪些方面提高了，哪些方面还有问题。

## 九、辅导班怎么使用本书？

辅导班可以根据学生的情况和教学时间的长短，制定相应的教学方案使用本书。

一般来讲，考前辅导班以**短期强化训练**效果最好。如果课时有限，采用压缩的方式使用本教程，本书的教学内容可供30课时使用。如课时充裕，充分使用本教材并适当补充练习册及一些其他试题，本书的内容可供50—60课时使用。

第一单元“考试须知”怎么讲应该根据学生的情况而定，如果学生对新HSK还缺少感性认识，建议在第一次课只对考试内容和考试材料等最基本的问题做一个简要的介绍，而把考生应注意的问题等放到后面去讲。

第二单元“模拟试卷（一）”可在单项训练之前用一次课统一做。这样可以使教师对学生的问题心中有数。教师可以对学生做每一题的情况进行一个简单的统计，哪一题错的人多，主要错在哪个选项上，讲解时好对症下药。做模拟考试时，应按照HSK规定的程序进行，使用《新汉语水平考试大纲　HSK（六级）》中统一的主考用语。但作为第一次模拟考试，对学生不必太严，可以让学生做完，把问题记下来以后说明。

第三单元到第五单元是强化训练的重点。为了便于教学，每一单元分为三到七课，实际上是每一种题型大致上分两到三课来讲。在课时上，每一课大致用两课时（一次课）左右。每一课主要由若干个“考点与难点”组成，请教师注意讲、练结合，讲一个考点，随即做这个考点的同步练习，争取让学生做到以后碰到类似的问题能够比较有把握地做对。某一课学完后可以做一个小结，帮学生归纳该课要点。课后练习可作为课下作业，也可作为课上的补充练习。

第六单元“模拟考试（二）”是对第三至五单元各单项训练的检验，同时也是一种实战演练。可根据教学时间安排模拟考试。这时的模拟考试应该严格按照实际考试的程序进行。学生必须在规定的时间做规定的内容。有条件的还可以给学生做模拟准考证，要求学生按照准考证填写答题卡。

在模拟考试之后，应该安排一次总结课。在总结课上进行模拟考试的试卷分析，可结合学生考试的情况讲解考生应注意的问题等。

本教程的听力录音由三部分组成：模拟考试部分，包括两套模拟考试的听力录音；教学范例部分，包括所有在课文中出现的示例的录音；练习部分，包括所有课上和课后练习的录音。录音的文件名在书中做了清晰标注。为了训练学生读选项、带着问题听的能力，本教材听力部分书上的例子是选项在前（左），录音文本在后（右），教师可以让学生先盖住录音部分的文字，读选项，接着放录音让学生做，然后进行讲解。学生可以边听讲解边看录音文本。教师课堂讲解时，可以把选项打在 PPT 上，让学生在听例子时先不看书，看着 PPT 上的选项听录音。

为方便广大教师课堂授课，我们制作了本教程的课堂用 PPT，放在北语社网站的本书页面上。这是 HSK 辅导类教程出版的首次尝试，希望能给教师授课带来方便。

教师可用本书的配套练习册或选用 HSK 真题集等作为本教程的补充。

HSK

# 第二单元 02

## 模拟考试（一）

# 汉语水平考试
# HSK（六级）
# 模拟试卷（一）

## 注　意

一、HSK（六级）分三部分：

1. 听力（50题，约35分钟）

2. 阅读（50题，50分钟）

3. 书写（1题，45分钟）

**二、听力结束后，有5分钟填写答题卡。**

三、全部考试约140分钟（含考生填写个人信息时间5分钟）。

# 一、听力 02

## 第一部分

第1—15题：请选出与所听内容一致的一项。

1. A 她父母是音乐家
   B 她在广州出生
   C 她已是大学生了
   D 她在小学年龄最小

2. A 它能翻译外语
   B 它是一种新型手套
   C 它对行动不便的人有用
   D 它可以把声音转化为手势

3. A 喜欢打电话的人最少
   B 很多人不爱面对面交流
   C 用社交网站交流的人有4%
   D 喜欢用短信交流的人最多

4. A 男孩儿成绩优秀
   B 男孩儿记忆力好
   C 男孩儿好奇心强
   D 男孩儿不愿学习

5. A 种子库可以保护环境
   B 共有1570个种子库
   C 种子在库里可保存一年
   D 种子库是为了预防万一

6. A 有些书让人看不懂
   B 虚构的小说受欢迎
   C 现在书迷越来越少
   D 书迷的行为会发生改变

7. A 他们在比赛爬楼
   B 他们坐着讲故事
   C 他们得回到大厅
   D 他们的钥匙丢了

8. A 应该多关心老年女性
   B 酒店的位置并不重要
   C 女性喜欢高档的酒店
   D 女性选酒店有四个要素

9. A 有的童话只有成人理解
   B 为了回忆童年才看童话
   C 童话需要反复阅读才行
   D 很多成年人不喜欢童话

10. A 招聘网站上有很多人才
    B 网站的招聘行为需要规范
    C 网上招聘已取代传统中介
    D 上世纪招聘网站开始兴盛

11. A 孩子变成了猴子
    B 大人变成了猴子
    C 老人变成了猴子
    D 全村人变成了猴子

12. A 轿车的增长最快
    B 中型车小幅上涨
    C 轻型车有所下滑
    D 对客车需求较少

13．**A** 不要相信陌生人
**B** 新年要互相祝福
**C** 小心有病毒的电邮
**D** 过节需要注意安全

14．**A** 转机时应该注意什么
**B** 怎样买到合适的机票
**C** 怎么旅游才更加舒适
**D** 航空公司如何树立品牌

15．**A** 就业形势非常乐观
**B** 人才市场供过于求
**C** 大学生容易找工作
**D** 学历越高消费越高

## 第二部分

第 16—30 题：请选出正确答案。

16. **A** 钻研一个冷门
**B** 热爱自然科学
**C** 听从父亲意见
**D** 理科更有前途

17. **A** 那里是他的故乡
**B** 没有合适的机会
**C** 从来没有想过离开
**D** 研究沙漠的条件好

18. **A** 名誉得到了恢复
**B** 事业得到了成功
**C** 得到了世界的承认
**D** 事业有了发展的希望

19. **A** 王沙
**B** 王莎
**C** 王草
**D** 王绿洲

20. **A** 他放弃了出国的机会
**B** 他正在攻读博士学位
**C** 他的学科难找新生长点
**D** 他搞了近二十年沙漠研究

21. **A** 最近进行了多次
**B** 女的是第一次谈
**C** 网友的反应一般
**D** 这次搞电视访谈

22. **A** 调查数据很可靠
**B** 国民阅读率降低
**C** 应该从多方面看
**D** 感到正常不奇怪

23. **A** 深层次的阅读
**B** 掌上快速浏览
**C** 快餐式的泛读
**D** 网上各种搜索

24. **A** 纸质书很快被取代
**B** 最好两种图书共存
**C** 现在还看不出趋势
**D** 她本人喜欢电子书

25. **A** 她读了不少
**B** 有较高水平
**C** 关注者不多
**D** 会逐渐成熟

26. **A** 维也纳音乐学院的学生
**B** 广播乐团的长笛演奏员
**C** 中国交响乐团常任指挥
**D** 中央芭蕾舞团舞蹈设计

27. **A** 靠天资就取得了成功
**B** 在大学里成绩始终很好
**C** 二十多岁就当中央乐团指挥
**D** 一次就考上了中央音乐学院

28. **A** 老师对他的鼓励指点
**B** 老师对他的否定评价
**C** 一位指挥对他的赏识
**D** 同学之间的激烈竞争

29. **A** 他有罕见的记忆力
**B** 他异常勤奋地学习
**C** 他跟同学互帮互学
**D** 他会在睡眠中背谱

30. **A** 他曾在维也纳担任过指挥
**B** 上海交响乐团专门邀请他
**C** 音乐学院教师的大力推荐
**D** 出色的成绩加偶然的机会

## 第三部分

第31—50题：请选出正确答案。

31. A 替他考试
B 帮他复习
C 小声一点儿
D 给他看答案

32. A 吃晚饭
B 一块儿做作业
C 给他讲解考题
D 请他帮助自己

33. A 不要欺骗同学
B 应该努力学习
C 严亮是他真正的朋友
D 同学之间应该互相帮助

34. A 像大鸟保护小鸟
B 为学生打好基础
C 帮学生发挥潜力
D 教孩子人类智慧

35. A 教授被辩倒了
B 学生不懂礼貌
C 教授说服学生
D 双方不分胜负

36. A 介绍自己的一本书
B 介绍辩论的好方法
C 说一位奇怪的教授
D 说明自己的教育观

37. A 成名之后开始拍广告
B 拒绝为化妆品做广告
C 广告费始终是一千元
D 拍《功夫》前后身价大变

38. A 爱看功夫电影
B 盲目信赖名人
C 对产品很了解
D 对新东西好奇

39. A 积极正面
B 非常有限
C 或好或坏
D 持久稳定

40. A《婚姻法》草案引起大讨论
B 法制时代出现的一些新问题
C《婚姻法》与精神补偿问题
D《婚姻法》引出很多新案例

41. A 婚外同居
B 离婚赔偿
C 买卖婚姻
D 禁止重婚

42. A “包二奶”现象日益严重
B 老百姓的法律意识提高了
C 买卖婚姻为什么禁止不住
D《婚姻法》亟待宣传普及

43. **A** 做子女的
**B** 做父母的
**C** 做丈夫的
**D** 做妻子的

44. **A** 身体保健
**B** 老年心理
**C** 家庭教育
**D** 子女责任

45. **A** 郁闷无聊
**B** 自由自在
**C** 轻松和欢喜
**D** 完成了人生大事

46. **A** 夫妻是家庭的中心
**B** 父母对子女关心不够
**C** 子女不回报爸爸妈妈
**D** 父母在心理上依赖子女

47. **A** 歌星
**B** 媒体人
**C** 体育明星
**D** 电影明星

48. **A** 她没有被选上
**B** 有人说她学习不好
**C** 有人说她沾妈妈的光
**D** 有人说她不愿为大家做事

49. **A** 让孩子自己选择
**B** 鼓励孩子坚持做
**C** 劝孩子别当干部
**D** 去和那个人讲理

50. **A** 名人孩子的成长
**B** 明星妈妈的生活
**C** 小学班干部选举
**D** 家庭影响的重要

# 二、阅读

## 第一部分

第51—60题：请选出有语病的一项。

51．A 北京，一座有着3000多年历史的古都，荟萃了众多名胜古迹和人文景观。
B 根据中国教育部公布的消息，2012年全国普通高校招生报名总数比去年减少了2%。
C 随着网络技术的快速发展，越来越多的人选择利用平板电脑、手机等方式进行阅读。
D 人们需要限制在电脑屏幕前花费的时间，以免不要患上精神疾病。

52．A 这个活动的目标就是增强两国高中生在教育、环保，尤其是文化的交流和沟通。
B 苗族是一个没有文字的民族，其服饰承载了这个民族的历史、文化、习俗。
C 据民俗专家介绍，清明节大约起源于周朝，至今已有两千五百多年历史。
D 天气转暖，户外桃花、梨花竞相开放，而温室里的君子兰、蝴蝶兰也毫不逊色。

53．A 中华鲟为中国一级保护动物，因数量稀少，被称为“水中大熊猫”。
B 进入10月以来，接连的大雾天气使得城市的空气能见度变差，空气质量也受到影响。
C 参与幸福感城市评选活动，许多市民对所在城市的幸福感有了强烈的关注。
D 博斯腾湖水域辽阔，水产丰富，是新疆乃至西北地区最大的渔业生产基地。

54．A 国庆黄金周期间，全国道路、铁路等交通运输共运送旅客5.3亿人次。
B 一对象征两国友谊的大熊猫抵达英国，开始了它们为期10年的交流生活。
C 全球超过一半的慢性疾病，都源自长期饮用不清洁的饮用水。
D 今年9月1日恰逢周六，中小学部分当天只举行开学典礼，不安排上课。

55．A 若天气晴好，在地势较高、视野开朗的地带就能看到火星和土星的近距离接触。
B 未来5到10年，将是中国实现由乡村型社会向城市型社会转变的关键时期。
C 作为世界第一人口大国，中国青年对可持续发展的态度将直接决定可持续发展的成败。
D 科学家日前在意大利发现了世界上最古老的昆虫琥珀，其中的三只昆虫保存完好。

56. **A** 生物钟是生物体生命活动的内在节律性，它对于保持正常的血压和体温等非常重要。

**B** 从今年秋天开始，德国将出现一种新的公共汽车，有256个座位，兼具汽车和火车两种交通工具的优势。

**C** 上海交响乐迷中近六成人士收入并不丰厚，难以承受不了百元甚至数百元的高价票。

**D** 环境问题是一个世界性问题。应对环境问题，各国间需要相互学习，相互交流。

57. **A** 非洲灰鹦鹉不仅能学人说话，在智能推理方面也表现出色，像人类三岁小孩一样聪明。

**B** 要想在此刊物上发表文章，字数必须控制在5000字以内，为了精减字数，不得不对文章略加删改一些。

**C** 自2001年以来，全世界艾滋病新感染率降低了20%，死亡率也下降了。

**D** 一项研究结果表明，如果已婚夫妇的工作单位在同一个方向，他们会感觉婚姻更幸福。

58. **A** 经常使用电脑或手机的人，更有可能出现压力增大、沮丧、抑郁等心理问题。

**B** 海水深度在200米以内的大陆架，蕴藏的石油约有1500亿吨，约占地球已知总储藏量的三分之一。

**C** 今年俄罗斯旅游升温有多种原因，一是越来越多的人开始了解俄罗斯，二是签证手续越来越便利也是吸引游客的一大因素。

**D** “蚁族”一词通常描述聚集在大城市的低收入年轻人，因为他们和蚂蚁很像，群居、聪明、努力，但却不被人关注。

59. **A** 调查队近日在卧龙自然保护区海拔3000米左右的一棵树上，又一次拍摄到了野生大熊猫。

**B**《现代汉语词典》收录的3000余新词，充分体现了新时期涌现的新事物、社会生活的新变化和人们的新观念。

**C** 相对于网球运动，羽毛球运动对选手的体格要求并不很高，还对耐力有更高的要求。

**D** 文章里的中心思想确定以后，还要根据中心思想的需要，认真地选择、组织材料。

60. **A** 一旦中东地区局势出现动荡，我国的燃油市场也将随之出现波动。

**B** 英国著名物理学家的预测，人类可能在100年内实现同外星人接触。

**C** 国际货币基金组织16日小幅下调了今明两年全球经济增长预期。

**D** 这种蛇类极少在北方出现，因此，不排除有人携带至我市的可能性。

# 第二部分

## 第 61—70 题：选词填空。

61. 英国牛津大学的科学家研究发现，________地离赤道越远，人类的眼睛和脑袋就越大。来自地球北端的人进化得脑袋和眼睛比较大，因为他们要________黑暗的冬天和黯淡的天空。但这并不________着离赤道越远人越聪明。

A 住所　适合　提示　　B 居住　适应　意味
C 位置　习惯　表示　　D 生存　面对　反映

62. 破坏性地震从人感觉震动到建筑物被破坏________只有 12 秒钟，在这短短的时间内，你应根据所处环境________作出保障安全的抉择。如果住的是平房，那么你可以跑到门外；如果住的是楼房，则________不要跳楼。

A 均匀　快速　万万　　B 均衡　飞快　绝对
C 平分　飞速　务必　　D 平均　迅速　千万

63. 微笑是朋友间最好的语言，一个自然________的微笑，胜过千言万语，________是初次谋面也好，相识已久也好，微笑能________近人与人之间的距离，令________之间倍感温暖。

A 流露　无论　拉　彼此　　B 露出　尽管　接　相互
C 显露　不管　推　互相　　D 表露　假如　搁　各自

64. 在人们的印象中，一个人的性格或多或少能________穿着打扮上反映出来，正所谓“风格如其人”。如今就有科学研究________，只需看一个人穿的鞋，就能准确地________出这个人 90% 的性格。

A 在　说明　分辨　　B 于　证明　区别
C 从　表明　判断　　D 经　阐明　决定

65. “海归”指的是有国外学习和工作经验的留学归国人员。如今，许多大学毕业生都________着与海归竞争的压力。一份最新调查________显示，去年留学生海归已达 186200 人，较 2010 年相比________了 38.8 个百分点。他们正在影响着________就业市场。

A 处于　数字　增加　所有
B 面对　记录　降低　全部
C 濒临　数量　减少　完全
D 面临　数据　增长　整个

66. 最近，中国考古学家在陕西省发现了________黄河最大支流渭河的木桥，这座木桥在秦始皇时期已经________，是________发现的两千年前世界上最高大的木桥，它在古代都城考古，________是世界桥梁建筑史和交通史等方面，都有着重要的研究________。

**A** 穿越　具有　归根结底　特别　内容
**B** 横跨　保留　继往开来　甚至　方面
**C** 跨越　存在　迄今为止　尤其　价值
**D** 越过　建造　空前绝后　主要　对象

67. 甲骨文，________刻在龟类的甲壳或者动物的骨头上而得名，是中国的一种________文字，也是现存最古老的一种________文字，被认为是现代汉字的早期________。

**A** 因　古代　成熟　形式　**B** 由　以前　地道　痕迹
**C** 据　过去　纯粹　样式　**D** 以　古典　独特　符号

68. 多彩又有童趣的儿童家具，可以说是孩子们________中的重要伙伴。专家________消费者，在挑选儿童家具时，要________选择颜色较浅的刷漆家具，因为这样的家具中有害________的含量比深色家具低。

**A** 长大　告诉　积极　物体　**B** 成长　提醒　尽量　物质
**C** 发展　责怪　努力　货物　**D** 发育　欺骗　亲自　事物

69.《三国杀》是现在年轻人中十分________的一种桌面卡牌游戏，游戏以中国的三国时期为________，相比其他卡牌游戏，《三国杀》的人物性格更加________，故事线索也更多。如今，《三国杀》________在中国红透半边天，还“杀”向了海外。

**A** 流传　基础　丰富　不但　**B** 时尚　根本　充实　尽管
**C** 流行　背景　丰满　不仅　**D** 时髦　故事　完整　除了

70. 在电子产品________的今天，很多餐馆为了________顾客上门，都在积极推出数字________用餐体验服务。不过，纽约一家餐馆却“逆潮流”而行，称如果顾客集中精力吃完一________饭，在此期间不玩手机或其他电子产品的话，就能________9.5 折的优惠。

**A** 普及　吸引　化　顿　享受
**B** 遍及　促使　式　碗　受到
**C** 普通　催促　型　餐　获得
**D** 流通　鼓励　类　次　得到

## 第三部分

## 第 71—80 题：选句填空。

71—75.

有一天，卓别林来到了一个偏远的小镇，他忽然觉得自己该理发了，据当地人介绍，这个小镇很偏僻，只有两家理发店，（71）__________，至于到哪家店就得由他自己决定了。

于是，卓别林走进了第一家理发店。进来一看，这个理发店房子小，座椅旧，地上还散落着不少头发渣，最糟糕的是，那个理发师自己的头发非常难看，该长的地方很短，（72）__________，上面像个麻雀窝，旁边像是被老鼠刚啃过似的。卓别林退了出来。

他走进了第二家理发店。（73）__________，房子宽敞明亮，座椅有弹簧垫子，店内地上非常干净，再看这理发师的头发，端端正正、大大方方的……卓别林想了想，又返回到第一家去理发了。

原来卓别林这样想：（74）__________，只有两家理发店，所以就可以推断：第一家理发师的“麻雀窝”“老鼠啃”头发就是第二家理发师理的。另外，第一家理发店地上满地的头发渣（75）__________，也就是说，这个理发师的技术与服务肯定比第二家好。

**A** 小镇这么偏远

**B** 也可以说明顾客很多

**C** 这儿的情况可大不一样

**D** 每家店只有一个理发师

**E** 该短的却又很长

76—80.

日本历来的教育是男女有别：男人应该开创一番事业，女人做贤妻良母。以前的日本女人大多数是贤妻良母，安分守己在家做家务，兢兢业业伺候好丈夫。男人选择妻子的标准是贤妻良母；（76）__________，这样才像一位大丈夫。这是老一辈的婚恋状况。

可是随着时代的变化，日本女人的婚恋观有了很大变化，（77）__________。尤其是职业妇女，她们不但要求男人“三高”：学历高、工资高、身材高，还有一条最根本的是，（78）__________。因为结婚有了孩子后，女人要养育孩子、做家务和工作，这样很累，会影响她们的事业。有成就的职业妇女不愿意结婚后因有了孩子而放弃自己的事业，那么肯定要有一个两全其美的方法——夫妇共同做家务。

（79）__________，大丈夫式的男人在日本已经不受女人的喜爱了。现在日本女人不再像老一辈的贤妻良母那样能忍耐不美满的婚姻。女人的婚恋观是随着社会的变革而逐渐改变的，（80）__________，有时无法驾驭它。

**A** 陈旧的观念和个人意志

**B** 女人选择男人的标准是责任心要强

**C** 日本的家庭结构也随之发生了变化

**D** 由此可见

**E** 需要男人像女人一样能做家务

# 第四部分

## 第 81—100 题：请选出正确答案。

81—84.

大学阶梯教室里，一场演讲会即将开始。主讲人是蜚声海内外的知名教授，海报两天前就贴出去了，反应异常热烈，同学们纷纷赶到现场，要一睹教授的风采。

教授准时到达。他突然像是踩到了什么东西，脚底下一滑，差点儿摔倒。他扶扶眼镜走上前仔细端详。

教室里顿时静了下来，大家都伸长脖子，看着教授的一举一动。

教授看清楚脚下是一块香蕉皮，勃然大怒，指着它大声说道：你怎么可以待在这个地方呢？你应该是在垃圾桶里睡觉！怎么这么没有公德心没有环保意识！要是有人踩到你摔伤怎么办？你太不像话了！

愤怒让他的眼镜在鼻梁上跳动着，让人一下子想起被小事激怒的唐老鸭，听众席上顿时传来一阵阵笑声。教授没有理会，继续愤怒，对着香蕉皮继续发火。

听众席上，有学生不耐烦了，大声说：算了吧！教授，别费力气了，你不能把香蕉皮骂进垃圾桶的！

教授听了，突然转过头来，满面红光地笑了，并伸手把香蕉皮捡起来，放进讲台旁的垃圾桶里，然后用纸巾擦擦手说：刚才那位同学说什么？能再说说吗？

教室顿时静了下来，没人说话。

教授说：我听见了，“你不能把香蕉皮骂进垃圾桶的！”这就是我今天晚上演讲的题目。

“记住，垃圾不会被骂进垃圾桶，你得行动！从现在开始捡拾可能让你摔跟头的垃圾！”这节课，教授用这句话做结语，然后，在一片掌声中走下了讲台。

81. 画线词语“蜚声海内外”是说这位教授：
    **A** 留学过　**B** 很有名　**C** 很风趣　**D** 声音大

82. 教授为什么生气？
    **A** 好多人迟到　**B** 差点儿摔倒　**C** 香蕉没有公德心　**D** 大家不尊重他

83. 听众怎么看待教授骂香蕉皮？
    **A** 很担心他　**B** 感到很高兴　**C** 觉得他可笑　**D** 觉得很生气

84. 上文告诉我们：
    **A** 凡事不能停留在嘴上　**B** 在大学上课需要幽默感
    **C** 这个教授徒有虚名　**D** 不要乱扔垃圾，要保护环境

85—88.

老鹰是世界上寿命最长的鸟类，它一生的年龄可达70岁。要活那么长的寿命，它在40岁时必须做出困难却重要的决定。

当老鹰活到40岁时，它的爪子开始老化，无法有效地抓住猎物。它的尖嘴变得又长又弯，几乎碰到胸膛。它的翅膀变得十分沉重，因为它的羽毛长得又浓又厚，使得飞翔十分吃力。它只有两种选择：等死，或经过一个十分痛苦的更新过程。

那是150天漫长的操练。

它必须很努力地飞到山顶。在悬崖上筑巢，停留在那里，不得飞翔。老鹰首先用它的尖嘴击打岩石，直到完全脱落，然后静静地等候新的尖嘴长出来。它会用新长出的尖嘴把指甲一根一根地拔出来。当新的指甲长出来后，它们便把羽毛一根一根地拔掉。5个月以后，新的羽毛长出来了，老鹰开始飞翔，重新得力再过30年的岁月！

在我们的生命中，有时候我们必须做出困难的决定，开始一个更新的过程。我们必须把旧的习惯、旧的传统抛弃，使我们可以重新飞翔。只要我们愿意放下旧的包袱，愿意学习新的技能，我们就能发挥自己的潜能，创造新的未来。我们需要的是洗心革面，需要的是自我改革的勇气与再生的决心……

85. 老鹰40岁时：

A 爪子很锋利　　B 翅膀很有力

C 尖嘴不方便用　　D 开始筑巢

86. 老鹰努力飞到山顶，是为了：

A 等死　　B 生小鹰

C 练习飞翔　　D 准备新生

87. 关于老鹰，下面哪一项正确？

A 到40岁以后羽毛更漂亮　　B 老鹰飞到山顶需要5个月

C 在山顶的过程非常痛苦　　D 努力让自己的爪子变得更长

88. 文中画线词语“洗心革面”的意思是：

A 做出困难的决定　　B 更新传统

C 学习新的技能　　D 改变自己

89—92.

在未来的5年里，牛津大学和剑桥大学有可能将被迫实施私营化，以对抗其美国同行。因为大西洋对岸已经拐走了不少英国最有前途的优等生。

事实上剑桥大学早就密切关注其美国同行的经营之道。和英国不同，美国绝大多数顶尖大学的财政是完全独立于政府的，它们采取经商、炒股或是捐赠的形式募集资金。这种方式既可以使大学设立高额奖学金，又可以将资金注入研究项目，可谓一举两得。牛津大学最近也尝试广开财路，比如正在考虑吸引一些豪门子弟、名人子女前来就学。还有报道说，已有两个美国基金会表示，如果牛津或是剑桥脱离政府的话，它们愿意出资援助。

这一系列变化将会改变英国高等教育体系的格局。由于英国政府连年推行扩大生源的计划，英国的教育系统早就面临着资金紧张的困境。相形之下，美国政府就显得高明多了，他们通过增强大学自身竞争力以吸引更多留学生，这给美国创造了每年将近80亿美元的财富。虽说有钱并不就意味着更高的水准，但“财大”就能“气粗”，看来此言不虚——现在英国越来越害怕其优秀人才大量外流到哈佛、普林斯顿等资金实力雄厚、名闻全球的美国大学。而在过去，人们普遍认为，同英国相比，美国的教育体系是相当落后的。

89. 如果牛津大学和剑桥大学实施私营化，其目的是：

**A** 不希望好学生去美国上大学

**B** 学习美国同行的经营之道

**C** 改革英国的高等教育体系

**D** 有助于摆脱资金紧张的困境

90. 根据上文，英国的大学：

**A** 水平不如美国　　**B** 招生越来越多

**C** 很难吸引留学生　　**D** 看不起美国大学

91. 英国大学的主要资金来源是：

**A** 学费　　**B** 政府拨款

**C** 基金会的资助　　**D** 经商、炒股和捐赠

92. 文中画线词语“财大”“气粗”在这里的意思是：

**A** 有钱说话就有分量　　**B** 有钱往往容易生气

**C** 有钱所以有吸引力　　**D** 有钱的人说话粗鲁

93—96.

唐兴带着课题来到贵州后，很快就注意到民工这个群体。为了能够更真实地了解他们的内心世界，在正月十六民工外出打工高峰之际，他选择了与民工同乘一列火车。

这是开往广州的488次列车。唐兴和成千上万的民工一样冲上站台，挤进车厢，争先恐后地抢占少得可怜的空座位，朝行李架上扔行李占据一个空间。他幸运地有了自己的座位，坐在对面的是一位言语不多、颇为自信的30岁左右的男子。这人在深圳打工，对每年一次返贵探亲已经习以为常，唐兴在交谈中听到的头几句是："这火车上的人不会跟你说，表面上也看不出来：其实他们怕得要命，他们前途未卜，不知道自己人生的下一站是哪儿。"

深夜11点，唐兴已经坐了整整10个小时，可相对于31个小时的旅程来说，这才过了三分之一。他感到万分不适，不管怎么在座位上折腾就是浑身不自在，脚麻，背疼，脖子僵硬。他不由得对周围的民工充满敬意——他们互相倚靠在一起取暖休息，一位不相识的青年头枕着唐兴的大腿，呼呼大睡。

他努力去找民工聊天儿，一次又一次问他们为什么离开家乡。列车到达广州时，晚点了4个小时。民工们与唐兴互道珍重，然后迅速消失在夜色之中。

一个星期后回贵阳，他选择了飞机。这次没有人跟他争抢座位，也没有烟草和垃圾的异味，没有人蹲在过道上或者靠在他身上。舒适使他一时忘记了身在异国。不过他马上想起来一周前的火车之旅，心中感叹：那些已经习惯了从10000米高空来观察民工的官员、名流和教授们，也许并不真的知道解决民工这一中国重大社会问题的答案。

93．唐兴是一个：

A 研究生　　B 名教授

C 旅游者　　D 外国人

94．唐兴坐488次列车总共用了：

A 10个小时　　B 30个小时

C 31个小时　　D 35个小时

95．根据上文，出门打工的民工：

A 非常担心自己的将来　　B 很乐意和唐兴聊天儿

C 不清楚在哪儿下火车　　D 有人抢了唐兴的座位

96．面对同车的民工，唐兴：

A 觉得可怜　　B 不太在意

C 暗自庆幸　　D 非常敬重

97—100.

记得爸爸来美国探亲的那次，因为丈夫一直公务繁忙，我一人闲得慌，正好可以陪爸爸游逛——不料他却一点儿也没有好奇心，只是整理随身带的钓竿，问有什么地方可以钓鱼。他住在我家的三个月，早上天一亮我就开车带他到海边，傍晚才接他回来，每天多少都有收获，令他信心大增。这几乎成了他一生最光荣的时刻，回台湾以后说起来都是"我在美国钓鱼的时候如何如何"，每说一次都把他钓到的鱼加大又加多。弟弟们当然不服气，偷偷一致同意，是美国鱼比较笨，不像台湾鱼这些年来被钓多了那样诡诈。

不知道为什么，好像钓鱼最大的快乐就是事后大吹一通，让同是钓鱼迷者羡慕。有人把钓鱼比作谈恋爱，不只是当时快乐，更大的好处是以后可以回忆，越回忆越美。"钓鱼而不吹牛者，几希！"以至有美国法官在一次判案时问证人："你有何办法注明他是一个诚实不吹牛的人？"证人回答："他说过他钓了一整天，一条鱼都没钓到的话。"法官接受了这样的证词。

如果问钓鱼迷："为什么你每次说起钓到的鱼大小都不一样？"他们倒是很通达地回答道："反正没人信，高兴怎么说就怎么说呗。"曾经在一家开在众多钓鱼迷回家必经之路上的鱼店里听到这个笑话："前天张太太生了个女娃，借的是某钓鱼迷称鱼专用的磅秤，你可知道小娃娃多重？一生下来就有 30 公斤！"

钓鱼季节又快到了，家里那位正好放了长假，吹嘘不了工作上的辛苦繁忙了。于是隔壁邻居问钓鱼迷准备好了没，我据实回答："大概差不多了。昨天我看到他为他的相机买了放大镜，要为钓到的鱼拍照呢。"

明白了钓鱼者的玄机，不由得为他们叫累，更由此想到，不知道鱼会不会回家也向老婆吹牛？说它今天偷吃了多大的饵，而没有被钓走。

97. 从第一段可以知道：

**A** 美国的鱼比较笨　　**B** 爸爸在美国钓到的鱼又多又大

**C** 台湾鱼比较诡诈　　**D** 爸爸在台湾可能有时钓不到鱼

98. 本文引用法官判案的例子是想说明：

**A** 诚实的人是不吹牛的　　**B** 爱钓鱼而不吹牛的人非常少

**C** 这个法官判案不太认真　　**D** 钓鱼和吹牛没有必然的关系

99. 下面哪一项正确？

**A** 作者的家人都很喜欢钓鱼　　**B** 恋爱的好处只在于事后回忆

**C** 钓鱼的真正乐趣是钓到大鱼　　**D** 爸爸在台湾不如在美国快乐

100. 根据本文，钓鱼迷不太可能：

**A** 没钓到鱼空手回家　　**B** 把钓到的鱼说得比实际上大

**C** 偷偷改装称鱼的秤　　**D** 用放大镜给钓到的鱼照相

# 三、书写

## 第101题：缩写。

（1）仔细阅读下面这篇文章，时间为10分钟，阅读时不能抄写、记录。

（2）10分钟后，监考收回阅读材料，请你将这篇文章缩写成一篇短文，时间为35分钟。

（3）标题自拟。只需复述文章内容，不需加入自己的观点。

（4）字数为400字左右。

（5）请把作文直接写在答题卡上。

刘海恍恍惚惚地从药店里走了出来，他手里抓着几粒放在小药袋子里的安眠药。终于凑够了，他心里对自己说，今天晚上就可以安然地离开这个世界了。几天来，为了凑够自杀的安眠药，刘海天天往医院和药店跑，现在这种奔波终于可以画上句号了。

再看一眼这个世界吧，这个世界尽管灰暗，尽管荒凉，尽管冷漠，但自己好歹也在这个世界上混了36年。

回去的路上，刘海走得很慢，一边走一边打量周围的人和物。

买瓶酒回去吧。刘海对自己说。古代那些江洋大盗上刑场尚且还要喝断头酒，我难道连他们都不如？

刘海走进一家商店，买了一瓶二锅头。

刘海拎着酒走了十几米，一辆自行车突然从左边的小巷里驶了出来，骑车的小伙子发现路中央有人，不停地按铃。要是在以前，刘海轻轻一闪就能让开，但是今天他的腿和脑子都不灵便，他还没有反应过来，就被自行车撞倒了，骑车的小伙子也滚到了路边。

一股酒香弥漫开来，哎哟不好，酒瓶破了。刘海爬过去捡起酒瓶一看，一瓶酒只剩下了一个底儿。

唉！人人都跟我作对，连断头酒也不让我喝。刘海狠狠地瞪了小伙子一眼。那一瞬间，刘海怔住了——小伙子是个残疾人，他只有右腿是正常的，左腿严重萎缩。小伙子正费劲地从自行车后座上取出自己的拐杖。刘海心里起了一股悲天悯人的感情。他走过去帮小伙子把拐杖取下，把他扶起，然后帮他把自行车扶了起来。

小伙子连声说谢谢。

刘海和小伙子都摔得不轻，两人把自行车推到墙边，找了个干净地方坐了下来。

“兄弟你的腿……”刘海小心翼翼地问。

小伙子眼睛暗淡了一下，旋即又恢复了正常：“我 6 岁那年发烧，医生给我打针时把腿打坏了……已经过去 20 年了……刚开始的时候，我心里一片灰暗。”

刘海心里猛地一惊。

“我高考时上了录取分数线，但因为我的腿，没有一所学校肯要我……”刘海心里又是一惊。

“后来我学会了修理电器，开了一家小店，诚信经营，生意逐渐好了起来。如今，我的店规模扩大了好几倍，既卖电器又修理电器，我今天就是上客户家修理冰箱，我还带了一个徒弟呢。”

刘海又问道：“兄弟，你别怪我多嘴，你遇到那一系列的挫折后想过自杀没有？”

“自杀？我为什么要自杀？好死不如赖活着，老天爷不想让我活得自在，我偏要活得自在！”

刘海在心里把自己骂了个狗血淋头。

“兄弟，谢谢你，你救了我的命！”刘海说，“实不相瞒，我是个破了产的商人，破产后，妻子跟我离了婚，把儿子带走了，狐朋狗友们一下子也不见了，万念俱灰之下，我想到了死。我计划今天晚上喝了那瓶酒后就吃安眠药。但是现在我改变了主意，我一定要好好活下去，一定要东山再起！”

刘海说完，掏出那包安眠药，扬手丢进了附近的水池，然后向小伙子招了招手，转身大步离去。

# 模拟考试（一）听力录音文本、答案及题解

## 》》》听力录音文本

（音乐，30秒，渐弱）
大家好！欢迎参加HSK（六级）考试。
大家好！欢迎参加HSK（六级）考试。
大家好！欢迎参加HSK（六级）考试。

HSK（六级）听力考试分三部分，共50题。
请大家注意，听力考试现在开始。

### 第一部分

第1到15题，请选出与所听内容一致的一项。现在开始第1题：

1. 音乐天才谭景方出生于中国西安，童年期间就随父母迁居广州。6岁那年，家长发现她对音乐有着特殊的敏感，于是送她去学琴。2010年，谭景方凭优异的成绩考入音乐与艺术表演大学，成为钢琴专业有史以来招收的年龄最小的学生。

2. 你知道可以将手势转换为声音的高科技手套吗？据说，它可以识别手部动作，并将其“翻译”成符号，然后可以再把这些符号转换成声音，从而完成用手势来说话的过程。新手套的发明将大大提高聋哑人的生活质量。

3. 虽然青少年喜欢通过社交网站结识朋友、联络感情，但一项调查的结果显示，近一半的调查对象喜欢的交友方式还是和朋友面对面交流。此外，33%的人喜欢通过短信与朋友沟通，7%的人利用社交网站，喜欢打电话的人只有4%。

4. 一些专家认为，男孩儿成绩不佳可能与死记硬背的教育体系有关。男孩儿爱喧闹、好动、好奇心强，但在目前的教育体系下，男孩儿被要求坐下来，集中注意力并持续数小时死记硬背。在生命的早期阶段，女孩儿在这些技巧上似乎比男孩儿强。

5. 面对日益恶化的生态环境，人们正用各种办法来维护生物的多样性，建立种子库就是办法之一。全世界目前有1750座种子库，用来长期储存植物种子。科学家希望，万一有一天所有农作物都被摧毁，人类至少还有种子能够重新开始耕种。

6. 一项最新的研究发现，当读者沉浸在某个虚构人物的世界里无法自拔时，他很有可能最终改变自己的行为方式，向那些虚构的人物靠拢。书迷们会完全将喜欢的虚构角色的感情、思想、信仰转移到自己身上，这一现象被称为“经历采集”。

7. 有三个人住在一座高层宾馆的45层。一天晚上，大楼电梯出了故障，他们不得不从大厅开始一层一层地爬楼。他们轮流说笑话、唱歌和讲故事。爬到第34层，轮到其中一个人讲故事了，他说：“我的故事不长，却最令人伤心，那就是，我把房间的钥匙忘在大厅了。”

8. 近年来，女性出游者已经成为旅游业者的重要关注对象。在旅行住所的选择上，干净、地段、价格、安全成为女性选择酒店时最关心的要素。因此，在为女性消费者选择酒店时，应当把这四个方面放在比较突出的位置。

9. 童话似乎已与成人无关，可是，我们听说过太多的人在长大以后仍然反复阅读安徒生的童话。阅读童话并非仅仅出于对童年的甜蜜回忆，成年人同样可以在童话中寻找忧伤。何况某些童话的含义，也并不是孩子能够理解的。

10. 进入21世纪后，人才网站就开始兴盛起来。一时间，似乎网上招聘要取代传统中介。不过，最近有调查显示，传统中介机构在求职市场中仍占主体地位，而有关部门也将于近日推出相应规定，以规范人才网站的招聘行为。

11. 关于白尾叶猴，有这样一个传说：村子里最年长的老人去世了，全村人都上山送葬。孩子们在山上又吃又玩，不想回家了，大人们也答应了。过了一段时间，大人到山上接孩子时，却只看见白尾叶猴了。所以老人们都相信那就是孩子们变的。

12. 今年，全国汽车需求总量将比上一年有所增长，各车型增长结构将发生一些变化。轿车仍将成为市场增长亮点，载货车需求量的增长速度将有所回升，中型车仍然下滑，轻型车将小幅上涨，而客车市场需求将继续保持较快的增长态势。

13. 一家著名的反病毒公司在过去一个半月中查出了1000例以节日为主题的电脑病毒，这些病毒都披着“圣诞快乐”“新年快乐”之类的外衣，而专家们所做的只能是警告人们“对电子邮件保持警惕，尤其是祝福类邮件”。

14. 一位乘客购买了一家航空公司的联程机票，由于航班衔接的原因，要在某个城市停留一天。起先，他担心吃住问题，结果发现他住的是星级宾馆，还有免费巴士供他游览城市。周到的服务给乘客留下了深刻印象，航空公司也因此有效地树立起了自己的品牌。

15. 今年，人才市场上供大于求的形势尤其突出，大学毕业生现在也不得不为找工作而烦恼了。此外，各大公司动不动就要求有硕士、博士的高学历，这进一步加剧了就业的严峻形势，人才高消费时代来临了。

## 第二部分

第16到30题，请选出正确答案。现在开始第16到20题：

第16到20题是根据下面一段采访：

女：4月10日，在沙漠科学考察活动新闻发布会上，从事了近二十年沙漠化研究、获得多项国家科技奖的王涛成为人们关注的焦点。王涛十二岁那年随父母从上海到了新疆。从小酷爱文学的他，高考时因为遵从父亲的意见报考了理科。从那时候起，王涛与沙漠结缘。1988年，王涛成为我国第一个沙漠化研究的博士。王博士，当初您为什么要选择研究沙漠化这个专业呢？

男：从学科角度来讲，它是一个比较冷的学科，因为这个学科本身它处在一个上升时期，它是一个发展的学科，而不像传统的学科，你很难再找到它的生长点。而在这个学科里面，你很有机会能把握住这个生长点。

女：听说您有两次机会可以离开西北的艰苦环境：一次是留在北京，一次是在日本做访问学者时留在日本。为什么没有离开呢？

男：是我的导师、沙漠科学家朱振达先生让我又回到了沙漠。导师对我讲，你要是真想搞沙漠化研究，你还是要回到兰州沙漠所来，因为这才是你的阵地。

女：那么这两次选择，今天回过头来看，您后悔吗？

男：一点儿也不后悔。我们现在有充足的经费，有一支很好的队伍，特别是我作为首席科学家承担的科技部的“973项目”，就是“中国北方沙漠化过程及其防治”，我们希望在这种强度的支持下，就是2500万的这种费用支持下，我们希望通过五年的研究，能够使我们和老一代科学家要把沙漠科学更推进一步的梦想变成现实。

女：当您把这个消息告诉导师的时候，他是不是也很高兴？

男：是，他是很激动的。当我告诉他这个消息以后，他哭了，当时我也流泪了。

女：听说您女儿的名字起得很有意思，她叫什么名字？

男：她叫王莎，“莎”是草字头下面一个沙漠的“沙”。这里有个说法，这是她爷爷起的，这表示了一种希望。这个“莎”呢，上面有“草”，下面是“沙漠”，就是沙漠变绿洲的意思。

16. 考大学时男的为什么报考了理科？
17. 男的为什么没有离开西北？
18. 当男的把有关“973项目”的消息告诉导师时，他们为什么哭了？
19. 男的有个女儿，她叫什么名字？
20. 关于男的，可以知道什么？

第21到25题是根据下面一段采访：

男：各位网友，大家好！欢迎收看新华访谈。最近我们关于读书的话题做了很多期访谈，在网友中也引起了很大的反响。今天我们再次邀请中国艺术报社总编辑李树声来这儿做客，继续与大家谈一谈读书的话题。欢迎您，李总编！

女：各位网友，大家好！

男：说起读书问题，有一项最新的全民阅读调查显示，中国国民每年每人平均阅读图书只有4.5本，远低于一些发达国家，不少发达国家是每年人均阅读十几本，有的甚至是几十本。这个数字确实非常惊人，您怎么看待中国人读书率较低这个现象？

女：首先，现在还弄不清楚这种调查的准确程度。第二，国家大了，发展也不平衡，加上我们国家边远山区比较多，那里要落后一些，相信在一些经济发展较好的地区不会是这样的数字。第三，无论怎样，对于我们这样一个有几千年读书历史的大国，看到这样的数字确实令人震惊和羞愧。但是在数字化时代，人类阅读方式日渐多样，阅读可以网上阅读和掌上阅读，如果从这个角度来看，我觉得当今时代应该是中国历史上阅读最广博、最宽泛的全面阅读时代。今年世界读书日公布，据有关媒体的数据，今年18岁到70岁的国民阅读率是72%，去年是69.7%。所以国民阅读率其实是开始增长了。当然，我们也不能不承认，对于纸质书籍，特别是经典类书籍，和以前相比阅读率肯定是低了，这种现象我想是进入商品社会后，物质欲望使人们更实际了一些，求知欲、对精神境界追求的观念淡薄了，忽略了书对人们生存、价值的实现的重要意义。所谓读书，我是这么想的，应当强调深层次的阅读，你可以有掌上阅读、数字阅读，一目十行，但深层次阅读是更需要的。读书是一个泛指，但是快餐阅读、浅层阅读仅仅是阅读，在我心里还不能与读书等同。

男：如今数字出版严重冲击传统出版业，有人预测十年内电子图书将取代纸质图书。对于您自己来说，在纸质图书和电子书之间，您有什么选择？

女：我本人还是比较注重纸质图书，注重比较传统的读书方式。但是我对电子图书也很有兴趣，十分好奇。但是如果说在十年内电子图书就会取代纸质图书，我真的没有那么悲观。十年之内，纸质图书就变成文物了，我觉得不大可能，只会少一些。科学技术的发展是阻挡不住的，人们的阅读习惯和阅读方式在经济发展很迅猛的情况下有所改变，我觉得也是必然的。如同中国曾经是纸质书籍代替竹简一样的，应该把它看作是人类阅读方式的一个变革，或者多元化。在这个问题上，我没那么悲观，两者共同存在，其实挺好的。

男：现在很多年轻人非常关注网络小说，您对网络小说是怎么看的？

女：因为我是挺忙的，看网络文学时间不是特别长，我觉得网络文学还是不太成熟，稍微有些粗糙。但我觉得网络文学还是很有前景的，它会随着网络的发展而发展。比如中国最早的诗歌、最早的笔记小说传奇，开始都是不能登大雅之堂的，后来就变成经典了。网络文学会日趋成熟，它也会有发展，那么多人关注的东西，我对它还是有信心的。

21. 关于读书话题的访谈，我们可以知道什么？
22. 女的怎么看中国人读书率低的现象？
23. 女的心目当中的“读书”指的是什么？
24. 对于纸质图书和电子图书，女的是怎么看的？
25. 关于网络文学，女的有什么看法？

第 26 到 30 题是根据下面一段采访：

女：中国交响乐团代表着我国交响乐的最高水平，能够在这个交响乐团担任指挥是很多职业指挥家一生的梦想。现在中国交响乐团的常任指挥是一位年轻的指挥家，他叫李心草。李心草最初学习的是长笛，曾经在中国广播交响乐团演奏长笛，后来考上中央音乐学院指挥系，20 多岁就开始担任中央乐团、上海交响乐团的指挥，此后又去维也纳国立音乐学院学习指挥，现在是中国交响乐团的常任指挥，同时又是中央芭蕾舞团的首席指挥。今天我们要采访的就是这位天才。心草，你好！很多人都喜欢把你称为天才的指挥家，你自己觉得怎么样？

男：人们可能是觉得 20 多岁就指挥中央乐团的人很少见吧。其实，天才应该是靠天资就能取得成就，但我不是这样的。我可以告诉您实话，我考大学考了两次，第一次呢是因为专业不合格没考上，第二次是努了一把力，我就考上了。我之所以能有成就，靠的就是非常拼命地学习。

女：你为什么要那样拼命地学习呢？

男：这要从大学一年级说起，当时我的成绩并不是很好。那么，当时还有些老师对我持有疑议，说“李心草怎么能……他这样的基础怎么能上这个中央音乐学院的指挥系呢？”当时我听完这句话以后确实受到很大的刺激，自尊心，每个人都有自尊心，那么从那时候开始，我就十分努力。现在想起来，可能我现在想做到那样的勤奋学习，都比较难。

女：那是怎么样的一个勤奋学习，你能形容一下吗？

男：其实说到“勤奋”，越勤奋的人，他的过程越简单，就是从早到晚不停地在学习，少睡觉。我记得当时上大学一年级的时候，为了这句话，为了去把握自己的名誉，我当时可能一天就只有三个小时左右的睡眠，剩下其他时间，所有的时间都在学习，没有白天没有黑夜地在学习。那么后来，后来过了几年以后，因为我的这个背谱能力呵，在指挥系他们说是有史以来比较罕见的，好多同学就问了：“哎，心草，你那个……你背谱的时候啊你怎么那么快？你有没有什么窍门儿啊？能不能教教我？”我说，有，很简单，当别人晚上呼呼大睡的时候你不要睡，跟我一块儿在你们自己的小书桌面前打开台灯，一直学习到我睡觉的时候。当然一天不行，坚持下去，坚持一段时间，我说可能你们所有的人背谱都比我还快。

女：所以虽然你在大学一年级的时候呢可能成绩不是很理想，但是到了大三的时候，你已经去指挥了当时的中央乐团和上海交响乐团，应该说是当时全国最好的两个乐团。那么这样一个好机会给你，你觉得它是出于一种偶然呢，还是一种必然？

男：我觉得是偶然加必然。机会我觉得啊永远是给有准备的人准备的。如果你没有准备，再好的机会都会从你身边溜过，你抓也抓不住。所以呢，当时就是旅美指挥家胡永严先生在中央音乐学院看了我的期末考试以后，看了我指挥完那个勃拉姆斯第一交响乐以后，他当时决定就是挑我作为他的助理指挥，然后我指挥，就去了上海交响乐团。

女：就是说你是最年轻的一个指挥，指挥他们。

男：我当时是二十一岁，指挥中央乐团，在这之前，好像还没有过。

26．男的现在是什么人？

27．为什么人们称他是天才？

28．促使男的拼命学习的原因是什么？

29．男的为什么有罕见的背谱能力？

30．男的为什么能去指挥上海交响乐团？

## 第三部分

第 31 到 50 题，请选出正确答案。现在开始第 31 到 33 题：

第 31 到 33 题是根据下面一段话：

我和严亮是同桌，又是好朋友，两家离得也很近。每天上学放学，我们俩都一块儿走。

今天，我们班考数学，有两道题我算不出来。趁老师不注意，我轻轻地碰了碰严亮，小声说："快！把最后两道题给我看一眼。"严亮没有理我。我很不高兴，心里想："哼，还是好朋友呢！"放学以后，我没有和严亮一块儿走，一个人回家了。

吃过晚饭，我正在做作业，严亮来找我。我看了他一眼，没有说话。严亮诚恳地对我说："考试的时候，我不能告诉你。那两道题我抄下来了，我给你讲讲吧。"我点点头，给严亮搬来一把椅子，请他坐下来讲。五分钟过去了，十分钟过去了……直到我把那两道题弄懂了，做对了，严亮才离开我的家。

31. 今天说话人让严亮做什么？
32. 严亮去他家做什么？
33. 通过这段话，说话人想告诉我们什么？

第 34 到 36 题是根据下面一段话：

关于教育，我相信一句话，大鸟的责任是帮助小鸟使用好它们自己的翅膀。教育，最好的目的是解放孩子，解放什么呢？解放他的潜力，解放他的潜在的特有的素质，解放他的个性，解放人的真善美，解放他们与生俱来的、他们自己独有的智慧。我觉得教育是要让学生找到自己。我记得有一次我在一个大学里访问，我去听过一次课，教授上课的时候，他提出一个观点来，让学生们跟他辩论。然后学生们就辩论起来了，最后把那个教授辩得没话可说了，样子有些狼狈。这是一个很有名的教授，我本来以为他有点儿丢面子，一定会生气，但没想到下课以后，他哈哈大笑。我说你今天是不是有点儿狼狈，他说不，他说，"学生们充分运用了他们的智慧，把我辩倒了，我就成功了，因为我启发了他们的智慧，这就是教育。"我很受启发，后来我写了一篇文章，说明智慧不是老师给你的，是老师启发你的，那是你的智慧，这才是最好的教育。

34. 说话人认为教育应该怎么样？
35. 教授和学生辩论的结果是什么？
36. 说话人讲这件事的目的是什么？

第 37 到 39 题是根据下面一段话：

电影《功夫》里演哑巴的那个小姑娘，在拍这个电影之前曾为一个化妆品拍过一个广告，报酬是 1000 元，但是她拍了《功夫》走红之后，很多厂家争着请她做他们的产品代言人，广告费高了上千倍。为什么众多厂家愿意开出天价来请明星做广告呢？研究广告的心理学家认为，名人广告可以增强广告的可信度。研究表明，消费者对一个广告的相信程度取决于消费者对信息来源和信息本身的信赖程度。当消费者对广告所宣传的商品信息知道得很少的时候，他们往往会信赖这方面的专家。名人广告正是抓住了人们的这一心理，选择使用过或正在使用某产品的名人，用切身感受来介绍产品，容易取得消费者的信任。但是这一方法有时候也会起反作用，如果明星出了丑闻，他代言的产品也会受到负面的影响。

37. 对于演哑巴的那个小姑娘，我们知道什么？
38. 广告商利用了消费者的什么心理？
39. 名人广告对产品会有什么影响？

第 40 到 42 题是根据下面一段话：

某法院的一位法官告诉记者，自从新《婚姻法》颁布实施以来，他们这里的新鲜事特别多，20 天的时间，已经受理了不少以前从来没有出现过的案例，很多人就是冲着修改后的新《婚姻法》来的。比如，男方由于不忠，在离婚时不得不赔偿女方的精神补偿费；除了买卖婚姻、重婚等早已被禁止的老问题外，更多的是妻子向法院告丈夫“包二奶”。很多案件在以前几乎都没法处理，因为那些问题在法律上是空白的，但是新《婚姻法》都分别做出了法律规定，比如像“过错赔偿”啦，像“禁止有配偶的人和他人同居”啦，等等。不少法官感慨道：还从来没有哪一部新法律像新《婚姻法》这样能引起这么多普通群众的关注，一些来告状的家庭妇女甚至都能背出相应的法律条例来保护自己的权益。这些现象说明，一个法制时代正在到来。

40. 这段话主要谈的是什么？
41. 根据这段话，原《婚姻法》对什么没有明确规定？
42. 不少法官感慨什么？

第 43 到 46 题是根据下面一段话：

有一天，长大的子女因工作、学习、结婚等原因离家以后，不少老年夫妇才忽然发现，伴随他们的，与其说是完成人生大事后的轻松和欢喜，不如说更多的是空虚和孤独。这种“家庭空巢综合征”，主要有以下一些征状：有的长时期闷闷不乐；有的出现自责倾向，如认为自己没有完全尽到责任；也有的产生埋怨子女的倾向，如认为子女只顾自己，对他们的回报不够，等等。怎样才能缓解“家庭空巢综合征”呢？

首先，亲子关系向夫妻关系转移。在许多家庭中，孩子是家庭三角关系的唯一支点。这种家庭关系容易使父母对子女产生特殊的依赖心理。所以应该及早将家庭关系的重心由跟子女的关系向夫妻两人的关系转移。

其次，更新生活内容。许多夫妻把养育子女当做个人生活的最重要内容，一旦子女长大离家后，自己原先所扮演的爸爸或妈妈的角色开始丧失，生活便空虚起来。因此必须尽快找到新的替代角色。

43. 这段话是说给什么人的？
44. 这段话主要说的是哪一类问题？
45. 根据这段话，孩子结婚后，老年夫妇常感到怎么样？
46. 说话人认为，造成“家庭空巢综合征”的原因是什么？

第 47 到 50 题是根据下面一段话：

也不知道是从什么时候开始，我被人称做“明星妈妈”了，其实我只是因为在电视台工作，常常在电视上露面而已，和“歌星”“电影明星”“体育明星”不是一个概念，自己根本没把这当回事儿。但有一天有家报纸采访我，问我明星妈妈的孩子和普通孩子会不会有什么不一样，这倒引起了我的思考。仔细回想一下，因为我的这一点儿小名气，还确实对孩子有一些影响。我记得我女儿上小学的时候，班里第一次选班干部，她得的票很高，但是有的同学就说了，是不是因为某某某妈妈是谁，她才当选的。女儿回来就哭了，她觉得很委屈，她的确学习也不错，而且特别愿意给其他同学服务什么的。后来我就跟她说，我说你有三个选择：第一，你找这个同学，和他理论一番；第二，你就不干了，这就证明你根本不在乎当不当干部；第三就是你好好儿做，到下个学期的时候看大家是不是还能选你，这就证明了你自己的能力。我说，这三个选择你自己看着办。她想了半天，说那我还是选第三个吧。对啊，我就说，第三个就挺好，你要学会正常地做自己的事，不要想着会沾妈妈的光，但也不用因为怕别人说自己沾光就什么都不敢做，不要在别人的议论下改变了自己的初衷。我觉得这方面我需要给孩子有一点儿心理的支持。因此，要说明星妈妈对孩子有影响，可能不利的影响反而会更多一些。要看清这一点，明星妈妈们应该帮助孩子从自己的光环下走出去，走自己的路。

47. 说话人是什么人？
48. 学校选班干部，女儿回家为什么哭了？
49. 对选班干部这件事，说话人是怎么做的？
50. 这段话主要谈的是什么问题？

听力考试现在结束。

# »»» 答案

## 一、听力

### 第一部分

1. C 2. B 3. A 4. C 5. D
6. D 7. C 8. D 9. A 10. B
11. A 12. A 13. C 14. D 15. B

### 第二部分

16. C 17. D 18. D 19. B 20. D
21. A 22. C 23. A 24. B 25. D
26. C 27. C 28. B 29. B 30. D

### 第三部分

31. D 32. C 33. C 34. C 35. A
36. D 37. D 38. B 39. C 40. D
41. A 42. B 43. B 44. B 45. A
46. D 47. B 48. C 49. A 50. A

## 二、阅读

### 第一部分

51. D 52. A 53. C 54. D 55. A
56. C 57. B 58. C 59. C 60. B

### 第二部分

61. B 62. D 63. A 64. C 65. D
66. C 67. A 68. B 69. C 70. A

### 第三部分

71. D 72. E 73. C 74. A 75. B
76. B 77. C 78. E 79. D 80. A

### 第四部分

81. B 82. B 83. C 84. A 85. C
86. D 87. C 88. D 89. A 90. B
91. B 92. C 93. D 94. D 95. A
96. D 97. D 98. B 99. A 100. A

# 三、书写

101.【参考答案】

面对挫折

刘海去药店买够了安眠药，恍恍惚惚地走出来，准备今天晚上离开这个世界。

刘海才36岁，其实他还是很留恋这个世界的。他一边走一边仔细看着这个世界，并打算买一瓶酒回去。

他从一家商店买了酒出来，刚走几步，一辆从旁边小路上过来的自行车突然撞上了他，骑车的小伙子也摔倒了。刘海闻到一股酒香，他爬过去一看，酒瓶子也破了。刘海狠狠地瞪了小伙子一眼，这时突然发现，小伙子是个一条腿严重萎缩的残疾人。刘海对他产生了同情，过去帮他取下拐杖，扶起车子。

小伙子连声感谢。两人走到路边坐了下来。聊天中，刘海得知小伙子6岁时发烧，医生的错误治疗使他成了残疾人。小伙子在高考时再次遭遇挫折，但他没有因此而消沉，学会了修理电器，开了自己的店，还带了徒弟。

刘海听了心里很受震动，他问小伙子受到这么多挫折后有没有想过自杀，小伙子回答说

| | | | | | | | | | | | | | | | | | | | |
|---|---|---|---|---|---|---|---|---|---|---|---|---|---|---|---|---|---|---|---|
| 从 | 来 | 没 | 有 | 。 | 刘 | 海 | 跟 | 小 | 伙 | 子 | 说 | 感 | 谢 | 小 | 伙 | 子 | 救 | 了 | 他。 |
| 刘 | 海 | 是 | 个 | 商 | 人 | ， | 破 | 产 | 后 | 又 | 遭 | 遇 | 了 | 一 | 系 | 列 | 的 | 失 | 败， |
| 今 | 天 | 是 | 打 | 算 | 喝 | 酒 | 后 | 自 | 杀 | 的 | 。 | 听 | 了 | 小 | 伙 | 子 | 的 | 话 | ， |
| 他 | 下 | 决 | 心 | 要 | 好 | 好 | 活 | 下 | 去 | ， | 而 | 且 | 还 | 要 | 东 | 山 | 再 | 起 | 。 |
| | | 他 | 扔 | 掉 | 安 | 眠 | 药 | ， | 迈 | 着 | 大 | 步 | 离 | 开 | 了 | 。 | | | |

## »»» 题解

51.（D）词语使用错误。应改为：人们需要限制在电脑屏幕前花费的时间，以免~~不要~~患上精神疾病。①

52.（A）搭配不当。应改为：这个活动的目标就是增强两国高中生在教育、环保，尤其是文化方面的交流和沟通。

53.（C）使令句缺少“使”。应改为：参与幸福感城市评选活动，使许多市民对所在城市的幸福感有了强烈的关注。

54.（D）语序错误。应改为：今年 9 月 1 日恰逢周六，部分中小学~~部分~~当天只举行开学典礼，不安排上课。

55.（A）词语搭配不当。应改为：若天气晴好，在地势较高、视野~~开朗~~开阔的地带就能看到火星和土星的近距离接触。

56.（C）词语使用错误。应改为：上海交响乐迷中近六成人士收入并不丰厚，难以承受~~不了~~百元甚至数百元的高价票。

57.（B）成分多余。最后一句应改为：不得不对文章略加删改~~一些~~。

58.（C）句式杂糅。最后一句应改为：二是签证手续越来越便利~~也是吸引游客的一大因素~~。

59.（C）连词错用。应改为：相对于网球运动，羽毛球运动对选手的体格要求并不很高，~~还~~但对耐力有更高的要求。

60.（B）句法结构不清。应改为：英国著名物理学家~~的~~预测，人类可能在 100 年内实现同外星人接触。或：据英国著名物理学家预测，人类可能在 100 年内实现同外星人接触。

① 题解中画删除线的词语是应该删除的，有下画线的词语是应该加上的。

61.（B）第一个空儿只能用“居住”“居住地”。第三个空儿只能用“意味”，它后边常出现“着”，形成“A意味着B”的句式。

62.（D）第一个空儿只能用“平均”，它表示用总数除以份额，求每个单位均匀的量。

63.（A）第三个空儿只能用“拉”，“拉近”与“距离”搭配。

64.（C）第三个空儿只能用“判断”，表示从表面现象知道其本质。

65.（D）第一个空儿只能用“面临”，与“压力”搭配。第二个空儿多用“数据”。第三个空儿从上下文来看表示的是越来越多，“增长”与“百分点”相配。第四个空儿只能用“整个”，表示一个整体。

66.（C）第二个空儿只能用“存在”，表示在秦始皇时期已经有了这座桥。第三个空儿只能用“迄今为止”，意思是到目前为止。迄今，读qìjīn，到现在。第五个空儿只能用“价值”，“有价值”表示有意义。

67.（A）第二个空儿只能用“古代”，与下文的“现代”相对应。第三个空儿只能用“成熟”，表示甲骨文是一种发展得非常完善的文字体系。

68.（B）第一个空儿只能用“成长”，表示孩子身体和思想上越来越成熟。第二个空儿只能用“提醒”，表示专家用自己的专业知识提示家长注意。第三个空儿只能用“尽量”，表示尽可能地做某事。

69.（C）第三个空儿只能用“丰满”，与“人物性格”搭配。

70.（A）第一个空儿只能用“普及”，表示随处可见。第三个空儿只能用“化”，“数字化”在这里简单地说就是指在服务中使用计算机或网络。

71.（D）从语法、文义两方面看，能放在此处只有A或D。A放在这里与上文“这个小镇很偏僻”重叠啰唆，再根据下文所述理发店情形，显然是D。

72.（E）与上句“该长的地方很短”是并列的对句。

73.（C）下文所述第二家理发店的情形，正与上段所述第一家“大不一样”。

74.（A）此处与第一段“这个小镇很偏僻，只有两家理发店”结构相同，且从文义来说，也只能是A。

75.（B）B项正是此处所缺的句子的谓语部分。

76.（B）与上句“男人选择妻子的标准是贤妻良母”并列对举。

77.（C）与上句“随着时代的变化，日本女人的婚恋观有了很多变化”语气辞意相接（“随着……变化，……也……”）。

78.（E）下文一直在说明这个意思：结婚生子、做家务会影响女性的事业，若职业妇女想要两全，就得“夫妇共同做家务”。

79.（D）下句“大丈夫式的男人在日本已经不受女人的喜爱了”，正是对上一段意思的总结。

80.（A）此处须有名词性结构来做下文“无法驾驭它（已变革的女性婚恋观）”的主语。

81.（B）原文说教授很“知名”，学生对其即将做的演讲“反应异常热烈”。

82.（B）据原文“踩到了什么东西，脚底下一滑，差点儿摔倒……教授看清楚脚下是一块香蕉皮，勃然大怒”以及下文教授骂香蕉皮的话，可知是B。

83.（C）原文说“愤怒让他的眼镜在鼻梁上跳动着，让人一下子想起被小事激怒的唐老鸭，听众席上顿时传来一阵阵笑声”。唐老鸭是美国著名幽默卡通片《米老鼠与唐老鸭》里的主人公之一。

84.（A）最后一段教授的结语，就是这个意思——凡事不能停留在嘴上。B、D不是原文的主旨。C与原文事实相反。

85.（C）原文说“尖嘴变得又长又弯，几乎碰到胸膛”。A、B与原文正好相反，原文说“爪子开始老化”“翅膀变得十分沉重”。

86.（D）老鹰到40岁，面临A或者D两种选择，根据第四段的描述，这里显然是后者。

87.（C）根据原文第四段可知。原文无A内容。B不对，原文意思是说在山顶操练5个月。D不对，原文是说把太长的爪子（指甲）拔掉。

88.（D）下文是对“洗心革面”的解释:“自我改革”“再生”。

89.（A）原文第一段说:“牛津大学和剑桥大学有可能将被迫实施私营化，以对抗其美国同行。因为大西洋对岸已经拐走了不少英国最有前途的优等生。”

90.（B）原文第三段说“英国政府连年推行扩大生源的计划”，A不合原意。C，原文无相关信息（只说美国能吸引更多留学生）。D夸大事实，原文只是说过去人们认为美国大学不如英国。

91.（B）根据原文第二段“和英国不同，美国绝大多数顶尖大学的财政是完全独立于政府的，它们采取经商、炒股或是捐赠的形式募集资金”，可知D不对，B对，再结合第三段“由于英国政府连年推行扩大生源的计划，英国的教育系统早就面临着资金紧张的困境”，可确认后者。A原文未提及。与C相关的原文是“已有两个美国基金会表示，如果牛津或是剑桥脱离政府的话，它们愿意出资援助”，又印证了B。

92.（C）因下句紧接着说“看来此言不虚——现在英国越来越害怕其优秀人才大量外流到哈佛、普林斯顿等资金实力雄厚、名闻全球的美国大学”。A不对，“说话有分量”意思是说的话，别人都听，都尊重。B、D都是对“气粗”一词望文生义。

93.（D）由第五段“舒适使他一时忘记了身在异国”可知。该段还说唐兴“心中感叹：那些……官员、名流和教授们，也许并不真的知道……”，他显然把自己排除在此三者之外，因此不是B。原文首句说他“带着课题来”，则不是C。至于A，原文无相关信息。

94.（D）综合原文第三、第四段：31个小时的旅程“晚点了4小时”，所以总共用了35个小时。

95.（A）从第二段最后“这火车上的人不会跟你说，表面上也看不出来：其实他们怕得要命，他们前途未卜，不知道自己人生的下一站是哪儿”，可知A对。又据“这火车上的人不会跟你说”和第四段唐兴“努力找民工聊天儿”，可知B不对。C不对，因“不知道……下一站是哪儿”在原文只是个比喻。原文没有与D相关的信息。

96.（D）原文第三段说，“他不由得对周围的民工充满敬意”。

97.（D）B是爸爸自己吹牛，A、C是弟弟们的解嘲。爸爸在美国天天能钓到鱼，“成了他一生最光荣的时刻”，回台后常常吹嘘，再结合弟弟们说的A与C，可知D对。

98.（B）原文的主旨就是讲钓鱼的人都喜欢吹牛，这个例子前的“钓鱼而不吹牛者，几希！”一句也是此意（“几希”是古文，意思是非常少）。

99.（A）见原文第一段、第四段，作者的爸爸、弟弟、丈夫（后文中“家里那位”也指她的丈夫），无不喜欢钓鱼。原文第二段说，“……谈恋爱，不只是当时快乐，更大的好处是以后可以回忆”，所以B不对。同在第二段：“钓鱼最大的快乐就是事后大吹一通”，C也不对。

100.（A）原文第三段提到有鱼店开在钓鱼迷回家的必经之路上，可推知即使没钓到鱼，钓鱼迷也会在鱼店买鱼带回去吹牛，所以选A。C不对，见第三段的笑话。D不对，见第四段。

HSK

# 第三单元 03

## 听　力

| 听　力 | | | |
|---|---|---|---|
| **总题数** | 50 题 | **考试时间** | 35 分钟（最后另有 5 分钟填写答题卡） |
| **考试内容及题数** | 第一部分 | 听一小段话，判断哪个选项与所听到的话在内容上一致 | 15 题 |
| | 第二部分 | 听一段采访，选择问题的正确答案 | 15 题 |
| | 第三部分 | 听一段短文，选择问题的正确答案 | 20 题 |

# 第 1 课 听力第一部分（听段落，判断对错） 1

## 题型与特点

### ● 题型

听力第一部分有 15 题，每题考生会听到一小段话，在试卷上有四个选项，每个选项是一句话。考生应该从四个选项中选择出哪个选项与听到的话**在内容上一致**。每段话只听一遍。**在每段话后面不问问题。** 例如：

**【例 1】** 03-1-1

你在试卷上看到选项：

A 年轻人在睡觉

B 椅子是小孩的

C 小孩想坐那个椅子

D 椅子上刚刷了油漆

你从录音中听到：

一个年轻人坐在公园的长椅上休息，有个小孩儿站在他旁边很久，一直不走。年轻人问："小朋友，你为什么站在这里不走，有什么事儿吗？"小孩儿说："这个椅子刚刷了油漆，我想看看你站起来会是什么样子。"

答案 D（样卷①第 1 题）

### ● 特点

这一部分的题型有两个特点：

1. 常见的听力题在对话或讲话后面都要问问题，但是这个题型在每段话后面**不问问题**，考生只需要把内容一致的那个选项选出来就可以了。考生了解了这个特点，就可以**一边听一边选择**，不用等问题。

2. 每段录音都是一小段话，一般不到 100 字，没有对话，都是一个人读的。内容有笑话、趣闻、议论、介绍等。

① 见国家汉办《新汉语水平考试大纲 HSK（六级）》中的样卷。

## 考点与难点（一） 长选项

### ● 说明

这一部分的每个选项都是一句话，一般都是陈述句，每个句子可能有长有短，一般按照从短到长排列。尽管每个语段后面不提问题，但可以认为，每题实际上提的是一个相同的问题：**下面哪句话正确？**和其他题型比，这个题型的选项一般比较长，这是这一类题的一个难点。例如：

【例 2】 03-1-2

A 红叶文化节举办一天
B 香山一年四季都有红叶
C 红叶文化节每年 11 月举行
D 人们喜欢秋天去香山看红叶

[ 录音 ]

秋季来临，很多北京市民会选择去香山观赏枫叶。香山“红叶文化节”一般在十月中旬举行，并持续到十一月份。如果不受特殊天气的影响，香山的枫叶将一直“红”至十一月中旬。

答案 D（样卷第 5 题）

这是一个介绍北京人秋天去香山看红叶的语段。从选项上看，每个选项都是一个陈述句，内容都和红叶有关。其中只有“D 人们喜欢秋天去香山看红叶”完全符合这个语段，其他三个选项在意思上都不完全符合，“A 红叶文化节举办一天”“C 红叶文化节每年 11 月举行”不对，因为是从 10 月中旬到 11 月。“B 香山一年四季都有红叶”不对，因为每年秋天才有。语段不长，只有 70 字，但四个选项就有 46 个字。

【例 3】 03-1-3

A 桂林的历史不长
B 桂林在广西南部
C 桂林经济比较落后
D 桂林是一个旅游城市

[ 录音 ]

桂林位于广西东北部，它拥有“甲天下”的山水风光、悠久的历史文化、多彩的民族风情、一流的生态环境和独特的城市风貌。桂林是一个适合人类居住的城市，一个可以满足现代人多元化旅游需求的国际旅游城市。

答案 D（H61001①第 10 题）

这是一个介绍桂林的语段，四个选项是关于桂林的四个陈述句。根据这个语段，桂林有“悠久的历史文化”，所以“A 桂林的历史不长”不对；桂林位于广西东北部，

① H61001 为《新汉语水平考试真题集 HSK 六级》(2010) 中的第一套题。以下类推。

所以"B 桂林在广西南部"不对；桂林有"一流的生态环境和独特的城市风貌"，所以"C 桂林经济比较落后"不对；桂林是"一个可以满足现代人多元化旅游需求的国际旅游城市"，所以"D 桂林是一个旅游城市"正确。

## ● 常见错误

1. 不习惯这种题型。这种题型只有一个短小的语段，**后面没有问题**，有的考生不习惯这种题型，语段听完了还在等问题，结果耽误了答题时间。

2. 来不及读选项。一些考生习惯听完录音再读选项，由于这部分试题的选项比较长，都是句子，一些考生来不及读，或有些细节在听的时候没有注意，读完选项不知道该选哪个。

## ● 应试策略与技巧

1. **先读选项，有重点地听**　由于四个选项一般是四个陈述句，听之前就要很快地把选项看一遍。你会发现，每个选项中的**共同部分**应该就是这个语段的主要内容。如，在例 2 中每个选项中都有"红叶"，"红叶"就是这个语段的主要内容。你还会发现每个选项的不同，比如例 2 中在香山红叶及文化节的时间上四个选项不同，这就是听的重点。读了选项以后有重点地听，看着选项听录音，就能较快地排除错误选项，抓住正确选项。再如：

**【例 4】** 03-1-4

A 面试时穿着最重要
B 面试一般只要 3 分钟
C 找工作的关键是谦虚
D 面试时第一印象很重要

[ 录音 ]

"前三分钟定终身"，找工作时你给面试考官的第一印象，从言谈举止到穿着打扮都将直接影响你被录取的机会有多大。要彬彬有礼，但不要显得过分殷勤；要大方得体，但不要拘谨或过分谦虚。

答案 D（H61001 第 6 题）

看了这四个选项可以知道录音的内容与面试、找工作有关。看着选项有重点地听就容易抓住正确选项。

2. **边听边答题**　对于听力录音后面提问题的题型，考生必须要等问题提出来之后才能答题。但是第一部分这种题型不一样，由于录音后面不提问题，考的就是选项的四个句子与录音中的语段是不是一致，因此，不必等到录音结束，就可以边听边答题。另外，正因为录音后不提问题，每个选项的信息就非常充分，不需要考虑问题就可以直接判断对错。例如例 3，如果是看着选项听录音，听了第一句话"桂林位于广西东北部，它拥有'甲天下'的山水风光、悠久的历史文化、多彩的民族风情、一流的生态环境和独特的城市风貌”，就可以马上断定“B 桂林在广西南部”“A 桂林的历史不长”“C 桂林经济比较落后”是错的。再如：

【例 5】 03-1-5

A 不渴时不要喝水
B 运动前不要多喝水
C 平时多喝水很重要
D 每天应该喝 8 杯水

［录音］

很多人认为不渴就不用补水。专家告诉我们，并不是口渴时才需要喝水，当觉得口渴时，表示身体已经是缺水的状态了，所以正确的喝水方式，就是平常要多补充水分，等口渴才喝，就来不及了。

答案 C（H61001 第 2 题）

这道题也可以看着选项边听边做：听到“专家告诉我们，并不是口渴时才需要喝水”时就可以把 A 排除，听到“所以正确的喝水方式，就是平常要多补充水分”时就能确定正确选项是 C。B 和 D 都没提到。

## 练习（一） 03-1-6

**听录音，选出与录音内容一致的选项**

1．A 新同学提前上网联系
B 开学前要预订大学宿舍
C 大学已经开学一个月了
D 不同专业的学生互相交流

2．A 香港男性比女性更长寿
B 香港男女寿命都是最长的
C 日本女性保持了长寿纪录
D 香港女性平均寿命是 80.5 岁

3．A “我”现在最关心谁赢
B “我”写过奥运的故事
C “我”看奥运的关注点变了
D 对任何一个选手都应该欣赏

4．A 孩子常常不遵守规则
B 读书是学习合作的途径
C 孩子在家里学习与人交往
D 玩儿足球、篮球能培养社会能力

5．A 有新东西为盲人领路
B 导盲犬和其他宠物相同
C 最近全国地铁有了新规定
D 杭州的导盲犬可以上地铁

6．A 他的名字叫徐半尺
B 他是位著名的书法家
C 他会检查名牌产品的真假
D 他辨别真假书画的水平很高

## 考点与难点（二）　　笑话、趣闻

### ● 说明

HSK（六级）听力第一部分的各种试题不存在设问角度问题，其差别主要在语段的体裁方面。各类体裁有其自身的特点，形成了不同的难点。在这些体裁中，有一类是笑话、趣闻。例如：

【例 6】 03-1-7

A 丈夫很聪明
B 妻子丢了东西
C 夫妻俩最后离婚了
D 丈夫喜欢收拾房间

[录音]

一对夫妻吵架后好几天都不说话。这天，丈夫想和妻子说话，可妻子不理他。丈夫于是在家里到处乱翻。妻子最后忍不住了："你到底找什么呀！""谢天谢地，"丈夫高兴地说，"终于找到你的声音了。"

答案 A（样卷第 9 题）

这是一段生活中的小趣闻，讲的是夫妻吵架后丈夫怎么想办法让妻子开口说话。由于丈夫的真正目的是让妻子说话，在家里到处乱翻是故意做出来的，因此，选项中"B 妻子丢了东西""D 丈夫喜欢收拾房间"都不对，"C 夫妻俩最后离婚了"并没提到。由于最后妻子终于说话了，丈夫的计谋成功了，所以"A 丈夫很聪明"是对的，尽管这句话在这段话中并没出现，但是可以做出这样的推测。

再如：

【例 7】 03-1-8

A 他们去动物园了
B 他们遇到了老虎
C 生物学家吓晕了
D 经济学家一直在跑

[录音]

生物学家和经济学家在树林中散步，突然碰到一头大黑熊。经济学家扭头就跑。生物学家说："别跑了，我们跑不过黑熊！"而经济学家一边狂跑，一边回头说："我虽然跑不过黑熊，但我跑得过你！"

答案 D（H61001 第 1 题）

这是一段笑话，讲一个经济学家和一个生物学家遇到黑熊后各自的表现和想法。这个笑话隐含的可笑之处是经济学家的最后一句话："我虽然跑不过黑熊，但我跑得过你！"意思是我只要跑得比你快就行，那样黑熊吃掉的就是你。不过选项并没有考这个隐含的意思，考的只是笑话中说到的一些句子。录音中说是在树林中散步，所以“A 他们去动物园了”不对。他们遇到的是黑熊，所以“B 他们遇到了老虎”不对。生物学家还能说话，所以“C 生物学家吓晕了”不对。经济学家一边狂跑，一边回头说话，所以“D 经济学家一直在跑”对。这道题考的是细节。

## ● 常见错误

1. 没有抓住笑话的**最后一句话**。一些考生平时听汉语的笑话趣闻比较少，听不懂这些笑话趣闻的可笑之处，抓不住笑话的最后一句话，甚至听不出笑话已经讲完了，影响了答题。

2. 抓不住笑话的**细节**和**言外之意**。有的考生抓不住那些在故事中没有直接讲到的需要推测的言外之意，也有的考生认为正确答案一定是笑话的言外之意，没有注意故事中的其他细节，因此会感到没有一个选项是正确的。

## ● 应试策略与技巧

**1. 注意最后一句话** 笑话、趣闻的一个重要特点是：笑话的逻辑与日常生活中的逻辑有所不同，结局往往出人意料，故事的最关键的一句话常常是最后一句话，如例 1 那个笑话的最后一句话“小孩儿说‘这个椅子刚刷了油漆，我想看看你站起来会是什么样子。’”说出了那个小孩儿站在旁边的目的是想看那个年轻人裤子上沾满油漆的可笑样子。这就是笑话的结构特点，其引人发笑的那句关键的话在最后一句，听的人这时哈哈大笑，笑话就完了。因此，考生在听到笑话时，就要注意听故事的最后那句能使人笑的话，当最可笑的那句话说完后就要知道笑话已经讲完了，不必再等，赶快答完试题。再如：

**【例 8】** 03-1-9

A 小李被罚款了

B 小李今天没开车

C 小李的事情没办完

D 小李找到一个停车位

[ 录音 ]

小李出门办事，到了目的地发现没有停车位，只好把车停在马路边。他在玻璃上留了一张纸条，上面写着：“我来此办事。”回来的时候，玻璃上多了一张警察的罚单，而且那张纸条下多了一行字：“我也是。”

答案 A（H61002 第 5 题）

这个笑话的最后一句话是：回来的时候，玻璃上多了一张警察的罚单，而且那张纸条下多了一行字：“我也是。”“那张纸条”指小李写的“我来此办事。”的纸条。警察加的一行字“我也是。”意思是他也来此办事，他办的事就是贴罚单。

**2. 注意笑话的细节与言外之意**　笑话、趣闻在体裁上还有一些特点。首先，笑话是一种故事，有不少细节。第二，可笑之处经常是隐含的，没有直接说出来，是言外之意。例如在例 6 中，这段趣闻的言外之意是说丈夫终于想办法让妻子说话了，因此“A 丈夫很聪明”是对的。言外之意是笑话趣闻的核心，可以考查考生是否听懂了这则笑话趣闻，是一个考点。但是应该注意，并不是每个笑话的正确答案都是故事的言外之意，例如例 7 的言外之意应该是那个经济学家想让黑熊吃掉生物学家，以免吃掉自己，但这一点并没有考，考的只是故事里的一些细节。

**【例 9】** 03-1-10

A 桶里有啤酒
B 桶里是广告
C 桶里写着四个字
D 门口有很多啤酒瓶

[ 录音 ]

有一家餐饮店在门口摆了一个很大的啤酒桶，上面写着“不可偷看”四个大字。路过的行人很好奇，走过来弯下腰把脑袋伸到桶里探个究竟。桶里写着“我店啤酒，与众不同，五元一杯，请您品尝”。

答案 B（H61003 第 9 题）

在这个笑话中，啤酒桶和上面写的字是重要的细节，言外之意是这家餐饮店利用人们的好奇心做广告。

## 练习（二） 03-1-11

**听录音，选出与录音内容一致的选项**

1. **A** 孩子白天爱哭
   **B** 张先生唱歌很难听
   **C** 张先生家的房间很小
   **D** 人们听不见隔壁的声音

2. **A** 小华送姑姑礼物
   **B** 姑姑让小华很高兴
   **C** 小华考试成绩不好
   **D** 送礼物后姑姑问他成绩

3. **A** 小明不爱看电视剧
   **B** 小明作文写得很长
   **C** 老师相信了他的话
   **D** 小明家的电视机坏了

4. **A** 儿子不讲道理
   **B** 爸爸随便打儿子
   **C** 儿子刚才做了好事
   **D** 儿子的回答很聪明

5. **A** 夫妻兴趣相同
   **B** 他懂妻子的心理
   **C** 他在追求别的女孩
   **D** 妻子刚进时装店一会儿

6. **A** 兄弟当选了
   **B** 他们有两张票
   **C** 他们的妈妈最漂亮
   **D** 同学们都选同一个人

### 本课小结

- **主要考点难点：** 1. 长选项；2. 笑话、趣闻。
- **考生常见错误：** 不习惯这种题型，来不及读选项；没有抓住笑话的最后一句话，抓不住笑话的细节和言外之意。
- **主要应试策略：** 先读选项，有重点地听，边听边答题；注意最后一句话，注意笑话的细节与言外之意。

## 课后练习 03-1-12

**听录音，选出与录音内容一致的选项**

1. **A** 开学时网上有篇短文
   **B** 做一百件学习方面的事
   **C** 短文中是孩子容易做的事
   **D** 中国家长不同意美国的做法

2. **A** 晒太阳对身体有好处
   **B** 天热运动时应注意三点
   **C** 体力消耗小锻炼没有用处
   **D** 运动后要多喝水补充水分

3. **A** 歌手都需要喝奶茶
   **B** 奶茶里一定要放黄油
   **C** 一个电视节目介绍了奶茶
   **D** 奶茶是蒙古族招待客人才喝的

4. **A** 这两个词色彩不同
   **B** 爸爸节约妈妈小气
   **C** 这两个词的意思相反
   **D** 买东西时用这两个词

5. **A** 母亲想教女儿开车
   **B** 女儿的回答是应该开车
   **C** 女儿同意用两条腿走路
   **D** 母亲真不知道所以问女儿

6. **A** 儿子很会写作文
   **B** 作文是儿子自己写的
   **C** 老师说那是篇优秀作文
   **D** 作文写的是爸爸的爸爸

7. **A** 妈妈也偷东西
   **B** 明明买了新的本子
   **C** 老师发现明明偷本子
   **D** 妈妈鼓励孩子这样做

8. **A** 年轻人跟强盗搏斗
   **B** 下午父子俩往家走
   **C** 强盗一下扑到父亲身上
   **D** 父亲死了保险公司会赔钱

9. **A** 老麦开车卖粽子
   **B** 作家天天见到老麦
   **C** 老麦相信他的粽子最好
   **D** 中学语文课教怎么包粽子

10. **A** 公司有几十个人
    **B** 公司的业务是卖番茄
    **C** 公司里大家平等没有官
    **D** 小云上学时和朋友办公司

11. **A** 这部小说的作者一直很富有
**B** 这部小说是在大学时候写的
**C** 这部电视剧演官员与商人的关系
**D** 男女青年适合收看这部电视剧

## ►►► 第1课练习录音文本及答案

**【录音文本】**

**练习（一）**

1. 大学宿舍几个人一间？哪个老师的课最好？现在离新学期开学还有一个月，但不少新学生已经提前在网上了解学校的各种情况，找同专业的同学交流即将开始的大学生活。

2. 香港女性去年平均寿命达到86.7岁，打破了日本女性保持了26年的纪录，成为全球最长寿的地区。香港男性平均寿命是80.5岁，也是全球之首。

3. 我爱看奥运，但现在看奥运的感觉有些变化。以前更关注成绩，现在更关注奥运背后大大小小的故事。可能这是一种成长吧。我觉得对于每个公平竞争的选手，不管输赢，都要尊重和欣赏。

4. 运动是培养孩子社会能力的最有效的途径。特别是足球、篮球这些集体活动，孩子在这些活动中可以学会与别人交往、合作、领导、制定规则和遵守规则等多项技能。

5. 导盲犬是为盲人领路的狗，它不同于其他宠物，它是盲人离不开的帮手。但是在中国多数城市里，导盲犬和其他宠物一样是不能上地铁的。最近，杭州的地铁做了一个新规定：乘客严禁携带宠物乘车，但盲人携带导盲犬除外。

6. 徐邦达先生是中国著名的书画鉴定专家，他的工作就是检查一些古代书法作品或国画作品是真的还是假的。传说他鉴定书画时，卷起来的画儿只展开半尺，他就已经能够分辨出真假，所以别人也叫他“徐半尺”。

**练习（二）**

1. 张先生家的房子墙很薄，有什么声音隔壁都能听见。他有个很小的孩子，爱哭。这天夜里，孩子又哭了起来。张先生怕吵着邻居，决定唱一个歌儿哄孩子睡觉。结果刚唱了几句，隔壁就传来了抗议声：“别唱啦，还是让孩子哭吧！”

2. 小华的姑姑来了，见到小华就对他说：“小华，我要送你一件礼物，让你高兴高兴！”小华说：“谢谢姑姑！”姑姑又说：“不过，给你礼物之前，我要问问你的考试成绩。”小华一听就说：“如果您真想让我高兴，就别问我的成绩。”

3. 这一天，老师要同学们晚上在家里看一集少年电视剧，然后写作文。小明没看电视剧，第二天，他写了一篇两个字的作文：“停电！”老师见了，说他撒谎，不可能停电，叫他晚上看两集后再写一篇。小明还是没看，写了一篇五个字的作文："电视机坏了。"

4. 爸爸对儿子说："你知道我为什么要打你吗？"儿子回答："不知道啊，爸爸。为什么呢？"爸爸说："因为你打了比你小的孩子。"儿子说："可是我比你小呀，你为什么要打我呢？"

5. 一个小伙子在时装店门口不耐烦地看着手表，这时过来一个漂亮女孩儿，小伙子对她说："你能和我说句话吗？"女孩儿问："为什么？"小伙子说："我妻子进这个店已经一个多小时了，如果她见我和你说话……"没等他说完，他妻子已快步走出来，挽着他离开了。

6. 放学回家，一对双胞胎兄弟兴奋地告诉母亲："妈妈，今天我们全班同学要选一位最美丽的妈妈，结果你当选了。"母亲很高兴，问："他们怎么知道我最美丽？"双胞胎兄弟说："每个同学都投自己妈妈的票，我们俩都选你，所以你当选了！"

## 课后练习

1. 暑假时，网上的一篇短文引起了人们的兴趣，短文的题目叫"美国小学生暑假要做的100件事"，什么事呢？去海边、去图书馆、看场电影、去爷爷奶奶家玩儿……中国的孩子和家长看了挺羡慕，但这都是我们能做到的呀！

2. 在夏天运动时要注意：第一，温度高时不要运动过久，也不要剧烈运动，以防止体力消耗过大，太阳晒得太厉害会伤害皮肤。第二，不要空着肚子运动，那样对胃没有好处。第三，运动后口渴不要一下子喝太多水，那样会增加心脏负担。

3. 一位从草原上来的蒙古族歌手向我们介绍奶茶，他说：奶茶是我们蒙古族经常吃的早饭，一般是用茶、盐和牛奶来做。如果来了客人，才会像电视节目《舌尖上的中国》里拍的那样，另外加入黄油，表示隆重和对客人的尊敬。

4. 儿子问爸爸："'节约'与'小气'这两个词有什么不一样啊？"爸爸说："当我舍不得给自己买东西的时候，你妈妈就说我是'节约'；但是，当你妈妈跟我要很贵的东西，我舍不得给她买的时候，她就说我是'小气'。"儿子说："明白了，两个词色彩不一样，一个好，一个不好。"

5. 有个女孩儿每次要出去时都要让她母亲开车送她，母亲觉得这样对孩子没好处，应该让她自己走路，就教育女儿说："你说说，咱们的两条腿是用来干什么的？"女儿回答说："一条腿用来刹车，另一条腿用来踩油门儿。"

6. 今天的作文是《我的爸爸》，儿子不会写，他爸爸说："我替你写。"第二天儿子回家，爸爸问："那篇作文是不是优秀作文？"儿子说："不是，老师说写得离题了。"

爸爸说："不会吧？作文的题目不是《我的爸爸》吗？"儿子说："是啊，可您写的是我爷爷呀！"

7. 妈妈回家，见明明有一个新的练习本，就问他："明明，你的练习本是哪儿来的？"明明低下头，小声说："是学校办公室的，我今天见办公室没人，就拿了两本。"妈妈一听就生气了，批评明明说："这怎么行？你怎么能偷东西呢？我从办公室拿回来的还不够你用吗？"

8. 一天晚上，一个年轻人和他的老父亲正在往家走，突然出来一个强盗，他把枪口对准年轻人说："把钱给我！"老父亲一下子扑到强盗身上，向儿子喊："快跑！"那强盗吃惊地说："你这老头儿，不要命啦！"老父亲说："对，你开枪吧，我有人身保险。"

9. 有位作家写过一篇文章叫《老麦的粽子》，被选入了中学语文课本。作家小时候，每到过节，老麦都来卖粽子，他骑一辆旧自行车，有两个大铁桶，都是粽子。他的粽子都是自己做的，他认为是天下第一，谁对粽子质量有怀疑，他好像就要和谁拼命。

10. 上中学时，小云和几个朋友组建了一个学生公司，业务是设计和销售T恤衫。他们把年轻人的想法印在T恤衫上，卖给各个学校的同学，很受欢迎。他们给公司取名叫"番茄"公司。别看公司只有几个人，但公司里的各种官儿都有，小云就是首席营销官。

11. 这部电视剧是根据同名小说改编的，演的是社会中官员、商人之间的复杂关系。小说作者原来是一名大学教师，后来辞职经商10年，曾经非常富有，但因为一个经济案子被关进监狱，这本小说就是在监狱中写的。导演说，这部电视剧很适合中年男性观众收看。

**【答案】**

练习（一） 1. A 2. B 3. C 4. D 5. D 6. D

练习（二） 1. B 2. C 3. A 4. D 5. B 6. B

课后练习 1. C 2. B 3. C 4. A 5. B 6. D 7. A 8. D 9. C 10. D 11. C

# 第 2 课　听力第一部分（听段落，判断对错）2

## 考点与难点（三）　议论

### ● 说明

在听力第一部分的录音中，从体裁上看，有一个大类是议论，即说话人对某一个问题谈自己的看法。例如：

【例 1】 03-2-1

A 读书有许多好处
B 老师是最好的朋友
C 父母是最好的老师
D 现代人不喜欢读书

[ 录音 ]

“开卷有益”这个成语的意思是读书就会有所收获。毫无疑问，书是人类最好的朋友、最好的老师，是人类获得知识的重要途径之一。博览群书能使人拥有高深的学问，能言善辩，受人尊重。

答案 A（样卷第 2 题）

这是一段对于读书的议论。四个选项是四个陈述句，只有“A 读书有许多好处”与这段话相符，“B 老师是最好的朋友”“C 父母是最好的老师”尽管一般而言是对的，但不是这段话所强调的，“D 现代人不喜欢读书”则没有提到。

再如：

【例 2】 03-2-2

A 机会越多越好
B 机会多会让人犹豫
C 做决定前要多思考
D 犹豫有时候会带来好处

[ 录音 ]

机会并不是越多越好，当你的面前只有一条路时，或许你会坚定地走下去，最终到达目的地。但当你有很多机会时，或许你会与成功擦肩而过，因为你在很多时间里都在犹豫，而机会经常在犹豫中失掉。

答案 B（样卷第 6 题）

这是一段谈论机会的语段。说话人的观点与一般人的观点有所不同，并不认为机会越多越好，相反认为机会很多会使人在犹豫中失去机会。因此，“A 机会越多越好”“C 做决定前要多思考”都不对，“D 犹豫有时候会带来好处”没提到，只有“B 机会多会让人犹豫”是对的。

## ● 常见错误

1．抓不住观点。有些考生抓不住语段的观点，只抓住一些词句，所以选不对。

2．受常识的误导。凭常识进行判断，认为某个选项有道理就选某一选项，结果选错；或认为几个选项都有道理而不知道该选什么。

## ● 应试策略与技巧

1．**抓住观点**　议论就是**谈观点**，听力第一部分每段录音只是一个语段，因此一般只集中议论一个问题，集中表明**一个观点**。在论述一个观点的时候，说话人会用到很多方法，像解释成语（如解释“开卷有益”）、比喻（如把书比喻成老师、朋友，把机会比喻成路），会用到很多相关的词语，这些词语都是为了集中论述一个观点。因此，在听议论语段的时候，不能听到什么选什么，而应该抓住这一段话说话人集中说明的观点。再如：

【例 3】 03-2-3

A 春天播种很艰辛
B 二十几岁是人生的春天
C 聪明的农夫会选择夏季
D 有些种子适合夏季播种

［录音］

二十几岁是人生的春天，这个春天非常短暂，如果不及时播下种子，等到了夏天再播，种子就不易发芽了，即使发芽了，成长的过程也会变得非常艰辛。因此，聪明的农夫绝不会错过春天这个播种的最佳季节。

答案 B（H61001 第 7 题）

这段话的观点就是第一句话，其他的话都是对这句话的说明。

2．**不要受常识的误导**　议论语段的选项一般每一个都是一个观点，这些观点如果从常识的角度来看，每一个可能都是对的，如“做决定前要多思考”“父母是最好的老师”等，因此很有迷惑作用。但是听力第一部分要求考生判断的并不是每个选项的观点本身是否正确，而是哪个选项的观点与听到的语段内容一致。事实上，出题人在选择录音语段的时候，有时会选一些与一般人的观点不同的观点，这样，只有真正听懂了才能选对，而如果凭常识选择，就会选错。如例 2，谈机会，按照常识，一般人的观点是机会越多越好，而说话人的观点正好与常识不一样，认为机会多了反而容易犹豫，从而错过机会。所以如果听不懂录音，凭常识选择就被干扰住了。当然，也不能因此走向反面，专门选与正常思维不同的选项，如例 2 的“D 犹豫有时候会带来好处”，尽管不是常识，与说话人的观点也不一样，因此也不是正确答案。要做对，只有努力去听懂说话人的观点。再如：

【例 4】 03-2-4

A 很多人反对“晒工资”
B 女人的年龄不再是秘密
C 越来越多的人在网上购物
D 有人在网上公布自己的收入

[录音]

“男人的钱包、女人的年龄”被人们视为现代职场中的两大秘密，不过在网络上，很多人正热衷于把自己的详细收入甚至日常开支都展示出来，网民们给它起了个生动的名字叫“晒工资”。

答案 D（H61001 第 11 题）

按照常识，个人的工资是隐私，应该保密，如果按照常识回答，首先就会把 D 排除掉而认为 A 是对的，但是晒工资的人的想法正好相反，因此 D 是对的。

## 练习（一） 03-2-5

**听录音，选出与录音内容一致的选项**

1. A 读书比看电视更花时间
   B 他更愿意读《公司的力量》
   C 看这个电视片可以引起思考
   D 他看了电视片里的许多精彩画面

2. A 怀孕后变傻是心理作用
   B 个别人怀孕后经常忘事
   C 中年后注意力不容易集中
   D 父母往往会更加关注孩子

3. A 他同意人们的看法
   B 他要走遍所有的路
   C 他决定不参加高考
   D 这件事不能告诉父母

4. A 他孩子对他又爱又怕
   B 孩子对父母应随便些
   C 应该认真听外人的意见
   D 外人说他孩子对他很有礼貌

5. A 沉思使人精神自由
   B 无数人用同样方式沉思
   C 人们对盘腿沉思的起源观点相同
   D 最早盘腿沉思的确实是古印度人

6. A 自信者不与人比较
   B 容易满足者缺乏信心
   C 与人比较能促使自己努力
   D 有自信的人不安于已有的东西

## 考点与难点（四） 介 绍

### ● 说明

听力第一部分的语段内容，从体裁上看，除了笑话趣闻、议论以外，还有不少是介绍。例如：

【例 5】 03-2-6

A 他非常幽默
B 他父亲非常有名
C 他的一生很短暂
D 他拍了许多电影

[录音]

他是一个银幕传奇，他是一代武打巨星，他创立了截拳道，他将中华武术传播海外。他的一生很短暂，只留下四部半影片，却足以让全世界热爱武术的影迷回味一生。他就是功夫之王李小龙！

答案 C（样卷第 15 题）

这是一段介绍功夫片明星李小龙的语段。四个选项都是对一个人的四个描述。其中“A 他非常幽默”“B 他父亲非常有名”说话人都没有提到。“D 他拍了许多电影”与录音内容不符，录音中说他“只留下四部半影片”。和录音内容相符的是“C 他的一生很短暂”，所以 C 是正确答案。

【例 6】 03-2-7

A 婴儿应该少吃
B 婴儿应多喝牛奶
C 婴儿食物应该多样化
D 许多婴儿爱吃一种食物

[录音]

很多父母习惯只给婴儿吃少数几种食物，但专家表示，大多数婴儿六个月大时就可以安全进食多种食物，他们认为给孩子提供多样化食物有好处，可以帮助他们长大后适应不同种类的食品。

答案 C（样卷第 7 题）

从选项上可以猜出这是一段介绍婴儿饮食的语段。“A 婴儿应该少吃”“B 婴儿应多喝牛奶”都是常识，但录音中并没提到。“D 许多婴儿爱吃一种食物”与录音不符，录音中说“很多父母习惯只给婴儿吃少数几种食物”。这段话强调的是“婴儿六个月大时就可以安全进食多种食物”“提供多样化食物有好处”，所以“C 婴儿食物应该多样化”是对的。

## • 常见错误

1. 感到内容杂，抓不住头绪。这部分的内容有人物介绍、词语解释、生活知识、科普知识、简短新闻等，内容杂，有各方面的词语，一些考生感到抓不住头绪。

2. 感到有的句子长、复杂。这部分有的语段有一些比较长、比较复杂的句子，一些考生感到在理解上有难度，或者出现理解错误。

## • 应试策略与技巧

**1. 充分利用选项** 要解决录音内容杂、词语范围宽的问题，一个比较好的办法是充分利用选项。由于这个题型没有提问，每个选项都是一个信息比较丰富的陈述句，因此录音中的很多信息都会从选项中首先透露出来。如：

【例 7】 03-2-8

A “春运”指火车运输
B “春运”和汽车无关
C “春运”指春节期间的运输
D “春运”的“春”指的是春天

[录音]

快到春节了，常常听到“春运”这个词，“春运”是什么意思呢？“春”就是指中国最传统的节日“春节”；“运”就是指“运输”。“春运”就是指春节期间的运输，主要包括火车、飞机、汽车等交通工具的运输情况。

答案 C（样卷第 8 题）

【例 8】 03-2-9

A 少喝矿泉水好
B 矿泉水有益健康
C 矿泉水不含矿物质
D 矿泉水对身体不好

[录音]

矿泉水是指未经污染、从地下深处自然涌出或人工开采所得的天然地下水。矿泉水富含人体所需的各种矿物质和微量元素，这些矿物质很容易被人体吸收，对人体生理功能有积极作用。

答案 B（样卷第 10 题）

看了例 7 的四个选项我们就可以知道，这段话是讲“春运”的，而且，从 A 和 C 的两个选项用的句式（“春运”指……）来看，这段话很可能是在解释“春运”这个词是什么意思。A、B、C 三个选项中的词语都和运输有关。有了这样一个准备，再去听就比较容易抓住信息了。

再看例 8，从四个选项可以知道这段录音将谈矿泉水，从 A、B、D 这三句话可以猜测这段录音可能会讲喝矿泉水对身体好不好。这样再去听录音，心里就比较有底了。

即使阅读速度不是很快的考生在听录音之前也一定要把选项很快扫一眼，至少能知道一下录音的主要内容范围，如看一眼例 5 的选项可以知道是介绍人物的，看一眼例 6 的选项可以知道是和婴儿有关的。

**2. 抓住关联词和句式特点** 有些录音语段中有一些复句，这时句子就比较长，而且比较复杂。复句中一般有关联词，抓住关联词可以帮助我们正确理解句子的意思。例如：

【例 9】 03-2-10

A 空姐收入很高
B 空姐压力不大
C 人们不喜欢当空姐
D 空姐需要应变能力

[录音]

空姐是令人羡慕的职业，但这项工作其实非常辛苦，而且可能遇到特殊情况，没有吃苦耐劳的精神和一定的应变能力，就会忍受不了工作的压力，做不好这项工作。

答案 D（样卷第 13 题）

这个语段里有好几个复句，在“空姐是令人羡慕的职业，但这项工作其实非常辛苦，而且可能遇到特殊情况”这个复句中有两个关联词，“但”表示转折，它前面“空姐是令人羡慕的职业”是正面的信息，它后面就一定是负面的信息。它后面又跟了一个关联词“而且”，表示进一步，在这段话里表示更加负面的信息。接下来又是一个假设复句：“没有吃苦耐劳的精神和一定的应变能力，就会忍受不了工作的压力，做不好这项工作”，关联词语应该是“假如……就……”，在这句话中，尽管前面省略了“假如”，但后面的“就”可以提示我们整个这个句子应该是表示假设。抓住了这几个关联词语，就可以帮助我们正确理解这段话。

除了关联词语之外，在有些句式中，句子也往往比较长。例如在例8中：“矿泉水是指未经污染、从地下深处自然涌出或人工开采所得的天然地下水。”这是一个下定义的句子，这种句子为了把定义下得比较严谨，往往会使用多重定语，比如在这个句子中在“地下水”这个中心语前面就有“未经污染”“从地下深处自然涌出或人工开采所得的”“天然”等几个定语，而且“从地下深处自然涌出或人工开采所得的”中还分“从地下深处自然涌出”“人工开采所得”两种可能的情况，比较复杂。因此，在听到像“……是指”这样的下定义的词语时就应该想到后面可能会是一个多重定语的句子结构，在这个句子结构最后面的是那个中心语。在每个定语后面会有一个很短的语音停顿，在中心语后面会有一个稍长的语音停顿。这样一个心理准备可以帮助我们把握这种长句子。

当然，要真正提高把握长句子的能力还要靠平时练习，在进行语段听力练习和其他部分的听力练习时，在听一遍做完选择题之后，如果这个语段句子比较长，句子结构比较复杂，还应该**再读一遍**听力录音文本，搞清楚句子的关系，然后不看选项，**反复听几遍**这段录音，直到把这个语段完全听懂为止。通过这样的方式可以提高听长句子和复杂句子的能力，培养语感。

## 练习（二） 03-2-11

**听录音，选出与录音内容一致的选项**

1. **A** 太小出国会忘掉母语
   **B** 这个研究只适用于汉语
   **C** 十岁改变语言有点儿太晚了
   **D** 三岁孩子能不忘母语和外语

2. **A** 一只乌鸦能活七年
   **B** 乌鸦的叫声很好听
   **C** 乌鸦是很聪明的鸟
   **D** 乌鸦在中国代表好运气

3. **A** 他六岁开始听相声
   **B** 他出生在演员家庭
   **C** 他母亲不喜欢听相声
   **D** 他从小爱去剧场听相声

4. **A** 当地人身材高大
   **B** 那里的人营养充足
   **C** 巴马人饮食结构合理
   **D** 遗传是长寿的最主要因素

5. A 今年北京推出胡同游
B 外国游客喜欢住四合院
C 四合院酒店全年已订满
D 今年第一次采用特许经营

6. A 癌症是普通肿瘤
B 有些癌症可以治好
C 所有的癌症都能控制
D 现在很多人都不怕癌症

**本课小结**

- **主要考点难点：** 1. 议论；2. 介绍。
- **考生常见错误：** 抓不住观点，受常识的误导，感到内容杂；抓不住头绪，感到有的句子长、复杂。
- **主要应试策略：** 抓住观点，不要受常识的误导，充分利用选项，抓住关联词和句式特点。

## 课后练习 03-2-12

**听录音，选出与录音内容一致的选项**

1. A 太功利有害
B 两个有利的都要
C 应该按照忠告去做
D 道理知道但难以选择

2. A 不扶老人受到责备
B 不扶倒地老人有原因
C 这个问题医生应思考
D 扶倒地老人不会有麻烦

3. A 电视台给晚礼服
B 贵的东西她都不买
C 她按自己的价值观买东西
D 每次典礼都可以穿这种衣服

4. A 不洗就睡能保护皮肤
B 化妆后不洗是坏习惯
C 往往洗下来时花很多时间
D 留下的化妆品对皮肤没影响

5. A 冷水游泳能锻炼身体
B 上班族往往没时间游泳
C 慢点游泳不会影响消化
D 晚饭后游泳对身体不好

6. A 这部片子里的话容易懂
B 他们教国外同行做纪录片
C 纪录片成功的关键是少说话
D 做完片子问成年人是否感兴趣

7. A 老黄仍按老办法卖
B 导演建议老黄卖别的
C 老黄听懂了导演的意思
D 老黄的车上现在有电视台的牌子

8. A 其实独木舟不是船
B 这是一千多年前的东西
C 专家对独木舟很有兴趣
D 独木舟是考古人员挖出来的

9. **A** 大象也有死亡仪式
   **B** 把大象放进动物园
   **C** 科学家在象群中摄像
   **D** 每头大象用腿碰母象

10. **A** 猪和狗也幸福
    **B** 人应该知道感恩
    **C** 老教授在谈怎样学习
    **D** 人的问题是见到坏事不生气

11. **A** 明天白天有雨
    **B** 天气预报有人情味
    **C** 白天的气温是 20 度
    **D** 老年朋友要多到户外活动

## ►►► 第 2 课练习录音文本及答案

**【录音文本】**

练习（一）

1. 听说电视台正在播一部电视片《公司的力量》，很受欢迎。由于看电视花费时间过多，我最后还是找来同名的图书阅读。虽然不看电视片会错过许多精彩的画面，但反复阅读可以引起思考，加深我对公司的认识。

2. 不少妇女常抱怨自己从怀孕以后就容易忘事儿，书读不下去了，注意力不容易集中了。怀孕真的会让妇女变傻吗？其实，这种现象在生理上是没有道理的，但是在心理上有道理，因为注意力集中在孩子身上，原来关注的事情没那么关注了。

3. 人们都说没经过高考的人生是不完整的人生。人生的路有很多，而我只有两条腿，不可能走遍所有的路。我要找一条通向我的人生目标的路，而高考这条路，不会带给我想要的生活。我向父母说出了我的决定。

4. 我的孩子有时叫我“爸”，有时叫我“老头子”。外人听了常说我的孩子“没大没小”，意思是对父母没有礼貌。我倒是觉得，在一个有人情味的家庭里，“没大没小”挺好的。有人认为孩子应该对父母又爱又怕，才会尊敬，但我觉得那样没意思。

5. 全世界无数人每天以各种形式沉思，沉思能让人达到精神自由的境界。但从什么时候开始人们有了盘腿沉思的习惯，还没人知道。有人认为第一个这样做的人是古代印度人，但也有人有不同的观点。

6. 许多人喜欢比较，比上的学校，比找到的工作，比地位，比名气。我认为，有比较之心其实是缺乏自信的表现。有自信的人对于自己拥有的东西有一种满足感。对于别人有而自己没有的东西，他会觉得羡慕，但不是比，回过头来他还是安心地做自己的事。

练习（二）

1. 很多三四岁就去国外的华人，几年后就不怎么会说汉语了。但是如果到了 10 岁以上才去国外，以后还能重新掌握小时候的母语。对其他语言的研究也表明，10 岁以后才改变语言的孩子，以后重新捡起来的机会要比三四岁改变语言的孩子大。

2. 乌鸦是一种黑色的鸟，样子不好看，叫声也不好听，在中国文化中代表不吉祥。但是最新的研究表明，乌鸦的智力在鸟里面是很高的，在一个实验中人们发现，乌鸦解决问题的能力甚至比得上 7 岁的孩子。

3. 著名相声演员丁广泉出生在北京胡同里的一个厨师家庭。他六岁时第一次听到相声，那是从邻居家的收音机里听到的。当时院子里的人围在一起，边吃饭边听相声，笑得不得了，就连平时很少笑的母亲也笑了。

4. 巴马村是长寿之乡。当地人的长寿与那里的自然环境、社会环境、遗传、劳动等多种因素都有关系，但排在第一位的应该是饮食。当地人身材矮小，甚至有点儿营养不足，但他们的营养结构是科学的。

5. 北京的四合院酒店上半年基本上都订满了，这说明外国游客非常喜欢这种住宿形式。现在急需一批四合院酒店。今年北京市将采用特许经营的形式再推出一批四合院。所谓特许经营，就是类似于目前胡同游的经营形式。

6. 癌症是一种恶性肿瘤，很多人谈癌色变，似乎得了癌症就是拿到了死亡通知书。其实，在今天癌症是一种可以控制和治疗的病。只要早期发现并及时治疗，超过三分之一的癌症是可以治好的，另外三分之一是可以控制的。

## 课后练习

1. 两种选择放在眼前的时候，往往会听到一句忠告：两利相权择其重，意思是两个有利的事情，比较一下选择重要的；两害相权择其轻，意思是两个有害的事情，比较一下选择轻的。这是功利社会的价值观，道理简单。但很多时候，值不值得做很难选择，或没有答案。

2. 老人倒地要不要扶？当然要扶。可是不少去扶老人的好心人最后给自己找了一大堆麻烦。他们的遭遇让人同情，更让人心寒，于是不少人接受教训，不再管这种闲事。一些老人倒地后没人敢上前帮助，耽误了抢救的时间，丢了性命。这个问题应引起全社会思考。

3. 电视台要求我穿晚礼服出席发奖典礼，我说我没有晚礼服，他们说，你去买呀，你是有名的编辑，很有钱呀！我喜欢按自己的方式花钱，这种很贵、穿一次就收起来的消费品，不符合我的价值观。

4. 化妆是许多女性生活中必不可少的一件事，但许多女性的习惯是：往脸上画的时候愿意花很多时间，但是洗的时候却不愿意花时间。往往回到家后简单洗一下就行了，甚至不洗就睡觉了。其实这样时间长了会损伤皮肤，留在脸上的化妆品会使皮肤老得更快。

5. 游泳是一种好运动，但有的上班族因为白天没时间就选择晚上吃完饭后去游泳，这种做法不但对健康没好处，而且会影响消化。这是因为，饭后消化需要血，如果这个时候游泳，消化系统的血就会减少，另外，如果水凉，对胃的工作也会有影响。

6. 这部纪录片的编剧和导演都学会了用浅显的语言讲故事，这一点是向国外同行学习的。国外同行给他们举例子，说编导做完片子首先要问他七岁的儿子感不感兴趣。通俗易懂是纪录片成功的关键，所以大家在现在这部纪录片中听到的几乎都是大白话。

7. 老黄是做食品的，他做的黄米面馒头很有名，他总是在街上叫卖。他的故事被拍成电视片后出名了，导演对他说，你可以做个牌子，写上“电视台推荐”，挂在三轮车上，再开个专卖店，让你儿子经营。但老黄还是按自己的方式卖，也不知道他有没有听懂导演的建议。

8. 上世纪80年代，当地农民在挖河的时候偶然发现了一条独木舟，也就是一根木头做的船。经过鉴定，这条独木舟已经被埋了2900年。如今独木舟被收藏在当地的博物馆，吸引了很多专家学者，他们争论不休，因为有些人认为那东西不是船。

9. 为了研究大象的活动，科学家在一头大象的身上安装了摄像机，然后把大象放回森林。他们看到，在一群大象中有一头年长的母象死去了，整个象群围着这头母象久久不愿离去，每一头象都用鼻子轻轻地碰母象的尸体，像是在举行告别仪式。

10. 一位老教授给学生谈人生，他说：你生下来是人，不是猪和狗，是幸福；你长大成人，没有很小就死，是幸福；你有智力和机遇，能上大学，是幸福。应该学会感恩。在我看来，现在很多人最大的心理问题是怨气太多，感恩太少。

11. 今天夜间阴，有雷阵雨，最低气温20摄氏度。虽然是六月，但小风吹着让人感到很爽，晚饭后可以带把伞出去散散步。明天白天晴，蓝蓝的天空太阳很厉害，怕晒的姑娘要准备好防晒霜，最高气温34摄氏度。老年朋友户外活动要避开中午那段时间。

**【答案】**

练习（一）　1. B　2. A　3. C　4. B　5. A　6. A

练习（二）　1. A　2. C　3. A　4. C　5. B　6. B

课后练习　1. D　2. B　3. C　4. B　5. D　6. A　7. A　8. C　9. A　10. B　11. B

# 第3课 听力第二部分（听采访，选择答案）1

## 题型与特点

### ● 题型

在HSK（六级）听力的第二部分，考生会听到三段**采访**的录音，只听一遍。每段采访后面有五个问题，考生应该根据听到的内容选择正确的答案。这部分共有15题。

**【例1】** 03-3-1

你在试卷上看到选项：

21. **A** 修改自己的作品
    **B** 完成第15部小说
    **C** 把小说改编成电影
    **D** 成为《新晚报》编辑

22. **A** 兴趣爱好
    **B** 工作需要
    **C** 为了赚钱
    **D** 为了证明自己

……

你在录音中听到：

第21到25题是根据下面一段采访：

女：欢迎一代武侠小说大师金庸先生。您好！最近很多人都在议论，说您正在修改自己的武侠小说？

男：是这样的，到现在已经改了七年，我把自己以前的作品全部改完了。从《书剑恩仇录》开始改，有十五部小说，每一部小说差不多都要改，现在已经全部改完了，新的修改本也已经全部出版了。

女：最初开始写武侠小说，是为了一个乐趣，是不是？

男：最初是工作上需要的。主要是我在《新晚报》做编辑，《新晚报》需要这样一篇稿子，人家知道我喜欢谈论武侠小说，算是比较了解的，所以我就被抓来写了。

……

21. 男的刚刚完成了一项什么工作？
22. 男的最初写小说的原因是什么？

……

答案 21. A　22. B ……（样卷21—25题）

## ● 特点

这一部分试题的特点是：

1. 每段录音都是一段比较长的采访，是比较自然的一问一答的对话，不过，在听力录音中，对话并不是实况录音，而是用标准普通话重新读的，所以听起来比较清楚，没有口音。

2. 每段采访录音后面的问题一般有五个，每个问题后面停 13 秒左右。要回答的问题比较多。

## 考点与难点（一）　　采访结构和谈话思路

## ● 说明

采访是一种对话，但是与日常生活中的对话又有些不同，有一定的结构特点。采访者是根据自己的采访意图来提问的。被采访的人，因为是边想边说，所以谈话中有时会有一些重复、补充说明、解释等。怎样从这样的谈话中抓住需要的信息，答对题目，是一个考点。例如：

**【例 2】** 03-3-2

26. **A** 觉得有意思
    **B** 社会地位高
    **C** 擅长教育孩子
    **D** 曾从中得到过鼓励

27. **A** 有责任心
    **B** 和孩子交流
    **C** 对孩子有爱心
    **D** 平等对待孩子

28. **A** 培养孩子的特长
    **B** 帮孩子建立自信
    **C** 对孩子要严格要求
    **D** 及时发现孩子的问题

29. **A** 表示谦虚
    **B** 激励孩子
    **C** 孩子表现太差
    **D** 对孩子期望值太高

30. **A** 是一名作家
    **B** 初中时开始学画画儿
    **C** 在《少年报》工作
    **D** 家里有“问题孩子”

[录音]

第26到30题是根据下面一段采访：

男：各位听众大家好！今天我们有幸请到了《少年报》的"知心姐姐"卢勤，请她谈谈在未成年人教育方面的心得体会。请问您是从什么时候开始从事教育工作的，又是什么让您能够一直在教育工作上探索呢？

女：我到《少年报》工作已经有二十九年了。我从小就想当"知心姐姐"，因为我是从小看着《少年报》长大的，当时有一个栏目叫作"知心姐姐"，我就悄悄给"知心姐姐"写了一封信，"知心姐姐"给我回了信，于是我就有了很大的成就感，后来我自己就想当"知心姐姐"了。

男：您特别地幸运，因为您实现了自己的理想。您觉得读懂孩子需要什么？

女：那就是爱孩子，当你从内心里爱这个孩子的时候，你的脸上就有爱的微笑，你的语言里面就有爱的激励，于是孩子就会发现你的这双眼睛爱他，他就会把心交给你。

男：现在五到七岁的孩子中有很多"问题孩子"，这让家长们比较苦恼，该如何在这个特殊阶段教育孩子呢？

女：最重要的就是培养孩子的自信，在这个阶段的孩子都需要家长发现他好的那一面，得到肯定。比如说我自己小的时候就特别喜欢画画儿，每次给妈妈看，她都说：你画得太好了！我姐姐夸我真是画画儿的天才，所以我就特别热爱画画儿。后来我上学以后老师也把黑板报交给了我，我从一年级一直画到初中。

男：有些家长越是在人多的时候，越是会和别人说自己的孩子不好，我很困惑，这些家长是什么心理呢？

女：这种情况比较普遍，很多家长愿意当着别人的面说孩子的不好，这个时候可能是因为他总对自己的孩子期望值很高，如果这个孩子本身有一点儿毛病，他就会把这个毛病看得比天还大，这就会进入一种恶性循环。

男：看来教育孩子的确有不少学问。我们每一个家长都得好好儿学习啊。

26. 女的为什么想当"知心姐姐"？

27. 女的觉得读懂孩子需要什么？

28. 女的讲自己画画儿的经历是为了说明什么？

29. 为什么有些家长当着别人的面批评孩子？

30. 关于女的，可以知道什么？

答案 26. D 27. C 28. B 29. D 30. C（样卷26—30题）

这是一位记者采访一位编辑的谈话。

**第26题：**从选项上看，可能是要问为什么要做某事。采访后的提问是："26. 女的为什么想当‘知心姐姐’？”在这段采访中，男的是记者，女的是被采访人。女的是这样解释她为什么当“知心姐姐”的：“我从小就想当‘知心姐姐’，因为我是从小看着《少年报》长大的，当时有一个栏目叫作‘知心姐姐’，我就悄悄给‘知心姐姐’写了一封信，‘知心姐姐’给我回了信，于是我就有了很大的成就感，后来我自己就想当‘知心姐姐’了。”所以，尽管“A 觉得有意思”也有一点儿道理，但“D 曾从中得到过鼓励”更合适，应该是正确答案。至于 B、C，在采访中没提到。

**第 27 题：**看选项，问题应该和孩子有关。问题是“女的觉得读懂孩子需要什么？”女的是这样回答这个问题的：“那就是爱孩子，当你从内心里爱这个孩子的时候，你的脸上就有爱的微笑，你的语言里面就有爱的激励，于是孩子就会发现你的这双眼睛爱他，他就会把心交给你。”因此，尽管 A、B、D 按照常情也是对的，但“C 对孩子有爱心”是最恰当的。

**第 28 题：**看选项，可能要问如何教育孩子。问题是“女的讲自己画画儿的经历是为了说明什么？”在采访中女的是这样解释的：“最重要的就是培养孩子的自信，在这个阶段的孩子都需要家长发现他好的那一面，得到肯定。比如说我自己小的时候就特别喜欢画画儿，每次给妈妈看，她都说：你画得太好了！……”作为教育孩子的方法，四个选项都对，但女的讲自己画画儿的经历是为了说明“B 帮孩子建立自信”。

**第 29 题：**看选项，可能要问大人为什么要说某种话。注意听问题，问题是“为什么有些家长当着别人的面批评孩子？”女的说：“很多家长愿意当着别人的面说孩子的不好，这个时候可能是因为他总对自己的孩子期望值很高，如果这个孩子本身有一点儿毛病，他就会把这个毛病看得比天还大，这就会进入一种恶性循环。”按常情 A、B、C 都可能对，但根据女的的观点，“D 对孩子期望值太高”是最恰当的，所以正确答案是 D。

**第 30 题：**从选项上看，可能是要问某个人的情况。问题是：“关于女的，可以知道什么？”这需要对女的的全部情况做判断。在采访中女的说：“我到《少年报》工作已经有二十九年了。”因此“C 在《少年报》工作”是正确的，“A 是一名作家”不确切，写作不是她的工作；“B 初中时开始学画画儿”不确切，她是从小喜欢画画儿。“D 家里有‘问题孩子’”则并没有提到。

## • 常见错误

1. 不了解记者采访的结构，感到抓不住头绪。

2. 由于习惯于每个词句都听懂，而采访的谈话有不少多余的信息和不懂的词，被这些东西牵着走，感到迷惑。

## • 应试策略与技巧

**1. 从记者的介绍和问题入手**　采访的开头经常有一段记者的开场白，一般是对被采访人等有关情况的简要介绍，这非常重要，这能使我们对被采访人的身份和采访的主题有一个大致的了解。接着要注意去听记者的问题，去猜想被采访人可能会怎么回答这个问题，通过记者的问题去摸被采访人的思路，掌握他（她）的中心观点。

如，在例2这次采访中，记者在一开场就说："各位听众大家好！今天我们有幸请到了《少年报》的'知心姐姐'卢勤，请她谈谈在未成年人教育方面的心得体会。"首先就介绍了被采访人的身份和采访的主题，这不仅有助于理解整个采访，而且直接可以帮助回答第30题"关于女的，可以知道什么？"。

这组试题问了五个问题，其中有三个就是记者问采访人的问题：

| 试题的提问 | 记者的提问 |
|---|---|
| 26. 女的为什么想当"知心姐姐"？ | 请问您是从什么时候开始从事教育工作的，又是什么让您能够一直在教育工作上探索呢？ |
| 27. 女的觉得读懂孩子需要什么？ | 您觉得读懂孩子需要什么？ |
| 29. 为什么有些家长当着别人的面批评孩子？ | 有些家长越是在人多的时候，越是会和别人说自己的孩子不好，我很困惑，这些家长是什么心理呢？ |

由于被采访人是直接针对记者的提问回答的，因此被采访人的回答实际上就是对试题问题的回答，因此，只要抓住了记者的问题，并且根据这些问题来捕捉被采访人的回答，就抓住了采访的线索，根据这一线索，有些问题就可以直接解答，有些虽然问题不同，也可以帮助解答。在相同的问题中，有时试题和记者用的词句甚至基本上一样，如27题的问题和记者的提问。由于试题的词句要求尽可能简洁，而记者是以一种说话的方式提问的，因此有的提问的词句并不完全一样，但所问的内容是一样的，如26、29题及相应的问题。

由于记者的介绍和问题往往是事先准备好的，一般说得比较清楚，因此比较容易听懂。

**2. 抓住被采访人的思路**　由于HSK的听力采访录音并非采访实况录音，在重新录音的时候已经对被采访人回答的语句做了整理，去掉了自然语言中过多的重复、更正、垫词等，对一些不规范的语句做了规范化处理，加上发音标准，听被采访人的话难度小多了。不过，被采访人毕竟是边想边说的，仍保留着一些自然语言的特点，可能有些词句听不懂。其实说汉语的本族人在听这些采访时也并不是每个词都能听清的，但由于他们的注意力都集中在信息点上，而不是语句上，所以即使有个别词语听不清，他们仍能跟上被采访人的思路。因为被采访人想要表达的意思一般是比较清楚的，所以只要抓住了被采访人的思路，即使有个别词句听不懂也没关系。如在例2中，被采访人在回答为什么有些家长要当着别人的面说自己孩子不好的时候说："这种情况比较普遍，很多家长愿意当着别人的面说孩子的不好，这个时候可能是因为他总对自己的孩子期望值很高，如果这个孩子本身有一点儿毛病，他就会把这个毛病看得比天还大，这就会进入一种恶性循环。”在这段话里“恶性循环”是个比较难的词，也许有的考生不一定能听懂，但是只要抓住了被采访者的思路，即使这个词听不懂，对于解答试题并不会有太大的影响。因为采访这一部分听力试题，主要不是考对个别词句的理解，而是考对采访中说话人所表达的**观点的把握**。再以这道题为例：

［录音］ 29. 为什么有些家长当着别人的面批评孩子？

［卷面］ 29. **A** 表示谦虚
**B** 激励孩子
**C** 孩子表现太差
**D** 对孩子期望值太高

答案 D（样卷 26—30 题）

## 练习（一） 03-3-3

**先看以下问题，然后听录音，回答问题**

1. 为什么说《朝阳沟》很有名？
2. 杨华瑞开始演银环妈时有多大？现在有多大？
3. 这一次演《朝阳沟》时，有几个原来的演员？
4. 这一次请杨华瑞演银环妈，她感到怎么样？为什么？
5. 这次演出，杨华瑞在唱的方面有没有困难？为什么？

## 练习（二） 03-3-4

**听录音，选择正确答案**

1. **A** 常主持电视节目
**B** 研究杀伤性武器
**C** 先出版书再讲课
**D** 会通俗地讲历史

2. **A** 他的重要性还不够
**B** 已经有热门电视剧
**C** 他的戏剧性不太强
**D** 人们对他已经太熟悉

3. **A** 是走向成熟的时代
**B** 是民族的童年时代
**C** 民族的思想最活跃
**D** 相当于古希腊时代

4. **A** 都值得后人同情
**B** 有人格上的缺陷
**C** 是一些君子忠臣
**D** 失败有社会原因

5. A 不太重视本色英雄
B 把历史人物简单化
C 把人物描写成君子
D 没有分析社会原因

6. A《落日》
B《大国之魂》
C《中国知青梦》
D《流浪金三角》

7. A 写的是毒品贩子
B 非常富于想象力
C 用不平凡的经历所写
D 他获得了外国文学奖

8. A 容易受感动
B 不易动感情
C 为小事落泪
D 喜欢铁石形象

9. A 见过的苦难多了
B 家庭发生了变故
C 事业发展不顺利
D 自己得了场大病

10. A 揭露黑暗
B 宽容和谐
C 知足常乐
D 追求理想

## 考点与难点（二） 听长段采访

### 说明

在新 HSK 考试中，录音最长、每段录音后面问题最多的就是采访这一部分，如何在一段较长的录音中抓住需要的信息、答对五个问题是这一部分的一个难点。

**【例 3】** 03-3-5

16. A 老师
B 大学生
C 企业家
D 艺术家

17. A 理发
B 足疗
C 美容
D 健身

18. A 没什么抱负
B 有时会很尴尬
C 接受了身份转变
D 是一个企业管理者

19. A 壁画
B 植物
C 动物
D 小说

20. A 还没有连锁店
B 服务人员都有证书
C 顾客对店名不满意
D 顾客都是商务人士

[录音]

第16到20题是根据下面一段采访：

女：朋友们好。现在人们对自己的健康可是越来越关注，连洗脚都越来越有讲究。洗脚是已经“老土”的说法了，时髦的叫法是“足浴”或者“足疗”。专门通过足浴来为顾客提供保健服务的足浴店也像雨后春笋一样，出现在城市的大街小巷。“千子莲足浴”就是这“洗脚大军”中很抢眼的一员，它颇有传奇色彩，因为它的创始者是几个复旦大学毕业的高才生。今天我们就请到了创始人之一徐先生。徐先生，您好！从名牌大学的高才生到“洗脚工”，您能接受这种身份的转变吗？

男：我从来也没有觉得自己是个“洗脚工”。我给自己的定位是一个现代企业的管理者，和那些大企业的管理者是一样的，只不过我们经营的是足浴服务。再说了，“洗脚工”也没有什么丢人的，谈不上能不能接受的问题。

女：您认为“千子莲”吸引大量顾客的关键是什么呢？

男：放松的感觉。我们的顾客中大部分都是商务人士，平时职场上太累，到了“千子莲”他们可以放松下来，这种放松是身体和心理上双重的。

女：我觉得“千子莲”这个名字很特别，它是怎么来的呢？

男：这个名字的灵感来源于敦煌壁画。我曾经到过敦煌，受到了很深的震撼。在敦煌莫高窟第五窟的壁画上，有鹿女生下莲花、变成一千子孙的典故，我把这“莲花、千子”结合在一起，就得到了“千子莲”这个名字。我对这个名字很得意，国内大部分连锁品牌的名字取得都很西化，只有我们的名字最中国化。

女：我觉得“千子莲”明亮的店堂和我们传统理解中的足浴店有点儿不相符。

男：是的。在中国人看来，让别人给自己洗脚是一件有些尴尬的事情。我就是想把这种尴尬的事儿变成时尚。其实洗脚和理发没有什么本质的区别，没有什么难为情的。我们的店都有统一的装修风格和管理模式，迎接顾客该说什么话、多长时间端上热水都是有统一标准的。而且，我们这里的每一位服务人员都有国家颁发的“足部按摩师”证书。

16. 男的开“千子莲”店以前是做什么的？
17. “千子莲”店主要从事什么服务？
18. 男的怎么看待自己？
19. “千子莲”这个名字来自什么？
20. 关于“千子莲”店，下列说法哪项正确？

答案 16. B　17. B　18. D　19. A　20. B（样卷16—20题）

这是一段对一家足浴连锁店的管理者的采访。

**第16题**：看选项估计是问某人的身份，这种题特别要注意问题。问题是："男的开'千子莲'店以前是做什么的？"从录音中可以知道，被采访人是"复旦大学毕业的高才生"，现在是"现代企业的管理者"，因此开店以前的身份应该是"B 大学生"，"C 企业家"是他现在的身份。"A 老师""D 艺术家"则没有提到。

**第17题**：从选项看这四个词是四种服务。问题是："'千子莲'店主要从事什么服务？"对这个问题谈话中多次谈到，如"洗脚是已经'老土'的说法了，时髦的叫法是'足浴'或者'足疗'""专门通过足浴来为顾客提供保健服务的足浴店也像雨后春笋一样，出现在城市的大街小巷。'千子莲足浴'就是这'洗脚大军'中很抢眼的一员"，因此正确答案应该是"B 足疗"。而"A 理发"只是在说"洗脚和理发没有什么本质的区别"时提到的，至于"C 美容""D 健身"则没提到。

**第18题**：问题是："男的怎么看待自己？"四个选项是表示四种可能的想法。在录音中记者专门问了一个问题"从名牌大学的高才生到'洗脚工'，您能接受这种身份的转变吗？"被采访者明确回答："我从来也没有觉得自己是个'洗脚工'。我给自己的定位是一个现代企业的管理者，和那些大企业的管理者是一样的，只不过我们经营的是足浴服务。再说了，'洗脚工'也没有什么丢人的，谈不上能不能接受的问题。"因此正确的答案是"D 是一个企业管理者"。"C 接受了身份转变"是被采访人否认的，A 和 B 则没提到。

**第19题**：选项是四个表示东西的词，问题是：'千子莲'这个名字来自什么？"在录音中采访双方专门谈了这个问题，记者问："我觉得'千子莲'这个名字很特别，它是怎么来的呢？"被采访者这样回答："这个名字的灵感来源于敦煌壁画。我曾经到过敦煌，受到了很深的震撼。在敦煌莫高窟第五窟的壁画上，有鹿女生下莲花、变成一千子孙的典故，我把这'莲花、千子'结合在一起，就得到了'千子莲'这个名字。"因此，"A 壁画"是正确的。由于"莲"是一种植物，如果想当然地判断很可能会选"B 植物"。至于 C、D 则没有提到。

**第20题**：问题："关于'千子莲'店，下列说法哪项正确？"是一个综合判断的题目。"A 还没有连锁店"不对，因为录音中被采访者说"我对这个名字很得意，国内大部分连锁品牌的名字取得都很西化，只有我们的名字最中国化"。把自己的店与连锁品牌并提，他又说："我们的店都有统一的装修风格和管理模式"，既然说"都"，就不是一家店。"C 顾客对店名不满意"没提到。"D 顾客都是商务人士"也不对，录音中说的是"我们的顾客中大部分都是商务人士"，"大部分"还不能说是"都"。录音中说："我们这里的每一位服务人员都有国家颁发的'足部按摩师'证书"，所以"B 服务人员都有证书"是对的。

## 常见错误

1．感到录音说的话多，重复多，内容好像比较庞杂。有的考生听到很多信息时，不知道该抓什么。

2．感到录音长，记不住。有的考生听了后面忘了前面，当最后听完五个问题时，发现有些内容已印象不深，不知该怎么选。

## 应试策略与技巧

### 1．充分利用多余信息

采访录音的特点是说的话多，往往一个意思翻来覆去地讲，有不少多余的信息，不像读一篇文章那么简洁。如：

女：朋友们好。现在人们对自己的健康可是越来越关注，连洗脚都越来越有讲究。洗脚是已经“老土”的说法了，时髦的叫法是“足浴”或者“足疗”。专门通过足浴来为顾客提供保健服务的足浴店也像雨后春笋一样，出现在城市的大街小巷。“千子莲足浴”就是这“洗脚大军”中很抢眼的一员，它颇有传奇色彩，因为它的创始者是几个复旦大学毕业的高才生。今天我们就请到了创始人之一徐先生。徐先生，您好！从名牌大学的高才生到“洗脚工”，您能接受这种身份的转变吗？

男：我从来也没有觉得自己是个“洗脚工”。我给自己的定位是一个现代企业的管理者，和那些大企业的管理者是一样的，只不过我们经营的是足浴服务。再说了，“洗脚工”也没有什么丢人的，谈不上能不能接受的问题。

在这个话轮中，主要就是介绍了什么是“足浴”，“千子莲足浴”及其创始人，谈了对这种身份的理解。如果是文章可能一小段就写完了，但采访中却说了两大段话，里面有不少重复的话，即多余的信息。以几位创始人的身份为例，“复旦大学毕业的高才生”和“名牌大学的高才生”重复了一遍，“复旦大学”换成“名牌大学”在重复中提供了一些解释的信息；“洗脚工”在对话中重复了两遍，记者说“从名牌大学的高才生到‘洗脚工’”是把它作为一个地位较低的职业，被采访者首先说“我从来也没有觉得自己是个‘洗脚工’”是把自己的身份与“洗脚工”区分开，说明完自己的身份又说“‘洗脚工’也没有什么丢人的”，对这个词的含义做新的解释。“现代企业的管理者”这个身份不仅在“和那些大企业的管理者是一样的”中重复了一次，而且在“只不过我们经营的是足浴服务”中通过“经营”这个词又从侧面做了说明。所有这些重复实际上都是围绕着创始人的身份这一点展开的，这些表面上看起来多余的信息实际上使得对身份的说明更加清楚。由于听力的语音信号是一听就过，不像阅读那样可以反复读的，因此，只要我们学会利用，这些重复的话、多余的信息对于听力理解其实是有帮助的，万一有某一个词没有听清楚，可以在其他语句的信息中得到补偿。

在听的时候要抓住记者和被采访者谈的问题，而不要被词句拖着跑，这样重复和多余的信息不仅不是理解的障碍，还会成为理解的一种帮助。

**2. 以选项为引导，一题一题解决**

采访录音虽然长，但是五个问题的排列顺序与录音中内容的顺序通常是一致的，所以，我们其实可以把整个长的采访看成是几段短的采访的组合。每一组选项是一个题目，对应一段采访录音。而综合性的问题通常是在最后的，这样，从选项入手，就可以把采访化整为零，解决录音长记不住的问题。如，例 3：

| | |
|---|---|
| 16. **A** 老师<br>**B** 大学生<br>**C** 企业家<br>**D** 艺术家<br><br>[录音问]<br>16. 男的开“千子莲”店以前是做什么的？ | ①女：……“千子莲足浴”就是这“洗脚大军”中很抢眼的一员，它颇有传奇色彩，因为它的创始者是几个复旦大学毕业的高才生。今天我们就请到了创始人之一徐先生。徐先生，您好！从名牌大学的高才生到“洗脚工”，您能接受这种身份的转变吗？<br>男：我从来也没有觉得自己是个“洗脚工”。我给自己的定位是一个现代企业的管理者，和那些大企业的管理者是一样的，只不过我们经营的是足浴服务。再说了，“洗脚工”也没有什么丢人的，谈不上能不能接受的问题。 |
| 17. **A** 理发<br>**B** 足疗<br>**C** 美容<br>**D** 健身<br><br>[录音问]<br>17. “千子莲”店主要从事什么服务？ | |
| 18. **A** 没什么抱负<br>**B** 有时会很尴尬<br>**C** 接受了身份转变<br>**D** 是一个企业管理者<br><br>[录音问]<br>18. 男的怎么看待自己？ | ②女：您认为“千子莲”吸引大量顾客的关键是什么呢？<br>男：放松的感觉。我们的顾客中大部分都是商务人士，平时职场上太累，到了“千子莲”他们可以放松下来，这种放松是身体和心理上双重的。 |
| 19. **A** 壁画<br>**B** 植物<br>**C** 动物<br>**D** 小说<br><br>[录音问]<br>19. “千子莲”这个名字来自什么？ | ③女：我觉得“千子莲”这个名字很特别，它是怎么来的呢？<br>男：这个名字的灵感来源于敦煌壁画。我曾经到过敦煌，受到了很深的震撼。在敦煌莫高窟第五窟的壁画上，有鹿女生下莲花、变成一千子孙的典故，我把这“莲花、千子”结合在一起，就得到了“千子莲”这个名字。我对这个名字很得意，国内大部分连锁品牌的名字取得都很西化，只有我们的名字最中国化。 |

| | |
|---|---|
| 20. **A** 还没有连锁店<br>**B** 服务人员都有证书<br>**C** 顾客对店名不满意<br>**D** 顾客都是商务人士<br>[录音问]<br>20. 关于“千子莲”店，下列说法哪项正确？ | ④女：我觉得“千子莲”明亮的店堂和我们传统理解中的足浴店有点儿不相符。<br>男：是的。在中国人看来，让别人给自己洗脚是一件有些尴尬的事情。我就是想把这种尴尬的事儿变成时尚。其实洗脚和理发没有什么本质的区别，没有什么难为情的。我们的店都有统一的装修风格和管理模式，迎接顾客该说什么话、多长时间端上热水都是有统一标准的。而且，我们这里的每一位服务人员都有国家颁发的“足部按摩师”证书。 |

从以上的对照中我们可以看到，第 16—18 题的信息都在第一个话轮中。第 19 题的信息在第三个话轮中。第 20 题的关键信息是在第四个话轮中。当然，作为一个综合性的判断题，要做出正确选择也需要前面的信息。这里唯一的一个麻烦是问题是在录音最后才问的，所以我们还不可能边听边选，但我们至少可以从选项出发，通过选项的信息**猜问题**，一段一段地往下听，在听完问题后再**最后确认**。

## 练习（三） 03-3-6

**听录音，选择正确答案**

1. **A** 她风格变了
   **B** 她还是歌手
   **C** 每年出专辑
   **D** 她是副团长

2. **A** 他是个同龄人
   **B** 曲子是他写的
   **C** 他年轻思路新
   **D** 他文笔非常好

3. **A** 在飞机上
   **B** 在办公室
   **C** 回到家里
   **D** 演出之后

4. **A** 她每周去当学生
   **B** 她上音乐学院了
   **C** 她经常吃童子鸡
   **D** 她想当政协委员

5. **A** 吃药
   **B** 创作
   **C** 唱歌
   **D** 承受

6. **A** 他最早做这种实验
   **B** 他发明了试管婴儿技术
   **C** 他创立了试管婴儿理论
   **D** 他提高了试管婴儿的成功率

7. **A** 语言不通
**B** 缺少实验条件
**C** 不懂相关实验技术
**D** 没有相关书本知识

8. **A** 工作非常忙
**B** 对人不礼貌
**C** 跟他意见不合
**D** 怀疑他的能力

9. **A** 经常外出讲学
**B** 生活丰富多彩
**C** 只有周末能休息
**D** 每天干十几个小时

10. **A** 他很少陪她玩儿
**B** 他对她很严厉
**C** 他不带她出国
**D** 七年未见很陌生

**本课小结**

- **主要考点难点：** 1. 采访结构和谈话思路；2. 听长段采访。
- **考生常见错误：** 不了解记者的采访结构，感到抓不住头绪；采访的谈话有不少多余的信息和不懂的词，被这些东西牵着走；感到迷惑，感到录音说的话多、重复多、内容庞杂；感到录音长，记不住。
- **主要应试策略：** 从记者的介绍和问题入手，抓住被采访人的思路，充分利用多余信息，以选项为引导，一题一题解决。

## 课后练习 03-3-7

**听录音，选择正确答案**

1. **A** 他是位有名的导演
**B** 他的作品风格相似
**C** 他的作品观众陌生
**D** 他获得了七项大奖

2. **A** 问世七十多年
**B** 演员都是外国人
**C** 在乌鲁木齐拍摄
**D** 中外演员联合演出

3. **A** 保尔的配音是中文
**B** 保尔更加有人情味
**C** 保尔是中国人演的
**D** 保尔是在中国拍的

4. **A** 为了和女生一起赏雪
**B** 为了画雪景让女生看
**C** 为了早点儿收工回家
**D** 使他更像画里的英雄

5. A 保尔对他影响很大
   B 他从小就注意女生
   C 雪景使人想象丰富
   D 他中学时生活艰苦

6. A 赵宁上初三时
   B 赵宁上大学时
   C 公司收费运行时
   D 公司刚刚上市时

7. A 他本科没有毕业
   B 他上大学时退学
   C 学校领导不批准
   D 起初他没有资金

8. A 比较骄傲
   B 容易灰心
   C 成熟较早
   D 像个孩子

9. A 有几十个员工
   B 经营比较灵活
   C 中年员工较多
   D 属于国有企业

10. A 大学生
    B 企业员工
    C 公司老板
    D 学校领导

## ►►► 第 3 课练习录音文本及答案

### 【录音文本】

#### 练习（一）

第 1 到 5 题是根据下面一段采访：

男：《朝阳沟》是现代豫剧的代表曲目之一，创作于 1958 年。1963 年拍成电影之后曾经红极一时，直到现在还有很多人能够哼出其中一些经典的唱段。1964 年的元旦，毛泽东看了《朝阳沟》舞台戏之后呢，特别对于其中银环妈这个角色做了一些评价。当年扮演这个角色的演员就是杨华瑞，那年她刚满 25 岁。如今杨华瑞已经年近七旬了，不过仍然活跃在豫剧舞台上。前不久呢河南豫剧三团进京答谢首都观众，演出了两场《朝阳沟》的专场，北京观众又看到了久违的银环妈。杨华瑞演银环妈这个角色已经 43 年，这次专场演出中，杨华瑞年龄最大，也是《朝阳沟》原班人马中唯一一位登台演出的演员。杨老师，好像这个戏是从 1985 年您离休之后就再也没有演过这个全本儿的。

女：没有。

男：那这次团里要请您老人家再出山的时候，您自己是不是心里有点儿打鼓？

女：有点儿害怕，确实害怕，不轻松。因为啥？十几年没演了，现在呢年龄也大了，一般年轻人朝气蓬勃，人家上去是那个样，我上去虽说是当年人家有点儿那个银环妈的那个旧印象，毕竟都是新面孔，我自己上去老面孔，再者唱的各方面再赶不上人家，那不是……还不如不演。

男：这次演那个银环妈还是用那个原调唱吗？

女：还是原调。

男：这十几年没唱，现在感觉怎么样？

女：唱上倒还是不太吃力，因为这几年我没有间断，虽说不是唱完整的戏呵，就是一段一段的，一个礼拜有个一两次吧，就算是公益活动吧。

1. 为什么说《朝阳沟》很有名？
2. 杨华瑞开始演银环妈时有多大？现在有多大？
3. 这一次演《朝阳沟》时，有几个原来的演员？
4. 这一次请杨华瑞演银环妈，她感到怎么样？为什么？
5. 这次演出，杨华瑞在唱的方面有没有困难？为什么？

#### 练习（二）

第 1 到 5 题是根据下面一段采访：

女：听众朋友们，你听过下面这样的历史课吗？“我和你是哥们儿，你居然在皇帝面前说我坏话”“朝廷派人去查吴王，也没有发现什么大规模杀伤性武器嘛”……这样的历史课尽量不用专业术语和文言，而是以现代语言讲古代生活，非常通俗易懂。厦门大学教授易中天就是用这种手法将汉代的历史生动地讲述出来。易中天主讲的《汉代风云人物》是中央电视台《百家讲坛》中的一个很有人气的节目。近期，他的讲稿也将正式出版。记者采访了易中天教授。易教授，有人认为您应该专门讲讲历史学家司马迁，但您却没讲，为什么？

男：我曾经说过：“我们可以没有汉武帝，但不能没有司马迁。”司马迁在中国历史上的作用是至关重要的。但是司马迁又不是适合《百家讲坛》来讲述的人物。因为这个节目面对的是广大的电视观众，挑选人物的时候就要偏重于戏剧性，而不是从一个人物的学术分量的角度来判断的。听说电视剧《司马迁》的收视率就不理想，所以说，一个人物重要，但不一定讲出来好听。

女：汉代对中国人影响深远，您认为汉代是个什么样的时代？

男：我认为汉代是我们民族的一个上升阶段。前边是春秋战国，是我们民族思想最活跃的黄金时代，春秋战国就相当于西方的古希腊时代。接下来的汉代是我们民族的成年期，这个时期，一方面有青少年的青春活力，另一方面又开始走向成熟。在哲学上思考宇宙人生，政治上建立一个“大一统”的制度。

女：在这个节目中您特别介绍了韩信、项羽等几位悲剧人物，您认为他们在政治上的失败是什么原因造成的呢？

男：这些人物的失败并不只是由于社会的原因，还要看到他们人格上的缺陷。比如说韩信，他的重要的问题就是不彻底，他对刘邦有忠诚的一面，却没有忠诚到底成为一个忠臣，也有反叛的一面，但是没有成为一个彻底的反贼。这与他人格的缺陷有关。项羽是匹夫之勇，也是一大缺陷。但他是一个本色英雄，得到后人很多的同情。我现在要做的事情，就是要告诉大家，项羽不仅有值得同情、值得喜欢的一面，他也是有缺陷的。现在我要做的事情就是纠正以往评论历史人物的一个误区，就是一说到某个人物，这个人是君子，那个人是小人，完全把人物脸谱化。其实每个历史人物都是很复杂的。

1. 关于易教授，我们知道什么？
2. 易教授为什么没有专门讲司马迁？
3. 易教授认为汉代是个什么样的时代？
4. 对于几位悲剧人物，易教授强调他们什么？
5. 易教授认为以往评价历史人物的误区是什么？

第6到10题是根据下面一段采访：

女：今天《东方之子》的主角是作家邓贤。今年三月底他创作了长篇纪实文学《流浪金三角》，获得了人民文学奖。这部作品以大量的第一手材料记录了神秘、危险的金三角里一个特殊人群的生存状态，他们主要就是当地的毒品贩子。去年这部作品一发表就引起了巨大的轰动，人们称它是用生命做赌注换来的作品。作为知名的纪实文学作家，邓贤值得人们称道的作品还不止这一部，他的《落日》、《大国之魂》、《中国知青梦》全部都是用脚走出来的作品。这些不同寻常的经历对他的创作和人生又会产生什么样的影响呢？请你走进今天的《东方之子》。邓先生，您好！

男：您好！

女：邓先生，您太太说您以前是一个铁石心肠的人，可是将近四十岁的时候却经常地多愁善感，往往为一件小事感动得落泪，这是为什么呢？

男：我觉得可能还是见多了吧。别人说见多了以后可能就麻木了，我觉得我见多了以后就变得特别特别容易感动，就是说，觉得不容易吧。我原来曾经担心自己会不会在采访中间，就是采访多了，特别是那种惊心动魄的东西多了以后，就是平常的小事儿就麻木不仁，现在我发现，好像每一次写作都是对自己灵魂的一次涤荡吧，就是能变得格外地敏感，尤其对别人的苦难寄予的那种同情、寄予的那种关怀，以及对自己的要求，对自己人性善良的要求，就是说，你既然是愿意让整个世界充满爱，变得有爱心，人性变得善良起来，你自己也得善良起来。我觉得可能人就是当你在改造客观世界的同时，不断地自己本身也在被改造。

女：您的作品就像一把解剖刀，解剖了不同人的生存方式、生存理念，那么解剖了之后，您自个儿有没有一个比较完整的生活信条也好，生存理念也好？

男：我发现我是一个很苛求的人，就是对我自己和对别人，我希望能够完美，但我也觉得不可能完美，怎么可能完美嘛？这可能就是一种理想主义，我想我是一个理想主义者。

6. 邓贤的哪部作品是写毒品贩子的？
7. 为什么他的作品会引起轰动？
8. 邓贤的妻子说他四十岁以前是个什么样的人？
9. 为什么四十岁以后邓贤变了？
10. 邓贤的生活理念是什么？

## 练习（三）

第 1 到 5 题是根据下面一段采访：

男：各位网友大家好，欢迎来到人民网。今天我们非常荣幸地邀请到了全国政协委员、空军政治部文工团副团长、著名歌手韩红老师。韩红老师，您好！

女：您好。各位网友晚上好！

男：您最新的专辑《听我的声音》推出了，距上一张专辑推出相隔了七年的时间，经过这么长时间的积累，您想通过这张专辑告诉听众什么呢？

女：我就想告诉大家，我还是一名歌手，我还是一名音乐工作者，音乐在我的生命里不仅是最重要的一个东西，更是一种使命。如果说政协委员是一个责任的话，那么我的音乐工作者的身份则是一个使命，因为我要通过音乐的方式向全世界传播我们中国的本土文化，要让全世界都能够听到中国人的声音。

男：我们注意到专辑的同名歌曲《听我的声音》作词是郭敬明，您对他的作词和文笔有什么评价？

女：没有资格评价，因为他是一位很优秀的作家，我很尊重他的作品，也很尊重他的为人，因为他活得非常真实，活出了80后的风采。我用郭敬明来写词，他一定是80后的思维，80后的词出来，再加上我从国外找一些80后的作者写曲，就年轻化了。其实我很尊敬80后的这些年轻人，为什么呢？因为我觉得这些年轻人的身上有很多是我们70后的人没有的东西。他们已经在赶超我们了，所以我们70后的人要努力了。

男：您现在身兼数职，如何保证您在歌曲创作、做歌手这方面的时间呢？

女：几乎没有时间做歌手，关于歌曲创作，了解我的人都知道我是写在手机里的，因为我没有时间，我常常在飞机上写，在北京就是写在电脑里，在行车的路上写，就是这点儿时间创作的。但是我可以告诉网友一个秘密，我说了你们可能都不相信，我现在每个星期还回到我的声乐老师那里，中国音乐学院邹教授那里去上课。只要我在北京，每星期我都会上一到两堂课。因为我觉得艺多不压身，虽然大家都觉得我唱得好，其实吃“童子功”的老本是靠不住的，歌唱这个东西唱一段时间就会退步，只要不往前走就是退步。所以我现在都还要上课。

男：您曾经说过，您的压力非常大，害怕自己得抑郁症，您是怎么样来调节自己的压力的呢？

女：没有办法调节，就是两个字，叫“承受”。承受老天给予的一切好与不好，去默默地承受就好了。吃药不是办法，没有减压的办法，唯一减压的办法就是自己。因为我们降生在人世间，我们来了，给了我们那么多好的东西。上天给的也罢，百姓给的也罢，总之我韩红本人得到了很多的恩惠。一切的一切，不管怎么说都是你得到的，都要承受。

1. 女的出新专辑是想告诉听众什么？
2. 女的为什么要请郭敬明写歌词？
3. 女的往往什么时候创作歌曲？

4. 女的告诉网友一个什么秘密?

5. 女的怎样调节自己的压力?

第6到10题是根据下面一段采访:

女:今天我们请来的是国际著名遗传技术专家刘家恩博士。刘家恩是第二代和第三代试管婴儿技术的创始人之一,这两项技术发明之前,全世界总共只有几千个试管婴儿诞生,而正是因为有了这两项技术,试管婴儿的成功率得到了极大的提高。目前全世界已经有几十万个试管婴儿诞生。那个时候国内试管婴儿技术比较落后,在国内从来没做过试管婴儿手术的他,选择了去比利时七年的留学道路。

刘博士,你在比利时留学的时候学的是试管婴儿,在此之前你对这方面好像并不是很了解,刚到那儿的时候是不是感到压力非常大呢?

男:对,压力确实很大,特别是刚刚开始时,原来也没有接触过这个实验技术,只是从书本上读到一些。我记得刚刚到比利时的时候,见我们的系主任,他就是礼貌性地接待了一下,然后就说:"你去吧,……",要个实验室,带着我去看一下设备,怎么用这个设备,"你自己去做吧!"因为当时呵,他感觉,你们中国发展水平这么低,他觉得我们也不能做什么。就是说,你既然是访问学者,你随便做做吧,看你能做什么。实际上是这个想法。然后就再也不理我了,大概三个月都不理我了。

女:那三个月你是怎么过的呢?

男:我记得很清楚,每天早上八点钟上班,然后一直工作到晚上十点、十二点,一般来说实验室都没有人了,然后才回家。所以基本上就是住的地方——实验室——住的地方,就这两点,每天就是这样。

女:等于你每天要工作十几个小时。

男:一般来说那个时候最少要工作十二到十四个小时。

女:在比利时的七年当中,你都是这么度过的吗?

男:七年当中大部分时间都是这样度过,周末也没有什么休息,因为我本身来说是希望利用这个时间,利用这些好的实验室的条件,多做一些工作。

女:那对家庭会不会造成一些影响呢?

男:当然,对我太太来说,家务事啊,小孩儿的教育啊,都归她管。因为我早上一出去,很晚才回来,回到家小孩儿也睡了,所以说小孩儿经常对我不像对她妈妈那样亲,有点儿陌生。有时候,孩子晚上醒来看到我在旁边的话,她会吓得叫,不理我,要我走远点儿。所以说从这方面来说,我自己心里有时候也觉得很不舒服,就是觉得欠小孩儿一点儿东西。但是我相信她长大以后会原谅我的。

6. 为什么说刘家恩是试管婴儿技术的创始人之一？
7. 刚到比利时的时候，为什么压力很大？
8. 刘家恩的系主任为什么三个月没理他？
9. 刘家恩在比利时的七年是怎么过的？
10. 刘家恩的女儿为什么不理他？

## 课后练习

第1到5题是根据下面一段采访：

女：在电视剧“飞天奖”获奖名单中，韩刚这个名字对于很多人来说还是很陌生的，不过提起他导演的作品，相信每一个人都很熟悉:《咱爸咱妈》、《钢铁是怎样炼成的》，这些风格不同却非常优秀的作品都凝聚着韩刚的智慧和汗水。《钢铁是怎样炼成的》可以说是韩刚的集大成之作，它开创了中国人当导演却全部采用外国景地、外国演员的先河，真实而细腻地表现了平民英雄保尔的全新形象，因此它在本届“飞天奖”上最为引人注目。今天的节目就让我们走近这部夺得了七项大奖的电视剧的导演韩刚。电视连续剧《钢铁是怎样炼成的》是韩刚在乌克兰用八个月的时间拍摄完成的，这部名著的改编在国内各年龄层的观众中引起了强烈反响。韩导演，《钢铁是怎样炼成的》这部小说已经问世七十多年了，保尔这个形象在大家心目中也是根深蒂固的，那么，对于你来说，我想你可能不光是要重现这个作品，恐怕最重要的还是要突破它吧？

男：是这样的，因为任何一个作品在重拍的时候都会从一个新的时代、新的角度去解释它，比如关于保尔这样一个英雄，他是不是可以更为人性化、更容易被我们现在的观众理解？所以在中国版的保尔里边我们加进去了许多东西，比如对爱情的态度，把保尔这样一个人物形象表现得更为丰富、更为真实、更为深刻，我觉得这也是我们这次重新创作的一种责任。

女：那是不是这些调整是加入了你的个人的一些感情色彩，或者是你们这一代人的一些思维的方式呢？

男：在我上中学的时候，有一年冬天在外面劳动，干得一身是汗，我甚至那时候都想过，要是再下点儿雪就好了，就很像小说里保尔拿着铁锹在雪里边修铁路的那个插图，像电影里边的那个场景，而且那时候还要注意，是不是有个女同学在注意你。

1. 关于韩刚，我们可以知道什么？
2. 《钢铁是怎样炼成的》这部电视剧有什么特点？
3. “中国版的保尔”的特点是什么？
4. 在中学劳动时，韩刚为什么希望下雪？
5. 韩刚回忆中学生活是为了说明什么？

第 6 到 10 题是根据下面一段采访：

女：今天来我们节目做客的是一位青年企业家，是“非常在线”网站的创始人，他的名字叫赵宁。赵宁，欢迎你！

男：谢谢主持人。

女：现在好多人经常看“非常在线”，你能不能先跟我们说说你的创业经历？

男：我的创业开始得比较早，因为从小就比较爱好这个，我从初三开始就做这个网站，上大学的时候一直在做。最早网站的名字叫“中关村男孩”，人家说这个名字太小气了，所以后来有了交费的客户、网站商业化的时候就改名为“非常在线”。将来公司上市时还准备用这个名字。

女：你创业的经费是从哪儿来的？

男：我最早创业的时候有 10 多万块钱，这个钱算是我奶奶的遗产，我就直接拿它去创业了。

女：你大二的时候休学了，当时是怎么想的？如果退学之后，事业不成功，自己会怎么办？

男：首先我想强调一点，我当时是休学，不是退学。休学是保留学籍，我当时办的是休学一年。我这个是学校领导开会特批的，休学一年，一年不成功还可以回来。

女：现在你的公司有多少人？

男：10 几个人。

女：公司员工的平均年龄是多大？

男：20 几岁吧。

女：你好像说过你是 20 岁的人，40 岁的心态。怎么解释这句话？

男：我觉得可能是心态比较平和一点，很多事情做好了，也不是非常的骄傲或高兴；做得很差，也不会特别灰心，就是一种比较平和的心态。

女：你觉得你的性格给你的工作带来的最大好处在哪里？

男：可能跟人家交流，会觉得我比较实在，有一定的诚信，我的许诺可能很多人比较信。我是老板，我许诺出的绝大部分都能实现。

女：你觉得“非常在线”最大的一个优势在哪里？

男：可能是“非常”吧。我的意思是运营的方式不死板，别的网站不做的我们做，做哪方面的内容都比较方便一点儿，大家都容易接受一点儿。

女：感谢你接受我们的采访，也祝愿你的事业越来越好。谢谢！

6. “非常在线”这个名字是什么时候开始用的？
7. 关于赵宁的创业，我们知道什么？
8. 赵宁的性格是什么样的？

9. 关于赵宁的网站，我们知道什么？
10. 现在赵宁是个什么人？

## 【答案】

**练习（一）**

1. 1963 年拍成电影之后曾红极一时，直到现在还有很多人能够哼出一些经典的唱段。
2. 刚开始演银环妈时 25 岁，现在 69 岁。
3. 一个。
4. 有些怕，因为十几年没演了，怕赶不上年轻人。
5. 没有什么困难，因为这些年唱没间断。

**练习（二）** 1. D 2. C 3. A 4. B 5. B 6. D 7. C 8. B 9. A 10. D

**练习（三）** 1. B 2. C 3. A 4. A 5. D 6. D 7. C 8. D 9. D 10. A

**课后练习** 1. D 2. B 3. B 4. D 5. A 6. C 7. A 8. C 9. B 10. C

# 第4课 听力第二部分（听采访，选择答案）2

## 考点与难点（三） 谈个人经历

### • 说明

从谈话主题上看，听力第二部分的采访内容可以大致上分为两类：谈个人经历为主和谈有关问题为主。

谈个人经历的采访往往是采访一些有名的作家、艺术家、学者、企业家等，他们的人生经历往往比较独特，他们对于人生及世界的看法往往与众不同。因此，这类采访是这部分考试比较理想的材料。例如：

【例 1】 03-4-1

你在试卷上看到选项：

21. A 修改自己的作品
    B 完成第 15 部小说
    C 把小说改编成电影
    D 成为《新晚报》编辑

22. A 兴趣爱好
    B 工作需要
    C 为了赚钱
    D 为了证明自己

23. A 能让人感到安慰
    B 体现中国武术精神
    C 体现中国价值观念
    D 反映中国传统生活方式

24. A 情节曲折奇特
    B 表现传统美德
    C 具有中国风格
    D 反映现代生活

25. A 朴素传统
    B 忙碌充实
    C 平淡悠闲
    D 时尚现代

你在录音中听到：

第 21 到 25 题是根据下面一段采访：

女：欢迎一代武侠小说大师金庸先生。您好！最近很多人都在议论，说您正在修改自己的武侠小说？

男：是这样的，到现在已经改了七年，我把自己以前的作品全部改完了。从《书剑恩仇录》开始改，有十五部小说，每一部小说差不多都要改，现在已经全部改完了，新的修改本也已经全部出版了。

女：最初开始写武侠小说，是为了一个乐趣，是不是？

男：最初是工作上需要的。主要是我在《新晚报》做编辑，《新晚报》需要这样一篇稿子，人家知道我喜欢谈论武侠小说，算是比较了解的，所以我就被抓来写了。

女：您的读者遍布全球华人世界，无论什么职业、什么性别。您有没有考虑过，为什么您的作品大家都能接受？

男：想过，我认为是因为代表了中国的传统思想的核心价值。

女：您觉得这个核心的价值是什么？

男：我觉得是忠孝仁爱这种道德观念，对待朋友应该要真诚，对待父母应该孝敬，这种价值观念是中国人大致一样的。

女：您曾经说过，说武侠小说是没有前途的，因为这些古代的事情离现在的生活越来越远了。但是在现实中我们恰恰看到您的小说被无数遍地改编成电视剧、电影，然后又编成电脑游戏，是每一代年轻人都喜爱的文化产品，这和您的话之间有矛盾吗？

男：我没有说武侠小说没有前途，我意思是说要发掘武侠小说越来越困难了。

女：要再写下去越来越困难？

男：对，我想将来这个武侠小说的前途不是写古代了，可能是写现代了。

女：作为人生的境界来说，您现在最希望自己能够达到的一种境界是什么？

男：我现在年纪大了，我希望可以平平淡淡过生活，有机会能够游山玩水一下。

21. 男的刚刚完成了一项什么工作？
22. 男的最初写小说的原因是什么？
23. 男的的作品为什么很受欢迎？
24. 男的认为武侠小说的前途是什么？
25. 男的希望以后过什么样的生活？

答案 21. A 22. B 23. C 24. D 25. C（样卷21—25题）

这是一段对著名武侠小说家金庸的采访，以谈个人经历为主。

**第21题**：从选项看是谈某个人做什么事情，问题是："男的刚刚完成了一项什么工作？"在录音中女的（记者）问："最近很多人都在议论，说您正在修改自己的武侠小说？"男的（被采访者）回答："是这样的，到现在已经改了七年，我把自己以前的作品全部改完了。"所以正确答案应该是："A 修改自己的作品"。"B 完成第15部小说"之所以不对，是因为"完成"小说的含义是指写完、创作完小说，而被采访者刚刚做完的是修改完小说。"C 把小说改编成电影"并不是男的本人做的，而"D 成为《新晚报》编辑”是很早以前的事，都与录音不一致。

**第 22 题：**这组选项很有意思。“C 为了赚钱”“D 为了证明自己”中都有“为了”这个词，“A 兴趣爱好”“B 工作需要”也可能表示目的，因此这道题的问题很可能是问为什么做某事。问题是：“男的最初写小说的原因是什么？”在录音中男的说：“最初是工作上需要的。主要是我在《新晚报》做编辑，《新晚报》需要这样一篇稿子，人家知道我喜欢谈论武侠小说，算是比较了解的，所以我就被抓来写了。”因此 B 是正确的。尽管 A、C、D 从常理上说也可能是原因，但作者没提到。另外，问题问的是“最初的原因”，显然 A、C、D 的理由都不充分。

**第 23 题：**先看选项，在“B 体现中国武术精神”“C 体现中国价值观念”中都有“体现”这个词，在“D 反映中国传统生活方式”中有“反映”这个词，这两个词在使用时有相似的地方，都是指某种社会现象中有某种文化，而“A 能让人感到安慰”可能是指某种东西能起到什么作用，问题应该和这有关系。问题是：“男的的作品为什么很受欢迎？”在录音中记者问：“您有没有考虑过，为什么您的作品大家都能接受？”男的回答：“想过，我认为是因为代表了中国的传统思想的核心价值。”接着他们谈了这些价值观念是什么。因此“C 体现中国价值观念”是正确的。由于是武侠小说，所以一般会认为 B 可能是对的，但武术精神只是传统价值中的一部分，从男的对中国传统价值的解释看，其含义远远超出武术精神。A 和 D 男的没有提到。

**第 24 题：**这组选项值得注意。从选项用的词来看，与第 23 题有一点像——“A 情节曲折奇特”“B 表现传统美德”“C 具有中国风格”“D 反映现代生活”，因此，可以断定这两个题的问题角度一定不一样。本题的问题是：“男的认为武侠小说的前途是什么？”问的是今后的发展方向。在录音中，当记者问起武侠小说的前途时，男的回答：“我想将来这个武侠小说的前途不是写古代了，可能是写现代了。”因此，D 是正确的。A、B、C 都是现在武侠小说已有的特点，所以不是这个问题的答案。在这道题里，听懂问的是什么是最为关键的。

**第 25 题：**从选项上看，“A 朴素传统”“B 忙碌充实”“C 平淡悠闲”“D 时尚现代”都与生活方式有关系。问题是：“男的希望以后过什么样的生活？”在录音中当记者问男的希望自己达到一种什么境界时，男的回答：“我现在年纪大了，我希望可以平平淡淡过生活，有机会能够游山玩水一下。”因此应该选 C。这道题同样是听懂问的什么是非常关键的，假如问男的现在过的是什么样的生活，答案就可能是 A 或 B，但由于问的是今后的希望，就只能是 C。

## • 常见错误

1. 不了解谈个人经历的采访的特点，不会主动地听。
2. 不善于利用选项，不会有重点地听。

## ● 应试策略与技巧

**1．了解谈个人经历的采访的特点**

这类采访有如下特点：

首先，记者在第一段里一般要介绍被采访者的身份，说明被采访者是哪一方面的专家。例如：

男：各位听众大家好，今天我们有幸请到了《少年报》的“知心姐姐”卢勤，请她谈谈在未成年人教育方面的心得体会。请问您是从什么时候开始从事教育工作的，又是什么让您能够一直在教育工作上探索呢？（样卷26—30题）

→卢勤的身份：《少年报》的“知心姐姐”，从事教育工作。

女：欢迎一代武侠小说大师金庸先生。您好！最近很多人都在议论，说您正在修改自己的武侠小说？（样卷21—25题）

→金庸的身份：著名的武侠小说家，“一代”和“大师”表明其地位。

男：今天的嘉宾是一位女摄影师，也是一位桃李满天下的老师。宋靖老师，您好！平遥摄影大展就要开始了，您是第几次参加？（H61001 21—25题）

→宋靖的身份：女摄影师，摄影教育家。“桃李满天下”说明其学生之多。

女：今天来到我们现场的嘉宾是著名漫画家蔡志忠先生。蔡志忠先生是一个很特别的人物，全球每天至少有十五部机器在同时印刷他的作品。听说蔡先生很小就迷上了漫画，能说一说入迷的经过吗？（H61001 26—30题）

→蔡志忠的身份：著名漫画家。“全球每天至少有十五部机器在同时印刷他的作品”说明其作品的受欢迎程度。

从以上几个例子可以看出，在这类采访中，记者在第一段话里的介绍是极为重要的，抓住了人物的身份就抓住了采访的主线。尽管在各类采访中记者都会介绍被采访者的身份，但在谈个人经历的采访中有所不同，不仅上来就直接介绍人物，而且由人物身份的介绍直接引入与人物自身相关的问题。如介绍卢勤，紧接着就问她的经历；介绍金庸，紧接着就问他修改自己的武侠小说的事情；介绍宋靖，马上就问她组织的平遥摄影大展；介绍蔡志忠时说他是一个“很特别的人物”以引起人们对其经历的关注，随即就问他的特别的经历：“听说蔡先生很小就迷上了漫画，能说一说入迷的经过吗？”。

记者的第一段话，在帮助我们确定人物身份的同时，也能帮我们初步确定整个采访的话题范围。有时会直接说出，如采访卢勤，直接说：“请她谈谈在未成年人教育方面的心得体会。”有的是说出人物的相关的事情，可以帮助我们推测，如金庸，话题可能围绕修改自己的武侠小说展开；如宋靖，话题可能围绕平遥摄影大展展开。知道了话题范围之后，我们就可能把自己在这方面的知识及知道的词汇调出来，对于理解整个对话将很有帮助。

第二，在这类采访中一般都会谈到被采访者是怎么开始他的事业的。例如：

卢　勤：我从小就想当“知心姐姐”，因为我是从小看着《少年报》长大的，当时有一个栏目叫做“知心姐姐”，我就悄悄给“知心姐姐”写了一封信，“知心姐姐”给我回了信，于是我就有了很大的成就感，后来我自己就想当“知心姐姐”了。（样卷 26—30 题）

金　庸：最初是工作上需要的。主要是我在《新晚报》做编辑，《新晚报》需要这样一篇稿子，人家知道我喜欢谈论武侠小说，算是比较了解的，所以我就被抓来写了。（样卷 21—25 题）

宋　靖：我从小学画画儿，然后考电影学院摄影系。当时电影学院没有图片摄影系，都是电影摄影，我就考上了这个专业。（H61001 21—25 题）

蔡志忠：我也记不清是从哪一年开始对漫画产生兴趣的了，反正小学课本和作业本的白边上，到处都活跃着我信手画的小人国。考上中学后，态度才认真起来，将书报杂志上的漫画拿来细细品味揣摩，然后将心中的构思画在纸上，向出版社投稿。画稿也很幸运地不断地被采用。后来我就被一家杂志社录用了。

记　者：那时您初中毕业了吗？

蔡志忠：还没有，只差半年。可我太热衷漫画了，别说半年，就是一个月也等不得。我决定接受这份工作。

（H61001 26—30 题）

由于这部分经历对被采访者的整个人生有很大的影响，而且每个人都很不相同，是很有意思的信息，因此一般在试题中都会有所涉及，有的是直接就这一点设置问题。如对卢勤的采访问“女的为什么想当‘知心姐姐’？”对金庸的采访中问“男的最初写小说的原因是什么？”对蔡志忠的采访中问“男的什么时候开始以漫画为职业？”也有的是在其他问题中有所涉及。因此，要注意捕捉每位被采访者的事业起点的信息。

第三，在这类采访中，被采访者一般都会谈自己对所从事的领域中相关问题的独特见解。例如卢勤对“问题孩子”的见解：

最重要的就是培养孩子的自信，在这个阶段的孩子都需要家长发现他好的那一面，得到肯定。比如说我自己小的时候就特别喜欢画画儿，每次给妈妈看，她都说你画得太好了！我姐姐夸我真是画画儿的天才，所以我就特别热爱画画儿。后来我上学以后老师也把黑板报交给了我，我从一年级一直画到初中。

（样卷 26—30 题）

由于被采访者一般是某一个领域中有突出成就的专家，他们对于该行业中某些问题的认识往往与众不同，因此出题人往往会抓住这些独到的见解出题，以考查考生的听力理解能力。

例如，对于武侠小说的前途怎么看，有以下选项：

24. **A** 情节曲折奇特
    **B** 表现传统美德
    **C** 具有中国风格
    **D** 反映现代生活

［录音］

金庸：我想将来这个武侠小说的前途不是写古代了，可能是写现代了。

答案 D（样卷 21—25 题）

通常人们会从中国传统文化的角度来推测，因此如果不听录音很可能会选 B 或 C，而金庸却提出了自己独到的见解，认为将来武侠小说可能要写现代。

再如，关于画漫画的目的，一般人们会从谋生、工作、爱好等方面来猜想，但蔡志忠却有其独到的见解。看下例：

**【例 2】** 03-4-2

29. **A** 表达方式
    **B** 重要工作
    **C** 谋生手段
    **D** 业余爱好

［录音］

女：您画漫画的目的是什么？

男：完全没有目的。就像我们谈话口渴了，就喝一口茶；中午饿了，就下楼找餐厅吃饭一样。在我眼里，漫画是一种有意思的表达方式，内心有所感悟时，就用画面传达给读者。为了达到漫画最高标准，我是全力以赴的。我每天早晨七点钟起床，开车送女儿去上学，然后就到自己的工作室去画画儿，一直画到下午六点半，晚饭以后继续画，总是到凌晨两三点钟才上床睡觉。我很珍惜时间，在我脑子里，没有昨天，也没有明天，只有今天。

29. 男的把画画儿看做什么？

答案 A（H61001 26—30 题）

正因为被采访者的观点与众不同，所以那些想当然而不注意听的考生就可能选错。

**2. 充分利用选项的信息**

如果研究一下谈个人经历采访的选项，我们会发现这类采访的选项有如下几个特点：

第一，有些选项可以明显看出是询问个人信息的。如：

21. **A** 修改自己的作品
**B** 完成第 15 部小说
**C** 把小说改编成电影
**D** 成为《新晚报》编辑
（样卷 21—25 题）

27. **A** 上高中时
**B** 初中毕业前
**C** 初中毕业后
**D** 考上大学后
（H61001 26—30 题）

30. **A** 是一名作家
**B** 初中时开始学画画
**C** 在《少年报》工作
**D** 家里有“问题孩子”
（样卷 26—30 题）

30. **A** 自学成才
**B** 出版了 15 本书
**C** 工作时间不固定
**D** 从开始画画就很认真
（H61001 26—30 题）

如果在一段采访录音的五个问题中有的问题是类似这样的选项，就可以估计其采访内容很可能是有关个人经历的。

第二，有的选项中有“自己”这个词。如：

21. **A** 修改自己的作品
**B** 完成第 15 部小说
**C** 把小说改编成电影
**D** 成为《新晚报》编辑

［录音］21. 男的刚刚完成了一项什么工作？
（样卷 21—25 题）

22. **A** 兴趣爱好
**B** 工作需要
**C** 为了赚钱
**D** 为了证明自己

［录音］22. 男的最初写小说的原因是什么？
（样卷 21—25 题）

25. **A** 没去过山西
**B** 刚开始从事教学工作
**C** 以前参加过平遥摄影节
**D** 觉得自己有一些艺术天分

［录音］25. 关于女的，下列哪项正确？
（H61001 21—25 题）

从上面的例子可以看出，如果选项中有“自己”，这句话省略的主语可能是那个被采访者，即“男的”或“女的”，而针对被采访者的个人情况提问，则很有可能是采访个人经历的。所以，如果在一段采访录音的五组选项中有“自己”一词，也可以估计其采访内容很可能是有关个人经历的。

还应该提起注意的是，在听力的第二部分中共有三段采访录音，每段录音对应五个问题，共三组选项。考试中三段采访的题号依次为：

第一段采访：16 题—20 题

第二段采访：21 题—25 题

第三段采访：26 题—30 题

在试卷上这些选项是依次印在一起的，但我们应该**把它们五个为一组地分开**，找每一组的规律，听录音时视线在**同一组**的选项上扫视。

## 练习（一） 03-4-3

**听录音，选择正确答案**

1. **A** 他唱歌非常好
   **B** 他能抓住机遇
   **C** 他学习成绩好
   **D** 他会主持节目

2. **A** 变化不太大
   **B** 总的很满意
   **C** 有酸甜苦辣
   **D** 还不够深刻

3. **A** 没有时间谈情说爱
   **B** 经历过浪漫的恋爱
   **C** 只爱过现在的女友
   **D** 失恋的痛苦忘不掉

4. **A** 他崇拜小撒
   **B** 他喜欢法律
   **C** 想远离父母
   **D** 北京名校多

5. **A** 他成名比较晚
   **B** 他是十大优秀演员之一
   **C** 刚讲婚姻法时他缺少体验
   **D** 入学考试时他唱的歌很难

6. **A** 十几岁
   **B** 二十几岁
   **C** 三十几岁
   **D** 四十几岁

7. **A** 毛泽东
   **B** 诸葛亮
   **C** 雍正皇帝
   **D**《小花》的男主角

8. **A** 夸奖他的相貌
   **B** 形容他的口味
   **C** 讽刺他的演技
   **D** 比喻他的肤色

9. A 上大学
   B 练习长跑
   C 拍摄新闻片
   D 到电影学院讲课

10. A 顺利的时候应该多思考
    B 不顺利的环境使人成长
    C 只有多演才能学会演戏
    D 男演员应从小开始培养

## 考点与难点（四） 谈有关问题

### • 说明

谈有关问题的采访一般是记者就一些大家关心的问题采访相关的人员，请被采访人对有关问题进行介绍、分析。这也是采访类试题的理想材料。例如：

**【例 3】** 03-4-4

16. A 娱乐休闲
    B 参与体验
    C 观赏享受
    D 资源整合

17. A 北京游客众多
    B 北京是中国的首都
    C 北京缺少时尚主题公园
    D 北京有很多文化旅游景点

18. A 景观
    B 表演
    C 主题活动
    D 娱乐设备

19. A 20 多
    B 100 多
    C 200 多
    D 300 多

20. A 宣传大型活动
    B 游客能自由规划游玩路线
    C 提醒游客地形和营业时间
    D 游客能玩遍欢乐谷所有项目

[录音]

第 16 到 20 题是根据下面一段采访：

女：大家好！欢迎来到我们的访谈室。现在坐在我身边的是北京欢乐谷的副总经理郑维先生。您好！

男：您好！

女：欢乐谷是在主题公园建立受挫的背景下兴建的，它的建立初衷是什么？

男：九六年，全国到处兴建主题公园，但整体经营情况不太好。我们对此进行了调查，发现当时的主题公园都是观赏性的，而随着经济的发展和人们需求的变化，大众群体更需要一种参与性强的公园，所以我们提出“生活就是体验，体验就是生活”，基于这个理念我们便开始策划欢乐谷。

女：欢乐谷为什么要建在北京？

男：因为北京是中国的首都，作为大都市，如果从旅游这个领域来看，北京更多的是一些传统文化的旅游景点，时尚娱乐的东西比较少，而综观全世界各个类似的大都市，都有现代化的时尚公园相配套，而北京恰恰缺这一个。

女：欢乐谷相对于嘉年华有什么特色？

男：我们公园由四个部分构成。一个是娱乐设备，这个方面跟嘉年华有点儿类似，但是我们跟嘉年华设备方面的不同，就是我们的设备大型的和超大型的比较多。第二就是我们的景观，我们将巨额的资金投入到整个景观的建设上，包括建筑、雕塑、园林等等。第三是表演，我们拥有庞大的演艺系统，整个欢乐谷演艺队伍有两百多人，我们每天给游客奉献二十多场表演。第四是主题活动，我们每隔一段时间会根据市场推出不同的活动，暑假我们刚刚搞了“梦想狂欢节”，十一过后我们会推出“时尚狂欢节”。

女：游乐设施、观赏景观、主题表演，还有主题活动，会不会让游客觉得眼花缭乱，分不清主次？

男：在进入欢乐谷之前，我们会给每位游客一个时间表和一张导游图，清楚标明当天有哪些设备项目，有哪些表演，游客可以根据自己的喜好和时间，规划自己的游玩线路，所以相信每位游客都可以在欢乐谷充分享受欢乐。

16. 欢乐谷的设计理念是什么？
17. 欢乐谷建在北京的主要原因是什么？
18. 欢乐谷与嘉年华在哪方面有相似之处？
19. 欢乐谷的演艺队伍有多少人？
20. 为游客提供时间表和导游图的目的是什么？

**答案** 16. B　17. C　18. D　19. C　20. B（H61001　16—20 题）

这是一段对北京欢乐谷副总经理的采访。

**第 16 题：** 问题是：“欢乐谷的设计理念是什么？” 在录音中被采访者说：“随着经济的发展和人们需求的变化，大众群体更需要一种参与性强的公园，所以我们提出‘生活就是体验，体验就是生活’，基于这个理念我们便开始策划欢乐谷。”因此，“B 参与体验”是正确的。“A 娱乐休闲”只是一般娱乐性公园的共同点。“C 观赏享受”是当时一般的主体公园的特点，是有干扰性的选项，但当时的主体公园受挫，欢乐谷正是为了避免受挫才提出了新的设计理念。“D 资源整合”没提到。

**第 17 题：** 看选项，问题一定是问北京，而且很可能与北京的旅游有关系。问题果然是："欢乐谷建在北京的主要原因是什么？"这其实也是记者问被采访人的问题："欢乐谷为什么要建在北京？"被采访人的回答是："因为北京是中国的首都，作为大都市，如果从旅游这个领域来看，北京更多的是一些传统文化的旅游景点，时尚娱乐的东西比较少，而综观全世界各个类似的大都市，都有现代化的时尚公园相配套，而北京恰恰缺这一个。"因此，"C 北京缺少时尚主题公园"是对的。"A 北京游客众多""B 北京是中国的首都""D 北京有很多文化旅游景点"本身是对的，但并不是建欢乐谷的主要原因，但有很强的干扰性。

**第 18 题**：选项很像是公园里的四种东西，问题是："欢乐谷与嘉年华在哪方面有相似之处？"录音中记者问："欢乐谷相对于嘉年华有什么特色？"被采访者回答："我们公园由四个部分构成。一个是娱乐设备，这个方面跟嘉年华有点儿类似，但是我们跟嘉年华设备方面的不同，就是我们的设备大型的和超大型的比较多。"由于在娱乐设备方面又类似又有些不同，所以"D 娱乐设备"是对的。而"A 景观""B 表演""C 主题活动"都未提到。

**第 19 题**：看选项，可猜测出问的是数字这一具体信息，注意听问题，问题是"欢乐谷的演艺队伍有多少人？"被采访人说："我们拥有庞大的演艺系统，整个欢乐谷演艺队伍有两百多人，我们每天给游客奉献二十多场表演。"因此"C 200 多"是对的。录音中提到了"二十多场表演"，"A 20 多"很有干扰作用。

**第 20 题**：问题是："为游客提供时间表和导游图的目的是什么？"被采访人说："在进入欢乐谷之前，我们会给每位游客一个时间表和一张导游图，清楚标明当天有哪些设备项目，有哪些表演，游客可以根据自己的喜好和时间，规划自己的游玩线路，所以相信每位游客都可以在欢乐谷充分享受欢乐。"因此"B 游客能自由规划游玩路线"是对的。如果想当然地回答可能会选"C 提醒游客地形和营业时间"或"D 游客能玩遍欢乐谷所有项目"，这两个选项有干扰性。"A 宣传大型活动"没有提到。

## 常见错误

1. 不了解谈问题采访类的话题，感到内容庞杂，抓不住主题。
2. 不了解谈问题采访的结构特点，抓不住线索。

## 应试策略与技巧

**1. 通过记者的开场白和全文的关键词抓主题**　谈问题的采访的确内容比较庞杂，往往会涉及社会生活的很多方面，如果没有准备地泛泛而听，有时会感到什么都抓不住。但是记者的采访不是聊天儿，目的性是很强的，一般一次采访都集中谈一个主题。和人物经历采访不同的是，谈问题的采访是围绕某个中心话题或某些社会问题展开的。采访开头的那一段记者的**开场白**非常重要，采访的主题一般会在第一段点出来。例如第 3 课例 3 的开场白：

朋友们好。现在人们对自己的健康可是越来越关注，连洗脚都越来越有讲究。洗脚是已经“老土”的说法了，时髦的叫法是“足浴”或者“足疗”。专门通过足浴来为顾客提供保健服务的足浴店也像雨后春笋一样，出现在城市的大街小巷。“千子莲足浴”就是这“洗脚大军”中很抢眼的一员……

这段开场白上来就点明了整个采访的主题：洗脚（足疗）及“千子莲足浴”。抓住了这一主题，整个采访的中心内容就抓住了。

再如，下面这个采访的开场白：

**【例 4】** 03-4-5

各位网友大家好。今天我们非常荣幸地请到了香港特别行政区环境运输及公务局局长廖女士做客人民网，跟我们谈一谈香港的交通以及环境保护方面的问题。能不能先跟我们介绍一下您所从事的工作？

（H61002 16—20 题）

“香港的交通以及环境保护方面的问题”就是整个采访的主题，在记者的开场白中明确地点了出来。

又如，本课例 3 的开场白：

女：大家好！欢迎来到我们的访谈室。现在坐在我身边的是北京欢乐谷的副总经理郑维先生。您好！

男：您好！

女：欢乐谷是在主题公园建立受挫的背景下兴建的，它的建立初衷是什么？

（H61001 16—20 题）

其采访主题“北京欢乐谷”是通过介绍人物身份和开门见山的第一个问题点出来的。

除了开场白的点题之外，主题也表现在**关键词**当中。谈问题的采访虽然词汇量比较大，但是与主题密切相关的关键词却是有限的，而且这些关键词在采访中重现率非常高。例如在第 3 课例 3 中，关键词“洗脚”出现 8 次，“足浴”出现 6 次，“千子莲”出现 6 次。在本课的例 3 中，关键词“欢乐谷”出现了 6 次。这些在整个采访过程中一再重现的关键词也可以帮助我们把握采访的主题。

**2. 通过采访的问题抓线索** 谈问题的采访尽管涉及社会生活的很多方面，但是在一段采访中线索是比较清楚的，这个线索就是**记者的问题**。因为被采访者是根据记者的问题来回答的，这是采访的结构特点。因此，抓住了记者的问题就抓住了采访的线索。不仅如此，对于听力试题来讲，听力的题目与记者的问题也有密切的关系，有些题目甚至与记者的问题基本上是一样的。例如，在本课的例 3 中的问题：

| 记者的问题 | 听力题的问题 |
|---|---|
| 欢乐谷是在主题公园建立受挫的背景下兴建的，它的建立初衷是什么？ | 16. 欢乐谷的设计理念是什么？ |
| 欢乐谷为什么要建在北京？ | 17. 欢乐谷建在北京的主要原因是什么？ |
| 欢乐谷相对于嘉年华有什么特色？ | 18. 欢乐谷与嘉年华在哪方面有相似之处？<br>19. 欢乐谷的演艺队伍有多少人？ |
| 游乐设施、观赏景观、主题表演，还有主题活动，会不会让游客觉得眼花缭乱，分不清主次？ | 20. 为游客提供时间表和导游图的目的是什么？ |

从这两组问题的对比中可以看到，记者的前两个问题与试题的 16、17 题基本上是一样的，只是词句上稍有区别。记者的第三、四个问题与试题的 18 题、第 20 题是密切相关的，只是设问的角度有所不同。

听力考试采访题的一个很大的难点是五个问题都在采访录音结束后才会读出来，而现在，当我们发现试题的问题与录音中记者的问题是**在一条线索上**的，是有一定联系的，我们就可以利用这一线索在听的过程中估计问题，再借助选项的帮助，有重点地听，从而提高答对率。

## 练习（二） 03-4-6

**听录音，选择正确答案**

1. **A** 文化部部长
   **B** 剧院管理者
   **C** 网站主持人
   **D** 著名艺术家

2. **A** 10 元
   **B** 20 元
   **C** 40 元
   **D** 80 元

3. **A** 演出占了一大半
   **B** 爱去东京和首尔
   **C** 乐于做公益演出
   **D** 成本难以降下来

4. **A** 有 20%
   **B** 完全没有
   **C** 约有一半
   **D** 对外保密

5. **A** 观众的关注点没变化
   **B** 请其他公司进行宣传
   **C** 进行演出和艺术推广
   **D** 主要不依靠票房收入

6. **A** 统一的
   **B** 可选择的
   **C** 工业化的
   **D** 以出国为主的

7. A 出国读中学的孩子多了
B 家长愿自费送孩子出国
C 国外大学的奖学金增加
D 中学生人数在每年减少

8. A 进行劝阻
B 说服家长
C 提供帮助
D 要求考试

9. A 增加了外语的学习
B 全部使用英国课程
C 高一开始分开上课
D 全部请外教来教课

10. A 考上北大清华的更多了
B 出国的学生都有奖学金
C 出国的都是直通班学生
D 有人高考以后很快出国

**本课小结**

- **主要考点难点：** 1. 谈个人经历；2. 谈有关问题。
- **考生常见错误：** 不了解谈个人经历的采访特点，不会主动地听；不善于利用选项，不会有重点地听。不了解谈问题采访的话题，抓不住主题；不了解谈问题采访的结构特点，抓不住线索。
- **主要应试策略：** 了解谈个人经历的采访的特点；充分利用选项的信息；通过记者的开场白和全文的关键词抓主题；通过采访的问题抓线索。

## 课后练习　03-4-7

**听录音，选择正确答案**

1. A 著名钢琴家
B 硕士生导师
C 同济大学的第一位女校长
D 音乐学院的最年轻的校长

2. A 学科的需要
B 周围的压力
C 丈夫的推动
D 自己的追求

3. A 同济大学
B 清华大学
C 瑞典的大学
D 瑞士的大学

4. A 她运气不好但非常努力
B 她丈夫曾经想不再读博士
C 她丈夫自己工作供她读博士
D 她和丈夫身在两地却很相爱

5. **A** 个人生活选择
   **B** 怎样当领导人
   **C** 搞研究的方法
   **D** 弹钢琴的体会

6. **A** 调查非法网吧
   **B** 培训家长上网
   **C** 帮家长出主意
   **D** 从网吧找孩子

7. **A** 在网上引人注目
   **B** 网吧有她的朋友
   **C** 爱上了那里的人
   **D** 网吧游戏很丰富

8. **A** 学习成绩不好
   **B** 常受老师批评
   **C** 家庭管教很严
   **D** 和父母难交流

9. **A** 孩子为何迷网吧
   **B** “家长之友”公司
   **C** 要管理网上游戏
   **D** 网络的种种问题

10. **A** 老师
    **B** 学生
    **C** 家长
    **D** 上网的孩子

# ►►► 第 4 课练习录音文本及答案

## 【录音文本】

### 练习（一）

第 1 到 5 题是根据下面一段采访：

女：观众朋友们，大家好！今天我们要采访的是大家都熟悉的《今日说法》节目的主持人撒贝宁，他被评为今年中央电视台十大优秀播音员主持人。小撒，你好。咱们不是第一次采访了，那就实话实说吧，你是作为特长生进入北大的，你是哪方面的特长生？

男：其实我没有什么特长，当时我报的特长是唱歌，但是我唱歌从来没受过专业训练，都是在学校瞎唱，这样就被老师认为是有特长。如果我在学校开联欢会的时候没有勇气去唱歌的话，可能也没有老师会想到我。我只能属于一个文艺爱好者吧。不过，当老师问我愿意不愿意参加特长生推荐时，我马上答应了。当时唱的那首歌没什么难度，我发挥得不错。要是换一首歌，我可能就不行了。

女：你不到三十就成了著名主持人，如果现在来看你几年前主持的《今日说法》节目，感觉怎么样？

男：几年前说话的状态都不一样，那会儿一看还是个学生，还没毕业，而且对很多事情是凭着自己的想象去理解的。比如说做婚姻法的节目，现在就不一样了，因为毕竟这几年当中我又接触了很多婚姻法的案例，接触了当事人的酸甜苦辣，我现在再去理解他们，要比几年前深刻得多，几年前那么个小孩儿，说一个男人和两个女人的故事，我怎么去理解？所以看我以前的节目，不客气地说，流于表面的东西太多。

女：咱们换个话题吧。有人说过大学生没谈过恋爱，就像没上过大学一样。

男：这话好像就是我讲的，我在北大的生活特别像一首歌《冬季的校园》，里面有这样几句歌词："我亲爱的朋友，我请你陪我逛一逛这冬季的校园……跟我讲讲漂亮的女生，白发苍苍的老先生……"我的经历就像歌中唱的一样，永远难忘。

女：失恋过吗？

男：一个人如果不失恋是不正常的。谈一次恋爱就白头到老了？我觉得大多数人都会经历分分合合的。

女：第一次失恋什么感觉？

男：每天装着特颓废的样子，实际上是装的，随着时间的流逝，很多都会过去的。

女：你确实挺有吸引力的，不光是对女生。你知道吗？有一位叫"天边浪子"的网友，是个小伙子，他说就是因为你在北京，所以他一定要考上北京的大学。

男：是吗？如果我真有这样的力量让他考上大学的话，我真是觉得挺高兴的。

1. 男的认为自己能进北大主要是因为什么？
2. 对于过去几年做的节目，男的现在怎么看？
3. 男的大学时代的生活是什么样的？
4. “天边浪子”来北京上大学是因为什么？
5. 关于男的，可以知道什么？

第6到10题是根据下面一段采访：

女：孔子说过：“三十而立，四十而不惑”，四十岁因此也叫不惑之年。上世纪九十年代，电影演员唐国强进入了不惑之年，也就是在那个时候，他达到了他表演事业的高峰，毛泽东、雍正皇帝、诸葛亮，这一系列历史人物形象在观众心中留下了深刻的印象。其实，唐国强的演员之路并不是一帆风顺的，观众们可能还记得他曾经主演的《小花》、《孔雀公主》，他的表演引起了很多的争议，甚至还获得了“奶油小生”这个称号。唐老师，现在让你回头来看看，就是刚当“奶油小生”那一会儿，这中间有差不多十年吧，那十年我想你是不是过得应该说是挺寂寞的？

男：所谓“奶油小生”呵，这是个很刻薄的说法，它的意思不是说你喜欢吃奶油，是什么意思呢？真的意思就是漂亮的脸蛋儿加不会演戏等于“奶油小生”，并不是现在大家有时开玩笑的那种宽松的说法。这个是很刻薄的，因为我知道里边所有上上下下的情况，它的实际意思就是：“你该下课了！凭什么观众都知道你呀？你该下课了！”我明白这个意思，我在心里说：我不想下课，我说咱们走着看。我可能跑短跑我不如你们，但是我不跟你跑短跑行不行？我跑长跑。长跑这个东西就不一样了。是，你可以一夜之间成名，你可以不断成为新闻人物，但是你能不能坚持到最后？一个人……尤其是男演员，他的艺术生命真正是从四十岁开始的。

女：为了四十岁，1984年已经三十二岁的唐国强做出了一个非常重要的人生选择，他来到了北京电影学院。

男：三十多岁上大学也是很有意思的事情。很苦，但是，我觉得学校给我建立了一个知识框架，我知道该补充些什么。并不在于具体教了我什么，而是通过我看、我读、我想，领悟到了一点儿什么。

女：那这段时间你领悟出什么人生道理呢？

男：我说逆境好，逆境、不顺利的环境对人来说有压力，有压力可以真正地有时间坐下来去思考、去学习。这个时候是我积累的时候，是我耕耘的时候，是我储蓄的时候，是我不受干扰的时候。从这个意义上来讲，这十年，没有这十年就没有我现在。不可能！没有这个积累，我怎么可能一夜之间我就窜出来啦？不可能！

6. 男的是什么时候获得成功的？
7. 男的什么角色演得不好？
8. 人们为什么使用“奶油小生”来称呼一个演员？
9. 1984年，男的开始干什么？
10. 那些年男的领悟出了什么人生道理？

## 练习（二）

第1到5题是根据下面一段采访：

女：各位网友，大家好！这里是人民网。“艺术航母”这个称号一直被大家授予国家大剧院，国家大剧院经过四年的时间到底运营的情况怎么样呢？今天我们为大家请来了国家大剧院演出部部长李志祥。李部长，您好！

男：大家好！

女：李部长，如果从老百姓观剧的角度想，我们最担心的就是一个票价的问题。我知道国家大剧院的最低票价是80元。尽管80元现在和看一部电影的钱差不多，但老百姓感到，剧院的票价还是有一点儿贵。到底贵在哪里？

男：80块钱指的是商业演出，对于商业演出来说，这已经是非常非常低的一个价格了。但我们大剧院不仅仅进行商业演出，我们很重要的是进行艺术的推广、教育、普及。在大剧院每年有800多场商业演出，还有将近一千多场是不同形式的艺术推广普及教育活动。大剧院每周的周日上午10点半，都有一个艺术教育活动，我们请的都是一流的专业乐团来演奏一场价格非常低的我们叫“周末音乐会”，票价最贵40块钱，如果是学生，票价是20块钱，会员票才10块钱。单就票价来讲，10块钱，你想看场电影，现在根本不可能有10块钱的电影了。大剧院这四年来舞台上的变化并不是很大，永远都是一流的艺术家、一流的作品，但是观众的关注点有很大的变化，刚开始是来看这个大剧院、舞台上演什么，后来越来越关注他能感受到什么。

女：一些国外乐团，比如柏林乐团，他们来到中国演出，是不是成本也会相对高一些？我们怎样把这个成本降得更低一些，让更多的老百姓能观看到这些演出呢？

男：拿国家大剧院来讲，每年大量上演的还是国内的优秀乐团，这基本上占到国家大剧院全部演出场次的65%—70%之间，当然我们也邀请一些优秀的国外乐团，从成本来说，要有国际旅费，要有演出费，要有酒店费用，他们总不能是给你做公益演出吧？说我自己掏机票钱和演出费来给你演的，这是不大可能的。大剧院保持一个相对合理的票价，因为太少了，他也不会愿意来，因为对他们来说，来北京演和去东京、首尔演可能没有太大的区别。我们必须把票价定在相对合理的一个价格上。

女：你们对外租场地占整个演出场地的比重是多少？

男：是零。可能观众不太了解，对大剧院来说，我们从来不把场地出租作为我们经营的一个模式。以前我们很少对外说的，大家来大剧院每一场演出都是大剧院自己的专业部门和演出方来协商、洽谈的，每一场演出都是一个双方选择的结果。所有的演出，都是我们通过大剧院的宣传机构、我们的营销机构，一张一张票卖的。大剧院收的不是出租场地费，大剧院收的是票房收入，我们就是一张一张票来卖，这四年来，每一场演出都是我们在经营。

女：这一点是非常难得的，是我没有想到的。我原以为出租场地总得有20%的比例。

1. 男的是什么人？
2. 国家大剧院的最低票价是多少钱？
3. 关于国外乐团，下面哪句话正确？
4. 对外出租场地的比重占多少？
5. 关于国家大剧院，我们可以知道什么？

第6到10题是根据下面一段采访：

女：各位网友，大家好！欢迎收看新华访谈。本场访谈的题目是“与中学校长对话”，为您请到的嘉宾是实验中学的蔡晓东校长。蔡校长，欢迎您！

男：各位网友，大家好。

女：蔡校长，不同的学生有不同的特点，听说实验中学实行差异教育，那你们的课程是怎么设的呢？

男：我们的课程是多元化的，而不是统一的、工业化的。原来学校给你提供什么课，你就得上什么课。现在不是了，现在课程多了，可以让学生选择。比如喜欢理科的孩子，我们有理科实验班；喜欢文科的孩子，有文科实验班；特别喜欢英语的孩子，有英语实验班；现在我们学校还有一批孩子想以后出国，不想参加高考了，我们现在也组织了国际直通班。

女：上国际直通班的孩子多吗？

男：不少。

女：但如果放弃高考、出国的人多了，实验中学考上北大、清华的人就减少了，您不担心吗？

男：我当校长的当然要考虑升学率，但是我觉得，我们的眼光要放远一点儿，即使考上北大、清华的少十个，但是人家到了耶鲁大学、早稻田大学，拿到全额奖学金，难道不是好事吗？现在教育国际化的趋势越来越明显，孩子和家长现在也越来越有这种需求，想接受国外的高等教育，另外，现在家长也有钱了，没有奖学金也没关系，他们可以供孩子自费出国。所以我觉得这是一个趋势，你想人为地挡住它，你想说我实验中学就不许你去，这挡不住，而且我觉得学校也不应该这么做。因此我们开了直通班。

女：直通班的课程和一般的课程有什么区别呢？

男：在高一的时候还不分，大家上的都是一样的课，因为在国内你必须拿到高中的文凭，到高二的时候我们分出来这样一个直通班，他们是不参加高考的，我们增加了英语方面的教学，像听、说、读、写能力的提升，除了用我们本校的师资，我们也请一些外教。我们也适度地引入了一点儿国外的课程，但不像有些学校那样把英国的课程全部端进来了，我们没有，我们还是立足于我们国内的课程，适度引入一部分国外的课程。从现在的效果来看，我觉得还是挺好的。基本上每年大概有 80 人到 90 人高三毕业以后就出去了。当然，出国的孩子并不都是直通班的，有一部分是参加高考的，但是他参加完高考以后很快就出国了，为什么还要参加高考呢？因为有的国外大学还要考虑一下他们在国内高考的成绩。不参加高考的和参加高考的在出国学生中差不多各占一半。

6. 实验中学的课程有什么特点？
7. 男的谈到一个什么新情况？
8. 对于想放弃高考、直接出国的学生，实验中学是怎么做的？
9. 直通班的课程有什么特点？
10. 对于现在实验中学的学生，我们知道什么？

## 课后练习

第 1 到 5 题是根据下面一段采访：

男：今天我们要采访的这位女士非常喜欢肖邦的钢琴曲，自己也能弹一手好钢琴，同时她还是大学校长、博士生导师，今年 54 岁，她就是吴启迪女士。七年前，她成为中国第一位由民主推举产生的校长，同时也是同济大学历史上第一位女校长。吴女士，您好！

女：您好！

男：对不起，请允许我按照我的习惯，不称呼职位而称呼您“女士”。

女：这样更好！

男：谢谢！吴女士，我研究了您的经历，觉得很有意思。那么您自己回头看您人生走过的路、所做的一些选择，有时候我想可能换一个人会完全不同。比如说您当时考研究生的时候，那时候您已经离开学校八年的时间了，已经结了婚有了孩子，一个女人也许在这个时候不会再去选择再进入学校，您当时为什么做出了这样一个决定？

女：这个事情呢，我说给你听的话，可能你会觉得我这个回答很出于你的意外，这个抉择呵，应该讲不完全是我个人做出来的，是我爱人给我做的。也就是说，我可能是很偶然地选择了这么一个丈夫，他的积极性比我高得多，他就千方百计地动员我去这样做，去做这样一件事情。我当时是曾经有过一个另外的想法，我想我不一定去读研究生，我也想过我是不是年龄比较大了。但是，我一旦走上这条路就像上了高速公路，再也下不来了。

男：那您看您做的第二个选择，您当时去瑞士留学的时候，是什么让您有勇气留在那个学院里读完博士才回来呢？

女：这个呢，我觉得确实我一旦上了这条路以后，我就觉得我是下不来了，因为大家都觉得这是非常好的机会，另外呢，我周围的同事也很支持我。这个抉择我想应该是我自己做的。因为当时我先生反而他自己觉得不要再读学位了，倒是我反过来让他还是要读那个博士学位，结果他也读完了，就是这样。

男：看来你们俩在人生的路上一直是互相扶持着走。

女：我想应该说是这样。当然了，我们因为也有这样的机会，就是一起到清华去读研究生，然后又一起在瑞士留学，这个机会应该说是比较难得的。

1. 吴启迪是个什么人？
2. 什么力量使吴启迪在工作八年后决心读研究生？
3. 吴启迪是在哪里读的博士？
4. 下面哪句话是对的？
5. 这段采访主要谈的是哪方面的问题？

第6到10题是根据下面一段采访：

女：家长朋友，你们好！欢迎收看《面对面》节目。电脑网络给我们的生活带来了很多方便和快乐，但我们在享受便利的同时也常常看到这样的场景：中学老师到网吧去寻找旷课的学生，家长从网吧领回深夜不归的孩子，有的少年因为网恋而离家出走。种种场景令人痛心。观众在来信中也纷纷反映，不少沉迷于网络的孩子整夜不回家，已经到了不上网不玩儿游戏就无法生活下去的地步。最近在沈阳出现了一件新鲜事，一家公司开张，起名叫“家长之友”，意思是家长的朋友，这家公司做起了帮助家长从网吧寻找孩子的生意，而且听说生意还不错。那么，孩子为什么迷恋网吧不愿意回家呢？今天我们请来了青少年网络问题专家杨顺德先生，请他来分析一下。

男：家长朋友，大家好！孩子为什么迷恋网吧这个问题，从大的方面看原因有两个：一个就是现在学生学习比较紧，娱乐场所比较少，而现在的网吧游戏比较丰富、刺激，再加上未成年人有一种求新、求异的心理，现实当中没有办法得到的，可以在网上得到。有个很典型的例子：有一个女孩子叫小莉，她的长相平平，她说我平时在马路上，从来没有一个男生回头望过我，但是网上就不一样，人家都把我当美女看待，我画一个笑脸过去，人家说我好美丽，我用网络语言写一句‘我爱你’，他们就全身像触电一样。

女：所以她在网上成为受欢迎的女孩儿。

男：对，她觉得是很大的满足，在现实当中她没有办法得到这种满足。这是一个原因。另一个原因是，这些沉迷网吧的孩子，有的是学习成绩跟不上，有的是在学校里面受到老师批评多一些，或者是在家里家庭管教严了一些，原因很多，各不相同，但有一点是共同的，他们心理上有问题，需要发泄、解脱，可是他又没法和父母沟通，所以就到网络上去找知音。每一个孩子在沉迷于网络游戏之前，都表现出来一个交流的障碍，就是和家长没有平等的交流。

女：我想家长们一定会从您的分析中得到很多启发。谢谢您，杨先生。

6. “家长之友”公司是干什么的？
7. 小莉为什么爱去网吧？
8. 迷网络游戏的孩子一般都有什么特点？
9. 他们主要在谈什么问题？
10. 这次访谈主要是给哪些观众看的？

**【答案】**

练习（一）　1. B　2. D　3. B　4. A　5. C　6. D　7. D　8. C　9. A　10. B

练习（二）　1. B　2. A　3. D　4. B　5. C　6. B　7. B　8. C　9. A　10. D

课后练习　1. C　2. C　3. D　4. B　5. A　6. D　7. A　8. D　9. A　10. C

# 第5课 听力第三部分（听短文，选择答案）1

## 题型与特点

### ● 题型

在听力考试的第三部分里，考生会听到约六段录音，每段录音是一段短文，每段录音后面一般有三四个问题，短文和问题都只听一遍。考生应该根据听到的内容从四个备选答案中选出正确的答案。例如：

【例1】 03-5-1

37. A 体谅
    B 怀疑
    C 信任
    D 委屈

38. A 脸红没什么好处
    B 其他动物也会脸红
    C 脸红会暴露人的情绪
    D 脸红会让别人更加愤怒

39. A 人为什么会脸红
    B 人和动物有何不同
    C 人怎样才能不脸红
    D 脸红能促进血液循环

[录音]

第37到39题是根据下面一段话：

脸红，是泄露人内心情感的一个明显信号，人们在感到尴尬、羞耻或害羞时脸会变红。但是这其中的奥秘却让科学家琢磨不透。最近有科学家将这归为“历史进化的一个结果”。

研究人员指出，人是唯一在害羞时脸会变红的动物，这个信号让人们的内心情感完全表露出来。研究发现，人在脸红时，脸颊、颈部和胸部皮肤表层的血管会扩张，更多的血液会汇集在这些地方。心理学家则分析认为：“脸红能平息对方的怒火，消除敌对行为，让人们更快地原谅你。”所以，脸红并不完全是一件坏事。

37. “脸红”可以引来别人什么样的态度？
38. 关于“脸红”，下列哪项正确？
39. 这段话主要谈的是什么？

答案 37.A 38.C 39.A（样卷37—39题）

## ● 特点

这一部分试题有如下几个特点：

1. 从录音上看，第三部分都是稍微长一些的短文，每段短文一般在200—400字左右，比第一部分的语段要长，但是比第二部分采访的对话要短。

2. 从问题上看，第三部分每段短文后面都有一组问题，一般是3—4个问题，比第二部分采访的问题要少。

## 考点与难点（一） 概括短文的主要意思

## ● 说明

在这一部分里，每段短文的信息比较多，有的还有隐含的意思，因此，抓住主要信息、掌握短文的中心意思、概括出短文的主要内容，是一个重要的考点和难点。例如：

**【例 2】** 03-5-2

42. **A** 如何称赞别人
 **B** 怎么表达自己的想法
 **C** 选择什么样的男朋友
 **D** 怎样获得别人的好感

[录音]

没有人不愿意接受别人的关心，也没有人会对关心自己的人产生不满。所以，要想赢得好评，就需要将你对别人的关心适当地表达出来。如果你发现对方的细微变化，最好能立刻指出。比如说对方换了新领带，你就说："这条领带你第一次戴，在哪儿买的？"他一定会愉快地接受你的关心，对你产生好感。特别是女性，尤其重视自己的穿戴，一旦有人注意到了她服饰的变化，她一定会感到由衷地欣喜，这时你们之间的距离也便随之缩短了。

我对我的男朋友非常满意，就是因为他有注意微小事物的眼光。比如，我从美发厅出来，换了一个新发型，他就会兴致勃勃地欣赏一番；我晚上没睡好，第二天显得很累，他看到我的样子就会细心地关照一番。男友所做的一切听起来虽然都微不足道，但却让我感到十分满足。

42. 这段话主要讲了什么？

答案 D（样卷40—42题）

这是一段谈论人际关系的短文。问题是："这段话主要讲了什么？"这是一个典型的要求概括短文主要意思的问题。四个选项都是关于短文内容的句子："A 如何称赞别人”不对，因为文中谈到过称赞，但也有一些话不能算是称赞，比如“我晚上没睡好，第二天显得很累，他看到我的样子就会细心地关照一番”。“B 怎么表达自己的想法”说到了，但“我从美发厅出来，换了一个新发型，他就会兴致勃勃地欣赏一番”应该说是做法而不是表达想法，所以 B 不全面。“C 选择什么样的男朋友”，录音虽然谈到了男朋友，但并没有全面谈选择男朋友的标准，而且像“这条领带你第一次戴，在哪儿买的？”更像是同事之间的谈话。能够概括全文主要意思的只有“D 怎样获得别人的好感”，因此 D 是正确答案。

## ● 常见错误

1. 凭常识进行判断。听的时候只是听个大概，没注意听某段话中的新信息或特别强调的信息，所以只能选择那些符合常理的选项。

2. 只见树木，不见森林。听到什么就选什么，不会概括整段话的中心意思，特别是当某短文里有许多内容的时候，抓不住这些内容背后的核心内容。

## ● 应试策略与技巧

**1. 抓新信息** 在这一部分中选的听力材料往往会有一些新的、和常识有些不同的信息，目的是使考生只有**真正听懂了**才能做对，而不是只凭常识就能分析出来。如：

**【例 3】** 03-5-3

39. **A** 不能以貌取人
**B** 要做适合自己的事
**C** 要重视平时的积累
**D** 努力比天分更重要

[录音]

什么样的目标才是正确的目标呢？简单来说就是适合自己的目标。

张五常小时候非常喜欢打乒乓球，自以为有这方面的天分。有一次，他碰到了一个小孩子，对方虽是初学，而且个子矮得只能踮着脚尖拍球，但是拍得啪啪直响。张五常便走上前去，教他打乒乓球。谁知这个小孩子一教就会，不教的也会，不到两个月，张五常就发现自己已经不是他的对手，而且往往输得莫名其妙。由此，他意识到自己在打乒乓球方面并没有什么天分，转而投身其他领域，最终在经济研究方面取得了令人瞩目的成就。而那个小孩子，就是后来的乒乓球世界冠军容国团。

39. 这段话主要想说明什么？

答案 B（H61004 38—39 题）

“不能以貌取人”“要重视平时的积累”“努力比天分更重要”是我们平常在谈论做事情的时候经常说的，这些话本身都是对的，甚至已成为常识。但是在这段短文中说话人想说明的并不是这些常识，短文通过张五常发现一个小孩儿在打乒乓球方面的天分比自己高从而转攻其他方面而取得了成就的例子，主要想说明每个人应该找适合自己的目标这一道理，所以只有“B 要做适合自己的事”是对的，这是一个与一般常识有所不同的新信息，如果仅凭常识判断就很可能选错。

**2. 概括**　概括大意、抓住听力录音的中心意思是听力理解的一个重要考点。由于六级听力第一部分太短，概括的价值不大，而第二部分采访这种形式是以记者的问题为线索的，似乎也不太好考概括大意，因此，**概括这一考点就主要在第三部分考**。概括的问题通常是某段短文的三个或四个问题中的最后一个问题。从选项上看，表示概括的四个选项一般都是陈述句或疑问句，句子完整，句式像是一个小标题，如：

| 选　项 | 题目的问题 |
|---|---|
| **【例 1】**<br>39. A 人为什么会脸红<br>B 人和动物有何不同<br>C 人怎样才能不脸红<br>D 脸红能促进血液循环 | 39. 这段话主要谈的是什么？ |
| **【例 2】**<br>42. A 如何称赞别人<br>B 怎么表达自己的想法<br>C 选择什么样的男朋友<br>D 怎样获得别人的好感 | 42. 这段话主要讲了什么？ |
| **【例 3】**<br>39. A 不能以貌取人<br>B 要做适合自己的事<br>C 要重视平时的积累<br>D 努力比天分更重要 | 39. 这段话主要想说明什么？ |

在短文录音开始之前会有这样一句话“第……到……题是根据下面一段话”，这时应很快看一下这组选项，如果发现最后一个选项是这类句式，就有可能会问概括类的问题，这时就要从这个方面来注意。

选项的概括性句子有时在短文中会出现，如例 3 的“要做适合自己的事”，有时短文中并没有这样的句子，如例 1 的“人为什么会脸红”，这时就更需要考生去概括。

**3. 考查概括能力的常见提问方式**

这段讲话主要谈的是什么？

这段讲话主要讲了什么？

这段讲话主要想告诉我们什么？

这段讲话主要想说明什么？

## 练习（一） 03-5-4

**听录音，选择正确答案**

1. **A** 演员
   **B** 歌手
   **C** 服务员
   **D** 宾馆经理

2. **A** 服务员不要太早收拾房间
   **B** 宾馆的客人也可收拾房间
   **C** 家里可以请服务员来收拾
   **D** 宾馆是休息娱乐的好地方

3. **A** 宾馆管理的情况
   **B** 这人的工作情况
   **C** 这人的生活习惯
   **D** 宾馆跟家的比较

4. **A** 顾客不满意
   **B** 会减少树木
   **C** 影响餐饮业
   **D** 变成走过场

5. **A** 做事只注重表面
   **B** 使用一次性筷子
   **C** 使用一次性塑料袋
   **D** 顾客自己带菜篮子

6. **A** 提着菜篮子进市场
   **B** 使用一次性塑料袋
   **C** 各地大搞环保活动
   **D** 拒绝用一次性筷子

7. **A** 使用筷子
   **B** 商业道德
   **C** 饮食习惯
   **D** 工作作风

## 考点与难点（二） 多角度提问

**● 说明**

除了概括主要意思的提问以外，这一部分还会从多个角度进行提问，以考查考生对所听短文的理解程度。例如：

【例 4】 03-5-5

43. A 男人
B 女人
C 儿童
D 老人

44. A 人需要哭
B 女人爱哭
C 哭有害健康
D 哭能缓解压力

45. A 能缓解痛苦
B 不含有害物质
C 蛋白质含量低
D 可以预防心脏病

[录音]

有道是“男儿有泪不轻弹，只因未到伤心时”。可见，人在悲痛的时候，即使是七尺须眉也难免要哀哭流泪的。那么，从医学的角度来看，哭与健康的关系怎样呢？对此，大多数人也许会认为，哭对健康是不利的。你看，那个《红楼梦》中多愁善感的林黛玉，整天以泪洗面，最后早早夭折了。但是，现在不少科学家提出了哭有益于健康的理论。因为一个人在悲痛时流出的眼泪与伤风感冒或风沙入眼所流的眼泪，所含的化学成分是不同的。在因悲痛而流的眼泪中含有一种能缓解痛苦的物质，可减轻悲痛对健康的伤害。再说，有泪不哭出来，那么眼泪只好沿着鼻腔最后进入胃中，而眼泪中含有的有害物质有可能引起哮喘、胃溃疡、心脏病以及血液循环系统的疾病。

医学家们经过进一步的研究后指出，悲痛时流出的眼泪中蛋白质的含量高，这正是由于压抑而产生的压抑物质，哭泣恰恰把这种压抑物质从体内排出，从而使人体免受不良情绪和有害物质的损害。

43. 这段话中的“七尺须眉”指的是什么？
44. 说话人举林黛玉的例子主要想说明什么？
45. 因悲痛而流的眼泪有什么特点？

答案 43. A 44. C 45. A（H61002 43—46 题）

这是一段分析哭对于人的健康影响的短文，信息量较大。

**第 43 题：**看选项可以猜测到可能要问什么人。注意听，短文一开始就说：“有道是‘男儿有泪不轻弹，只因未到伤心时’。可见，人在悲痛的时候，即使是七尺须眉也难免要哀哭流泪的。”用“即使是七尺须眉也难免要哀哭流泪的”来解释“男儿有泪不轻弹，只因未到伤心时”这句俗话，在语境中已提示“七尺须眉”就是“男儿”。“七尺须眉”是文言词语，指成年男子，“男儿”也是个书面语，指男子汉，并不是指儿童。这道题问的是：“这段话中的‘七尺须眉’指的是什么？”显然，“A 男人”是正确的。这道题的提问角度是问一个词语在短文中的意思。

**第 44 题**：看选项可以猜测到问题可能和"哭"有关系。注意听，录音中说"对此，大多数人也许会认为，哭对健康是不利的。你看，那个《红楼梦》中多愁善感的林黛玉，整天以泪洗面，最后早早夭折了。""你看"可以用于引出一个例子来说明前面的观点，例子是"《红楼梦》中多愁善感的林黛玉，整天以泪洗面，最后早早夭折了。""夭折"是文言词，意思是未成年而死去。前面的观点是"哭对健康是不利的"，这道题问的是："说话人举林黛玉的例子主要想说明什么？"，正确答案应该是"C 哭有害健康"。这道题的提问角度是问说话人举例子的目的。

**第 45 题**：从选项上看，问题可能要问能不能做什么，录音中说："在因悲痛而流的眼泪中含有一种能缓解痛苦的物质，可减轻悲痛对健康的伤害"，再听问题："因悲痛而流的眼泪有什么特点？"因此，"A 能缓解痛苦"是正确的。这道题的提问角度是对录音中具体信息的提问。

## ● 常见错误

1. 漫无目标地听，等听完问题后才去看选项，结果发现，一些重要的具体信息都没记住，只能凭感觉选一个。

2. 误认为分析了选项就可以估计出哪个是对的，不注意听问题，只抓住听到的个别词句就做了选择。

## ● 应试策略与技巧

**1. 先看选项** 每一段短文前都可以听到一句话："第……题到……题是根据下面一段话"，这时应该很快地把这几题的选项扫一眼，估计一下可能要问哪些方面的问题，好带着问题去听。多角度提问的选项可以分为几类，每一类根据问题的不同而有不同的特点。

**第一类：问具体细节**

| 选　项 | 估计问哪类问题 | 试题的问题 | 选项特点 |
|---|---|---|---|
| A 丈夫<br>B 妻子<br>C 母亲<br>D 女儿<br>（H61001 第 31 题） | 谁 | 这条裤子是谁买的？ | 表示人的身份的词，比较短 |
| A 1 个月<br>B 1—3 个月<br>C 3 个月<br>D 半年到一年<br>（样卷第 44 题） | 多长时间 | "长期计划"一般指多长时间的计划？ | 表示时间长度的词 |

（续表）

| | | | |
|---|---|---|---|
| A 民族音乐<br>B 流行音乐<br>C 古典音乐<br>D 高雅音乐<br>（H61001 第 49 题） | 什么音乐 | 现在的年轻人比较喜欢什么音乐？ | 表示大类中的小类，各选项词语中有一个词相同 |
| A 太长<br>B 太短<br>C 太旧<br>D 太脏<br>（H61001 第 33 题） | 有什么问题或为什么不好 | 丈夫的裤子为什么不能穿了？ | 描写性状的形容词，如果都有“太”，可能说明情况不理想 |

**第二类：问感觉态度**

| 选 项 | 估计问哪类问题 | 试题的问题 | 选项特点 |
|---|---|---|---|
| A 体谅<br>B 怀疑<br>C 信任<br>D 委屈<br>（样卷第 37 题） | 态度 | “脸红”可以引来别人什么样的态度？ | 表示态度的词 |
| A 有趣<br>B 感激<br>C 难以忍受<br>D 感到年轻了<br>（样卷第 34 题） | 某人感到怎么样 | 孩子们在门外玩儿，老人是什么感觉？ | 表示感觉的词或短语，但省略了主语 |

**第三类：判断事实**

| 选 项 | 估计问哪类问题 | 试题的问题 | 选项特点 |
|---|---|---|---|
| A 脸红没什么好处<br>B 其他动物也会脸红<br>C 脸红会暴露人的情绪<br>D 脸红会让别人更加愤怒<br>（样卷第 38 题） | 和“脸红”有关 | 关于“脸红”，下列哪项正确？ | 四个意思完整的陈述句 |
| A 小时候个子很矮<br>B 成为了经济学专家<br>C 有打乒乓球的天分<br>D 一直坚持打乒乓球<br>（H61004 第 38 题） | 问某人的经历，和“乒乓球”“经济学”有关 | 关于张五常，可以知道什么？ | 四个意思完整的说明人的陈述句，但省略了主语 |

此外，还可以归纳出一些其他的类。

看了选项，我们就能从这些方面去抓有用的信息，排除多余的信息，也可边听边在选项旁做些记号。

**2. 听准问题** 我们虽然能从选项中猜出它可能是哪方面的问题，但一般很难看出要问什么，更没法仅仅根据选项做出选择。

例如，例 4 的第 44 题，选项是“A 人需要哭　B 女人爱哭　C 哭有害健康　D 哭能缓解压力”，如果问“现在医学家认为哭有什么作用？”，应该选“D 哭能缓解压力”；如果问“说话人认为有时人需要什么？”，应该选“A 人需要哭”。其实这两个答案恰恰是这段短文的新信息，干扰作用很强。但是问题问的却是：“说话人举林黛玉的例子主要想说明什么？”根据文中的意思，答案只能是“C 哭有害健康”。

再如下面这个例子：

**【例 5】** 03-5-6

31. **A** 丈夫
**B** 妻子
**C** 母亲
**D** 女儿

32. **A** 睡不着
**B** 她很调皮
**C** 起得太早了
**D** 想为爸爸做点儿事

33. **A** 太长
**B** 太短
**C** 太旧
**D** 太脏

34. **A** 要经常交流
**B** 要关心家人
**C** 有事情要早准备
**D** 不要做和别人一样的事

[录音]

第 31 到 34 题是根据下面一段话：

把交流当成习惯，在日常生活中形成一种“时时沟通，事事交流”的习惯，否则，即使为了表达某种善意，或是为了把事情办好，也有可能因为缺少交流而把事情办糟。

丈夫要在一个重要会议上演讲，为此，妻子专门为他买了一身西服。晚饭时，妻子问西服是否合身，丈夫说上衣很好，就是裤子长了两公分，倒是能穿，影响不大。

晚上，丈夫早早就睡了。可他的母亲却睡不着，一直在琢磨着儿子这么重要的演讲，西裤长了怎么能行，反正人老了也睡不着，就下床，把西服的裤腿剪掉两公分，缝好烫平，然后安心地入睡了。到了早上五点半，妻子睡醒了，想起丈夫西裤的事，觉得时间还来得及，便拿来裤子剪掉两公分，缝好烫平，然后去做早餐了。一会儿，女儿也起床了，看妈妈的早餐还没有做好，就想起爸爸西裤的事情，心想自己也能为爸爸做点儿事情了，便拿来西裤，剪短两公分，缝好烫平……

就这样，一条只长了两公分的裤子，因为缺乏交流与沟通，被她们三人连续剪短了三次。等这位丈夫做好了所有的准备，再来换衣裤时，却发现这条裤子已经短得不能再穿了。

31. 这条裤子是谁买的？
32. 女儿为什么把裤子剪掉两公分？
33. 丈夫的裤子为什么不能穿了？
34. 这段话主要想告诉我们什么？

答案 31. B　32. D　33. B　34. A　（H61001　31—34 题）

**第 31 题：**尽管从选项上我们可以估计是问“谁”，但做什么事情从选项上是看不出来的。如果问“谁要去会上演讲？”正确答案应该是“A 丈夫”；如果问“谁先剪西裤的？”答案应该是“C 母亲”。试题问的是“这条裤子是谁买的？”所以答案是“B 妻子”。

**第 33 题：**从选项上我们可以估计可能会问有什么问题或为什么不好，但究竟要问什么事情必须要听清问题。如果问“原来的裤子有什么问题？”答案应该是“A 太长”，但是试题问的是“丈夫的裤子为什么不能穿了？”因为原来的裤子“长了两公分，倒是能穿”（注：“公分”对应的国际计量单位是“厘米（cm）”），这个问题显然是在问母亲、妻子、女儿剪完之后的裤子，答案就是“B 太短”。

从以上的例子可以看出，同样一组选项往往可以适应不同的问题，问题一变，答案就不一样。选哪个，全在于问的是什么。所以，不能过分依赖选项，一定要听清问题。

### 3. 多角度问题的常见提问方式

谁……？ / ……谁？
多长时间……？
……什么？ /……什么……？
这段话中的……指的是什么？
为什么……？
……是什么感觉？ /……感到怎么样？
……什么态度？
关于……，下面哪一项正确？
关于……，可以知道什么？

## 练习（二） 03-5-7

**听录音，选择正确答案**

1. **A** 历史
   **B** 英文
   **C** 图画
   **D** 话剧

2. **A** 他常责备别人
   **B** 他的学问很广
   **C** 他干几个职业
   **D** 学生们不怕他

3. **A** 朋友
   **B** 同事
   **C** 学生
   **D** 老师

4. **A** 459 条
   **B** 600 条
   **C** 978 条
   **D** 1330 条

5. **A** 有代表性的
   **B** 石材结构的
   **C** 土木结构的
   **D** 难以复原的

6. **A** 民居虽然破但能复原
   **B** 北京和巴黎情况不同
   **C** 北京胡同将全部保护
   **D** 老百姓反对改造旧房

7. **A** 要尽量保留北京老城的风貌
   **B** 应该划定 25 片胡同保护地区
   **C** 应在新小区中体现传统特点
   **D** 一些破旧的胡同应该被拆除

**本课小结**

- **主要考点难点：** 1. 概括短文的主要意思；2. 多角度提问。
- **考生常见错误：** 凭常识进行判断，不会概括，不会看选项，不注意听问题。
- **主要应试策略：** 抓新信息，概括，先看选项，听准问题，注意常见的提问方式。

## 课后练习 03-5-8

**听录音，选择正确答案**

1. **A** 他很熟悉中国
   **B** 丁丁去过上海
   **C** 有神父的介绍
   **D** 有张充仁帮助

2. **A** 男孩儿时
   **B** 27 岁时
   **C** 晚年时
   **D** 1935 年

3. **A** 中国
   **B** 法国
   **C** 比利时
   **B** 他的家乡

4. **A** 两位艺术家的友谊
   **B** 丁丁在上海的经历
   **C** “张”在欧洲的名气
   **D** 埃尔热创作《蓝莲花》

5. A 中文的激光照排系统
B 有数字版权的电子书
C 中文电子书出版软件
D 图书资源数字化技术

6. A 经图书馆流通
B 在电子书店卖
C 得用阅读器读
D 没有物质形态

7. A 怕被人非法拷贝
B 网络技术不过关
C 电子书读者太少
D 阅读器质量不好

8. A 多于传统图书
B 可以全书复制
C 可以免费阅读
D 在电子书店卖

9. A 有北京户口
B 有本科文凭
C 有正式工作
D 有法学学历

10. A 经过六年的学习
B 拿到 85 个学分
C 付一万多元学费
D 选修 120 个学分

11. A 有著名法学专家的指导
B 专业代表世界最高水平
C 住宿、伙食等费用免费
D 可以一边工作一边学习

12. A 马上开始登机
B 去别的登机口
C 应在原地等候
D 等人来送盒饭

13. A 十分钟以后
B 11 点 30 分
C 12 点左右
D 现在不知道

14. A 机场向乘客道歉
B 乘客吃不到午饭
C 这是在西安机场
D 这是飞机上的广播

15. A 藏族农民
B 科技人员
C 汽车司机
D 公路收费人员

16. A 文盲
B 小学
C 中学
D 大学

17. A 人数不多
B 没有统计
C 一个也没有
D 占人口的 1%

18. A 检查通行证
B 研究藏文文献
C 设计藏文编码
D 设计高速公路

## ►►► 第 5 课练习录音文本及答案

### 【录音文本】

#### 练习（一）

第 1 到 3 题是根据下面一段话：

我是一个喜欢自己动手的人。日常生活中，不但自己洗衣服，就是去外地拍电影，跟着剧组住到宾馆里头，早晨起来的头一件事，也是要把桌子擦了，把被子简单地整理一下。一般情况下，我不大爱给人添麻烦。干些力所能及的活儿，我觉得也跟唱歌一样，是一种休息，是一种工作之外的娱乐。还有一点，要是你不住宾馆，住在家里，那谁给你收拾房子？你不得自己收拾吗？为什么拍电影住了宾馆，就非得是服务员来收拾？虽说宾馆作为一种服务，应该给你收拾，但我认为能动手的时候还是自己动手好些，你总不能回到家里之后，还要从宾馆带一位服务员回来吧。

1. 讲话人的职业是什么？
2. 下面哪一点是他的看法？
3. 这段话主要讲什么？

第 4 到 7 题是根据下面一段话：

目前，全国不少地方正在大搞“拒绝使用一次性筷子”的环保活动。不使用一次性筷子将能保护多少树木？这真是为子孙后代造福的大好事，值得切切实实地全面推广。但是，高兴之余，我不免又有点儿担忧：会不会又是形式主义，变成走过场呢？我的担忧是有道理的。记得几年前，我们也曾经搞过类似的活动，比如“拒绝使用一次性塑料袋”“提倡顾客自己带菜篮子去买菜”等。但是，拒绝了半天，效果如何呢？还不是形式主义、做表面文章吗？还不是走过场吗？现在，到各大商场、小贩的摊点看看，塑料袋还是照常用着，人们已经见怪不怪了。如果谁提着菜篮子进市场，还会引来人们惊异的表情。本来是应该实实在在去做的事情，却往往变成“走过场”，为什么呢？归根到底，还是和我们的形式主义的工作作风有关。

4. 对“拒绝使用一次性筷子”活动，说话人担忧什么？
5. 这段话批评的是什么？
6. 人们对哪些事“已经见怪不怪了”？
7. 这段话主要谈的是什么问题？

#### 练习（二）

第 1 到 3 题是根据下面一段话：

李先生从来不责备人，态度谦虚，然而学生个个真心地怕他，真心地崇拜他，我就是其中的一个。因为从人格讲，他当教师不为名利，为当教师而当教师，用全部的精力去当教师；从学问讲，他的油画画得很好，同时又是书法家；他博学多能，英文和英文教师一样好，历史知识和历史教师一样丰富，课下他还指导学生表演话剧。他不是只能教图画，他是拿很多别的学问来教这门课的。

1. 李先生教什么课？
2. 关于李先生，下面哪一项正确？
3. 说话人是李先生的什么人？

第4到7题是根据下面一段话：

北京的胡同起源于13世纪的元大都。据史料记载，明末北京有胡同600多条，清朝时有978条，到20世纪中叶，在北京城区有1330条胡同。老北京流传着一句俗话："有名的胡同三千六，无名的胡同赛牛毛"。随着旧城区的改造，近年来，北京的胡同逐渐减少，据统计，现存的胡同有459条。目前有关部门已经划定了25片保护地区，一批典型的胡同将被重点保护，同时，一些破旧的胡同也将被拆除。

北京历史名城的保护问题，将是本世纪北京城市发展遇到的主要课题，老百姓要求旧房改造，北京老城的风貌又要尽量保留，这使得这项工作处于两难的境地。老北京胡同里的民居多为土木结构，经受了上百年风雨，早已破损严重，而且难以复原。而人们看到的西方的一些大城市，比如巴黎，之所以老建筑保存较好，主要是因为这些建筑多为石材结构。对于又要改造又要保护的北京城来说，设计创新将是重要出路，即在新设计的小区、建筑物中，保留、体现北京民居建筑的风格。

4. 1950年时，北京大约有多少条胡同？
5. 政府决定保护哪些胡同？
6. 关于历史名城的保护，下面哪一项正确？
7. 对于北京城市建设问题，说话人的观点是什么？

### 课后练习

第1到4题是根据下面一段话：

在《丁丁历险记》这套世界著名的连环画中，有一个中国男孩儿叫张仲仁，他的原型叫张充仁。那是二十世纪三十年代的事。当时历险记的作者埃尔热想让他的主人公去中国，但这位比利时画家对那个遥远的东方国度十分陌生，后来经一位神父的推荐，埃尔热结识了27岁的张充仁，这位中国青年当时正在法国学习油画。在张充仁的帮助下，1935年，埃尔热完成了他的历险记中最重要的一部作品《蓝莲花》，画的是丁丁在上海十里洋场的种种经历，画面中所有的汉字都是张充仁写出来的。两位艺术家从此结下终生的友谊。几十年后，这两位老人在比利时重逢，他们成为了欧洲媒体追踪的对象，有人还赶到比利时，就是为了看一眼这位"张"。直到这时张充仁才知道自己在欧洲人心目中的地位。1983 年，埃尔热告别人世，次年，张充仁去法国讲学，并留在那里从事雕塑创作，直至离开人世，最终没能回到他日夜思念的家乡。

1. 埃尔热为什么能创作出《蓝莲花》？
2. 张充仁什么时候发现自己在欧洲很有名？
3. 张充仁是在哪里去世的？
4. 这段讲话主要讲的是什么？

第 5 到 8 题是根据下面一段话：

上周末，曾经因创造中文激光照排系统而使中国人“告别铅与火”的北大方正，宣布推出无纸的中文电子书出版技术，这是第一套中国自主开发的网络出版软件。据透露，年内将有第一批拥有数字版权的电子书推出。

什么是电子书呢？所谓电子书，是与传统图书相区别而言的。传统书总是以一定的物质形态出现，通过书店、图书馆流通。而电子书不再有物质形态，有的只是经过编码后产生的数据；也不需要书店，通过互联网，它可以被下载到世界任何地方的电脑或者阅读器上。

由方正研究开发的电子书出版技术，解决了网络出版的三大关键技术：数字版权保护技术、电子书安全分发技术、图书资源数字化技术，从而解决了网络盗版图书、非法任意拷贝等问题。有关专家介绍，多年来，出版社不愿意介入网络出版业的主要原因，是无法防止网上盗版。现在，方正的技术使数字版权成为现实，读者只有通过购买才能获得电子书的阅读权，而且不能全书复制。

据有关权威预测，到 2020 年电子书的销售额将占整个出版市场的一半，到 2030 年，它将占有 90% 的市场，成为人们最常见的阅读品。

5. 上周末，北大方正推出了什么新技术？
6. 和传统图书相比，电子书的主要特点是什么？
7. 以前，出版社为什么不愿搞网络出版？
8. 根据预测，几十年以后的电子书将怎么样？

第 9 到 11 题是根据下面一段话：

从 4 月 25 日起，对于拥有专科或专科以上文凭的北京本地居民来说，通过“北大在线”坐在家里轻轻点击鼠标，就可以攻读北大的法学课程。

据介绍，参加北大网络教育的学生，经过 2 到 6 年的网上学习，就可以取得北大本科文凭。国家承认学历，符合学位授予条件者可获得法学学士学位。网络教育的学费按学分来算，一个学分费用在 120 元左右，学生毕业需要修满 85 个学分，总共学费大约 1 万元。所有学生可以一边工作一边学习，省去了住宿、伙食、交通等一系列费用。

据了解，这次在网上开设的专业代表了当今国内的最高水平。与北大在校生一样，所有的网络学员都能得到著名法学专家的指导。

9. 攻读“北大在线”法学课程者必须具备什么条件？
10. 学生什么时候可以毕业？
11. 网上学习的有利条件是什么？

第12到14题是根据下面一段话：

飞往广州的CA1351航班的乘客请注意：CA1351航班的登机口改到了B22登机口，请到一楼的B22登机口等候，10分钟以后开始登机。飞往西安的MU2386航班的乘客请注意，原定11点30分起飞，因飞机还未到达，起飞时间将推迟，何时起飞请注意听通知。对于由此给乘客带来的不便，我们深表歉意，敬请谅解。请乘客们在原地等候，我们12点左右将为乘客送去盒饭。谢谢！

12. CA1351航班的乘客要做什么？
13. MU2386航班什么时候起飞？
14. 根据这段话，我们可以知道什么？

第15到18题是根据下面一段话：

我老家在西藏定日县，祖辈上都是农奴。我现在快七十岁了，在我们家乡，我的同龄人里上过学的连百分之一都没有。我家里兄弟两个，可惜我弟弟到现在连自己的名字都不会写，所以他一辈子就当农民。在我之前西藏没有人上过大学，我是第一个上清华大学的。到大学以后，最令我惊奇的就是我们现在说的计算机。机器可以代替人进行思维、计算，这是很有意思的。我这几年主要搞了一件事情，就是参与藏文编码的国际标准的制定工作。藏文文献要上信息高速公路的话，编码标准就是通行证。

15. 说话的是个什么人？
16. 他弟弟是什么样的文化水平？
17. 在他之前，西藏有多少大学生？
18. 说话人目前在做什么事？

**【答案】**

练习（一）　1. A　2. B　3. C　4. D　5. A　6. B　7. D

练习（二）　1. C　2. B　3. C　4. D　5. A　6. B　7. C

课后练习　1. D　2. C　3. B　4. A　5. C　6. D　7. A　8. A　9. A　10. B　11. D　12. B　13. D　14. A　15. B　16. A　17. C　18. C

# 第6课 听力第三部分（听短文，选择答案）2

## 考点与难点（三） 故事、寓言类

### • 说明

从短文的内容上看，听力考试第三部分的短文可以分为故事寓言类和科普人文类两大类。

如何听故事寓言类听力短文？这类短文往往是先讲一个有趣的故事，后面有时会有一段议论，来解释故事中所蕴含的意思。例如：

【例1】 03-6-1

31. A 国王
    B 商人
    C 大臣
    D 珠宝匠

32. A 称重量
    B 用稻草
    C 检查质量
    D 凭经验判断

33. A 要有眼光
    B 要多听少说
    C 不可轻信别人
    D 不可盲目乐观

[录音]

第31到33题是根据下面一段话：

古时候，有个商人献给国王三个外表一模一样的金人，同时出了一道题目：这三个金人哪个最有价值？

国王想了许多办法，请来珠宝匠检查，称重量，看做工，都是一模一样的。怎么办？最后，有一位老大臣说他有办法。

他拿了三根稻草，把第一根插入第一个金人的耳朵里，稻草从另一个耳朵出来了。第二个金人的稻草从嘴巴里掉了出来。而第三个金人，稻草进去后掉进了肚子里，什么响动也没有。老臣说："第三个金人最有价值。"商人说答案正确。

这个故事告诉我们，最有价值的人，不一定是最能说的人。老天给我们两只耳朵一个嘴巴，本来就是让我们多听少说的。善于倾听，才是成熟的人最基本的素质。

31. “金人”问题是谁解决的？

32. 问题是怎么解决的？

33. 这段话主要想告诉我们什么？

答案　31. C　32. B　33. B　（样卷 31—33 题）

这是一个古代的寓言。**第 31 题：**从选项看是四个表示身份的词“A 国王”“B 商人”“C 大臣”“D 珠宝匠”，问题很可能是问谁。听问题：“31. ‘金人’问题是谁解决的？”从故事中可以知道是一位老大臣解决了这个问题，所以答案应该是“C 大臣”。

**第 32 题：**从选项上看是四个表示行为的动宾短语“A 称重量”“B 用稻草”“C 检查质量”“D 凭经验判断”，问题可能会问怎么做某事，听问题：“32. 问题是怎么解决的？”从故事中可以知道是老大臣拿了三根稻草，插入每个金人的耳朵检验出来的，因此正确答案是：“B 用稻草”。

**第 33 题：**从选项上看是四个祈使句“A 要有眼光”“B 要多听少说”“C 不可轻信别人”“D 不可盲目乐观”，谈的都是应该做什么、不应该做什么，听问题：“33. 这段话主要想告诉我们什么？”在故事的最后，讲话人直接讲出了这个故事的寓意：“最有价值的人，不一定是最能说的人。老天给我们两只耳朵一个嘴巴，本来就是让我们多听少说的。”所以正确答案是：“B 要多听少说”。

## • 常见错误

1. 抓不住故事中的重要细节。听故事时只是听个大概，没有去听、记故事中的六要素（时间、地点、人物、事情、原因、结果），当做题时才发现，一些重要细节没有记住。

2. 抓不住故事的寓意。光听故事，不明白说话人讲这个故事的用意，归纳不出故事的潜在的寓意。

## • 应试策略与技巧

**1. 听、记故事中的六要素**　一个故事或寓言里一般都有六个要素，即**时间（何时）**、**地点（何地）**、**人物（何人）**、**事情（何事）**、**原因（为何）**、**结果（如何）**，也叫**“六何”**。无论故事怎样讲述，使用了什么词语，都能从中抽出这六个要素，听的时候都要注意这六要素，只要从这几个方面记几个关键词，就能把故事的重要细节抓住。如例 1 中的“六何”是：

**何时：**古时候

**何地：**（未提）

**何人：**商人、国王、老大臣

**何事：**解答三个金人哪个最有价值

**为何：**商人送了三个金人，出了一个题目

**如何：**老大臣用稻草插入金人的耳朵，第三个金人没吐出来，最有价值，答对了

在这个故事中“何地”未提，说明对这个故事地点不是关键信息，可省略。在边听边记时，每个要素可以记下简单的一两个词，只要自己明白就行。再如：

**【例 2】** 03-6-2

35. A 油价太高
    B 油被订完了
    C 带的钱不够
    D 油还没榨出来

36. A 别的油商
    B 当地农民
    C 买油的顾客
    D 卖油桶的小贩

37. A 货源很重要
    B 做事情要果断
    C 商人的聪明才智
    D 过去四川的油贸易

[ 录音 ]

第 35 到 37 题是根据下面一段话：

一百多年前，有一个商人去四川北部收购油。没想到油尚未榨出就已经被先到的商人订购一空，他什么也没买到。正当他颓废沮丧、没有办法的时候，一个叫卖着推销油桶的小商贩经过他的身边，这突然引发了他的灵感。他四处向农民们打听，了解到今年油料作物获得了大丰收，因此对油桶的需求量也相应增大了。此时，油还没榨出，还没有人注意到油桶市场。于是，他把计划用于购买油的钱全部用来订购油桶，占有了四川北部所有的油桶货源，因而获得了丰厚的利润。

35. 这个商人为什么没买到油？
36. 谁给了这个商人启发？
37. 这段话主要介绍什么？

答案 35. B 36. D 37. C（H61001 35—37 题）

这段短文中的“六何”是：

**何时：**一百多年前

**何地：**四川北部

**何人：**商人

**何事：**一次买卖活动

**为何：**原来想收购的油已被别人订购完，要想办法

**如何：**受到启发，收购了所有的油桶，发了财

**2. 抓住故事的寓意** 本部分的寓言一般来说是为了说明一个道理编出来的，在故事的最后往往会用几句话或一小段议论把要讲的道理点出来。即使是一般的故事，其中往往也蕴含着某些道理，在讲完事情之后作者也可以有一段议论，把事情中蕴含的意思点出来。例如：

**【例 3】** 03-6-3

31. A 同学失败了
    B 同学生病了
    C 同学很紧张
    D 同学参加了演讲比赛

32. A 怕丢面子
    B 不想讲真话
    C 怕失去朋友
    D 不希望比别人突出

33. A 要关心别人
    B 要有责任心
    C 不要急于求成
    D 别太在意别人的看法

[录音]

第 31 到 33 题是根据下面一段话：

上高中时，学校有一次演讲比赛，班里推选了一位文笔好，但很爱害羞的同学参加。那天，那位同学的表现非常好，并为班里赢得了荣誉。下来时，那位同学找到我问，有没有注意到他在台上浑身发抖。我当时很惊讶地摇头，他握着我的手说，那就好，那就好。我这时才注意到他的腿竟然一直抖个不停。

事实上，很多人不敢当众讲话，是怕说错话被人瞧不起，丢面子。而真实情况是，几乎没有什么人能记住和关心别人丢脸的事，真正在意的只有你自己。因为在任何场合，发言表现的好与不好完全是你自己的事。只要你自己觉得没什么，别人更不会放在心上。但相反，如果你自己过分在意别人的眼光，反而会放大你在别人眼中的缺陷。

31. 说话人对什么感到很惊讶？
32. 为什么有人不敢当众讲话？
33. 说话人有什么建议？

答案 31. C 32. A 33. D（H61002 31—33 题）

这段记叙文讲的很可能是一件真事，在叙述完那件事情后作者紧接着就发表了一段议论，谈当众发言的紧张问题，分析了原因，提出了建议。三个问题中有两个都是针对那段议论问的。“32. 为什么有人不敢当众讲话？”在“A 怕丢面子”“B 不想讲真话”“C 怕失去朋友”“D 不希望比别人突出”中，A 是作者的观点。“33. 说话人有什么建议？”在“A 要关心别人”“B 要有责任心”“C 不要急于求成”“D 别太在意别人的看法”中，D 是作者的观点。

在例 1 中寓言的最后一段就是说话人直接讲出寓意。

因此，要掌握这一部分中故事、寓言的结构特点，叙事往往是为了说理，点明寓意或议论可以是一句话或一段话，一般都在故事的后面。因此，在看选项时，如果发现一组选项的前几个像是问事的，最后一个像是问理的，如例 3 中的 31、32、33 题的选项，录音就很可能是故事或寓言，最后一个问题很可能就是问寓意或议论的，那就一定要去抓寓意，特别是注意听最后一段。

但是，在这一部分中，并非所有寓言都直接点出寓意，并非所有的故事都有一段议论。有些寓言、故事的寓意是隐含在叙述当中的，需要考生自己去归纳。例如：

**【例 4】** 03-6-4

31. **A** 只有一棵树结果
**B** 一棵树被砍掉了
**C** 两棵树都伤痕累累
**D** 农夫又种了一棵树

32. **A** 卖掉苹果
**B** 提高苹果价格
**C** 不准孩子摘苹果
**D** 砍掉不结果的树

33. **A** 付出才有回报
**B** 要有合作精神
**C** 要及时改正错误
**D** 应多听别人的意见

[ 录音 ]

第 31 到 33 题是根据下面一段话：

一个农夫栽了两棵苹果树，到了秋天，两棵树都硕果累累。在农夫孩子们的欢声笑语中，两棵树被弄得枝折叶落，伤痕累累。第二年秋天，农夫和孩子们发现，只有一棵树上果实累累，而另一棵上一个苹果也没有。农夫和孩子们这回很小心地采摘苹果，可也弄得这棵结果的树折了不少枝叶，而另一棵没结果的则丝毫无损。不结果的苹果树得意地说："多亏我明智，才保全了自己。"结果的苹果树说："多亏了农夫的精心照料，我才能长大成材，能给他们带来快乐，即使受点儿损失，我也很高兴。"不结果的苹果树叹道："真愚蠢，连爱护自己都学不会！"第三年秋天，相同的事情又发生了。农夫想，反正这棵苹果树不会结果，砍了做柴烧算了。于是砍倒了那棵不结果的苹果树。

31. 第二年发生了什么事？
32. 最后农夫的决定是什么？
33. 这个故事主要想告诉我们什么？

**答案** 31. A　32. D　33. A（H61003 31—33 题）

这也是一个寓言，但是讲完故事就结束了，没有直接点明寓意的那一段话，而最后一个问题却仍然是问故事寓意的："33. 这个故事主要想告诉我们什么？"显然，故事的寓意需要考生自己来归纳。第33题的四个选项是："A 付出才有回报""B 要有合作精神""C 要及时改正错误""D 应多听别人的意见"，在这个寓言中，那棵两年不结果的苹果树最后被农民砍掉当柴烧了，而结果的苹果树尽管每年树枝都有些损失，却因为贡献苹果而生存了下来，从这个故事中我们可以看到的道理是：你只有给予别人才能被别人接纳，这也是这个故事主要想告诉我们的，因此"A 付出才有回报"是正确的。

显然，自己归纳寓意要比直接听后记住寓意难，但概括文章的主要意思是需要考的一种能力，必须掌握。所以，如果发现一组选项的最后一个问题像是问事理的，在听故事的过程中就要注意归纳。录音最后能有一段总结事理的话当然好，如果没有，就得自己归纳寓意。

## 练习（一） 03-6-5

**听录音，选择正确答案**

1. **A** 全都看不见东西
   **B** 各自腿都有毛病
   **C** 各有不同的缺点
   **D** 它们的关系不好

2. **A** 散散步
   **B** 看月亮
   **C** 走山路
   **D** 见朋友

3. **A** 马
   **B** 猴子
   **C** 都不对
   **D** 都对了一半

4. **A** 应该同情那些有残疾的动物
   **B** 人看问题时比动物们要高明
   **C** 人总是以有限的认识看世界
   **D** 应像猴子和马一样互相帮助

5. **A** 非常悲观整天哭
   **B** 积极去医院治疗
   **C** 列出要体验的事
   **D** 每天休息不做事

6. **A** 大刚参与
   **B** 父母支持
   **C** 都不赞成
   **D** 不太知道

7. **A** 这是一个电影故事
   **B** 大刚知道林丽的病
   **C** 林丽性格既安静又文雅
   **D** 林丽和大刚从小是同学

8. **A** 生病后应及时治疗
   **B** 要珍惜生命的价值
   **C** 爱情的力量非常大
   **D** 父母应该理解孩子

## 考点与难点（四）　人文、科普类

### ●说明

除了故事、寓言以外，听力第三部分的另一类短文是一些比较通俗的人文类文章或是科普文章。例如：

【例 5】 03-6-6

43. A 制订计划
    B 放松心情
    C 充分利用时间
    D 选择好的学习方法

44. A 1 个月
    B 1—3 个月
    C 3 个月
    D 半年到一年

45. A 要概括
    B 要简单
    C 要具体
    D 要有个性

46. A 追求完美
    B 重视短期计划
    C 准备多个计划
    D 计划要有灵活性

[ 录音 ]

第 43 到 46 题是根据下面一段话：

做什么事有了计划就容易取得好结果。学习也是这样，毫无计划的学习是散漫的，松松垮垮的，很容易被外界影响，所以想取得好的学习效果，制订计划是很有必要的。计划分长期计划和短期计划。在一个比较长的时间内，比方说一年或半年，可以制订一个长期计划。由于实际生活中有很多变化，无法预测，所以这个长期计划不需要很具体，只要对必须要做的事做到心中有数即可。而更近一点儿的，比如下一个星期的学习计划，就应该尽量具体些，把大量的任务分配到每一天中去完成，这样长期计划就可以逐步实现。可见，没有长期计划，生活就没有大方向；同样，没有短期安排，目标也很难达到。所以两者缺一不可。制订计划时还应该注意，计划不要定得太满、太死，要留出一点儿空余的时间，使计划有一定的灵活性。毕竟现实不会完美地跟着计划走，给计划留有一定的余地，这样完成计划的可能性就增加了。

43. 要取得好的学习效果，应该怎么样？
44. 长期计划一般指多长时间的计划？
45. 制订一个星期的计划，应该注意什么？
46. 如何增加完成计划的可能性？

**答案** 43. A　44. D　45. C　46. D（样卷 43—46 题）

这是一篇人文方面的短文。扫一眼四组选项内容，就会感觉可能和计划有关系。

**第 43 题**：从选项上看，问题可能和学习有关，和做好某事有关。听问题：“43. 要取得好的学习效果，应该怎么样？”短文一开始就讲了计划的重要性，说“想取得好的学习效果，制订计划是很有必要的”，所以“A 制订计划”是正确的。

**第 44 题**：从选项上看，问题应该是问多长时间，但问的是什么多长时间，要听问题：“44. 长期计划一般指多长时间的计划？”短文中说：“在一个比较长的时间内，比方说一年或半年，可以制订一个长期计划。”因此“D 半年到一年”是对的。

**第 45 题**：从选项看可能是要问做什么事情要怎么样，但问的是什么事情要听问题：“45. 制订一个星期的计划，应该注意什么？”短文中说：“而更近一点儿的，比如下一个星期的学习计划，就应该尽量具体些”，因此，“C 要具体”是正确的。

**第 46 题**：从选项上看应该是问计划，而且可能问要怎么做。听问题：“46. 如何增加完成计划的可能性？”短文中说：“计划不要定得太满、太死，要留出一点儿空余的时间，使计划有一定的灵活性”，因此“D 计划要有灵活性”是正确的。

**【例 6】** 03-6-7

34. **A** 土壤
**B** 吸收水分
**C** 争取更多阳光
**D** 传播种子或果实

35. **A** 给种子提供营养
**B** 防止被海水腐蚀
**C** 使椰子能浮在水面上
**D** 使椰子能从树上掉下来

36. **A** 一
**B** 二
**C** 三
**D** 四

[录音]

第 34 到 36 题是根据下面一段话：

植物主要是靠传播它们的种子或果实来扩大它们的分布区域。能把自己的种子或果实传播得越远，这种植物的后代就能占据越大的“领土”，它也就能在地球上更好地繁衍生息，欣欣向荣。

生长在水中或水边的植物，很自然地，它们要靠水的帮助来传播繁殖体。椰子可算是植物界最出色的水上旅行家了。椰子的果实有排球那么大，果实的外面有层革质外皮，它既不易透水，又能长期浸在又咸又涩的海水里而不被腐蚀；果实的中层有一层厚厚的纤维素，它们质地很轻，充满空气，有了这一层厚纤维，就使整个椰子像穿上了一件救生衣那样漂浮在水面上；内层才是坚硬如骨质的椰壳，保护着“未出世”的下一代。当椰子成熟后，就会从树上掉落下来，如果掉入海中，海潮就能把椰子带到几百公里以外，甚至更远，然后再把它冲上海岸。若是环境适宜，那么，一株幼小的椰子树就会在那儿开始它的独立生活。太平洋有许多珊瑚岛，岛上最初出现的树种往往就是椰子树。

34. 植物靠什么来扩大分布领域？

35. 椰子的外皮主要起了什么作用？

36. 椰子的种子有几层保护？

答案 34. D 35. B 36. C（H61002 34—36 题）

这是一篇科普方面的短文。从三个选项可以看出谈的是自然现象。

**第 34 题：**从四个选项看，问题可能与靠什么来做什么有关。听问题："34. 植物靠什么来扩大分布领域？"短文的第一句话就是"植物主要是靠传播它们的种子或果实来扩大它们的分布区域"，因此"D 传播种子或果实"是正确的。

**第 35 题：**从选项上看问题应该与椰子有关，而且应该是某种东西对于椰子的作用。听问题："35. 椰子的外皮主要起了什么作用？"短文中讲到"椰子的果实有排球那么大，果实的外面有层革质外皮，它既不易透水，又能长期浸在又咸又涩的海水里而不被腐蚀"，所以"B 防止被海水腐蚀"是对的。

**第 36 题：**选项是四个数字，而文中除了"几百公里"，并没有直接出现数字。听问题："36. 椰子的种子有几层保护？"在短文中对于椰子果实的结构是从外层、中层、内层这样三层来介绍的，因此，"C 三"是正确的。

## ● 常见错误

1. 感到短文的内容范围太广，词汇量大，听的时候信心不足。
2. 因为短文信息量太大，层次相对比较复杂，听了记不住，答题时只能现想。

## ● 应试策略与技巧

**1. 了解短文的内容范围** 听力第三部分短文的内容范围主要是以下几个方面：

**生活工作方式：**包括日常生活、娱乐休闲方式、学习方式、工作方式等，例如谈论制订学习计划、流行音乐与高雅音乐、怎样演讲、饮食习惯、工作与娱乐的关系、培养阅读习惯、去除疲劳的方法等。

**社会文化的观察思考：**例如什么是思考、对于新闻工作方式的评论、钱的特性、不同的世界观、企业经营管理的理念等。

**人际关系：**例如谈论如何关心别人、赞美别人、结交朋友等。

**行为研究：**一般是利用心理研究的一些成果来重新解释人的一些行为，例如，对于脸红、哭、笑等现象的新解释，手脚的动作所反映的心理活动，人的理解能力的发展，等等。

**科普文章**：例如动物植物的某些特性、某种自然现象等。

从以上几类话题可以看到，尽管短文的内容范围比较宽，但基本上还是围绕着普通人熟悉的生活、工作展开的，是普通的话题，即使是科普文章，也是和我们的日常生活有联系的，没有专业性的文章。因此，在准备考试的时候，可以**与阅读结合起来**，增加上述这些文章的阅读量，熟悉相关的词汇，练习听这一类的真题和模拟试题。在考试时应该有信心，一般不会有太偏的话题。

**2. 注意短文的结构特点**　听力短文有一些结构特点，比较突出的结构特点有以下几个：

**第一，主题句**。短文的主要观点一般在第一段就会提出来，一开始的几句话往往就是全文的主题句。例如：

**【例 7】** 03-6-8

赞美别人有助于加深友谊，消除误会，还可以让自己分享到快乐。赞美是一件好事，但绝不是一件易事。赞美别人时一定要掌握技巧。

（H61002 47—50 题）

这是短文的第一段。整个短文讲的就是赞美别人时要注意方法，而在第一段中就把这个主要观点提出来了，其中“赞美别人时一定要掌握技巧”是点明主要观点的主题句。

**【例 8】** 03-6-9

无论身在何处，微笑都能传递这样的信息：我很友好，我们能和睦相处。有人曾说过：“只要能笑，什么都能挺过来。”欢笑能让我们与失败保持距离。

（H61003 34—37 题）

这也是短文的第一段。整个短文讲的就是笑的作用，这一思想在第一句“无论身在何处，微笑都能传递这样的信息：我很友好，我们能和睦相处”中就清楚地提了出来，这句话就是主题句。

在例 6 中，短文的第一句话“植物主要是靠传播它们的种子或果实来扩大它们的分布区域”直接点明短文的主要意思，是主题句。

了解了这一特点，在听的时候就要高度集中注意力**听懂第一段话**，抓住其中的**主题句**。

**第二，自问自答的问题**。为了引起听者的注意，说话人往往会先提出一个问题，再对这个问题进行回答。例如：

**【例 9】** 03-6-10

电脑会“思考”吗？这取决于你所说的“思考”是指什么了。……

（H61002 37—38 题）

这是短文开头的两句话，“电脑会‘思考’吗？”是整个短文要回答的问题，说话人用这句话引起听者的注意，然后自己回答“这取决于你所说的‘思考’是指什么了”，论述什么是思考正是这篇短文的中心。

**【例 10】** 03-6-11

许多职场人士，在跨入职场之初或到一个新的职业环境，不但干劲十足、激情高涨，而且对自己的职业前途也寄予厚望。但一年两年之后，很快就会感觉到自己简直与机器人一样，每天上了班就希望能早点儿下班，一点儿也没有了原先的激情。甚至每一次工作中出现不顺心，就会“鼓励”自己换个工作环境。然而每一次的跳槽结果，常常会使自己的情绪越来越低落。

为什么会这样呢？有什么办法避免这种情况吗？我认为只有工作、娱乐两不误，我们才能保持对工作的激情。……

（H61004 40—42 题）

这是短文的前一半。在第一段中说话人首先描述了一种职场现象：一些人工作了几年之后失去了原有的工作激情，接着提出了两个问题“为什么会这样呢？有什么办法避免这种情况吗？”，引起人的思考，然后提出了自己的观点“我认为只有工作、娱乐两不误，我们才能保持对工作的激情”以及下面的论述。

因此，听短文时要特别注意其中说话人自己提的问题，不仅问题本身往往就是短文的论述中心，而且问题会引出一个重要的观点或论述。

**第三，层次关系的提示词。**有的短文有若干个层次，往往会给考生带来一些困惑。其实这些层次往往是有提示词的，如果抓住了这些提示词，短文的条理听起来就比较清楚。层次关系有很多种，其中比较常见的一种是**依次说明**。例如：

**【例 11】** 03-6-12

钱是有性格的。钱有自己的主见和喜好，我们想获得钱，就不能强求，那样很累。正确的做法应该是，培养自己吸引钱的气质，让钱自投罗网。这就是“你不用去找钱，钱自己会来找你”的含义了吧。

问题是，“吸引钱的气质”又是什么样的呢？

我想，一是要有自己的核心竞争力。钱的流动并非杂乱无序，而是奉行着价值交换的原则。一个人只有拥有了可与外界进行交换的价值，才能吸引钱流向自己，所以我们要注重培养自己的一技之长。二是要有诚信。因为钱是胆小的，所以钱乐于和讲信用的人打交道。缺少信用意味着可能让钱有去无回。从长期来看，一个不守信用的人是难以成为富人的，一个存在诚信危机的国家也不可能成为富国。三是要乐于与人分享。俗话说“财散人聚，财聚人散”，如果人心散了，队伍就不好带，最终钱也必将散去。

（H61004 47—50 题）

这是一篇讲钱的特性的短文。当说话人提出了“‘吸引钱的气质’又是什么样的呢？”这一问题后，分三点来逐一论述：“一是要有自己的核心竞争力。……”，“二是要有诚信。……”，“第三是要乐于与人分享。……”，在这里面，“一是……，二是……，三是……”是提示词，它们可以提示考生抓住后面所说的主要观点。

**【例 12】** 03-6-13

脚部动作通常会暴露一个人的真实心理。谈话时，人们会把注意力集中在对方的脸部，很少对自己的脚施加有意识的控制。脚部动作便为我们提供了了解他人的线索。

首先，交谈时，如果发现对方的脚不再对着你，而是向另外一个方向转动时，你就要意识到可能出现什么问题了。如果有人在与你谈话时，脚尖却不自觉地向某个方向转动，你就要明白，此人是想要离开了。如果你发现，对方的脚在不停地转向摆动，则说明对方可能不情愿离开，但不得不走。

其次，当人的情绪高涨时，身体会不自觉地做出背离重力方向的动作。典型例子就是人极度高兴时，往往都会跳起来。所以无论是脚尖着地、脚跟抬起，还是脚跟着地、脚尖抬起，都是个人积极情绪的表现。

另外，无论是坐姿还是站姿，叉开双腿，都能使人的身体姿态看起来更加稳重。其实这也是一种强烈的信号，显示出当事人的态度会较为强硬。如果你发现一个人的腿从并在一起到叉开，你基本上可以肯定这个人越来越不高兴。

（H61004 43—46 题）

这是一篇论述脚部动作与心理活动关系的短文。说话人通过分析三种动作来解释其观点：“首先，交谈时，如果发现对方的脚不再对着你，而是向另外一个方向转动时，你就要意识到可能出现什么问题了。……”“其次，当人的情绪高涨时，身体会不自觉地做出背离重力方向的动作。……”“另外，无论是坐姿还是站姿，叉开双腿，都能使人的身体姿态看起来更加稳重。……”在这里，“首先……，其次……，另外……”是三个提示词，表示对三种动作的分析。在这段短文中，这三个提示词所引出的层次基本上还是平列的。有的时候这种提示词还表示重要性从大到小的排列。

## 练习（二） 03-6-14

**听录音，选择正确答案**

1. **A** 出名要趁早
   **B** 万事开头难
   **C** 不怕慢就怕站
   **D** 后来居上者常获胜

2. **A** 投机取巧
   **B** 出名太早
   **C** 没有真才实学
   **D** 热衷于追求名利

3. **A** 最后一名也跑到底
   **B** 埋头工作自然成名
   **C** 笑得最早笑得最好
   **D** 甘于寂寞不求名利

4. **A** 像白头到老的伴侣
   **B** 像不太忠实的夫妻
   **C** 是爱情专一的象征
   **D** 比人们想象得还好

5. **A** 是一种无目的的游戏
   **B** 为了吸引雄性的动物
   **C** 为了报复配偶的不忠
   **D** 为了生育优秀的后代

6. **A** 为了养育小褐鼠
   **B** 懂得真正的爱情
   **C** 彼此拥抱着取暖
   **D** 怕小鼠被狼吃掉

7. **A** 东蓝鸲的爱情
   **B** 加州褐鼠的父母
   **C** 对配偶忠诚的动物很少
   **D** 白头到老的动物是没有的

### 本课小结

- **主要考点难点：** 1. 故事、寓言类；2. 人文、科普类。
- **考生常见错误：** 抓不住故事中的重要细节，抓不住故事的寓意；感到短文的内容范围太广，词汇量大，因为短文信息量太大，层次相对比较复杂，听了记不住。
- **主要应试策略：** 听、记故事中的六要素，抓住故事的寓意；了解短文的内容范围，注意短文的结构特点。

## 课后练习 03-6-15

**听录音，选择正确答案**

1. **A** 学生
   **B** 家长
   **C** 老师
   **D** 没人

2. **A** 必须很早到学校
   **B** 补贴太少待遇低
   **C** 事情繁杂工作忙
   **D** 出了问题责任大

3. **A** 学生家长合作
   **B** 教学效果要好
   **C** 减轻公交压力
   **D** 减少教学内容

4. **A** 大人看的小说
   **B** 古典优秀小说
   **C** 少年作者写的小说
   **D** 成人作家写的儿童文学作品

5. **A** 语言很难懂
   **B** 内容不真实
   **C** 故事有意思
   **D** 知识很丰富

6. **A** 文笔庄重严肃
   **B** 作者站得很高
   **C** 写出了美好的理想
   **D** 不回避现实中的丑恶

7. **A** 一面墙
   **B** 一个盲人
   **C** 一个孩子
   **D** 一个老人

8. **A** 她没看前边
   **B** 地面太湿了
   **C** 她眼睛不好
   **D** 她踩到了香蕉皮上

9. **A** 过马路要小心
   **B** 地上有香蕉皮
   **C** 不要撞着别人
   **D** 前边有一位老人

10. **A** 那个人摔跤了
    **B** 有人乱扔香蕉皮
    **C** 有人拿走了垃圾桶
    **D** 那个人在捡香蕉皮

11. **A** 农民种田需要肥水
    **B** 外人田里也有肥水
    **C** 好东西要留给自己
    **D** 别让外人知道此事

12. **A** 自己去台湾投资
    **B** 在家里养殖鲍鱼
    **C** 拿了台商很多钱
    **D** 给台商很多优惠

13. **A** 东山岛变富了
    **B** 养殖场没搞好
    **C** 只有台商赚了
    **D** 鲍鱼卖不掉了

14. **A** 别人富了自己就变穷了
    **B** 让别人富对自己有好处
    **C** 只有无情竞争才能生存
    **D** 只有依靠自己才能变富

15. A 去了最好的医院
B 花掉一半的财产
C 急得想不出办法
D 同意给他动手术

16. A 责备
B 感谢
C 夸奖
D 教导

17. A 生病他很痛苦
B 家人对他不好
C 他失去过记忆
D 做生意赔了钱

18. A 花钱看病要精明些
B 有什么都不能有病
C 医疗保险非常有用
D 记得太清楚更烦恼

## ►►► 第6课练习录音文本及答案

### 【录音文本】

**练习（一）**

第1到4题是根据下面一段话：

有一只瘸腿的猴子和一匹眼睛看不见的瞎马是朋友，住在一起。它们听说八月十五的月亮又圆又亮，于是决定到了那天夜里一起出去看月亮。瘸腿的猴子拉着马在一条平平的大路上走，它对马说："这条路也和山路一样，高低不平。"那匹瞎马抬起头看着天，黑乎乎的什么也没有，就说："八月十五的天和平时的天没什么两样，都是黑乎乎的，哪有月亮啊？"猴子说："你别睁着眼睛说瞎话了，你看，天上的月亮多圆多亮啊！可这条路却一点儿也不平，和山路一样。"马不同意，说："你才瞎说呢，连我这匹看不见的瞎马都能感觉到路很平，只是天上没有月亮！"

这个故事告诉我们，瘸腿的猴子和瞎马都从自己有限的认识出发看世界。动物是这样，人也是这样。

1. 故事里的猴子和马怎么样？
2. 这天夜里它们想出去干什么？
3. 它俩谁说对了？
4. 这个故事主要想告诉我们什么？

第5到8题是根据下面一段话：

十七岁的女孩儿林丽和同龄人一样活泼开朗，过着无忧无虑的生活，但谁也没想到，林丽其实已经得了白血病。当林丽知道了自己的病情后，她决定放弃治疗，她想用自己已剩下不多的时间去做自己想做的事。她列下了一个单子，想在离开这个世界之前体验十件她从来没有经历过的事情。就在这个时候，邻居的一个小伙子大刚走进了林丽的生活。大刚并不知道林丽得了白血病，他陪着林丽到处去游玩儿，两个人在相处的过程中互相产生了感情。林丽的父母知道后一再阻止，但是林丽还是坚持去实现自己的目标，打算和大刚一起去实现。在实现目标的过程中，林丽发现自己深深地爱上了大刚，并发现自己进入了一个新的世界。这段生活是她人生中最快乐的体验。

这是一个电影故事，电影的名字叫《活在今天》，它启发我们重新思考生活的意义。海伦·凯勒曾说过："有时，我常这样想，当我今天活着的时候就想到明天可能会死去，这或许是一个好习惯。这样的态度将使生活显得特别有价值。"

5. 林丽知道自己的病以后是怎么做的？
6. 对林丽的想法别人是什么态度？

7. 关于这个故事，下面哪一项正确？

8. 这段话主要想告诉我们什么？

**练习（二）**

第 1 到 3 题是根据下面一段话：

现在常听人说“出名要趁早”，意思是越早出名越好。对于这个观点，我有不同的看法。为什么我不赞成这样提呢？在我看来，成名就像长跑。在长跑比赛中常有这样的现象，一些本来不具备拿冠军实力的选手一开始可能跑在最前面，乍一看好像挺风光的，但不久就会被一个又一个后来的选手甩在后面。而一些有经验的选手开始时只是跟着跑，保持体力，一点一点超过去，结果最先跑到终点。

跑步是这样，成名也是这样。一些肚子里没什么真货色却热衷于追求名利的人，可能会靠着投机取巧，很早就有了一点儿小名气，成了所谓的“名人”。但这往往只是一种虚名，没有真本事，缺少后劲儿，所以过不了多久就拿不出什么东西来了，时间一长就被世人遗忘了。

和这些人相反，那些有大智慧的人往往是最耐得住寂寞的人，他们目标远大，很有自信，长期积累，耐心地在自己的领域里默默地努力，最后水到渠成，取得了大成果。成名对于他们来说只是一个时间早晚的问题。这可能就是人们所说的“谁笑到最后，谁笑得最好”吧。

1. 说话人举长跑的例子是为了说明什么？

2. 一些所谓的“名人”为什么会被世人遗忘？

3. 说话人欣赏什么样的人？

第 4 到 7 题是根据下面一段话：

科学家发现，在成双成对的鸟类和哺乳动物中，能对伴侣一心一意、白头到老的大约只有 10%。多年来，人们一直认为鸟类对配偶是忠诚的。有些鸟，例如东蓝鸲，甚至被人们看作是爱情专一的象征。然而事实上，东蓝鸲的性关系都可以比得上电视里那些写第三者的肥皂剧了。科学家认为，雌性鸟和雌性哺乳动物之所以搞“婚外恋”，可能是生物学原则在起作用——也就是为了繁殖尽可能优秀的后代。研究发现，对配偶最为忠诚的是加州褐鼠。这可能是因为小褐鼠在出生后的整个冬天都需要父母把它们抱在怀中，温暖它们的身体。如果雄鼠出走，雌鼠就会遗弃或吃掉小鼠。如果雌鼠出走，小鼠将会饿死。

4. 雌雄东蓝鸲的关系怎么样？

5. 科学家估计，雌性动物为什么要搞“婚外恋”？

6. 科学家估计，雌雄的加州褐鼠为什么不分离？

7. 这段话主要讲的是什么？

## 课后练习

第 1 到 3 题是根据下面一段话：

不知道从什么时候起，中小学生早晨上学的时间被固定在 7 点 20 分。可是孩子有必要这么早上学吗？很多家长反映，这么早上学对于家长和孩子都是一种负担。一位小学老师说："学生的上学时间的确太早了，教学效果并不好。学生起得早，老师就起得更早，许多老师不愿当班主任，一般都说是因为补贴少、杂事儿多、责任重，我觉得一个更重要的原因就是因为每天早到校成了一个负担。"但是也有不同的声音，一位校长说："谁不希望自己的学生每天早上能从容吃早饭？但是，解决这个问题难度太大。首先，学生每周的课时必须降下来，现在教学内容太多，周课时无法减少到 30 课时之内；其次，即使课时能降下来，学生 8 点到校上课，与上班的人流汇合，将给早班公共交通带来更大的压力。"

1. 谁希望中小学生很早到学校？
2. 那位小学老师认为，许多老师为什么不愿当班主任？
3. 如果改为 8 点上课，必须首先解决什么问题？

第 4 到 6 题是根据下面一段话：

孩子们究竟喜欢什么样的读物？国内成人作家写的儿童文学作品不受欢迎。

最近记者在上海书城儿童读物专柜前发现，一些少年作者写的小说保持着畅销的势头。与此相比，国内的一些成人作家写的儿童文学作品却遭到冷落。一个中学生告诉记者，她不爱看成人写的儿童小说，因为这些小说写得很假，他们一点儿都不了解我们的想法。有人分析，不少成人作家写的儿童小说总是夸大美好，回避丑恶，加上常常以高高在上的口吻，板起面孔说话，已遭到了孩子们的拒绝。小读者们转而去阅读一些引进版的小说，如《小王子》等，这些小说正是以儿童的视角和不回避现实的态度赢得中国的小读者的。看来，只有真实地把握当代儿童的成长经历，才能真正走进儿童的心灵。

4. 在儿童读物专柜前，哪些书卖得很快？
5. 小读者们认为成人写的儿童小说怎么样？
6. 小读者们为什么喜欢《小王子》等小说？

第 7 到 10 题是根据下面一段话：

一天放学，雨下个不停，小芳正低着头往家跑，突然撞到迎面走过来的一个人身上。她急忙抬起头来，只见那个人踉跄了一下，扶住了墙。"对不起，对不起！"小芳连声道歉。"不要紧的，以后走路要多加小心，撞着老人和孩子就不好了。"在雨中，只见这个人瘦瘦的脸上一双木然的眼睛直直地望着前方，原来他是个盲人！小芳心里一阵内疚。“叔叔，您要小心，这儿有几块香蕉皮，绕开走。”“啊，谢谢你，小姑娘。”小芳继续向前走，不知怎么的，好奇心使她回过头去，她简直被眼前的事惊呆了，只见那个人迈了一步，又停了下来，把手杖放在一边，蹲下身子，一边摸索着湿湿的地面一边说：“这是谁呀？把这香蕉皮扔了一地，要是老人或者像我这样的人，一不小心就会摔跤，唉，真是……”他终于摸到了那几块香蕉皮，站起了身，摸索着，小心翼翼地把香蕉皮扔进了旁边的垃圾桶里。看到这儿，小芳的眼睛湿润了。

7. 小芳撞到了什么？
8. 小芳为什么撞了一下？
9. 小芳告诉那个人什么了？
10. 什么事情使小芳惊呆了？

第 11 到 14 题是根据下面一段话：

中国有句俗话，叫作“肥水不流外人田”，这是什么意思呢？农民种田，为了让田里的庄稼长得好，就得往田里施肥、上肥料。从前农民的想法是，肥水要往自己的田里流，让自己的庄稼长得好，不能流到别人的田里去。这就叫“肥水不流外人田”。今天看起来，这个想法是过时了。我给大家举个例子。

有一年，我到福建去考察。福建有个地方叫东山岛，从前是个有名的穷地方。几年前，台湾有一个企业家，搞了一套人工养殖鲍鱼的技术。他来东山岛找县长谈，想到这里投资发展。县长同意这个企业家在这里建一个养殖场，并且答应给他一些比较优惠的条件。结果就有很多人给福建省政府写信，说这个县长有问题，钱都让别人赚去了，肥水流了外人田。但是，福建省政府的领导很清醒，没有忙着下结论，主张试验一下再说。几年后我去看那个岛，富了。台湾商人建场后，这个养殖场发展得很好，那台商当然赚了钱，但同时，当地的人也富起来了。为什么呢？人工养殖鲍鱼需要劳动力，劳动力是当地的农民，他们在当劳动力期间都学会了这套技术。现在东山岛，家家都养殖鲍鱼，鲍鱼卖得很好，农民全都富了。

如果肥水不流外人田，别人愿意来投资吗？不让人家赚钱，农民也富不了；让人家富起来，自己也就富了。因此现在我们说“肥水要流外人田”，道理就在这儿。

11. “肥水不流外人田”这句俗话是什么意思？
12. 很多人写信说那个县长怎么样？
13. 几年以后怎么样？
14. 这件事告诉我们一个什么道理？

第15到18题是根据下面一段话：

从前有个商人叫华先生，很有钱，但是有一天他突然得了严重的健忘症，什么事情都很快就忘，他出了门就找不到家，刚说过的话马上就忘，拿了钱就不记得放在哪儿。家人为了治他的病，到处求医，可是怎么也没治好。最后，家人出了一个启事，说谁要是能治好华先生的病，他们就把家里一半的财产给他。没多久，有一位大夫来到华先生家，为他治病。几天之后，华先生的病真的被治好了，大夫拿了钱高兴地走了。华先生恢复记忆后发现家里一半的财产没了，当问清是怎么回事后心疼得要命，说："你们干吗要花这么多钱？生病这段时间我心无烦恼，事事如意，现在你们说我病好了，却马上出来这么多烦人的事。要是这样，还不如生病呢！"

这个故事告诉我们，事事记得太清楚，反而会增加很多人生的烦恼。

15. 为了治好华先生的病，家人是怎么做的？

16. 华先生病好以后对家人怎么样？

17. 关于华先生，下面哪一句正确？

18. 从这个故事我们可以知道什么？

**【答案】**

练习（一）　1. C　2. B　3. D　4. C　5. C　6. A　7. A　8. B

练习（二）　1. D　2. C　3. B　4. B　5. D　6. A　7. C

课后练习　1. D　2. A　3. D　4. C　5. B　6. D　7. B　8. A　9. B　10. D　11. C　12. D　13. A　14. B　15. B　16. A　17. C　18. D

HSK

# 第四单元 04

## 阅　读

| 阅　读 | | | |
| --- | --- | --- | --- |
| 总题数 | 50 题 | 考试时间 | 50 分钟 |
| 考试内容及题数 | 第一部分　阅读四个句子，从中选出一个病句 | | 10 题 |
| | 第二部分　阅读一小段话，选择最恰当的一组词语填空 | | 10 题 |
| | 第三部分　阅读一篇短文，选择句子填空 | | 10 题 |
| | 第四部分　阅读一篇短文，选择问题的正确答案 | | 20 题 |

# 第7课　阅读第一部分（找病句）1

## 题型与特点

### ● 题型

阅读考试第一部分是51到60题，共10题。它的题干是4个句子，考生应选出其中**有语病**的一句（不需要修改）。

【例1】

A 他突然提出辞职，让我们感到很意外。

B 茅盾的童年生活，是他创作《春蚕》的源泉。

C 劳动时间缩短，是大众旅游得以发展的基本条件。

D 他除了班里和学生会的工作外，还承担了广播站的主持人。

答案 D（样卷第51题）

### ● 特点

挑错题偏重考查考生语法方面的知识和能力，病句包括**语法结构、词语搭配、语体色彩、逻辑关系**等方面的错误。

## 考点与难点（一）　基本句法成分

### ● 说明

句子成分包括**主语、谓语、宾语、定语、状语、补语**，其中最基本的句法成分是**主语、谓语和宾语**。

主语是被陈述的对象，在句首可回答“谁”“什么”等问题，主语可由名词性或谓词性成分构成。如：

大家一起玩儿吧。（“大家”是名词性主语）

出去玩儿怎么样？（“出去玩儿”是谓词性主语）

谓语是对主语进行叙述、描写或者判断的成分，能回答主语“怎么样”“是什么”等这样的问题，动词性词语和形容词性词语经常做谓语，主谓短语做谓语是汉语的一个特点。名词性词语做谓语有一定的限制条件。如：

很多学生参加了演讲比赛。（“参加”是动词性谓语）

考试不难。（“难”是形容词性谓语）

今天天气很热。（“天气很热”是主谓短语做谓语）

我大学生了。（“大学生”是名词性谓语）

宾语是动作、行为的对象，是动作的承受者。宾语也可由名词性或谓词性成分构成。如：

我买了一件衬衫。（“衬衫”是名词性宾语）

我想去留学。（“去留学”是谓词性宾语）

主语、谓语和宾语这三种句法成分在句子中的使用情况是新 HSK（六级）阅读第一部分考试的一个重点。

## ● 常见语病

### 1. 句子成分残缺

句子成分残缺就是句子中缺少了必不可少的成分，考题中常见的错句包括以下三类：

#### （1）缺少主语

缺少主语的原因之一是介词使用不当。如：

**【例 2】** 通过这次活动，使我们开阔了眼界，增长了见识。

（H61003 第 54 题）

这个句子的谓语部分是“使我们开阔了眼界，增长了见识”，其主语应该是“这次活动”。但是因为在“这次活动”前有介词“通过”，使得主语藏在了介词结构中，造成缺少了主语。

另外，当句子比较复杂，转换了话题或句式时，也容易造成缺少主语或主语不清。如：

**【例 3】** 他的见解独到而且深刻，常应邀到许多高校发表演讲，深受学生欢迎。

（H61004 第 54 题）

这个句子中，“独到而且深刻”的主语是“他的见解”，而“应邀到许多高校发表演讲”的主语没有出现，根据句义应该是“他”。

#### （2）缺少谓语

因句子较长、句式复杂等原因，有的句子看似有谓语，但其实缺少了谓语。如：

**【例 4】** 南京，古称金陵，已有近 2500 年的历史。她既有自然山水之胜，又有历史文物之雅，兼具古今文明的园林化城市。

（H61001 第 60 题）

这个句子中的主语是“南京”，前面连续用了三个“有”字句，最后一小句中的宾语“园林化城市”与“南京”的关系是什么呢？当然应该是“南京是园林化城市”，但是句子中没有出现“是”。

**【例 5】** 书中的经验和知识对我们来说取之不尽、用之不竭的源泉。

（H61005 第 52 题）

这个句子的主语是“书中的经验和知识”，宾语是“源泉”，缺少了谓语动词“是”。

**（3）缺少宾语**

**【例 6】** 有些植物的花朵因吸收金属元素而改变颜色，这也能成为找到地下矿藏。

（H61005 第 55 题）

这个句子后一分句的主语是“这”，谓语是“能成为”，“找到地下矿藏”显然不是宾语，因此缺少宾语，根据句义可以改为“这也能成为找到地下矿藏的一种方法”。

**（4）缺少补语**

补语是放在谓语之后，用来补充说明谓语的。缺少补语有时会改变句子的意思或者词语之间的语义关系。如：

**【例 7】** 有些电脑设计得很小巧，甚至可以放一个很薄的文件袋里。

（H61001 第 56 题）

在这个句子中，动词“放”的后边应出现表示结果的补语“入”或者“进”。

**2. 句子成分冗余**

成分冗余主要指句子的语意重复和词语多余。如：

**【例 8】** 台风给沿海居民的生活造成了很大的损失严重。

（H61004 第 55 题）

这个句子中，最后的“严重”与前面的“很大的损失”重复，应删去，改为“台风……造成了很大的损失”。

**3. 句子成分搭配不当**

句子成分搭配不当指的是句子并不缺少主语、谓语或宾语，但是因为主语与谓语、主语与宾语等的搭配不当，从而造成不符逻辑、语义不清的现象。如：

【例 9】人们居住在地球上，是一块天然的大磁体，在南北两极有两个磁极。

（H61001 第 57 题）

这个句子前一小句的主语是“人们”，谓语是“居住在地球上”，但后边句子的主语显然不能与“人们”搭配，因为它说的其实是“地球”。因此，这句话可以改为：人们居住的地球，是一块天然的大磁体，在南北两极有两个磁极。

【例 10】实践表明，一个国家森林的覆盖率达到全国总面积 30% 以上，或者分布均匀时，就不会发生较大的风沙旱涝等自然灾害。

（H61003 第 58 题）

这个句子中，“达到全国总面积 30% 以上”的主语是“森林覆盖率”，而后边“分布均匀”却不能与“森林覆盖率”搭配了，根据句义应该改为“或者森林分布均匀时”。

【例 11】7 月的内蒙古草原，是一个美丽的季节。（H61005 第 51 题）

这个句子的主语是“内蒙古草原”，谓语是“是”，宾语是“季节”，显然主语和宾语是不能搭配的。应该改为：内蒙古草原的 7 月，是一个美丽的季节。

### • 应试策略与技巧

根据对五套新 HSK（六级）考试真题统计的结果，这部分考查主语、谓语和宾语的残缺的试题所占比例较大。因此考生要特别注意。

对于一般句子，可以使用**提问法**，以便找出句子的主语、谓语和宾语。对于结构复杂、分句较多的句子，更要逐句分析，找出每个小句的主语、谓语和宾语。对主语的提问常常是“谁、什么”，对谓语的提问可以是“怎么样、做什么”，对宾语的提问可以是“什么、谁”。如果这三个问题有一个不能从句中找到回答，就说明这个句子缺少某个句法成分。

## 练习（一）

**找出下列句子的错误之处，并提出修改建议**

1. 1888 年发明的电动机把人类社会由蒸汽时代推电气时代，水电取代煤和内燃机成为工厂的日常能源。
2. 生产企业只有满足个性时尚，才能在市场竞争中得以生存。
3. 房客对没有阳台、缺少自然空气、不见天蓝地绿的房间越来越多，对过分现代工业化的装饰和家具失去了热情。

4. 你又不是不知道，小王的学习态度一向很努力。

5. 通过这一段时期的教学，使学生们进一步掌握了西式面点的做法。

6. 采取各种办法培养和提高师资水平，实在是一件迫在眉睫的事。

7. 她在这篇日记中表达了愿为自己的理想而付出一切。

8. 教师通过这种练习形式，学生既能全面复习已经学过的内容，也能学到新的知识。

9. 看了在地震灾区发生的抢险救灾的事迹报道，令我们十分感动。

10. 演出结束时，我们一起唱起了《童年》的歌。

11. 这些名贵树木，大多具有材质坚硬，结构均匀，是造船的上等木材。

12. 如果不学好语言，就不可能正确理解题意、概念，不可能有条有理的思维能力。

13. 在前不久召开的学术会议上，他们提出的新理论受到了高度的重视，给予了很高的评价。

14. 霜染红叶的秋天的植物园是吸引游客的好季节。

15. 在民族联欢活动中，举行了赛马、摔跤、抢花炮等，受到来宾的热烈欢迎。

## 考点与难点（二）　语法结构

### • 说明

有关汉语语法结构的内容比较丰富，如汉语的主要句式，像“把”字句、“被”字句、比较句、“是……的”句、使令句、兼语句等的使用，又如汉语的词类，不同的词类在句中有不同的位置和使用条件等。由于内容较多，篇幅所限，在本书中很难一一做具体说明，下面我们就以举例的方式对与这一部分考题相关的主要句式及词类进行说明，以供考生学习参考。这也要求考生在平时的学习中要特别注意一点一滴地积累。

| 主要句式 | 重要说明 |
|---|---|
| “是……的”句 | 1. 当某一动作已在过去实现或完成，要强调动作的时间、处所、方式、施事者：他是去年来北京的。<br>2. 表示说话人的看法、见解和态度：<br>这个问题是可以解决的。/ 这种事是不会发生的。<br>3. 强调产生某种结果的动作行为或原因：他的皮肤很黑，是晒的。 |

续表

| | |
|---|---|
| 兼语句 | 1. 表使令意义：我请你吃饭。<br>2. 表爱憎意义：老师批评他不努力。<br>3. 表称谓或认定意义：他收我做学生。<br>4. 前一个动词是"有""没有"：今天没有人来参观。<br>5. 主语 + 使 + 兼语：这件事使我为难。 |
| 兼语句 | 6. ……有 + 兼语 + 是……的：这里有不少人是赞成你的意见的。<br>7. 主语 + 动词 + 兼语 + 直接宾语 + 动词：妈妈从不给她零食吃。 |
| "把"字句<br>"被"字句 | 1. 兼语句与"把"字句套用：我叫他马上派车送经理去机场。<br>2. 连动句与"把"字句套用：我打电话让妹妹把书送来。<br>3. "把"字句与兼语句套用：他把偷来的东西让人藏起来了。<br>4. "被"字句与"把"字句套用：被爷爷莫名其妙地把我骂了一顿。<br>5. "把"字句与比较句套用：我没有把他想得像小偷那么坏。 |

| 词　类 | 重要内容举例 |
|---|---|
| 名词 | 1. 一般名词 + 方位词 / 指示代词 = 方位词组：桌子上、我这儿<br>2. 名词 + 量词 = 集合名词：人群、书本、车辆、纸张、花朵 |
| 动词 | 1. 动词重叠式：尝尝、散散步、学习学习<br>2. 能愿动词：能、会、可以、得、要、应该<br>3. 离合词：散步、游泳、聊天儿、见面 |
| 形容词 | 1. 一般形容词：漂亮、干净<br>2. 状态形容词：雪白、鲜红、笔直<br>3. 非谓形容词（区别词）：男、女、民用、大型<br>4. 用法较为特殊的形容词：多、少、近、足 |
| 助词 | 1. 了<br>2. 着<br>3. 过 |

## • 常见语病

### 1. 使令句没有使用使令动词

**【例 12】** 父亲经常说，美术教育的目的，是学生对每一种平凡的事物，都能有美的感触，都能欣赏到美。

（H61005 第 52 题）

这个句子缺少了使令动词，根据句子的意思，应该是“美术教育的目的，是使学生对每一种平凡的事物，都能有美的感触，都能欣赏到美”。

**【例 13】** 在景色优美的园林中散步，有助于消除长时间工作带来的紧张和疲乏，并且脑力、体力得到恢复。

（H61004 第 60 题）

这个句子缺少了使令动词，根据句子的意思，最后一个句子应该是“并且使脑力、体力得到恢复”。

**2. “是……的”句没有使用“的”**

**【例 14】** 秦始皇兵马俑是在 1974 年发现了。（H61002 第 51 题）

这个句子强调的是兵马俑发现的时间，应该用“是……的”句，改为“秦始皇兵马俑是在 1974 年发现的”。

**3. 错用事物名词**

**【例 15】** 我总是能从父母得到鼓励和支持。（H61003 第 53 题）

这个句子中介词“从”的后边要求出现的是处所名词，而“父母”是表示人的名词，需要在其后边加上“这儿”或“那儿”，才可以出现在“从”的后边（从父母这儿 / 那儿）。

### • 应试策略与技巧

熟练掌握汉语语法结构的重点和考点，在考试中，要对句中出现的语法点建立起“**敏感反应**”，也就是说，一看到某个语法点就要想到可能会出现的错误，然后在句中寻找是否有此类错误出现。一旦确定了错误，马上选出，以免耽误时间。

## 练习（二）

**找出下列句子的错误之处，并提出修改建议**

1. 占世界人口五分之一的中国，早在 1995 年，就超过了 12 亿人，比建国初的 5.4 亿人翻了一番更多。
2. 世界上第一条汽车流水装配线的出现大幅度降低了成本，汽车从奢侈品变成了大众的交通工具。
3. 未来的时装会更新奇的款式、色彩和面料吸引消费者的视线。

4. 虽然做到这点很难，但是如果做不到，你很可能未来会淘汰。

5. 以前我常常喝茶了，不过最近几年开始喜欢喝咖啡了。

6. 难得今天是个秋高气爽的好天气，咱们出去散步一下吧。

7. 令我最难接受的是，到目前为止，老板从来不把重要的工作我做。

8. 这本杂志我早就借了给她，不过，到现在她也没还给我。

9. 我从同事们学到不少为人处事的经验和方法，这将让我受益终生。

10. 昨天晚上 11 时到今天上午 10 时，本座城市普降大到暴雨，严重影响了市民的生活。

11. 因为今年夏天天气比较凉快，所以很少人去商场购买空调。

12. 看起来他也就 30 岁多，没想到已经过了不惑之年了。

13. 她手臂上的伤疤是小时候不小心被开水烫过。

14. 如果你们做事态度能认真一些，那么至少这起事故是不会发生。

15. 经过多次粉刷，房间的墙壁已经变得非常雪白了。

**本课小结**

- **主要考点难点**：1. 基本句法成分；2. 语法结构。
- **考生常见语病**：1. 句法成分：
  （1）句法成分残缺。
  （2）句法成分多余。
  （3）句法成分搭配不当。
  2. 语法结构：
  （1）句式；（2）词类。
- **主要考试策略**：对一般句子使用提问法对复杂句子逐句分析，找出句子的主语、谓语、宾语；熟练掌握汉语语法结构的重点和考点，建立“敏感反应”。

## 课后练习

**请找出有语病的一项**

1. **A** 2008 北京奥运会的开幕式，以“和”字为核心，既融入了中国传统文化，又显示了奥运新理念，获得了观众的好评如潮。

**B** 通过未来的“互联网”手机，旅游者出门前可以装上几幅地图以备随时查看。
**C** 直到“七五”期间，我国的汽车业才有了长足的发展。
**D** 没有人能想到，在“民以食为天”的中国，开放自由、简捷实用的快餐文化如此深远地改变了人们的生活方式。

2. **A** 大学毕业生真正需要关注的是对于群体、社会、他人的责任和义务。
**B** 在这部作品中，作者表达了对生命的尊重、对自然的敬畏。
**C** 如今，气象预报已从简单的温度、风力细化到生活指数，实实在在走进了百姓的生活。
**D** 众多著名表演艺术家炉火纯青的朗诵艺术，在场的大学生热血沸腾，深受震撼。

3. **A** 青少年是上网人群中的主力军，但最近几年，在发达国家中 60 岁以上的老年“网虫”的人数也在激增。
**B** 只有控制牲畜数量，退木还草，才能从根本上拯救纯种野牦牛提供可能。
**C** 水果的表面常常黏附着对人体有害的细菌，所以食用水果前应该洗净或削皮较为安全。
**D** 每一个单独的个体将不仅仅是时尚潮流的追随者，而且也是个性时尚的创造者。

4. **A** 一个脸上充满神圣表情的男孩跑到总统跟前，坚定地接过火炬，然后高高举起。
**B** 午夜零时，灯火通明，人们用风笛的优美旋律庆祝新一年的到来。
**C** 当我们将手放在门把手，上面的监视器立即会将我们的指纹信息记录下来。
**D** 从目前投入北京的外资流向上看，第三产业和高新技术产业为外资投入的主要方向。

5. **A** 甲型流感病毒传播速度快，如果找不到其的演变原理，病情很容易迅速蔓延。
**B** 参加论坛的中外人士就环境保护、人才培养等众多议题发表了意见。
**C** 目前国际金融危机的影响仍在持续，但中国旅游业繁荣与发展的基本面貌并未改变。
**D** 比起成百上千元一张的音乐会门票、八九十元一场的进口大片，电视可算得上最便宜的文化消费。

6. **A** 随着全球气温的升高，气候变暖已成为全人类必须共同面对的挑战。
**B** 植物营养学就是研究如何通过施肥等措施改善农产品品质和作物产量的学问。
**C** 由于青少年好奇心强，对事物缺乏分辨力，容易被大众媒介中的不良信息诱导。
**D** 南京郊外的阳山，有三块经人工雕塑、长达 40 米的巨大石头。

7. **A** 北京享有得天独厚的人才优势，高等院校和科研院所的密集程度，就是在全世界也是不多见的。
   **B** 记者发现，老年人中流行一种“神仙茶”，对这种带点儿树皮味的饮料赞不绝口。
   **C** 中午还是阳光灿烂，但到下午 5 时左右，市区突然狂风大作，天昏地暗。
   **D** 这座被称为“中国唯一的大熊猫博物馆”坐落在风景秀丽的山下，周围绿树成荫。

8. **A** 1984 年 12 月，中国南极考察队首次抵达南极洲，南极洲上第一次飘起了五星红旗。
   **B** 当地造纸厂偷排未经处理的废水，严重污染了环境，导致鱼虾绝迹。
   **C** 挪威国宝级乐队将再度来京演出，实现了外国演出团在京演出超过 7 次的纪录。
   **D** 当一个人精力衰退，对事物缺乏好奇心与兴趣时，循环系统的功能也会跟着退化。

9. **A**“锦”是一种丝织品，在古代，是达官贵人才能享用的时尚奢侈品。
   **B** 成千上万的志愿者都在共同努力，完成举办一次令全世界都瞩目的文明赛事的理想。
   **C** 为了更好调动教师的积极性，对于贡献突出和甘于奉献的教师要给予适当的物质奖励。
   **D** 荞麦具有降低毛细血管脆性、改善微循环的作用，可用于高血压、冠心病等疾病的辅助治疗。

10. **A** 随着一系列经济刺激计划的逐步落实，全球经济出现回暖迹象。
    **B** 良好的校园文化，对教学活动的有效开展起着重要作用。
    **C** 近期发热患儿增多，为使就诊更加有序，我院决定采取分时段挂号。
    **D** 国外的银行业拥有较完善的服务体系、多样化的金融工具和成熟的市场竞争经验。

11. **A** 中国的水墨画通过墨色的不同浓淡反映不同的审美情趣。
    **B** 中俄两国元首一致表示，要增进两国人民的相互了解，深化两国各领域的交流合作。
    **C** 当今的环保技术不仅做到了生产过程不污染环境，而且产品使用后废弃物的循环利用。
    **D** 世界卫生组织的这份报告，提供了吸烟饮酒等健康风险因素增加的最新资料。

12. **A** 一位老人突然晕倒购物中心，后经迅速赶到的 120 急救中心医护人员的抢救，老人最终脱离了危险。
    **B** 购房者一定要考虑房屋的地理位置和房源条件，不可盲目跟风。
    **C** 为庆祝戛纳电影节 60 华诞，电影节组委会特别邀请了曾经摘取过金棕榈奖的 35 位导演。
    **D** 今年 4 月 23 日，几十名编辑和记者来到国家图书馆，度过了一个很有意义的“世界阅读日”。

13. A 塑料购物袋国家强制性标准即日起开始实施，但要真正减少塑料袋污染，还需消费者从自身做起。
B 航站楼交付使用后，旅客过安检通道的时间，将从目前的10分钟缩短至5分钟。
C 坐火车到威尔士北部最高的山峰去观赏高原风光，是威尔士最主要的一个景点。
D 在那段艰难的日子里，不管他的身体有多差，精神压力有多大，他都坚持创作。

14. A 这起事故给人民生命财产造成重大损失，究其原因，主要是一些管理部门安全生产不够重视。
B 艾滋病是一种传染病，其病毒通过性接触或血液、母婴等途径传播。
C 社区服务中心为孩子们准备了跳绳、羽毛球、拼图等，并将20万元活动经费发放到各社区。
D 在尊重世界多样性的基础上实现人类和谐发展，已成为奥林匹克精神的深刻内涵。

15. A 文化遗产是我们民族悠久历史的证明，是我们走向未来的坚实根基。
B 该校学生的课余活动主要有班级郊游、联欢会等，内容丰富，形式多样。
C 国力的强弱越来越多地取决于劳动者素质的高低，取决于各类人才培养的质量与数量。
D 这份工作报告总结了30年来医疗卫生事业不断改革和发展，同时指明了医疗卫生保障体系的方向。

16. A 交通台日前播报说，有的人在小轿车内开着空调过夜，并因此发生窒息死亡事件。
B 太阳队近来的表现不能满意，糟糕的防守问题一直没有解决，比赛连连失利。
C 完全封闭的环境不可能带来文明的进步，只会导致文明的衰落。
D 推行有偿使用塑料袋，无疑会对减少白色污染、净化环境产生积极作用。

17. A 工作之余，他不仅是个文学爱好者，也是大家公认的小提琴演奏能手。
B 可燃冰是海底极有价值的矿产资源，足够人类使用一千年。
C 王维在继承传统的基础上努力创造的具有鲜明个性的意境，对诗歌发展做出了贡献。
D 这头金色牦牛是世界上新发现的一种野生动物，命名为“金丝牦牛”。

18. A 只有当劳动与兴趣有机地结合在一起的时候，想象力和创造力才能够得以最大程度的发挥。
B 这部小说的作者没有很好地深入生活，只是凭主观想象添加了一些不恰当的情节。
C 她除了班里和学生会的工作外，还承担校广播站“英语角”的栏目主持。
D 我们平时所用的调味品醋，被皮肤吸收后可以改善面部皮肤营养缺乏的状况。

19. **A** 大家的学习兴致很高，还没到时间，会议室就挤了来听课的人。
    **B** 中国印章已有两千多年的历史，逐步发展成为一种具有独特审美的艺术门类。
    **C**《全宋文》的出版，对于填补宋代文化研究的空白具有特别重大的意义。
    **D** 政府应整合并均衡教育资源，真正让每个孩子都能接受平等的、优质的教育。

20. **A** 奥运火炬全球传递活动，吸引了世界各国人民的高度关注。
    **B** 许多投资者不了解证券投资和基金产品的风险，就贸然进行证券和基金投资。
    **C** 七里海是京津唐三角地带极其难得的一片绿洲，被誉为天津滨海地区的花园。
    **D** 科学的发展与全人类的文化是分不开的，在西方是如此，在中国也是如此。

## ►►► 第7课练习答案

### 练习（一）

1. 缺少补语：1888年发明的电动机把人类社会由蒸汽时代<u>推入</u>电气时代，……。[①]
2. 缺少宾语：生产企业只有满足个性时尚<u>的需求</u>，才能在市场竞争中得以生存。
3. 缺少谓语：房客对没有阳台、缺少自然空气、不见天蓝地绿的房间越来越多<u>表示不满</u>，……。
4. 主语和谓语不搭配：你又不是不知道，小王~~的学习态度~~一向很努力。
5. 缺少主语：~~通过~~这一段时期的教学，使学生们进一步掌握了西式面点的做法。
   或：通过这一段时间的教学，使学生们进一步掌握了西式面点的做法。
6. 谓语和宾语不搭配：采取各种办法培养<u>教师</u>和提高师资水平，实在是一件迫在眉睫的事。
7. 缺少宾语：她在这篇日记中表达了愿为自己的理想而付出一切<u>的决心</u>。
8. 成分多余：~~教师~~通过这种练习形式，学生既能全面复习已经学过的内容，也能学到新的知识。
9. 缺少主语：~~看了~~在地震灾区发生的抢险救灾的事迹报道，令我们十分感动。
   或：看了在地震灾区发生的抢险救灾的事迹报道，令我们十分感动。
10. 成分多余：演出结束时，我们一起唱起了《童年》~~的歌~~。
11. 缺少宾语：这些名贵树木，大多具有材质坚硬、结构均匀<u>的特点</u>，是造船的上等木材。
12. 缺少谓语：如果不学好语言，就不可能正确理解题意、概念，不可能<u>具有</u>有条有理的思维能力。

13. 缺少主语：在前不久召开的学术会议上，他们提出的新理论受到了高度的重视，专家们给予了很高的评价。
14. 主语和宾语不搭配：霜染红叶的秋天的植物园是植物园吸引游客的好季节。
15. 缺少宾语：在民族联欢活动中，举行了赛马、摔跤、抢花炮等活动，受到来宾的热烈欢迎。

**练习（二）**

1. “比”字句后边不能出现副词“更”：……比建国初的5.4亿人翻了一番更还多。
2. 缺少使令动词：世界上第一条汽车流水装配线的出现大幅度降低了成本，使汽车从奢侈品变成了大众的交通工具。
3. 缺少表示凭借的介词“以”：未来的时装会以更新奇的款式、色彩和面料吸引消费者的视线。
4. 没有表达被动态：虽然做到这点很难，但是如果做不到，你很可能未来会被淘汰。
5. “了”的用法错误：以前我常常喝茶了，不过最近几年开始喜欢喝咖啡了。
6. 离合词的用法错误：难得今天是个秋高气爽的好天气，咱们出去散一下步一下吧。
7. “把”字句使用错误：令我最难接受的是，到目前为止，老板从来不把重要的工作给我做。
8. 双宾语句使用错误：这本杂志我早就借了给她了，不过，到现在她也没还给我。
9. 事物名词错用：我从同事们那儿学到不少为人处事的经验和方法，这将让我受益终生。
10. 代词“本”的使用错误：昨天晚上11时到今天上午10时，本座城市普降大到暴雨，严重影响了市民的生活。
11. “少”的使用错误：因为今年夏天天气比较凉快，所以很少人去商场购买空调的人很少。
12. 表概数的“多”使用错误：看起来他也就30多岁多，没想到已经过了不惑之年了。
13. “是……的”句使用错误：她手臂上的伤疤是小时候不小心被开水烫过的。
14. “是……的”句使用错误：如果你们做事态度能认真一些，那么至少这起事故是不会发生的。
15. 表示状态的形容词使用错误：经过多次粉刷，房间的墙壁已经变得非常雪白了。

**课后练习**

1.（A）动语和宾语不搭配：最后一句应改为“获得了观众的好评如潮”，或“获得子观众的好评如潮”。

2.（D）缺少使令动词：众多著名表演艺术家炉火纯青的朗诵艺术，使在场的大学生热血沸腾，深受震撼。

3.（B）缺少介词：……才能从根本上为拯救纯种野牦牛提供可能。

4.（C）介词搭配使用错误：当我们将手放在门把手上，……。

5.（A）代词使用错误，“其”= 他 / 她 / 它的：……如果找不到其的演变原理，……。

6.（B）动词和宾语不搭配：植物营养学就是研究如何通过施肥等措施改善农产品品质和提高作物产量的学问。

7.（B）缺少主语：……他们对这种带点儿树皮味的饮料赞不绝口。

8.（C）动词和宾语不搭配：……创下了外国演出团在京演出超过 7 次的纪录。

9.（B）动词和宾语不搭配：……实现举办一次令全世界都瞩目的文明赛事的理想。

10.（C）缺少宾语：……我院决定采取分时段挂号的措施。

11.（C）缺少谓语：……而且产品使用后废弃物的可以循环利用。

12.（A）缺少介词：一位老人突然晕倒在购物中心，……。

13.（C）主语和宾语不搭配：坐火车……，是威尔士最主要的一个景点旅游项目。

14.（A）缺少介词：……主要是一些管理部门对安全生产不够重视。

15.（D）缺少宾语：这份报告总结了 30 年来医疗卫生事业不断改革和发展的历程，……。

16.（B）缺少使令动词：太阳队近来的表现不能令人满意，……。

17.（D）缺少“被”：……被命名为“金丝牦牛”。

18.（C）动词和宾语不搭配：……还~~承担~~担任校广播站“英语角”的栏目主持。

19.（A）缺少补语：……会议室就挤满了来听课的人。

20.（A）动语和宾语不搭配：……~~吸引~~引起了世界各国人民的高度关注。

# 第8课　阅读第一部分（找病句）2

## 考点与难点（三）　词语使用

### ● 说明

考生对现代汉语词汇的掌握程度及使用能力也是HSK（六级）考查的重点之一。HSK（六级）词汇表共收录了5000个词语，这些词语中常用的动词、形容词、名词、量词、副词、代词、连词等，考生在学习过程中应特别重视。

有一类错句是词语使用错误，如量词、介语、代词、连词及词语间的搭配。例如：

| 词　类 | 举　例 |
|---|---|
| 量词 | 把（bǎ）、班（bān）、幢（zhuàng）、串（chuàn）、道（dào）、番（fān）、副（fù）、丸（wán）、届（jiè）、枚（méi）、面（miàn）、批（pī）、项（xiàng）、株（zhū）、枝（zhī）、艘（sōu）、颗（kē）、卷（juǎn）、粒（lì）、立方（lìfāng） |
| 介词 | 比（bǐ）、朝（cháo）、向（xiàng）、往（wǎng）、趁（chèn）、除了（chúle）、凭（píng）、就（jiù）、通过（tōngguò）、沿（yán）、以（yǐ）、由（yóu）、自从（zìcóng） |
| 代词 | 本（běn）、该（gāi）、彼（bǐ）、此（cǐ）、各（gè）、其（qí）、人家（rénjia）、如此（rúcǐ）、之（zhī）、别人（biéren）、其余（qíyú） |
| 连词 | 以便（yǐbiàn）、以免（yǐmiǎn）、至于（zhìyú）、以至（yǐzhì）、一旦（yídàn）、哪怕（nǎpà）、否则（fǒuzé）、反之（fǎnzhī）、从而（cóng'ér） |

### ● 常见语病

**1. 动词错用**

**【例1】** 婺源是属于南宋著名学者朱熹的故里和中国铁路之父詹天佑的家乡。

（H61001第51题）

这道题中的动词“属于”错用。从意义上来看，地方“婺源（Wùyuán）”不能属于一个人“朱熹（Zhū Xī）”。去掉“属于”一词即可。

**2. 名词错用**

**【例2】** 大禹治水的故事家喻户晓，但人们多是把大禹看作一个治水的英雄，实际上大禹最大的功能是，他是中国第一个民族国家——夏王朝的奠基人。

（H61001 第 60 题）

这道题中的名词“功能”错用。“大禹（Dàyǔ）”是一个人，对一个人不能用“功能”，可改为“作用”。

### 3. 量词错用

**【例 3】** 生活是一把镜子，你对它微笑，它也对你微笑。（H61002 第 56 题）

这道题中的量词“把”错用。“镜子”的量词是“面”。

### 4. 副词错用

**【例 4】** 报告说，该公司第四季度赢利达 18.6 亿元，十分超出了分析人士此前的预期。（H61002 第 58 题）

这道题中的副词“十分”错用。“十分”后边可以接形容词和心理动词，而“超出”不是心理动词。“十分”可改用“完全”。

### 5. 代词错用

**【例 5】** 由于自然资源匮乏，该个国家的主要工业原料均依赖进口。

（H61002 第 55 题）

这个句子中的代词“该”，其使用要求是后边直接加名词，而不能出现量词。所以“该个国家”应改为“该国家”。

### 6. 介词错用

**【例 6】**“地球村”之所以能成为现实，主要出于互联网技术的迅猛发展。

（H61003 第 52 题）

这道题中的介词“出于”错用。根据句义和句子结构，可改为“是因为”。

### 7. 连词错用

**【例 7】** 太阳能设备不用燃料，安全卫生，因为不会带来污染。

（H61005 第 53 题）

这道题中的连词“因为”错用。“因为”用于引出原因，但是在句子中出现的是结果，可改为“因此”。

## • 应试策略与技巧

HSK（六级）的词汇表中有 2500 个词是六级的新增词，对这部分词语考生应尤其重视，这样可以做到有的放矢，提高复习效率。

## 练习（一）

**找出下列句子的错误之处，并提出修改建议**

1. 七十年代我国城镇每年要安排 350 万人升学和就业，职工实际增加人数超过计划人数的 2 倍，既然这样，城市中仍有大量的待业人口。
2. 广播诞生以后，人们听到了事件发生时的真实声音，而且电视的出现则一下子把观众带进了事件发生的现场。
3. 污染、能源、道路建设、交通拥堵、停车占地甚至交通事故，这些也是社会发展向生活带来的变化。
4. 老百姓大都经过自然现象、谚语和经验来判断天气变化。
5. 印度洋海啸发生后，中国政府进行了迄今为止最大规模的对外救援活动。
6. 我爱那里，这不是因为它是我出生的地方，还因为它的一草一木，一山一水，都能引起我对某段特殊年代的回忆。
7. 按照气象资料分析，长江中下游近期基本无降雨过程，仅江苏的部分地区可能有小到中雨。
8. 又一个“黄金周”即将到来，每位游客甚至是出境游客，应该意识到自己是祖国的“形象大使”。
9. 联合国建立“国际家庭日”的目的，是为了促使各国政府和民众更加关注家庭问题。
10. 无论男女老少，都被他开朗的性格、乐观的情绪和坚定的信心深深地传染了。
11. 在当今社会，一个人获取信息的实力，已成为衡量其学习水平的重要标志。
12. 早餐应提供给人体大量每天所需的维生素和矿物质，因而我们对付早餐一定不要马虎。
13. 这是有史以来占地面积最大、活动最丰富、演艺最精彩的一批世界园艺博览会。
14. 各学校学生公寓的生活用品和床上用品由学生自主选购，不得一致配备。
15. 今年的电力供需紧张状况有所缓解，拉闸限电现象会相应减少，但全体上看仍然偏紧。

## 考点与难点（四）　　逻辑表达

### ● 说明

留学生在使用汉语的过程中，因为对词语或句式的把握能力有限，常会出现结构混乱、用词前后矛盾等缺乏逻辑性的表现。这也是新 HSK（六级）考查的一个重点。大纲要求考生在用汉语进行表达时，思维清晰，表意准确。

### ● 常见语病

**1. 句式杂糅**

现代汉语中的每种句式都有自己特定的结构。如果任意改变句式的结构，将两种不同结构或不同表达方式的句子拼凑在一起，即把两种不同的句法结构混杂在一个表达式中，就会造成语句结构混乱、语义纠缠，这样的语病就叫**句式杂糅**。如：

**【例 8】** 作为一名翻译工作者，一方面要努力学好外语，一方面要学好本民族语言也是非常重要的，两者缺一不可。（H61001 第 59 题）

这道题中，如果使用“一方面……，一方面……”这一句式，就不需要出现“也是非常重要的”。

**【例 9】** 两个人在一起，遇到事至少可以商量商量一下，总比一个人好。

（H61001 第 54 题）

这道题中，如果使用动词“商量”的重叠式“商量商量”，就不需要在后边加“一下”，两种形式选择其一即可。

**【例 10】** 河水的来源除了地下水之外，还有雨水也是它的来源之一。

（H61002 第 57 题）

这道题中，如果使用“除了……之外”的表达方式，后边就不需要出现“也是它的来源之一”。

**2. 句义混乱**

逻辑不清、表意混乱在句子中的另一个表现是句义混乱，具体表现为将要表达的意思随意堆积在一起，通常是把**上、下半句**的内容纠缠在一起。如：

**【例 11】** 怀疑自己，导致我们内心受挫，总是生活在失败的阴影里；怀疑别人，则缺乏安全感让我们，总是生活在自己假想的危险中。

（H61003 第 59 题）

这道题中的后半部分出现了语义混乱的情况。本来应分为四句话来说，这里都随意整合在三个句子中了。根据句义，可改为：怀疑别人，则缺乏安全感，这让我们总是生活在自己假想的危险中。

**【例 12】** 胶片的发明催生了另外一个改变人类记录方式的事物的产生带来很大影响，那就是电影。（H61005 第 60 题）

这道题的前一分句出现了语义混乱的情况。本来应分为两句话来说，这里都随意整合在一个句子中了。根据句义，可改为：胶片的发明催生了另外一个改变人类记录方式的事物，它的产生带来了很大影响，那就是电影。

### 3. 前后矛盾

在同一个句子中，前后的用词**自相矛盾**，也是逻辑不清甚至不合逻辑的另一个表现。

**【例 13】** 已经 10 点了，我估计他今天一定不会来参加会议了。

（H61002 第 52 题）

这道题前边用“估计”表示大致的判断，而后边却出现了“一定”，这两个词语在表意上矛盾。

**【例 14】** 为了防止今后不再发生类似的事件，有关部门及时完善了管理措施。

（H61001 第 53 题）

这道题前边用了“防止”，“防止”后边需要加上不好的事情，而“不再发生类似的事件”是好事。二者前后矛盾。

**【例 15】** 为了避免今后不再发生类似事故，我们必须尽快健全安全制度。

（H61003 第 51 题）

这道题前边用了“避免”，“避免”后边需要加上不好的事情，而“不再发生类似的事故”是好事。二者前后矛盾。

## • 应试策略与技巧

一般来说，表意不明、逻辑不清这类错误多出现在句式复杂、句义繁复的句子中。因此，在考试中，如果看到排比句以及带长定语、状语等较复杂的句子，就需要特别注意。

## 练习（二）

**找出下列句子的错误之处，并提出修改建议**

1. 作为一个翻译工作者，一方面要学好外语，一方面要学好本民族语言也是非常重要的。
2. 根据“全国国民阅读调查”数据显示，国民阅读量少的原因是多方面的，但主要是从小没有养成良好的阅读习惯。
3. 文竹、吊兰之类最好摆在茶几、书桌上比较合适。
4. 没人能想到这本书的作者是一位居住海外十多年的加拿大籍华裔作者之手。
5. 你不努力工作，那怎么能得到老板的赏识是可想而知的。
6. 人的成长发展，关键在于人生观起决定作用。
7. 感冒冲剂的主要成分是板蓝根、大青叶、连翘配置而成的。
8. 老年人发生心力衰竭的主要原因是劳累、用脑过度、精神紧张等诱发的。
9. 已经这么晚了，恐怕小王今天一定不会来了。
10. 她有一个习惯，就是一边在吃饭的同时，一边看电视。
11. 这个孩子除了会弹钢琴不说，还会拉小提琴。
12. 他从小在受父亲的影响下，从看下棋到自己下棋，最终取得了今天的成就。
13. “神舟”七号载人飞船的成功发射，再次赢得了世界各国的广泛赞誉中华民族今天的荣耀，靠的是勤劳智慧的中国人民的共同奋斗。
14. 第十八届全国书博会在郑州举行，广东参展的出版物至少有比4500种以上还要多。
15. 企业能有今天的成就，靠的是上上下下所有员工的共同奋斗所取得的。

## 考点与难点（五）　　语 序

### • 说明

语序是汉语表达意义的重要手段之一。句子中各个成分的顺序同全句的意义具有直接的关系，每个词语在句子中都有一定的位置，表达一定的关系，不能随意安排，否则就会造成病句。我们在下面列出几种常见的语序，供考生参考。

1. **副词的位置**

汉语中大部分副词出现在动词结构或者形容词前，如果动词的前面有介词短语，副词一般是在介词短语的前面。如：周末我〈大多〉在家休息。

2. **连词的位置**

连词用来连接复句，连接的第二个分句有主语的时候，连词通常放在主语的前边；没有主语有副词的时候，放在副词的前边。如：

昨天的晚会〈不是〉不想去，〈而是〉我不知道。

〈虽然〉这个菜不太好吃，〈但是〉也都被吃光了。

3. **介词短语的位置**

介词短语一般放在谓词结构的前边或者后边，放在前边的居多。在谓词性成分的前边同时出现副词和介词短语的时候，一般来说介词短语更接近谓词结构。如：

CA985 航班飞〈往美国〉。

集体的利益高〈于一切〉。

她〈从北京〉来。

我常常〈在图书馆〉查资料。

4. **定语与中心语的语序：定语 + 的 + 中心语**

（一件白色的短袖）T 恤

（参观博物馆）的人

（不来上课）的理由

5. **补语与中心语的语序：中心语（+ 得）+ 补语**

吃[饱]了（结果）

吃得[很饱]（程度）

吃[不饱]（可能）

6. **状语的语序：时间 + 处所 + 动词**

〈明天 8 点〉〈在咖啡厅〉不见不散。

## ● 常见语病

1. **状语的语序错误**

**【例 16】** 天凉了，你要穿多点儿衣服。（H61001 第 52 题）

这道题中，形容词“多”做状语时应该放在动词前边，应为“……你要多穿点儿衣服”。

【例 17】18 世纪以后，世界人口的增长速度才加快明显起来。

（H61001 第 55 题）

这道题中，形容词“明显”做状语时应该放在动词前边，应为“……明显加快起来”。

【例 18】每个人都需要表露自己的情绪，如喜怒哀乐忧惧等，尤其孩子如此。

（H61005 第 56 题）

这道题中，副词“尤其”做状语应该放在谓语之前，应为“……孩子尤其如此”。

【例 19】卷心菜可以说是所有的蔬菜中最为古老的一种，我们知道古时候的人就已经很久以前一直在吃它了。（H61005 第 59 题）

这道题中，副词“就已经”做状语应该放在谓语动词之前，应为“……我们知道古时候的人很久以前就已经一直在吃它了”。

2. 定语的语序错误

【例 20】那就是我的理由为什么我想提拔他。（H61004 第 51 题）

这道题中，“为什么我想提拔他”应做定语，放到中心词“理由”前，改为“那就是我为什么想提拔他的理由”。

3. 补语的语序错误

【例 21】妈妈把茶几擦得一尘不染得干净。（H61002 第 54 题）

这道题中，词语“一尘不染”用来说明“干净”的程度，所以应做“干净”的补语，放在它的后边，改为“妈妈把茶几擦得干净得一尘不染”。

## • 应试策略与技巧

以**记忆典型例句**的方法来学习汉语的语序比较有效。

## 练习（三）

**找出下列句子的错误之处，并提出修改建议**

1. 上海、北京、天津、广州等地的汽车生产以合资或引进技术生产家用轿车开始。
2. 为了得到一张毕业证，大学生会感受到真切的努力攀登的艰辛滋味。

3. 这简直就是世界末日，但是这种情景是可能完全发生的，如果人类不能尽快找到一种取之不尽的能源的话。

4. 美国海洋生物学家出版了一本名为《寂静的春天》的书，在世界各地强烈地引起了反响。

5. 我不知道把钱应该还给谁。

6. 我们班小王除了学英语外，其他同学都不学英语。

7. 她们姐妹俩从小就爱生病，姐姐不是发烧了，就是妹妹咳嗽了。

8. 她靠自己打工挣来学费，所以每次在超市买东西时，总是会提醒自己：花少点儿钱！

9. 玛丽安在路边的碎石堆里偶然发现了几个形状奇特的化石牙齿，兴奋异常。

10. 这家老字号食品厂规模不大，但从选料到加工制作都非常讲究，生产的食品一直都是新老顾客备受信赖的。

11. 欧洲是汽车文化的发源地，也是最为对品质要求严格的市场。

12. 不吃或少吃早餐，会不断使血糖下降，造成反应迟钝、精神不振。

13. 肥胖的人由于不能容纳更多的脂肪细胞，因而将这些细胞到肝脏转移储存，引起胰岛素混乱，发生糖尿病。

14. 我市受较强的西伯利亚一股冷空气的影响，将出现今冬第一次大幅度的降温。

15. 今年国民生产总值为 209407 亿元，增长 10.7%，增速加快比上年 0.3 个百分点。

## 本课小结

- **主要考点难点**：1. 词语使用；2. 逻辑表达。
- **考生常见语病**：1. 词语使用

|  |  |  |
|---|---|---|
| （1）名词错用 | （2）介词错用 | （3）动词错用 |
| （4）副词错用 | （5）连词错用 | （6）量词错用 |

2. 逻辑表达

|  |  |  |
|---|---|---|
| （1）句式杂糅 | （2）句义混乱 | （3）前后矛盾 |

3. 语序

|  |  |  |
|---|---|---|
| （1）副词的位置 | （2）连词的位置 | （3）介词短语的位置 |
| （4）定语的语序 | （5）补语的语序 | （6）状语的语序 |

## 课后练习

**请选出有语病的一项**

1. **A** 社会生产力空前得到发展，一个世纪创造的物质财富甚至超过几千年的总和。
   **B** 进大学校门变得轻轻松松，但要走出校门却没那么容易了。
   **C** 鲸的“歌声”能表达很复杂的意思，但远不能与人的语言相提并论。
   **D** 世界各地的人们都把当地的主要河流称为“母亲河”，因为这些河流是他们赖以生存的基础。

2. **A** 健康休闲是一种以恢复身心健康状态、丰富生活、完善自我为目的的闲暇活动。
   **B** 牛在中国文化中代表勤劳和力量，而在西方文化中代表财富和地位。
   **C** 克隆人将从根本上改变人类数百万年的两性生殖方式，使人类在伦理、道德、法律等方面遭遇巨大挑战。
   **D** 填报志愿时，优先考虑专业还是学校，很大程度上是受市场需求、父母意愿等因素的影响造成的。

3. **A**《天文知识》丰富而系统地介绍了太空里星球演变、星云飘移的科学原理。
   **B** 哪怕人们愿意不愿意，新世纪的节奏会更快，信息会更发达，问题会更复杂。
   **C** 600 年前，郑和率船队七下西洋，开创了中国历史上海上探索与交流的先河。
   **D** 世界卫生组织称，到 10 月 20 日，共有 91 人感染禽流感，其中 41 人死亡。

4. **A** 对于如何调动学生的积极性，老师们发表了不少意见。
   **B** 多数人认为“诚实可信”“助人为乐”是优秀的传统美德，是做人的基本准则。
   **C** 我们在用词语组成用来传递信息的句子的时候，是需要遵循一定的语法规律的。
   **D** 一个人外语水平的高低与其词汇量成正比，听说读写的能力从根本上取决于词汇量的大小。

5. **A** 大量事实表明，90% 的长期吸烟者记忆力和嗅觉灵敏度都明显减退。
   **B** 现在所学的一些专业课，对我们很陌生，学起来也比较吃力。
   **C** 进入冬季以来，天津水上公园推出了各种丰富多彩的冰上娱乐项目，深受市民欢迎。
   **D** 中国中小学生睡眠状况令人堪忧，约有 2/3 的小学生和 3/4 的中学生睡眠严重不足。

6. **A** 有关成员国已同意建立该项基金，以防止1997年那样的金融危机不要再次发生。
**B** 你只要将个人信息公开放在指定的位置上，网民们就可以从中了解到你的个人情况。
**C** 为接受大家对教育乱收费问题的投诉或举报，教育部日前开通了教育乱收费举报电话。
**D** 语言教学的任务不是教学生“研究语言”，而是教学生“运用语言”。

7. **A** 由于近日来持续高温，使得各空调卖场的销售异常火爆。
**B** 昔日开阔的湖面大部分已被填平，剩下的小部分也在以10%的速度每年缩减着。
**C** 第三届中青年艺术家推荐展是由市文化发展基金会和文化艺术中心共同主办的。
**D** 有的文章是借用某种修辞手段或表现手法，含蓄地描写出其主旨来。

8. **A** 近年来我国国民图书阅读率持续走低，相反，网上阅读率正在迅速提高。
**B** 日益普及的电脑，在给现代人生活带来便捷的同时，也不知不觉地改变着人们原有的习惯。
**C** 教育权利平等和教育机会均等是保证教育公平的两个主要因素。
**D** 这篇文章无论在突出主题方面，而且在运用和选择材料方面都是做得比较好的。

9. **A** 在经济和文化快速发展的今天，越来越多的人意识到精神健康的重要性。
**B**《英国医学杂志》的一篇评论说，中国有近15%的人口体重超标。
**C** 人生的目标要专一，目标就很可能实现；否则，目标太多，结果什么目标也实现不了。
**D** 21世纪，文化创意产业成为全球最有前景的产业之一。

10. **A** 国际经验表明，人均国内生产总值从一千美元向三千美元迈进的阶段是一个关键时期。
**B** 这对相恋七年的体坛情侣，从昨天开始将翻开各自人生旅程中新的一页。
**C** 南极是一个冰雪的世界，覆盖南极大陆的冰盖，约占世界总冰量的90%。
**D** 网上购物方便快捷，好处多多，受到越来越多年轻人的青睐。

11. **A** 人们都说猫是老鼠的天敌，但有些猫早已把抓老鼠的本领一干二净忘了。
**B** 如果对人口出生率世界最低的问题不重视，这个民族将在21世纪末从地球上消失。
**C** 动物迁徙引发的疾病传播范围有限，影响也相对较小。
**D** 今年春节用手机发短信互相拜年已成为一种新时尚。

12. **A** 消费场所吸引消费者的手段五花八门，其中大多数商家都钟情的手段之一就是返券促销。

**B** 在采访中，我们不仅收集到许多鲜为人知的材料，还受到了深刻的教育。

**C** 随着城市部分家庭住房条件的改善，房屋租赁已成为城市房产市场的重要组成部分。

**D** 高明的教师上课时有时显出与众不同的特意体态或手势，它可以带给课堂活跃的气氛。

13. **A** 中国经济今后一段时间还将保持高速增长的势头不会减弱，仍将是全球投资者向往的地方。

**B** 我认识了一些爱好文学的人，他们来自不同的学校，学的专业五花八门，但我们有共同的话题。

**C** 医院大夫告诉那些与病人接触密切的儿童要尽早注射疫苗，以达到预防的目的。

**D** 科学家在对实验结果进行分析后指出，大量饮酒与癌症的发生有密切的关系。

14. **A** 儿童博客主要是以儿童父母的育儿日志以及孩子自己的生活日志为主。

**B** 品牌时装需要宣传，适当寻求一点儿视觉冲击力也未尝可以。

**C** 行人体谅司机，司机礼让三分，彼此尊重，相互理解，那么城市的交通就会顺畅得多。

**D** 他生长在山区，因此从小就对大山有着深厚的感情。

15. **A** 国家的强大取决于多方面的因素，而良好的国民素质，无疑是最重要、最具潜力的因素。

**B** 美国坦普尔大学科学家发现，16 岁到 18 岁的孩子如果经常接触二手烟，学习成绩会受到较大影响。

**C** 首汽集团今天上午开通电子商务网站，成为国内第一家开展网上租车业务的企业。

**D** 这场招聘会，希望为众多优秀的海外中国毕业生提供良好渠道回国发展个人职业生涯。

16. **A** 湖北省博物馆是湖北唯一的省级综合性博物馆，有馆藏文物 20 多万件。

**B** 过“本命年”时，人们一般要系上红腰带，也有在衣服上缝红布条的。

**C** 造成“环境难民”的原因，是由土地干旱、水灾及海平面上升等引起的。

**D** 青少年时期狂热地追求偶像不足为怪，随着年龄的增长，这种狂热自然会冷下来。

17. **A** 本次评选活动，所有的一切都只能等到颁奖晚会上才能揭开全部谜底。
    **B** 凡读过《水浒传》的人，对林冲的印象都非常深刻。
    **C** 长期使用电脑会损伤眼睛，导致干眼病发生。
    **D** 自姚明加盟火箭队后，篮球这项运动在中国就更加流行了。

18. **A** 这批外国哲学和科技著作内容博大精深，要求翻译人员具有较高的专业水平和广博的知识才能胜任。
    **B** 美国宇航局专家通过对比时隔数年拍摄的火星上同一区域的照片后认为，火星上现在就可能存在液态水。
    **C** 目前全球已有近100个左右的国家的2500余所大学开设了汉语课，学习汉语的人数超过了4000万。
    **D** 在今后很长一段时间内，因为中国人口基数大，劳务市场劳动力供大于求的矛盾将长期存在。

19. **A** 月圆之夜，我望着远处繁华的霓虹灯，侧耳倾听，隐约传来的是动人而轻柔的小夜曲。
    **B** 磁悬浮列车运行时，列车的导向、驱动和制动都靠的是利用电磁力来实现的。
    **C** 来稿一律不退，三个月未接到用稿通知，请自行处理。
    **D** 曹操的性格具有双重性，扮演这个角色对任何一个演员来说都具有挑战性。

20. **A** 随着社会的发展，人们的价值取向有了很大的差异。有的人选择了新兴事物，有的人则固守着传统。
    **B** 企业兼并是当今众多大公司调整生产布局和经济结构的重要手段之一。
    **C** 一首曲子往往会令我们感动得热泪盈眶，因为它勾起了我们对往事的回忆。
    **D** 高尔基说，童话的幻想是一张打开了的窗户，窗户那边是人们幻想着的美好生活。

## ►►► 第8课练习答案

### 练习（一）

1. 连词“既然”错用：……~~既然~~即使这样，城市中仍有大量的待业人口。
2. 连词“而且”错用：……~~而且~~而电视的出现则一下子把观众带进了事件发生的现场。
3. 介词“向”错用：……这些也是社会发展~~向~~给生活带来的变化。
4. 介词“经过”错用：老百姓大都~~经过~~通过自然现象、谚语和经验来判断天气变化。
5. 名词“活动”错用：……中国政府进行了迄今为止最大规模的对外救援~~活动~~行动。

6. 连词错用：……这~~不~~不仅是因为它是我出生的地方，还因为它的一草一木，一山一水，都能引起我对某段特殊年代的回忆。
7. 介词“按照”错用：~~按照~~根据气象资料分析，长江中下游近期基本无降雨过程，……。
8. 连词“甚至”错用：……每位游客~~甚至~~尤其是出境游客，应该意识到自己是祖国的“形象大使”。
9. 动词“建立”错用：……联合国~~建立~~设立“国际家庭日”的目的，……。
10. 动词“传染”错用：……都被他开朗的性格、乐观的情绪和坚定的信心深深地~~传染~~感染了。
11. 名词“实力”错用：……一个人获取信息的~~实力~~能力，……。
12. 动词“对付”错用：……因而我们~~对付~~对待早餐一定不要马虎。
13. 量词“批”错用：……一~~批~~届世界园艺博览会。
14. 形容词“一致”错用：……不得~~一致~~统一配备。
15. 名词“全体”错用：……但~~全体~~整体上看仍然偏紧。

练习（二）

1. “一方面……，一方面……”与“……也是非常重要的”两个句式杂糅：……一方面要学好外语，一方面要学好本民族语言~~也是非常重要的~~。
2. “根据……数据”与“……数据显示”句式杂糅：根据“全国国民阅读调查”数据显示，……。或：“全国国民阅读调查”数据显示，……。
3. “最好……”与“……比较合适”句式杂糅：文竹、吊兰之类最好摆在茶几、书桌上~~比较合适~~。或：文竹、吊兰之类~~最好~~摆在茶几、书桌上比较合适。
4. “作者是……”与“出自……之手”句式杂糅：没人能想到这本书的作者是一位居住海外十多年的加拿大籍华裔作者~~之手~~。或：没人能想到这本书出自一位居住海外十多年的加拿大籍华裔作者之手。
5. “怎么能……”与“……是可想而知的”句式杂糅：你不努力工作，那怎么能得到老板的赏识~~是可想而知的~~？或：你不努力工作，那得不到老板的赏识是可想而知的。
6. “关键在于……”与“……起决定作用”句式杂糅：人的成长发展，关键在于人生观~~起决定作用~~。或：人的成长发展，人生观起决定作用。
7. “主要成分是……”与“……配制而成的”句式杂糅：感冒冲剂的主要成分是板蓝根、大青叶、连翘。或：感冒冲剂是由板蓝根、大青叶、连翘配置而成的。

8. “主要原因是……”与“……诱发的”句式杂糅：老年人发生心力衰竭的主要原因是劳累、用脑过度、精神紧张等诱发的。或：老年人发生心力衰竭，主要是由劳累、用脑过度、精神紧张等诱发的。

9. “恐怕”与“一定”矛盾：已经这么晚了，恐怕小王今天一定不会来了。

10. “一边……一边……”与“在……的同时”句式杂糅：她有一个习惯，就是一边在吃饭的同时，一边看电视。

11. “除了……”与“……不说”句式杂糅：这个孩子除了会弹钢琴不说，还会拉小提琴。或：这个孩子除了会弹钢琴不说，还会拉小提琴。

12. “在……的影响下”与“受……的影响”句式杂糅：他从小在受父亲的影响下，从看下棋到自己下棋，最终取得了今天的成就。或：他从小在受父亲的影响下，……。

13. 句意混乱：“神舟”七号载人飞船的成功发射，再次赢得了世界各国的广泛赞誉，中华民族今天的荣耀，靠的是勤劳智慧的中国人民的共同奋斗。

14. “至少有……”与“比……还要多”句式杂糅：……广东参展的出版物至少有比4 500种以上还要多。

15. “靠的是……”与“……所取得的”句式杂糅：……靠的是上上下下所有员工的共同奋斗所取得的。

练习（三）

1. 中心语“技术”应在定语“生产家用轿车”之后：上海、北京、天津、广州等地的汽车生产以合资或引进技术生产家用轿车技术开始。

2. “真切”应做状语，放在动词“感受”之前：……大学生会真切感受到真切的努力攀登的艰辛滋味。

3. “完全”应做状语，放在能愿动词“可能”之前：……但是这种情景是完全可能完全发生的，……。

4. “强烈”应在“反响”之前做定语：……在世界各地强烈地引起了强烈反响。

5. “应该”应在介词结构“把钱”之前：我不知道应该把钱应该还给谁。

6. “除了”应在“小王”之前：我们班除了小王除了学英语外，其他同学都不学英语。

7. “不是”应在“姐姐”之前：不是姐姐不是发烧了，就是妹妹咳嗽了。

8. “少”做状语应在动词“花”之前：……少花少点儿钱！

9. “牙齿”应做“化石”的定语，在“化石”之前：玛丽安在路边的碎石堆里偶然发现了几个形状奇特的牙齿化石牙齿，兴奋异常。

10. “新老顾客”应在“备受”之后：……生产的食品一直都是备受新老顾客备受信赖的。
11. “最为”应在“严格”之前：……也是最为对品质要求最为严格的市场。
12. 介词结构“使血糖”应在副词“不断”之前：……会使血糖不断使血糖下降，……。
13. “转移”应在结果补语“到”之前：……因而将这些细胞转移到肝脏转移储存，……。
14. 数量词“一股”应在“较强的”之前：我市受一股较强的西伯利亚一股冷空气的影响，……。
15. 介词结构“比上年”应在动词“加快”之前：……增速比上年加快比上年0.3个百分点。

## 课后练习

1. （A）副词位置不对：社会生产力空前得到空前发展，……。
2. （D）句式杂糅：……很大程度上是受市场需求、父母意愿等因素的影响造成的。
   或：……很大程度上是受由市场需求、父母意愿等因素的影响造成的。
3. （B）连词错用：哪怕不管人们愿意不愿意，……。
4. （C）“是……的”错用：……是需要遵循一定的语法规律的。
5. （B）介词错用：……对我们对之很陌生，……。
6. （A）语义矛盾：……以防止1997年那样的金融危机不要再次发生。
7. （B）状语语序有问题：……剩下的小部分每年也在以10%的速度每年缩减着。
8. （D）连词错用：这篇文章无论在突出主题方面，而且还是在运用和选择材料方面都是做得比较好的。
9. （C）关联词不搭配：人生的目标如果要专一，目标就很可能实现，……。
10. （B）时间状语矛盾：……从昨天开始将翻开了各自人生旅程中新的一页。
11. （A）补语语序有问题：……早已把抓老鼠的本领一干二净忘得一干二净忘了。
12. （D）动词和宾语不搭配：高明的教师上课时有时显由做出与众不同的特意体态或手势，……。
13. （A）句式杂糅：中国经济今后一段时间还将保持高速增长的势头不会减弱，……。
    或：中国经济今后一段时间还将保持高速增长的势头不会减弱，……。
14. （B）语义矛盾：……适当寻求一点儿视觉冲击力也未尝不可以。

15.（D）定语语序有问题：……良好渠道回国发展个人职业生活生涯的良好渠道。

16.（C）句式杂糅：造成“环境难民”的原因，是由土地干旱、水灾及海平面上升等引起的。或：造成“环境难民”的原因，是由土地干旱、水灾及海平面上升等引起的。

17.（A）关联词语不搭配：……所有的一切都只能有等到颁奖晚会上才能揭开全部谜底。

18.（A）句式杂糅：……要求翻译人员具有较高的专业水平和广博的知识才能胜任。

或：……要求翻译人员具有较高的专业水平和广博的知识才能胜任。

19.（B）句式杂糅：……都靠的都是利用电磁力来实现的。或：……都靠的是利用靠电磁力来实现的。

20.（D）量词使用错误：……一张扇打开了的窗户，……。

# 第9课 阅读第二部分（读段落，选词填空）1

## 题型与特点

### ● 题型

阅读第二部分是试卷的61—70题，共10题。每道题的题干是100多字的一小段文字，其中有3到5个空格，空格中应填入一个词语，每个空格有4个备选词语，**分别**出现在A、B、C、D的选项之中，考生应从中选出**最恰当**的答案。如：

**【例1】** 椅子的舒适问题，只要设计时考虑人体结构的________，便可以解决。设计一把椅子而________了人体的结构，就像设计蛋盒而不顾蛋的________。

| | | | | | | | |
|---|---|---|---|---|---|---|---|
| **A** | 特征 | 忽略 | 形状 | **B** | 本质 | 忽视 | 形态 |
| **C** | 特点 | 忘记 | 外观 | **D** | 构造 | 违反 | 外貌 |

答案 A（样卷第61题）

### ● 特点

这部分试题主要考查考生的阅读理解能力以及恰当使用词语的能力。首先要正确理解语篇的意思，其次要有相当的词汇量，**准确**理解词义，**正确**使用词语。

在选项中的词语以动词、形容词和名词居多。这些词大致可分为三类：一类是词形相近，即含有同一语素，同时在理性意义上也相近，但在词类、词义、搭配和色彩等方面有所不同，需要考生根据上下文的意思进行辨析，如上题中的“忽略、忽视”“特征、特点”“外观、外貌”；第二类是词形不相近，词义也不相近，如上题中的“本质、特点、构造”“忽略、忘记、违反”，这就要求考生在掌握词汇的基础上，根据语篇的意思做出选择；第三类是词形不相近，但是在词义上却有相近之处，如“吝啬、小气”“污蔑、诬陷、陷害、诽谤”，这也需要考生结合语篇意义和特点做出选择。

总的来说，这一部分考题对考生的词汇量有较高的要求。

## 考点与难点（一） 动 词

### ● 说明

动词是阅读第二部分考查的重点之一。如：

**【例 2】** 高中生与初中生相比，在做出判断和决定前能更多地________各种事实和可能性，________行动的各种可能后果，决定一旦做出也能更________地见诸行动。

**A** 考察　预料　明显　　**B** 考虑　预计　迅速
**C** 考验　预见　充分　　**D** 思考　预测　显著

（H61001 第 61 题）

这道题的第一和第二个选项出现的是动词。第一组是"考察、考虑、考验、思考"，第二组是"预料、预计、预见、预测"。这两组词词性相近，意思也有相近之处。从语篇的上下文来看，第一组里"考虑"和"思考"都是可选项，第二组里"预料、预计、预见"都是可选项，因此可以基本判断答案是 B。

**【例 3】** 我们要学会________自己的心情，而不是让别人决定你的心情，要________自己对别人坏情绪的"免疫力"，只有这样才能每天________一份好心情。

**A** 支配　减少　得到　　**B** 控制　加强　拥有
**C** 限制　增强　享受　　**D** 掌握　减弱　充满

（H61001 第 63 题）

这道题的三个选项都是动词。第一组是"支配、控制、限制、掌握"，这四个词词形不相近，但是在语义上有相近之处；第二组是"减少、加强、增强、减弱"，其中"减少、减弱""加强、增强"是两组形近义近词；第三组是"得到、拥有、享受、充满"，这四个词词形不相近，语义也不相近。从语篇上下文来看，第一组的"支配、控制、掌握"为可选项，第二组的"加强、增强"为可选项，这样推出答案应该为B。

**【例 4】** 纳西族算不上是一个大民族，但是它的东巴文化却________，引起世人的兴趣和________。东巴文化包括象形文字、东巴经、东巴绘画、音乐、舞蹈等。其中东巴象形文字被________为目前世界唯一存活着的象形文字。

**A** 博大精深　注视　斧　　**B** 得天独厚　注重　竖
**C** 名扬中外　关注　誉　　**D** 难能可贵　关怀　称

（H61005 第 62 题）

这道题有两组选项是动词。第一组是"注视、注重、关注、关怀"，它们在词形上相关，但从词义上看，后三个词有接近之处；第二组是“耸、竖、誉、称”，这四个单音节动词在词形上不相近，但是“耸、竖”“誉、称”这两对词在意思上有相近之处。从语篇上下文来看，第一组的“关注”为可选项，第二组的“誉、称”为可选项。因此答案可以确定为C。

## • 常用动词

对新HSK（六级）词表中的双音节动词，我们按照**形近义近**、**形近义不近**、**形不近义不近**这三个原则进行了梳理和归纳，整理为下表：

àidài àihù àixī
爱戴—爱护—爱惜

ānpái ānzhì ānzhuāng
安排—安置—安装

bài fǎng fǎngwèn cǎifǎng
拜访—访问—采访

bānbù bānfā
颁布—颁发

bànsuí suízhe gēnsuí
伴随—随着—跟随

bǎoguǎn bǎoshǒu bǎoyǎng
保管—保守—保养

bǎowèi bǎozhàng
—保卫—保障

bàofù bàofù
报复—抱负

bàoyuàn mányuàn láosao zhǐzé
抱怨—埋怨—牢骚—指责

bàolù liúlù
暴露—流露

bēnbō bēnchí bēnpǎo
奔波—奔驰—奔跑

biànhù biànjiě
辩护—辩解

biǎojué biǎotài
表决—表态

bīnlín jiànglín láilín miànlín
濒临—降临—来临—面临

bóruò xuēruò cuìruò
薄弱—削弱—脆弱

bǔcháng péicháng chánghuán suǒqǔ
补偿—赔偿—偿 还—索取

bùzhì zhuāngxiū shōushi zhuāngshì
布置— 装修—收拾— 装饰

cǎinà cǎiqǔ cǎiyòng
采纳—采取—采用

cānmóu cānzhào cānkǎo
参谋—参照—参考

chǎnshù chénshù
阐 述—陈述

chèxiāo qǔxiāo qǔdì
撤销—取消—取缔

chéngnuò dāying yǔnxǔ
承诺—答应—允许

dàtǐ dàzhì
大体—大致

dǐkàng duìkàng fǎnkàng
抵抗—对抗—反抗

dǐzhì èzhì
抵制—遏制

tiáohé tiáojì tiáojié tiáojiě
调和—调剂—调节—调解

dǔsè bìsè fēngbì
堵塞—闭塞—封闭

dùjué mièjué duànjué
杜绝—灭绝—断绝

duìdài kàndài kuǎndài kuīdài
对待—看待—款待—亏待

duìyìng duìzhào
对应—对照

fābù gōngbù xuānbù
发布—公布—宣布

fǎnbó fǎnduì biànjiě biànhù
反驳—反对—辩解—辩护

fǔbài fǔlàn fǔshí fǔxiǔ
腐败—腐烂—腐蚀—腐朽

gānrǎo gānshè gānyù
干扰—干涉—干预

gǎnrǎn chuánrǎn gǎndòng
感染—传染—感动

géhé jiàngé gélí
隔阂—间隔—隔离

gēngzhèng gǎizhèng jiūzhèng
更正—改正—纠正

gūdú gūlì dúlì
孤独—孤立—独立

guòyǐn shàngyǐn
过瘾— 上瘾

hàofèi xiāohào xiāofèi huāfèi
耗费—消耗—消费—花费

jīlì gǔlì jiǎnglì jiǎngshǎng
激励—鼓励—奖励—奖赏

jiǎntǎo jiǎnchá
检讨—检查

jiǎnhuà jīngjiǎn
简化—精简

jiànbié jièjiàn jiàndìng
鉴别—借鉴—鉴定

jiǎngjiu zàihu jìjiào zàiyì
讲究—在乎—计较—在意

jiāoshè jiāoliú jiāowǎng
交涉—交流—交 往

jiěgù jiěsàn
解雇—解散

jìnzhǎn kāizhǎn fāzhǎn
进展—开展—发展

jīngdòng zhènjīng
惊动—震惊

jīngtōng shàncháng
精通—擅 长

juéwù juéxǐng qīngxǐng xǐngwù
觉悟—觉醒—清醒—醒悟

lǐngwù
—领悟

kǎohé kǎochá kǎoyàn
考核—考察—考验

kǒnghe kǒngjù kǒngpà kǒngbù
恐吓—恐惧—恐怕—恐怖（形）

kuòchōng kuòsàn kuòzhāng
扩充—扩散—扩张

liàngjiě tǐliàng yuánliàng
谅解—体谅— 原 谅

liúliàn liúniàn diànji
留恋—留念—惦记

luōsuo　láodao
啰唆—唠叨

páichú　kāichú　xiāochú　qīngchú
排除—开除—消除—清除

jiěchú
—解除

pāoqì　fàngqì　shěqì
抛弃—放弃—舍弃

qīwàng　zhǐwàng　kěwàng　qǐtú
期望—指望—渴望—企图

qíshì　hūshì　mièshì　bǐshì
歧视—忽视—蔑视—鄙视

miǎoshì
—藐视

qiānchě　qiānzhì
牵扯—牵制

qiángzhì　miǎnqiǎng　qiǎngpò
强制—勉强—强迫

qǐngjiào　qǐng shì
请教—请示

ráoshù　yuánliàng　liàngjiě　qiānjiù
饶恕—原谅—谅解—迁就

kuānróng
—宽容

rǎoluàn　dǎrǎo
扰乱—打扰

rěnnài　rěnshòu　róngrěn
忍耐—忍受—容忍

rèndìng　rènkě
认定—认可

sànbù　sànfā　chuánbō
散布—散发—传播

shěnchá　shěnlǐ　shěnpàn
审查—审理—审判

shījiā　shīzhǎn　shíshī
施加—施展—实施

sǔnhuài　pòhuài
损坏—破坏

tiāotī　tiǎobō　tiǎoxìn
挑剔—挑拨—挑衅

tíngdùn　tíngzhǐ　tíngzhì
停顿—停止—停滞

wǎnjiù　bǔjiù　qiǎngjiù
挽救—补救—抢救

wéibèi　wéifǎn
违背—违反

wéihù　wéichí　bǎochí　jiānchí
维护—维持—保持—坚持

wūmiè　wūxiàn　xiànhài　fěibàng
污蔑—诬陷—陷害—诽谤

wùjiě　wùhuì
误解—误会

xīqǔ　xīshōu
吸取—吸收

xièlù　bàolù　biǎolù　zǒulòu
泄露—暴露—表露—走漏

xūntáo　yǐngxiǎng
熏陶—影响

yāsuō　yāyì　yāzhì
压缩—压抑—压制

yánshēn　yánxù
延伸—延续

yǎngài　yǎnshì　yǎnhù
掩盖—掩饰—掩护

yīkào　yīlài　yītuō
依靠—依赖—依托

yǐnbì　yǐnmán　yǐncáng
隐蔽—隐瞒—隐藏

yùliào　yìliào　yùqī
预料—意料—预期

yuānwang　wěiqu
冤枉—委屈

zàntóng　zànyáng
赞同—赞扬

zāoshòu　zāoyāng　zāoyù
遭受—遭殃—遭遇

zhàng'ài　zǔ'ài　zǔnáo　zǔlán
障碍—阻碍—阻挠—阻拦

zhàoliào　zhàogù　zhàoying
照料—照顾—照应

zhēnxī　zhēnguì
珍惜—珍贵

zhēnzhuó　sīsuǒ　zuómo　sīkǎo
斟酌—思索—琢磨—思考

zhēngfú　zhìfú
征服—制服

zhǐdìng　zhǐlìng　zhǐshì
指定—指令—指示

zhìzhǐ　zhìyuē　zhōngzhǐ　zǔzhǐ
制止—制约—终止—阻止

zhìshǐ　dǎozhì　zàochéng　yǐnqǐ
致使—导致—造成—引起

zhuǎnyí　zhuǎnzhé　niǔzhuǎn
转移—转折—扭转—

zhōuzhuǎn　zhōuzhé
周转—周折

zūnxún　zūnzhào　zūnshǒu
遵循—遵照—遵守

对第六级2500词中的单音节动词，我们按照其相同偏旁（义近形近）进行了分类，整理为下表：

| | |
|---|---|
| 与“手”有关 | ái　bā　bāi　bō　chān　cuō　dā　gē　jiǎn　káng　kòu　kuà　lāo　lǒu　niē　níng<br>挨、扒、掰、拨、搀、搓、搭、搁、拣、扛、扣、挎、捞、搂、捏、拧、<br>nuó　pěng　pū　qiā　róu　shāo　shí　shǔ　tāo　wèi　zǎn　zhā　zhé　zhǔ　zhuài　zòu<br>挪、捧、扑、掐、揉、捎、拾、数、掏、喂、攒、扎、折、拄、拽、揍 |
| 与“刀”有关 | gē　pī　xiāo<br>割、劈、削 |
| 与“火”有关 | áo　hōng　jiān　yùn<br>熬、烘、煎、熨 |
| 与“水”有关 | jiàn　lín　liū　pō　rǎn<br>溅、淋、溜、泼、染 |

续表

| | |
|---|---|
| 与“心”有关 | biē lèng<br>憋、愣 |
| 与“土”有关 | diàn tā zhuì<br>垫、塌、坠 |
| 与“足”有关 | dēng guì kuà pā<br>蹬、跪、跨、趴 |
| 与“目”有关 | dèng dīng mī zhǎ<br>瞪、盯、眯、眨 |
| 与“口”有关 | diāo diào hēng hǒu kěn rǎng<br>叼、吊、哼、吼、啃、嚷 |
| 走之旁 | féng mài<br>逢、迈 |
| 与“石”有关 | kē zá<br>磕、砸 |
| 其他 | chú liàng xiù duān<br>除、晾、绣、端 |
| | chéng cuàn huàng juǎn qiān shuǎ méng sǒng tū zǎi<br>盛、窜、晃、卷、牵、耍、蒙、耸、秃、宰 |
| | chéng qiào<br>乘、翘 |

## ● 应试策略与技巧

记忆动词时，应特别注意**动词与名词的搭配**，因为近义动词间的差异**常常表现在与不同名词的搭配关系上**。

## 练习（一）

**选词填空**

1．她已经七十多岁了，可是因为________得好，看上去只有五十多。
**A** 保重　**B** 保养　**C** 保护　**D** 保卫

2．科学家们希望找到某种方法使人类________与地球完全不同的星球的环境。
**A** 合适　**B** 适合　**C** 适应　**D** 适当

3．网球是一种非常________体力的运动。
**A** 消灭　**B** 消除　**C** 消耗　**D** 消失

4．我打算在香港________几天，然后再回美国。
**A** 停止　**B** 停留　**C** 停滞　**D** 停泊

5. 仓库重地，________入内。
A 拒绝　B 谢绝　C 断绝　D 灭绝

6. ________来参加比赛的运动员将达到近千人。
A 预料　B 预见　C 预计　D 预算

7. 看到眼前的情景，她惊讶得________大了双眼。
A 瞪　B 盯　C 眯　D 眨

8. 真________，我先失陪了。
A 道歉　B 抱歉　C 歉意　D 致歉

9. 母爱是任何感情都无法________的。
A 替换　B 交替　C 替代　D 替补

10. 自从出国手续________后，出国旅游、留学的人数也大大增长了。
A 简化　B 简易　C 简要　D 简明

11. 这一节内容正是这篇文章的________所在。
A 精美　B 精力　C 精华　D 精彩

12. 他最终还是没能________住考验。
A 经受　B 忍受　C 承受　D 难受

13. 自新法规实施之日起，原法规自动________。
A 阻止　B 停止　C 禁止　D 废止

14. 这真是________人心的好消息！
A 鼓励　B 鼓舞　C 鼓动　D 鼓吹

15. 在比赛前，要________好心态。
A 调整　B 调和　C 调解　D 调剂

16. 在大家的一再________下，我只好做出了让步。
A 保持　B 维持　C 坚持　D 支持

17. 按照路上的________牌，很快就能到达目的地。
A 指示　B 指定　C 指令　D 指明

18. 你回国的这段时间，我可以帮你________这些东西，等你回来来拿就行。
A 保存　B 保管　C 保留　D 保守

19. 子女们永远不能忘记父母对自己的________之恩。
A 培养　B 养育　C 培育　D 教养

20. 金色的夕阳给西湖________了一丝妩媚。
   **A** 增强　　**B** 增进　　**C** 增多　　**D** 增添

## 考点与难点（二）　形容词

### ● 说明

双音节形容词是这一部分考查的另一个重点。如：

**【例 5】** 植物对室内环境的净化与植物的叶面表面积有________关系，所以，植株的高低、冠径的大小、绿叶的大小都会影响到净化________。一般情况下，10 平米左右的房间，1.5 米高的植物放两盆比较________。

**A** 直接　效果　合适　　**B** 敏感　成果　合理
**C** 良好　结果　理想　　**D** 复杂　后果　正常

（H61003 第 61 题）

这道题有两组选项为形容词。第一组是“直接、敏感、良好、复杂”，第二组是“合适、合理、理想、正常”。根据语篇上下文，第一组中的可选项为“直接”，第二组中的可选项为“合适、合理、理想”。因此基本可判断答案为 A。

**【例 6】** 丁俊晖虽然是首次参加这项顶级赛事，但他表现得非常________，完全是名大赛型选手，具有非常大的________。丁俊晖因父亲________台球生意而与这项运动结缘，从 9 岁开始接受________训练，2002 年开始在国际赛场上________自己的台球天赋。

**A** 镇静　实力　主持　正当　显示
**B** 镇定　潜力　经营　正规　展示
**C** 平静　魅力　承包　正经　暗示
**D** 稳定　势力　实施　正义　提示

（H61005 第 70 题）

这道题有两组选项为形容词。第一组是“镇静、镇定、平静、稳定”，第二组是“正当、正规、正经、正义”。根据语篇上下文，第一组的可选项为“镇静、镇定、平静”，第二组的可选项为“正规”。因此答案为 B。

### ● 常见近义形容词辨析

对 HSK（六级）词表中的双音节形容词，我们也按照形近义近、形近义不近、形不近义不近这三个原则进行了梳理和归纳，整理为下表：

bēi'āi bēitòng bēicǎn
悲哀—悲痛—悲惨

biézhì jīngzhì
别致—精致

cāngcù huāngzhāng jiāojí
仓促—慌张—焦急

cǎoshuài qīngshuài
草率—轻率

chénmèn fánmèn
沉闷—烦闷

chíhuǎn huǎnmàn dàimàn
迟缓—缓慢—怠慢

chōngpèi chōngshí chōngzú
充沛—充实—充足

chóumì yánmì jǐnmì
稠密—严密—紧密

fánhuá fánmáng fánróng
繁华—繁忙—繁荣

fēngmǎn fēngshèng fēngfù
丰满—丰盛—丰富

guòdù guòfèn
过度—过分

hánhu móhu hútu
含糊—模糊—糊涂

hé'ǎi hémù héqì héxié
和蔼—和睦—和气—和谐

huāngmiù huāngtáng
荒谬—荒唐

hùnluàn hùnxiáo hùnzhuó
混乱—混淆—混浊

jīdòng línghuó
机动—灵活

jíjù jíqiè jízào
急剧—急切—急躁

jiāndìng jiāngù jiānrèn jiānshí
坚定—坚固—坚韧—坚实

jiǎnlòu jiǎnyào
简陋—简要

jiànquán qíquán wánquán
健全—齐全—完全

jǐnmì jǐnpò jípò
紧密—紧迫—急迫

jīngqí jīngyà chàyì
惊奇—惊讶—诧异

jīngmì jīngquè jīngzhì xìzhì
精密—精确—精致—细致

jùliè qiángliè měngliè
剧烈—强烈—猛烈

kāikuò kuānchang liáokuò
开阔—宽敞—辽阔

kāilǎng kāimíng
开朗—开明

kāngkǎi tānlán dàfang
慷慨—贪婪—大方

kūjié kūzào gānkū
枯竭—枯燥—干枯

láogù wěngù jiāngù
牢固—稳固—坚固

lěngdàn lěngkù lěngmò
冷淡—冷酷—冷漠

lìnsè xiǎoqi
吝啬—小气

língmǐn línghuó
灵敏—灵活

lóngzhòng yánzhòng shènzhòng
隆重—严重—慎重

màoshèng fēngshèng fēngmǎn
茂盛—丰盛—丰满

měiguān měimǎn měimiào
美观—美满—美妙

mìqiè kěnqiè guānqiè qīnqiè
密切—恳切—关切—亲切

mǐngǎn mǐnjié mǐnruì
敏感—敏捷—敏锐

nónghòu xiónghòu shēnhòu
浓厚—雄厚—深厚

píbèi píláo píjuàn
疲惫—疲劳—疲倦

pínfá pínkùn pínqióng
贫乏—贫困—贫穷

qiàdàng shìdàng zhèngdàng tuǒdàng
恰当—适当—正当—妥当

tuǒshàn
—妥善

qièshí quèshí quèqiè
切实—确实—确切

qīngchè qīngjié qīnglǐ
清澈—清洁—清理

rènyì suíyì
任意—随意

róuhé huǎnhé wēnhé bǎohé
柔和—缓和—温和—饱和

shēchǐ huálì làngfèi
奢侈—华丽—浪费

shēn'ào shēnchén shēnkè
深奥—深沉—深刻

wángù wánqiáng jiānqiáng
顽固—顽强—坚强

xiá'ài xiázhǎi
狭隘—狭窄

xiǎnzhù míngxiǎn míngmíng
显著—明显—明明

xūjiǎ xūwěi
虚假—虚伪

yánjùn yánlì
严峻—严厉

yìcháng fǎncháng
异常—反常

yǒngyuè huóyuè jījí
踊跃—活跃—积极

yōuyì yōuyuè chūsè
优异—优越—出色

zhèngguī zhèngjīng zhèngcháng zhèngzōng
正规—正经—正常—正宗

zhuàngguān zhuànglì zhuàngliè
壮观—壮丽—壮烈

## • 应试策略与技巧

近义形容词之间的差别通常表现在**与名词的搭配、与动词的搭配、能否直接修饰名词、词义的感情色彩**等方面。因此，在记忆形容词时，应特别注意上述几个方面。相应地，在考试中，也应从这些方面进行考虑和选择。

## 练习（二）

### 选词填空

1. 你不要________相信陌生人！

   A 容易　　B 轻易　　C 随意　　D 任意

2. 请放心，我们将努力________解决民工的工资问题。

   A 妥当　　B 稳妥　　C 妥善　　D 妥协

3. 公司目前的财务状况不容________。

   A 可观　　B 乐观　　C 景观　　D 奇观

4. 我们要________关注事态的变化，随时向公司汇报。

   A 密切　　B 恳切　　C 关切　　D 亲切

5. ________起来，忘掉过去的忧伤吧！

   A 坚定　　B 坚实　　C 坚决　　D 坚强

6. 狗的嗅觉非常________。

   A 灵活　　B 灵敏　　C 机灵　　D 灵巧

7. 只有________发挥每个人的作用，公司才能不断发展。

   A 充分　　B 充沛　　C 充实　　D 充足

8. 清晨5点，寂静了一夜的码头开始________起来。

   A 繁忙　　B 繁荣　　C 繁重　　D 繁华

9. 他对历史有着________的兴趣。

   A 浓厚　　B 深刻　　C 浓重　　D 深厚

10. 在工作中应该注重________，不能光说空话、大话。

    A 确实　　B 实际　　C 其实　　D 真实

11. 在________的形势面前，我们任何人都不能放松警惕。

    A 严重　　B 严峻　　C 严密　　D 严厉

12. 他的大学生活就要画上一个________的句号了。

    A 满足　　B 圆满　　C 自满　　D 充满

13. 他的工作得到了大家________的认同。

    A 普通　　B 普遍　　C 普及　　D 一般

14. 随着高楼大厦越来越多，邻里关系也越来越________了。

A 清淡　　B 冷酷　　C 淡薄　　D 冷清

15. 我这是________防卫，并不违法。

A 正常　　B 正经　　C 正当　　D 正确

16. 只有通过________的调查研究，才能发现存在的问题。

A 深刻　　B 深入　　C 深厚　　D 深远

17. 别看他已是80高龄，但谈起话来还是思维________。

A 踊跃　　B 活跃　　C 积极　　D 活泼

18. 这座________别墅可不是一般人买得起的啊！

A 奢侈　　B 华丽　　C 浪费　　D 豪华

19. 这件事关系到你的前途，请你________考虑后再决定吧。

A 隆重　　B 严重　　C 慎重　　D 沉重

20. 在________的灯光下，妈妈显得格外年轻美丽。

A 柔和　　B 缓和　　C 温和　　D 饱和

## 考点与难点（三）　　名 词

### ● 说明

双音节名词也是阅读第二部分考查的重点。如：

**【例 7】** 大多数人失败并非由于他们才智平庸，也不是因为________不好，而是由于没有保持一种________的心态，才使得自己最终无法触摸到________的终点线。与其说他们是在与别人的竞争中失利，________说他们败给自己不成熟的心态。

| | | | | |
|---|---|---|---|---|
| A | 能力 | 良好 | 权力 | 那么 |
| B | 运气 | 健康 | 成功 | 不如 |
| C | 感情 | 愉快 | 胜利 | 但是 |
| D | 背景 | 自然 | 命运 | 或者 |

（H61001 第 67 题）

这道题有两组选项考查的是名词，一组是“能力、运气、感情、背景”，另一组是“权力、成功、胜利、命运”。根据短文的意思，好“运气”和“健康”的心态与成功或失败有关，所以答案是B。

【例 8】众所周知，海洋中有丰富的生物和矿产________，殊不知海水本身也是宝藏之一。海洋学家在长期的研究中发现，深层海水是海洋的________，富含大量微量________，营养十分丰富。若能________利用深层海水，将会使人类受益无穷。

A 资本　　核心　　因素　　充足

B 资源　　精华　　元素　　充分

C 物资　　奇迹　　物质　　彻底

D 能源　　重心　　成分　　深刻

（H61005 第 66 题）

这道题有三组选项考查的是名词。一组是“资本、资源、物质、能源”，第二组是“核心、精华、奇迹、重心”，第三组是“因素、元素、物质、成分”。根据短文的上下文，矿产是一种“资源”；“微量元素”是固定的搭配，“深层海水”是海洋中对人类有益的部分，所以可以说是海洋的“精华”。因此，答案是 B。

## ● 常见近义词辨析

对新 HSK（六级）词表中的双音节名词，我们也按照形近义近、形近义不近、形不近义不近这三个原则进行了梳理和归纳，整理为下表：

bǐfang　bǐyù
比方—比喻

bìbìng　bìduān
弊病—弊端

biānjiāng　biānjiè　biānjìng　biānyuán
边疆—边界—边境—边缘

biàngù　biànqiān　biànhuà
变故—变迁—变化

biāojì　biāozhì　jìhao
标记—标志—记号

cáifù　cáichǎn　cáiwù　cáizhèng
财富—财产—财务—财政

chābié　chājù　jùlí
差别—差距—距离

chǎnghé　chǎngmiàn　chǎngsuǒ
场合—场面— 场 所

fǎnyìng　fǎnyìng　fǎnkuì
反应—反映—反馈

fēngqì　fēngwèi　fēngtǔ
风气—风味—风土

gāofēng　gāocháo
高峰—高潮

gōngxiào　chéngxiào
功效—成效

gùzhàng　zhàng'ài
故障—障碍

guīdìng　guīfàn　guīhuà　guīzhāng
规定—规范—规划— 规章

guòshī　shīwù　cuòwù
过失—失误—错误

jīyù　shíjī
机遇—时机

jiànjiě　jiànwén
见解—见闻

jiāoyì　màoyì
交易—贸易

jiéjú　jiéguǒ
结局—结果

júmiàn　júshì
局面—局势

láilì　láiyuán　gēnyuán　qǐyuán
来历—来源—根源—起源

lèqù　xìngqù　qùwèi
乐趣—兴趣—趣味

móshì　móxíng
模式—模型

pínggū　pínglùn　píngjià
评估—评论—评价

qǐshì　qǐshì
启示—启事

qìgài　qìpò　qìshì
气概—气魄—气势

qiánjǐng　qiántú　qiántí
前景—前途—前提

qíngjié　qínglǐ　qíngxing　qíngkuàng
情节—情理—情形—情况

quēxiàn　quēdiǎn
缺陷—缺点

réndào　réngé　rénxìng
人道—人格—人性

shénqíng　shénsè　shéntài
神情—神色—神态

shìjì　shìjiàn　shìtài
事迹—事件—事态

shìlì　shìxiàn　shìyě
视力—视线—视野

sīwéi　sīxù　sīlù
思维—思绪—思路

tècháng　tèsè
特长—特色

wēiwàng wēixìn zūnyán xìnyù
威望—威信—尊严—信誉
róngyù
—荣誉
xìnniàn xìnyǎng xìnyù
信念—信仰—信誉

yǎnguāng yǎnsè yǎnshén
眼光—眼色—眼神
yìshí yìtú yìxiàng yìzhì
意识—意图—意向—意志
yǔqì kǒuqì kǒuyīn
语气—口气—口音

zhínéng zhíwèi zhíwù zhíyè
职能—职位—职务—职业

## 练习（三）

**选词填空**

1. 她的这项科研________已经申请了国家专利。
   **A** 成就　**B** 成果　**C** 成绩　**D** 成效
2. 这家餐馆是杭州________的。
   **A** 风味　**B** 口味　**C** 味道　**D** 气味
3. 你可不要辜负父母对你的________啊！
   **A** 盼望　**B** 愿望　**C** 期望　**D** 渴望
4. 对他你可要留个________啊！
   **A** 心眼儿　**B** 心头　**C** 心目　**D** 心血
5. 您真有________，一下子就看中了我们今年最畅销的产品。
   **A** 眼睛　**B** 眼力　**C** 眼色　**D** 眼神
6. 这项发明弥补了我国在航天技术上的________。
   **A** 空洞　**B** 空白　**C** 空虚　**D** 空前
7. 他冲我使了一个________，我就明白他的意思了。
   **A** 眼光　**B** 眼色　**C** 眼力　**D** 眼神
8. 照目前的________发展下去，明年我们还可以再开一家分店。
   **A** 形式　**B** 形势　**C** 形状　**D** 形态
9. 这个成语________于寓言故事。
   **A** 来历　**B** 来源　**C** 经历　**D** 起源
10. 因为抢救及时，病人最终恢复了________。
   **A** 意识　**B** 意图　**C** 意向　**D** 意志

11. 随着销售业绩的提高，张华在公司的________也越来越高。
A 职能　B 职位　C 职务　D 职业

12. 在天气晴朗的时候，________非常好，在山顶可以看到整个城市的面貌。
A 视力　B 视线　C 视野　D 视察

13. 听您的________，是从南方来的吧？
A 语音　B 语气　C 口气　D 口音

14. 写作之前，一定要先整理好________，然后就可以一气呵成。
A 思维　B 思绪　C 思路　D 思想

15. 我在公司负责________工作。
A 财富　B 财产　C 财务　D 财政

16. 希望你以后再也不要犯这样的________。
A 过失　B 失误　C 错误　D 失败

17. 两个人的关系已经到了危险的________。
A 边疆　B 边界　C 边境　D 边缘

18. 他是我们学校的体育________生，每次运动会都能取得好名次。
A 特点　B 特征　C 特长　D 特色

19. 考试结果表明我们班的汉语水平有了________提高。
A 整体　B 全体　C 一体　D 集体

20. 根据市政府的十年________，这里未来将是一座游乐园。
A 规定　B 规范　C 规划　D 规章

**本课小结**

- **主要考点难点：** 动词、形容词、名词，可具体分为三种情况：
  1. 形近义近的词；
  2. 形近义不近的词；
  3. 形不近义不近的词。
- **主要应试策略：** 在复习和考试中，要结合语篇的上下文，考虑词语在搭配、结构要求、感情色彩等方面的使用条件，才能做出正确的选择。

## 课后练习

### 选词填空

1. 虽然我体谅父亲________生活的困难，但我实在想不通，为什么在母亲走后那么短的时间里，爸爸就能坦然地________别人？他应该像我们一样________母亲。

   A 单独 允许 思念　　B 独自 接受 想念
   C 独立 容纳 留恋　　D 孤独 得到 回忆

2. 用现在既时尚又挑剔的标准来________老舍先生四五十年前的生活方式，结论是健康的、________科学的。这种安定、平淡、有________的生活不仅有益于身体健康，更有益于他的创作。

   A 衡量 合乎 规律　　B 打量 符合 规则
   C 研究 合格 计划　　D 分析 适合 目标

3. 一个小小的集成电路，它________世界经济前所未有的冲击。首先，它在电子计算机的微型化方面发挥了________性的作用，将过去那些房间般大小的机器________了今日的微型计算机和个人电脑，从而使人们掌握了一种最为________的工具。

   A 带来 确定 改变 方便　　B 留给 肯定 变化 便利
   C 留下 一定 转变 简便　　D 带给 决定 变成 便捷

4. 随着人们生活水平的________提高，人们的保健意识也随之________了。无论是在餐厅还是在家里就餐，许多人都喜欢饭后吃点儿水果。________这是一种错误的生活习惯，因为饭后马上吃水果会________消化功能。

   A 渐渐 加强 实际 损伤　　B 逐步 降低 结果 不利
   C 慢慢 减轻 不过 破坏　　D 逐渐 增强 其实 影响

5. 论及“保持古都风貌”，巴黎堪称一绝。且不说成为城市________的埃菲尔铁塔、凯旋门、卢浮宫，就是流连于那些保存________的百年民居、街头雕塑、露天咖啡馆之间，你也会感受到一股________的历史氛围。唯一________着现代人文景观的，是街头巷尾像城市血脉般________着的轿车。

   A 标志 完整 沉重 表现 开动
   B 符号 完美 强烈 呈现 行驶
   C 代表 完全 厉害 显现 驾驶
   D 象征 完好 浓郁 体现 流动

6. 纳西族的先民在漫长的社会________和生产劳动中，________了光辉灿烂的东巴文化。它________纳西族的历史发展逐步演化而成，约________于唐宋时期，至今已有近千年的历史。

A 实验　发明　跟随　完成　B 实践　创造　伴随　形成
C 现实　产生　随同　成为　D 实际　出现　随着　变成

7. 一年一________的中国国内旅交会经过20年的发展，努力________市场变化和需求，专业化和市场化程度不断________，为促进国内旅游蓬勃发展________着日益重要的作用。

A 次　适合　提升　起　B 届　适宜　增加　有
C 度　适应　提高　发挥　D 回　适当　增多　发扬

8. 吃烤肉的时候必须________蔬菜，因为吃肉就会减少蔬菜的摄入量，再加上肉里的微量元素经过高温烧烤会________破坏。所以从这个角度________，韩国烤肉包着生菜一起吃是比较健康的。

A 搭配　遭到　讲　B 配合　遭受　说
C 相配　受到　话　D 配料　遭遇　谈

9. 绝大多数的人都同时活在过去、现在以及未来这个时间________的空间里，以至于无法明白自己到底该________什么角色。昨天已成为过去，明天也只是一种期许，我们必须知道只有今天才是我们真正________的。

A 交换　演出　具有　B 交流　表演　所有
C 交替　上演　富有　D 交错　扮演　拥有

10. 不是每一次考试都是对所掌握学问的________，高超的选拔者更看重的是沉着________的智慧。学问只是________的基本知识，关键________能不能发挥作用才最重要。

A 考试　平静　必须　时刻　B 考查　冷静　必要　时候
C 考验　安静　必需　时间　D 考察　寂静　必然　时机

11. 随着消费者需求导向的时代的________，人们对商品和服务品质的要求也越来越高。服务越________，就越能迎合消费者的心理要求，因而也就越能________消费者的青睐。

A 来临　精致　得到　B 到达　细心　获得
C 光临　细致　取得　D 到来　精细　赢得

12. 作为我国历史悠久的著名园林城市，苏州________了我国南方园林建筑艺术的精华。以表现寄傲山水、享受城市山林________为主题的苏州园林，大部分________于明清时期，这与苏州地处太湖之滨，土地肥沃、物产丰富、经济发达不无________。

A 集合　兴趣　盖　关联　B 集中　乐趣　建　关系
C 聚集　趣味　搭　联系　D 汇集　有趣　修　相关

13. 在新员工________的当天，就要接受为时两个小时的“入厂教育”，内容________公司的规章制度等。此外，还要接受为期一周的封闭________，由一位指导老师指导，在三个月试用期结束时，指导老师要对自己指导的新人做出________。

| | | | | | | | |
|---|---|---|---|---|---|---|---|
| **A** 报道 | 包含 | 训练 | 评论 | **B** 报名 | 含有 | 培养 | 评分 |
| **C** 报到 | 包括 | 培训 | 评价 | **D** 报答 | 包容 | 练习 | 评议 |

14. 男人比女人有着更多的________习惯，比如吸烟、酗酒、喝浓咖啡等。如果你吸烟特别________，一时________不了的话，不妨常喝一些咖啡，这________于吸烟者减少患病的机会。

| | | | | | | | |
|---|---|---|---|---|---|---|---|
| **A** 不良 | 上瘾 | 戒 | 有助 | **B** 不好 | 频繁 | 断 | 有利 |
| **C** 不佳 | 讲究 | 停 | 有益 | **D** 不成 | 难受 | 抽 | 有效 |

15. 在中国，在很多场合都是________握手来表达问候的。与人初次见面，熟人久别重________，告辞或送行均以握手表示自己的善意。有时在一些________场合，如向人表示祝贺、感谢或慰问时，双方交谈中出现了令人满意的________点时，或双方的矛盾彻底________时，习惯上也以握手为礼。

| | | | | |
|---|---|---|---|---|
| **A** 经过 | 遇 | 特别 | 一致 | 解决 |
| **B** 使用 | 见 | 特点 | 相同 | 消失 |
| **C** 通过 | 逢 | 特殊 | 共同 | 和解 |
| **D** 利用 | 约 | 特色 | 一样 | 完成 |

16. 我们已经步入“知识经济”的时代，知识在带来________的同时，正以令人难以想象的速度________折旧，可能你刚刚掌握的新知识在第二天就变得________了。终身学习已经是我们无法________的选择，所以你要时常问自己：“我的知识还________吗？”

| | | | | |
|---|---|---|---|---|
| **A** 财产 | 不停 | 破旧 | 躲避 | 有用 |
| **B** 财富 | 不断 | 陈旧 | 逃避 | 有效 |
| **C** 金钱 | 不时 | 老旧 | 回避 | 有利 |
| **D** 钱财 | 不止 | 废旧 | 避免 | 有益 |

17. 学习________你的时间，这样你才不会因为学业、家庭作业和其他活动而________不知所措。将自己要做的事和________安排记在日历上、计算机或手机中，这有助于你变得更有________。

| | | | | | | | |
|---|---|---|---|---|---|---|---|
| **A** 约束 | 觉得 | 日期 | 道理 | **B** 控制 | 变得 | 行程 | 原理 |
| **C** 管理 | 感到 | 日程 | 条理 | **D** 安排 | 想到 | 时间 | 整理 |

18. 夏天，人们怕热而喜欢待在空调房，而室内外________的温差很容易引起感冒，鼻炎就是因________感冒引起的一种常见病。而________慢性鼻炎患者来说，一味地________凉更使得他们的病情雪上加霜。

A 强烈　反复　对于　贪　　B 剧烈　重复　针对　图
C 猛烈　连续　至于　要　　D 热烈　接连　相对　着

19. 给自己________，决不同于自我陶醉，________为了更强化自己的信念和自信心，更________地评价自己的能力。当你做出了成绩，千万别忘了告诉自己“你干得好极了！”。________自己，你会从中获取更多。

A 掌声　却是　准确　鼓励　　B 鼓掌　而是　正确　激励
C 拍手　则是　精确　勉励　　D 叫好　就是　确切　鼓舞

20. 不良饮食习惯会大大增加________胃病的可能性，比如为了________时间，吃饭狼吞虎咽；吃得过饱，________胃肠负担；生活无规律，经常“饥一顿，饱一顿”等等，这些都会增加胃炎、胃溃疡的发病率，也给胃癌发病________了“良好的土壤”。

A 患　赶　加重　提供　　B 得　追　加大　布置
C 生　挤　加强　种下　　D 有　省　加紧　分配

## ►►► 第 9 课练习答案

**练习（一）**

1. B　2. C　3. C　4. B　5. B　6. C　7. A　8. B　9. C　10. A
11. C　12. A　13. D　14. B　15. A　16. C　17. A　18. B　19. B　20. D

**练习（二）**

1. B　2. C　3. B　4. A　5. D　6. B　7. A　8. A　9. A　10. B
11. B　12. B　13. B　14. C　15. C　16. B　17. B　18. D　19. C　20. A

**练习（三）**

1. B　2. A　3. C　4. A　5. B　6. B　7. B　8. B　9. B　10. A
11. B　12. B　13. D　14. C　15. C　16. C　17. D　18. C　19. A　20. C

**课后练习**

1. B　2. A　3. D　4. D　5. D　6. B　7. C　8. A　9. D　10. B
11. D　12. B　13. C　14. A　15. C　16. B　17. C　18. A　19. B　20. A

# 第10课 阅读第二部分（读段落，选词填空）2

## 考点与难点（四） 虚词和词缀

### ● 说明

汉语中的虚词包括连词、副词、介词、助词等，它们本身没有实际的词汇意义，而是依附于实词或句子，表示语法意义或功能意义。

汉语中的一些语素可以附加在某些词语之前或之后，表示一类意义，叫词缀，包括前缀、后缀。

汉语中的**虚词**及**词缀**等也是阅读第二部分考查的重点。如：

**【例1】** 大多数人失败并非由于他们才智平庸，也不是因为________不好，而是由于没有保持一种________的心态，才使得自己最终无法触摸到________的终点线。与其说他们是在与别人的竞争中失利，________说他们败给自己不成熟的心态。

| | | | | | | | |
|---|---|---|---|---|---|---|---|
| A 能力 | 良好 | 权力 | 那么 | B 运气 | 健康 | 成功 | 不如 |
| C 感情 | 愉快 | 胜利 | 但是 | D 背景 | 自然 | 命运 | 或者 |

（H61001 第67题）

这道题有一组考查的是连词“那么、不如、但是、或者”。根据短文上下文，“不如”和文中的“与其”是固定搭配（与其……不如……），所以答案是B 。

**【例2】** 随着科学技术的进步，人们可以应用现代科学技术________生产条件，提高资源的利用________，还可以________扩大资源利用的范围，使资源________更大的作用。

| | | | | | | | |
|---|---|---|---|---|---|---|---|
| A 改革 | 化 | 持续 | 发生 | B 改善 | 率 | 不断 | 发挥 |
| C 改良 | 性 | 反复 | 发动 | D 改进 | 度 | 逐渐 | 发扬 |

（H61003 第67题）

这道题有一组选项考查的是词缀“化、率、性、度”，还有一组选项考查的是副词“持续、不断、反复、逐渐”。根据短文的上下文，资源有百分之多少被利用了，这是资源的“利用率”。因此答案是B。

## 常见词缀

| 词缀 | 表示意义 | 举 例 |
|---|---|---|
| ~度 | 表示程度。 | 知名度、可信度、透明度 |
| ~率 | 表示百分比。 | 增长率、覆盖率、升学率 |
| ~化 | 表示某种变化。 | 现代化、绿化、绝对化 |
| ~力 | 表示力量。 | 创造力、说服力、表现力 |
| ~家 | 说明在某方面很有成绩、很有名的人。 | 评论家、书法家、作家 |
| ~迷 | 说明痴迷于某种爱好的人。 | 股票迷、球迷、影迷、歌迷 |
| ~者 | 说明做某事的人。 | 消费者、爱好者、笔者 |
| ~感 | 说明某种感受。 | 责任感、使命感、优越感 |
| ~观 | 说明某种看法。 | 恋爱观、人生观、世界观 |
| ~热 | 说明某种流行的潮流。 | 足球热、出国热、旅游热 |
| ~风 | 说明某种社会风气，多为贬义。 | 攀比风、吃喝风、抢购风 |
| ~型 | 说明某种类型。 | 外向型、大型、事业型 |
| ~式 | 表示对某些具有相同样子的事物的归类。 | 中国式、男式、开放式 |
| ~性 | 说明某种性质。 | 良性、积极性、可行性 |
| ~界 | 表示职业、性别等相同的一些社会成员的总体。 | 商界、文化界、妇女界 |
| ~坛 | 多用来表示与娱乐、体育有关的社会成员的总体。 | 体坛、歌坛、乐坛 |

## 重点虚词

对 HSK（六级）词表中的副词、连词、介词等虚词，我们也按照形近义近、形近义不近、形不近义不近这三个原则进行了梳理和归纳，整理为下表：

ànshí jíshí
按时—及时

ànzhào yīzhào
按照—依照

běnlái gēnběn yuánlái
本来—根本—原来

bìjìng dàodǐ jiūjìng zǒngsuàn
毕竟—到底—究竟—总算

bùfáng bùrú
不妨—不如

bùguǎn jǐnguǎn
不管—尽管

chèn píng
趁—凭

chúfēi chúle
除非—除了

chóngxīn chóngfù
重新—重复

cǐwài yǐwài zhīwài
此外—以外—之外

cōngmáng jímáng huāngmáng liánmáng
匆忙—急忙—慌忙—连忙

dàyuē dàgài dàzhì
大约—大概—大致

duìyú jiànyú guòyú guānyú
对于—鉴于—过于—关于

duōkuī xìngkuī xìnghǎo
多亏—幸亏—幸好

fǎndào fǎn'ér fǎnzhī
反倒—反而—反之

fǎngfú hǎoxiàng shìde sìhū
仿佛—好像—似的—似乎

fǒuzé bùrán
否则—不然

gǎnkuài gǎnjǐn
赶快—赶紧

géwài jíqí jiǎnzhí yóuqí
格外—极其—简直—尤其

gèngjiā rìyì zhújiàn zhúbù
更加—日益—逐渐—逐步

gōngrán gùrán guǒrán jūrán
公然—固然—果然—居然

gòngtóng yìqǐ yílǜ zǒnggòng
共同—一起—一律—总共

hébì hékuàng
何必—何况

hùxiāng xiānghù
互相—相互

jīhū sīháo
几乎—丝毫

jíjiāng lìjí lìkè
即将—立即—立刻

jíshǐ jíbiàn
即使—即便

jìrán gùrán dāngrán
既然—固然—当然

jiǎrú jiǎshè jiǎshǐ tǎngruò
假如—假设—假使—倘若

mòmò qiāoqiāo
默默—悄悄

nǎpà jiùsuàn
哪怕—就算

nìngkě nìngyuàn nìngkěn
宁可—宁愿—宁肯

ǒu'ěr shāowēi
偶尔—稍微

pínfán lǚcì
频繁—屡次

què ér zé
却—而—则

réngjiù réngrán
仍旧—仍然

shànzì qīnzì gèzì
擅自—亲自—各自

shěngde miǎnde
省得—免得

shí'ér jìn'ér fǎn'ér cóng'ér
时而—进而—反而—从而

suíjí lìjí
随即—立即

suǒxìng gāncuì
索性—干脆

wǎng cháo xiàng duì
往—朝—向—对

wǎngwǎng gānggāng
往往— 刚刚

wèimiǎn bùmiǎn miǎnde
未免—不免—免得

wúcóng wúfēi wúlùn
无从—无非—无论

wùbì shìbì
务必—势必

yàoshi yàobù yàobùrán
要是—要不—要不然

yídàn rúguǒ
一旦—如果

yíguàn yíxiàng yìzhí shǐzhōng
一贯—一向—一直—始终

yízài zàisān
一再—再三

yǐbiàn biànyú
以便—便于

yǐzhì yǐzhì
以致—以至

yùxiān yuánxiān shìxiān
预先—原先—事先

zànqiě shàngqiě kuàngqiě gūqiě
暂且—尚且—况且—姑且

zhuānmén tèyì
专门—特意

zìcóng cóngcǐ
自从—从此

## ● 应试策略与技巧

由于虚词本身没有实际的词汇意义，因此要特别注意其**语法意义**和**使用条件**。而有助于了解掌握其语法意义和功能意义最好的办法是把虚词放入**典型例句**中，以便记忆其语法意义和使用条件。

## 练习（一）

**选词填空**

1. 与北京电视台签约后的北京歌舞团将推出一台大________情景舞剧。

   **A** 型　　**B** 式　　**C** 性　　**D** 形

2. 由于该航班提高了飞机的利用________，票价也比其他航班便宜很多。

   **A** 度　　**B** 率　　**C** 化　　**D** 者

3. 随着中关村等高科技企业产品竞争________的进一步增强，其出口市场也进一步扩大了。

   **A** 感　　**B** 观　　**C** 迷　　**D** 力

4. 不管今后的生活如何，我都会________在你身旁。
A 一向　B 始终　C 最终　D 向来

5. 孩子们搀扶着年长________走进了会场。
A 迷　B 者　C 家　D 届

6. 他们详细询问了孩子们的情况，________对他们参加课外活动的情况做到心中有数。
A 以便　B 以免　C 为了　D 所以

7. 这两部电影之间没有________性。
A 陆续　B 连续　C 继续　D 接连

8. 好成绩________很重要，但是一个人的人品更重要。
A 公然　B 果然　C 固然　D 居然

9. 今年5月，总统________访问了欧洲五国。
A 先后　B 相继　C 依次　D 陆续

10. 除了我以外，他请了每个人，________，他对我有意见。
A 明明　B 明显　C 显然　D 分明

11. 你这样做________太不够朋友了吧！
A 难免　B 免得　C 未免　D 不免

12. 双方父母都________反对这桩婚事。
A 用力　B 极力　C 尽力　D 费力

13. 看到有老人上车，我________起身让座。
A 匆忙　B 忙于　C 慌忙　D 连忙

14. 你这么做，不但不会得到原谅，________会让大家更气愤。
A 时而　B 进而　C 反而　D 从而

15. 照顾孩子是夫妻双方________的责任。
A 共同　B 一起　C 一律　D 总共

16. 飞________上海的AC918航班即将起飞。
A 朝　B 向　C 对　D 往

17. ________两国之间目前的紧张局势，建议大家最近不要前往该国旅游。
A 对于　B 鉴于　C 过于　D 关于

18. 天气这么热，我________不想出去玩儿。
A 本来　B 根本　C 原来　D 原本

19. 根据她往常的________表现，我估计这次活动她也不会参加。

**A** 一贯　　**B** 一向　　**C** 一直　　**D** 始终

20. 小张非常聪明，________又十分努力，取得现在的好成绩是理所应当的。

**A** 暂且　　**B** 尚且　　**C** 况且　　**D** 姑且

## 考点与难点（五）　　四字格

### ● 说明

四字格（包括成语）也是阅读第二部分考查的重点内容之一。四字格内的词语多保留古代汉语词义，要逐个弄清意思；有的还需要弄懂字面背后的比喻义和故事来源。

**【例 3】** 孩子一旦做错了事，总是会________父母责备他，如果正如他所想的那样，父母责备了他，孩子反而会有一种“如释重负”的感觉，对批评和自己所犯的过错也就________了。相反，如果父母________沉默，孩子的心里反而会________，会感到“不自在”，进而反思自己的错误。

**A** 担忧　　漠不关心　　维持　　平静
**B** 忧虑　　无所作为　　坚持　　慌张
**C** 害怕　　不言而喻　　支持　　谨慎
**D** 担心　　不以为然　　保持　　紧张

（H61001 第 70 题）

这道题考查的一组四字格是“漠不关心、无所作为、不言而喻、不以为然”。“漠不关心”的意思是很冷漠，不关心；“无所作为”的意思是没有成就；“不言而喻”的意思是不用说也可以明白；“不以为然”的意思是不在乎。根据上下文的意思，这里表示的是孩子对自己的过错无所谓，不在乎，所以应该选择“不以为然”。

**【例 4】** 女娲补天的神话________，但女娲的活动区域却________。陕西省文物工作者在对女娲庙遗址进行文物调查时发现了三块与女娲________的石碑，这些石碑与古代书籍相印证，________了女娲文化的发源地在陕西省平利县。

**A** 妇孺皆知　　众口一词　　关联　　论证
**B** 尽人皆知　　众口难调　　相关　　更正
**C** 家喻户晓　　众说纷纭　　有关　　证实
**D** 众所周知　　人云亦云　　相连　　证明

（H61002 第 70 题）

这道题考查的四字格有两组："妇孺皆知、尽人皆知、家喻户晓、众所周知"和"众口一词、众口难调、众说纷纭、人云亦云"。第一组的四个词基本意思相近，都表示所有人都知道。第二组的四个词意思有差别："众口一词"的意思是大家的说法很一致；"众口难调"的意思是因为每个人的口味都不一样，很难令每个人都满意；"众说纷纭"的意思是大家议论纷纷，说法不一；"人云亦云"的意思是没有主见，别人说什么就跟着说什么。根据上下文的意思，这里表示的是对女娲的活动区域大家的看法不一致，因此应该选择"众说纷纭"。

**【例 5】** 挺起胸可以使肺活量增加 20% 左右，从而有利于促进________。肺活量增加了，身体各________获得的氧气便也增加了，这样人就不容易________。

A 欣欣向荣　部门　疲倦　　　B 新陈代谢　部位　疲劳
C 循序渐进　位置　镇静　　　D 安居乐业　部分　压抑

（H61003 第 62 题）

这道题考查了一组四字格："欣欣向荣、新陈代谢、循序渐进、安居乐业"。"欣欣向荣"比喻的是事业蓬勃发展；"新陈代谢"是指生物体不断产生新物质以代替旧物质的过程；"循序渐进"是指按照一定的步骤逐渐深入或提高；"安居乐业"是指老百姓安定愉快地生活劳动。根据上下文的意思，这里表示的是生物体以新代旧的过程，因此应该选择"新陈代谢"。

**【例 6】** 九寨沟是水的天地。九寨沟的水是人间最________的水，无论是宁静的湖泊，还是飞泻的瀑布，都是那么神奇迷人，令人________。水构成了九寨沟最富魅力的景色，是九寨沟的________。

A 清洁　络绎不绝　精神　　　B 清晰　川流不息　灵感
C 透明　锲而不舍　心灵　　　D 清澈　流连忘返　灵魂

（H61004 第 63 题）

这道题考查了一组四字格"络绎不绝、川流不息、锲而不舍、流连忘返"。"络绎不绝"和"川流不息"都可以指行人很多；"锲而不舍"的意思是坚持不放弃；"流连忘返"的意思是玩乐时留恋美景不愿离开。根据上下文的意思，这里表示的是九寨沟的水美得让人们不愿离开，因此应该选择"流连忘返"。

**【例 7】** 许多有抱负的人都忽视了积少才可以成多的道理，一心只想________，而不去埋头耕耘。直到有一天，他看见比自己开始晚的、比自己天资差的，都已经有了________的收获，才发现自己这片园地上还是________。这时他才明白，不是上天没有给他理想，而是他一心只等待丰收，却忘了________。

A 一帆风顺　壮观　半途而废　酝酿
B 一鸣惊人　可观　一无所有　播种
C 一如既往　宏观　有条不紊　照料
D 一丝不苟　美观　众所周知　培育

（H61004 第 66 题）

这道题考查了两组四字格："一帆风顺、一鸣惊人、一如既往、一丝不苟"，"半途而废、一无所有、有条不紊、众所周知"。"一帆风顺"的意思是非常顺利；"一鸣惊人"的意思是突然做出惊人的成绩；"一如既往"的意思是在某种特别情况下的表现也跟以前完全一样；"一丝不苟"的意思是做事认真仔细，不马虎。"半途而废"的意思是做事没有坚持到最后，做到一半就放弃了；"一无所有"的意思是什么都没有；"有条不紊"的意思是做事有条理，不混乱；"众所周知"的意思是大家都知道。根据上下文，第一个空儿表示的是很多人想一下子成为名人，应该选择"一鸣惊人"；第二个空儿表示的是别人都有了收获，可自己还什么都没有，应该选择"一无所有"。因此这道题的答案是 B。

**【例 8】** 纳西族算不上是一个大民族，但是它的东巴文化却________，引起世人的兴趣和________。东巴文化包括象形文字、东巴经、东巴绘画、音乐、舞蹈等。其中东巴象形文字被________为目前世界唯一存活着的象形文字。

A 博大精深　注视　耸　　B 得天独厚　注重　竖
C 名扬中外　关注　誉　　D 难能可贵　关怀　称

（H61005 第 62 题）

这道题考查了一组四字格"博大精深、得天独厚、名扬中外、难能可贵"。"博大精深"用于形容思想和学识广博高深；"得天独厚"的意思是条件环境等特别优越；"名扬中外"的意思是闻名世界；"难能可贵"的意思是能做到不容易做的事情，非常可贵。根据上下文，这里表示的是东巴文化非常丰富，应该选择"博大精深"。

**【例 9】** 眼见为实，我们总是相信自己亲眼看到的东西，认为只有亲眼________见，才是真实________的。然而有时候我们亲眼看到的却常常与真实相悖，视觉上的错觉常常会欺骗许多________的头脑。

A 所　可靠　自以为是　　B 可　依赖　一丝不苟
C 亦　踏实　称心如意　　D 愈　周密　有条不紊

（H61005 第 63 题）

这道题考查了一组四字格"自以为是、一丝不苟、称心如意、有条不紊"。"自以为是"的意思是认为自己的想法都正确而不接受别人的意见；"一丝不苟"的意思是做事认真不马虎；“称心如意”的意思是非常满意；“有条不紊”的意思是做事有条理，不混乱。根据上下文，这里表示的是视觉上产生的错觉会欺骗那些自认为自己很不错的人，所以应该选择“自以为是”。

【例 10】随着环保概念不断深入人心，动物皮草已经不再是炫耀奢华的________，________的是同样具有高贵气质的仿皮草材料。仿真的材质、适中的价格，加以最________的款式，仿皮草成为越来越多爱美________的新宠。

| | | | | |
|---|---|---|---|---|
| A | 时装 | 优胜劣汰 | 完美 | 人物 |
| B | 潮流 | 供不应求 | 时髦 | 人员 |
| C | 装饰 | 取而代之 | 时尚 | 人士 |
| D | 象征 | 层出不穷 | 新颖 | 人才 |

（H61005 第 68 题）

这道题考查了一组四字格“优胜劣汰、供不应求、取而代之、层出不穷”。“优胜劣汰”的意思是通过竞争留下优秀的，淘汰差的；“供不应求”的意思是供应不能满足需求；“取而代之”的意思是代替；“层出不穷”的意思是接连不断地出现。根据上下文，这里表示的是仿皮草材料代替动物皮草，因此应该选择“取而代之”。

【例 11】宜兴紫砂陶有悠久的历史和很高的艺术________，并以其________的原料材质，精湛的________技艺，古朴的自然色泽和________的造型艺术，在工艺美术苑林中独树一帜，经久不衰。

| | | | | |
|---|---|---|---|---|
| A | 成果 | 罕见 | 人工 | 物美价廉 |
| B | 财富 | 坚固 | 制作 | 喜闻乐见 |
| C | 风格 | 特殊 | 操作 | 朝气蓬勃 |
| D | 成就 | 独特 | 手工 | 千姿百态 |

（H61005 第 69 题）

这道题考查了一组四字格“物美价廉、喜闻乐见、朝气蓬勃、千姿百态”。“物美价廉”的意思是商品又好又便宜；“喜闻乐见”的意思是很受大家欢迎；“朝气蓬勃”形容充满生命力的样子；“千姿百态”的意思是姿态多种多样。根据上下文，这里表示的是各种不同的造型，因此应该选择“千姿百态”。

## • 常见四字格

我们对 HSK（六级）词表中的四字格进行了整理，现列表如下：

| | | | |
|---|---|---|---|
| ài bú shì shǒu<br>爱不释手 | bá miáo zhù zhǎng<br>拔苗助长 | bǎo jīng cāngsāng<br>饱经沧桑 | bódà jīngshēn<br>博大精深 |
| ān jū lè yè<br>安居乐业 | bàn tú ér fèi<br>半途而废 | bōtāo xiōngyǒng<br>波涛汹涌 | bù kě sīyì<br>不可思议 |

bù xiāngshàng xià
不相上下

bú xiè yí gù
不屑一顾

bù yán ér yù
不言而喻

bù zé shǒuduàn
不择手段

céng chū bù qióng
层出不穷

chènxīn rú yì
称心如意

chuānliú bù xī
川流不息

cóngróng bú pò
从容不迫

dāng wù zhī jí
当务之急

dé bù cháng shī
得不偿失

dé tiān dú hòu
得天独厚

diū sān là sì
丢三落四

dōng zhāng xī wàng
东张西望

duànduànxùxù
断断续续

fēi qín zǒu shòu
飞禽走兽

fēngtǔ rénqíng
风土人情

gè shū jǐ jiàn
各抒己见

gēn shēn dì gù
根深蒂固

gōng bú yìng qiú
供不应求

guī gēndào dǐ
归根到底

hòu gù zhī yōu
后顾之忧

huàshé tiān zú
画蛇添足

huǎngrán dà wù
恍然大悟

jí gōng jìn lì
急功近利

jí yú qiú chéng
急于求成

jì wǎng kāi lái
继往开来

jiā yù hù xiǎo
家喻户晓

jiànduō shí guǎng
见多识广

jiàn yì yǒngwéi
见义勇为

jiéjìn quánlì
竭尽全力

jīnjīn yǒuwèi
津津有味

jǐn shàng tiān huā
锦上添花

jǐnxiù qiánchéng
锦绣前程

jīngjīngyèyè
兢兢业业

jīng dǎ xì suàn
精打细算

jīng yì qiú jīng
精益求精

jǔ shì wénmíng
举世闻名

jǔ shì zhǔ mù
举世瞩目

jǔ zú qīng zhòng
举足轻重

jù jīng huì shén
聚精会神

kè bù róng huǎn
刻不容缓

kōngqián jué hòu
空前绝后

kǔ jìn gān lái
苦尽甘来

lǐ suǒdāng rán
理所当然

lǐ zhí qì zhuàng
理直气壮

lì suǒ néng jí
力所能及

luòyì bù jué
络绎不绝

míng fù qí shí
名副其实

míngshèng gǔjì
名胜古迹

mò míng qí miào
莫名其妙

nánnéng kěguì
难能可贵

pò bù jí dài
迫不及待

qí xīn xié lì
齐心协力

qǐ yǒu cǐ lǐ
岂有此理

qì jīn wéi zhǐ
迄今为止

qià dào hǎo chù
恰到好处

qiān fāng bǎi jì
千方百计

qián yí mò huà
潜移默化

qiè ér bù shě
锲而不舍

qīng ér yì jǔ
轻而易举

quán lì yǐ fù
全力以赴

rè lèi yíng kuàng
热泪盈眶

rèn zhòng dào yuǎn
任重道远

rì xīn yuè yì
日新月异

shēn qíng hòu yì
深情厚谊

shí shì qiú shì
实事求是

sì wú jì dàn
肆无忌惮

tāotāo bù jué
滔滔不绝

tǎo jià huán jià
讨价还价

tiānlún zhī lè
天伦之乐

tōnghuò péngzhàng
通货膨胀

tǒngchóu jiāngù
统筹兼顾

tūntūntǔtǔ
吞吞吐吐

wēi bù zú dào
微不足道

wú dòng yú zhōng
无动于衷

wú jīng dǎ cǎi
无精打采

wú kě fènggào
无可奉告

wú kě nàihé
无可奈何

wú lǐ qǔnào
无理取闹

wú néng wéi lì
无能为力

wú qióng wú jìn
无穷无尽

wú wēi bú zhì
无微不至

wú yōu wú lǜ
无忧无虑

wù měi jià lián
物美价廉

xǐ wén lè jiàn
喜闻乐见

xiāng fǔ xiāng chéng
相辅相成

xiǎng fāng shè fǎ
想方设法

xiǎoxīn yìyì
小心翼翼

xīnxīn xiàng róng
欣欣向荣

xīn chén dàixiè
新陈代谢

xìng gāo cǎi liè
兴高采烈

xìngzhì bóbó
兴致勃勃

xuán yá qiào bì
悬崖峭壁

xuě shàng jiā shuāng
雪上加霜

xún xù jiàn jìn
循序渐进

yānhuā bàozhú
烟花爆竹

yǎo yá qiè chǐ
咬牙切齿

yì fān fēng shùn
一帆风顺

yì jǔ liǎng dé
一举两得

yí lù píng'ān
一路平安

| | | | |
|---|---|---|---|
| yí mù liǎorán 一目了然 | yǒu tiáo bù wěn 有条不紊 | zhāoqì péngbó 朝气蓬勃 | zì lì gēng shēng 自力更生 |
| yì rú jì wǎng 一如既往 | yǔ rì jù zēng 与日俱增 | zhēng xiān kǒng hòu 争先恐后 | zǒng ér yán zhī 总而言之 |
| yì sī bù gǒu 一丝不苟 | zài jiē zài lì 再接再厉 | zhī zú cháng lè 知足常乐 | |
| yōu shèng liè tài 优胜劣汰 | zhǎn dīng jié tiě 斩钉截铁 | zhòng suǒ zhōu zhī 众所周知 | |

## ● 应试策略与技巧

**1. 确定法** 当通读了题干后，如果其中的一个空儿你很有把握确定它的答案，并且在选项中也存在，那么你可以**马上**做出选择，不必再考虑其他空儿的答案，以节省时间。

**2. 排除法** 从否定的角度来考虑选项的方法。即看一看一个词是否**不能**填入空儿中，如果不能，就可以把它排除在选择之外。经过几次排除，剩下的就是正确的答案。虽然你不能判定它的准确性，但是因为你清楚地知道另外三个选项都是不合适的，所以它一定是正确的。这种方法常用于有不认识的词语的时候。

## 练习（二）

**选词填空**

1. 他一讲起自己的工作来就________，没人能打断他。
   **A** 川流不息　**B** 层出不穷　**C** 络绎不绝　**D** 滔滔不绝

2. 我对你没有太高的要求，只是希望你能做一些自己________的事情。
   **A** 力所能及　**B** 全力以赴　**C** 自力更生　**D** 齐心协力

3. 作为她的歌迷，无论她发生了什么事，我都会________地支持她的。
   **A** 锲而不舍　**B** 一如既往　**C** 再接再厉　**D** 与日俱增

4. 一接到礼物，女儿就________地打开了。
   **A** 斩钉截铁　**B** 咬牙切齿　**C** 迫不及待　**D** 肆无忌惮

5. 我刚到这家公司工作，所以做什么事情都得________，生怕出错。
   **A** 一丝不苟　**B** 小心翼翼　**C** 无微不至　**D** 精益求精

6.《四世同堂》是中国话剧舞台上________投资最大的制作。
   **A** 总而言之　**B** 众所周知　**C** 迄今为止　**D** 归根到底

7. 即使只有一碗白米饭，他吃起来也是________。
A 欣欣向荣　B 朝气蓬勃　C 兴致勃勃　D 津津有味

8. 有人落水了，他居然能站在旁边________。真是太不像话了！
A 无动于衷　B 无微不至　C 无精打采　D 无忧无虑

9. 一看到自己心目中的偶像，人们________地围上去，要求合影、签名。
A 优胜劣汰　B 争先恐后　C 急功近利　D 拔苗助长

10. 这座城市正发生着________的变化，每一天都令人惊喜。
A 日新月异　B 潜移默化　C 循序渐进　D 有条不紊

11. 每当有记者问到她的感情生活，她都是用“________”这四个字来回答。
A 不可思议　B 莫名其妙　C 岂有此理　D 无可奉告

12. 地震之后发生的海啸，对灾区的人们来说无异于________。
A 画蛇添足　B 雪上加霜　C 拔苗助长　D 急于求成

13. 新产品一上市，就很受欢迎，一度还出现了________的情况。
A 爱不释手　B 供不应求　C 不屑一顾　D 微不足道

14. 论开车的技术，这两位司机师傅真的是________。
A 不相上下　B 东张西望　C 一目了然　D 不言而喻

15. 按着维吾尔族的风俗习惯，每逢遇到定亲、结婚、孩子过满月等喜事，都要________通知自己的亲朋好友来参加。
A 各抒己见　B 讨价还价　C 理直气壮　D 想方设法

## 本课小结

- **主要考点难点：** 虚词、词缀以及四字格。
  其中虚词包括副词、介词、连词，具体分为三种情况：1. 形近义近的词；2. 形近义不近的词；3. 形不近义不近的词。
  词缀主要考查后缀。
  四字格包括成语。
- **主要考试策略：** 虚词可放入典型例句中，记忆其语法意义和使用条件。词缀按类记忆，注意平时总结积累。四字格不仅要整体记忆，还要明白每个词／字的意思及其比喻义。

## 课后练习

### 选词填空

1. “三顾茅庐”是人们耳熟能详的________。刘备久闻诸葛亮足智多谋，才华出众，便________寻访拜会，头两次碰了钉子，诸葛亮避而不见，刘备则________三次登门叩拜，每次都谦恭有礼，终于________了诸葛亮，答应出山相助。

   **A** 事情　自己　继续　打动
   **B** 故事　亲自　连续　感动
   **C** 事件　亲身　陆续　动心
   **D** 事故　个人　持续　说服

2. “天人合一”思想融入了数不清的伟大工程与建筑________之中，在我国的世界________遗产种类中，许多遗产的山岳奇观与古建筑群融为一体，这些是我国世界遗产特色的________体现，堪称人类文明进程的________。

   **A** 作品　型　出色　标记
   **B** 著作　类　杰出　记号
   **C** 杰作　级　突出　标志
   **D** 物体　化　出众　记录

3. 中国虽然________了几十年老年医学的不断发展，但老年医疗机构建设与发展仍________滞后，老年医学人才的整体素质与实际需要有较大________。

   **A** 经历　明显　差距　**B** 经验　显然　距离
   **C** 经过　明明　差别　**D** 经受　显得　差异

4. 有氧运动被公认为是健康减肥的最好方法，对改善心肺功能和________脂肪有非常好的效果。________一项或几项你喜欢而且又有条件进行的运动，________地进行有氧减肥，相信你会有________的惊喜。

   **A** 消除　选择　循序渐进　意外
   **B** 去除　挑选　有条不紊　意料
   **C** 开除　挑拣　断断续续　预料
   **D** 排除　选举　再接再厉　料想

5. 现代人太过依赖实时科技，又害怕遗漏________讯息，“讯息________征”已成为新的文明病。信息如光速________快速流动，________改变了每个人的生活节奏。

   **A** 所有　着急　似　而且　**B** 每个　恐慌　样　从此
   **C** 一切　担忧　类　因而　**D** 任何　焦虑　般　从而

6. 进入21________，国内多家出版社________出了不同版本的少儿百科________图书，有些为了提高儿童的读书兴趣，还________引进了许多国外儿童百科和知识书的版权。

A 年代　拿　性　继续　　B 时代　排　式　连续
C 阶段　印　型　接连　　D 世纪　推　类　相继

7. 城市展览馆是展示城市历史文化和未来发展最________的一个窗口，而作为展览馆内的讲解员，更是担负了________城市文化、展示城市形象的重要责任，那么，他们的工作是怎样的呢？在________和对答如流的背后，他们又有哪些付出呢？

A 重要　传承　津津有味　　B 直接　宣传　滔滔不绝
C 巨大　宣布　兴致勃勃　　D 有利　发扬　小心翼翼

8. 越来越多的手机触摸屏采用的是高耐划玻璃屏，________用钥匙、硬币，都不会在玻璃表面留下明显的________。因此，给这样的手机贴膜只能是________，可能还不利于手机在充电时散热，会导致某些零件过早老________。

A 就算　伤痕　雪上加霜　者　　B 哪怕　迹象　一举两得　龄
C 既然　伤疤　精益求精　性　　D 即使　痕迹　画蛇添足　化

9. 红旗牌轿车在中国是个________的名字。“红旗”二字已经远远超出了一个轿车品牌的________，新中国发生的太多历史事件都与“红旗”有关。在国人心里，它有着其他品牌所不能代替的________。

A 众所周知　意味　地位　　B 举世瞩目　意义　地方
C 根深蒂固　意思　方位　　D 家喻户晓　含义　位置

10. 暑期是学生们快乐的________时光，到河湖游泳、钓鱼的人________。但是近期频频发生的学生溺水事故再次给大家________响了警钟：游泳一定要到有安全措施的正规________。

A 休息　层出不穷　打　场地
B 悠闲　争先恐后　击　地点
C 休闲　络绎不绝　敲　场所
D 休假　兴高采烈　闹　处所

11. 如果我爱的人不能成为爱我的人，我会选择________地忘却。就像匆匆地行走在路上，一不小心________错了人，________耽搁太久，收拾起自己的尴尬，________调整好心态，继续前行，________是最应该做的。

A 完全　看　不要　尽早　就
B 全部　叫　不能　尽量　也
C 根本　喊　不妨　尽力　还
D 彻底　认　不必　尽快　才

12. 法布尔没有把一部昆虫学著作写成________学术著作，而是选择用散文的________和朴素而纯真的文字________生命的真实之美。他一方面在昆虫身上注入了深刻的人文________，另一方面又从昆虫角度思考人类的生存状态、生活态度、________观念等，睿智的哲思时时跃然纸上。

A 全　形态　表达　关心　价格
B 纯　形式　表现　关怀　价值
C 整　样式　表露　关照　价钱
D 齐　样态　表示　关联　价位

13. 社会舆论曾给一些孩子冠以"神童""天才"等种种________，但过高的心理________给他们造成了过大的压力，而如果他们表现________，就会给人们一种失败的感觉。

A 称呼　需求　普通　　B 说法　承担　平常
C 名称　负担　正常　　D 称号　期待　一般

14. 健身秧歌保持传统秧歌"扭、摆、走"的基本动律和________，符合人体各部位的锻炼________，有氧运动强度适中，伴有音乐，健身和娱乐________突出，又是以群体形式开展活动，在广大城乡十分________，是一种________的大众娱乐健身形式。

A 特点　要求　作用　普遍　不可思议
B 特色　需求　功能　普及　喜闻乐见
C 特征　需要　功效　遍及　难能可贵
D 特性　必需　效果　普通　知足常乐

15. 蔬果中含有________的维生素和植物纤维，________是瘦身还是美容都是一级品。成年________每天需要半杯至一杯的蔬菜汁和一杯至两杯的果汁，才能________其身体所需。

A 许多　尽管　女孩　足够　　B 多数　就算　女士　达到
C 部分　即使　女人　符合　　D 大量　不管　女性　满足

16. 小时候，和蒙古族牧民在草原上________过一段时间。虽然一________几十年过去了，但那些可爱的早晨和黄昏，烈日高照下的草原美景，还像一幅幅图画________在我的眼前。在朝夕相伴的日子里，我和蒙古族牧民结下了难以忘怀的________。

A 生存　转　产生　天伦之乐　　B 生活　晃　出现　深情厚谊
C 存在　摇　过来　风土人情　　D 存活　变　展开　见多识广

17. 多数中国人认为，男女约会的开销由男方支付是________的事情，即使男方经济不________也得这样做，因为这关系到自己的________问题。还有人认为，如果采取 AA 制的话，会增加男女双方的距离________。

A 轻而易举　可观　脸面　力

B 微不足道　发达　面容　率

C 理直气壮　繁荣　面貌　观

D 理所当然　富裕　面子　感

18. 如果与陌生人________让你感到不舒服，________在你感到不自信的时候，也要尽力保持与对方的________交流。这可以使你们之间的联系更加紧密，有助于消除紧张________。

A 交流　就是　眼色　心情

B 沟通　尽管　眼光　心理

C 交谈　即使　眼神　情绪

D 聊天　或者　眼力　感情

19. 俗话说"穿衣戴帽，各有所好"，________可见帽子在服饰搭配中的重要作用。尤其是在冬天，帽子除了保暖外，又多了________的功能。眼下，北京的天气一天比一天冷，漫步________，你会发现，戴帽子的人多起来了，不管是老人、小孩儿还是俊男靓女们，头上都有一顶或传统或________的帽子。

A 从此　布置　道路　时髦

B 由此　装饰　街头　时尚

C 以此　修饰　街道　流行

D 在此　装修　市场　过时

20. 很多蔬菜水果________看起来光鲜亮丽，却附着了大量的农药残留，如果清洗不当，很容易对身体造成________。如果您有时间和条件，________自己动手种植真正的绿色蔬菜，________的生长周期会让蔬菜中的营养更加丰富。

A 外观　损害　不如　自然

B 外面　损伤　最好　天生

C 外表　伤害　不妨　天然

D 外貌　受伤　还是　人工

## 第10课练习答案

| | | | | | | | | | | |
|---|---|---|---|---|---|---|---|---|---|---|
| 练习（一） | 1. A | 2. B | 3. D | 4. B | 5. B | 6. A | 7. B | 8. C | 9. A | 10. C |
| | 11. C | 12. B | 13. D | 14. C | 15. A | 16. D | 17. B | 18. B | 19. A | 20. C |
| 练习（二） | 1. D | 2. A | 3. B | 4. C | 5. B | 6. C | 7. D | 8. A | 9. B | 10. A |
| | 11. D | 12. B | 13. B | 14. A | 15. D | | | | | |
| 课后练习 | 1. B | 2. C | 3. A | 4. A | 5. D | 6. D | 7. B | 8. D | 9. D | 10. C |
| | 11. D | 12. B | 13. D | 14. B | 15. D | 16. B | 17. D | 18. C | 19. B | 20. C |

# 第11课　阅读第三部分（读短文，选句填空）1

## 题型与特点

### ● 题型

HSK（六级）阅读考试的第三部分，共有10题，提供两篇文字，每篇文字有五个空格，要求考生结合语境，从所提供的5个句子选项中选出答案。

**【例1】**

71—75.

曹操得到一只大象，很想知道这只大象到底有多重。官员们都纷纷议论，发表自己的意见。有人说，（71）________________。可是怎样才能造出比大象还大的秤呢？有人说，把它砍成小块儿，然后再称。可是把大象杀了，知道重量又有什么意义呢？大家想了很多办法，可是都行不通。

就在这时，曹操的小儿子曹冲对父亲说："爸爸，我有个办法可以称大象！"（72）________________，曹操一听，连连叫好，立刻安排人准备称象，并且让大家都过去观看。

大家来到河边，看见河里停着一只大船。曹冲叫人把象牵到船上，等船身稳定时，他就在船舷与水面齐平的地方，画了一条线。然后，曹冲再叫人把象牵到岸上来。之后，他让人把大大小小的石头，（73）________________，船身就一点儿一点儿往下沉。等船上的那条线和水面再次平齐的时候，曹冲就叫人停止装石头。官员们都睁大了眼睛，（74）________________。他们连声称赞："好办法！好办法！"这时候，谁都明白，（75）________________，把重量加起来，就知道这头大象有多重了。曹操得意地望着众人，心里想：你们还不如我的这个小儿子聪明呢！

A 一块儿一块儿地往船上装
B 制造一个巨大的秤来称
C 只要把船里的石头都称一下
D 然后他就把办法告诉了曹操
E 这才终于弄清了是怎么回事儿

答案　71. B　72. D　73. A　74. E　75. C（样卷71—75题）

● 特点

1. 这是 HSK（六级）考试中的一种全新的题型。要把从文中“挖”出来的句子填回合适的位置，考生需要对文章内容有**通篇**的理解和把握，同时又要顾及文中呈现的各具体细节之间及其与全文的**相关性**，应该说是一种考查考生综合阅读理解能力的好方法。

2. 短文的篇幅在 500 字上下，体裁主要是记叙、说明，或辅以简单的议论。

## 考点与难点（一）　上下文的逻辑关系

● 说明

无论何种体裁，行文总是要依照一定的次序，比如说时间顺序、空间结构、由总到分或由分到总等等。因为阅读材料是一个不算太长的文章，所以能包含的细节或描述的过程不会太复杂，上下文之间乃至复句之间的逻辑关系还是比较容易看出来的。像上述例 1 样卷第 72 题与上文体现出时序的先后（D 项“然后”）；样卷第 74 题也是如此（E 项“这才 / 终于”）；样卷第 75 题对应的 C 项“把船里的石头都称一下”与下文“把重量加起来”二者并列，同时还存在“只要……就……”的复句关系。

为了充分说明，下面我们再举一些真题例子。

**【例 2】**

71—75.

1911 年 4 月，利比里亚商人哈桑在挪威买了 12000 吨鲜鱼，运回利比里亚首府后，一过秤，鱼竟一下子少了 47 吨。哈桑回想购鱼时他是亲眼看着过秤的，一点儿也没少啊，(71)________，无人动过鱼。那么这 47 吨鱼上哪儿去了呢？哈桑百思不得其解。

后来，这桩奇案终于大白于天下，(72)________。地球重力是指地球引力与地球离心力的合力。地球的重力值会随地球纬度的增加而增加，赤道处最小，两极最大。同一个物体若在两极重 190 公斤，拿到赤道，就会减少 1 公斤。挪威所处纬度高，靠近北极；利比里亚的纬度低，靠近赤道，(73)________。哈桑的鱼丢失了分量，就是因为不同地区的重力差异造成的。

(74)________，也为 1980 年墨西哥奥运会连破多项世界纪录这一奇迹找到了答案。墨西哥城在北纬不到 20 度、海拔 2240 米处，(75)________，正因为地心引力相对较小，运动健儿们奇迹般地一举打破了男子 100 米、200 米、400 米、4×400 接力赛、男子跳远和三级跳远等多项世界纪录，1980 年也因此成为奥运会历史上最辉煌的年代之一。

**A** 地球重力的地区差异

**B** 比一般城市远离地心 1500 米

**C** 原来是地球的重力“偷”走了鱼

**D** 归途中平平安安

**E** 地球的重力值也随之减少

答案 71. D 72. C 73. E 74. A 75. B（H61001 71—75 题）

**【例 3】**

71—75.

有些推销员在推销商品时，并不会直接让你买他的商品，而是先提出试用化妆品、试穿衣服等要求，（71）________，才会建议你购买。

心理学家认为，一下子向别人提出一个较大的要求，人们一般很难接受，而如果逐步提出要求，不断缩小差距，（72）________。这主要是由于人们在不断满足小要求的过程中已经逐渐适应，意识不到逐渐提高的要求已经大大偏离了自己的初衷。

人们都希望在别人面前保持一个比较一致的形象，（73）________。因而，在接受别人的要求，给别人提供帮助之后，再拒绝别人就变得更加困难了。如果这种要求给自己造成的损失并不大，人们往往会有一种“（74）________”的心理。

在教育教学管理中，我们也可以对教师、学生先提出较低的要求，待他们按照要求做了，（75）________，然后逐渐提高要求，使每个人都乐于继续积极奋发向上。对年龄较小的孩子的教育引导，尤其要使用目标分解法，遵循循序渐进原则。

**A** 要予以肯定、表扬乃至奖励

**B** 反正都已经帮了，再帮一次又何妨

**C** 当这些要求实现之后

**D** 不希望别人把自己看做“喜怒无常”的人

**E** 人们就比较容易接受

答案 71. C 72. E 73. D 74. B 75. A（H61004 71—75 题）

关于上下文之间显著的行文逻辑关系，下面总结一下几种主要类型。

**1. 上下文存在着时间次序** 如前面已经讲过的例 1 样卷第 72、74 题，又如例 3 真题 H61004 第 71 题 C 项“之后”与上文的“先”、下文的“才”，例 3 真题 H61004 第 75 题与上下文的“待他们……”“然后”。

**2. 上下文之间存在并列（对举、排比）或对比关系** 前者一般是为了进一步说明，后者则是比较出不同。并列，如前述例 1 样卷第 75 题，又如例 2 真题 H61001 第 71 题 D 项“归途中”与上文“购鱼时”，例 2 真题 H61001 第 75 题 B 项是进一步用数

字说明。对比，如例3真题H61004第72题E项“比较容易接受”与上文“很难接受”，例3真题H61004第73题D项“不希望”与上文的“都希望”，例2真题H61001第73题E项“重力值随之减少”与上文“重力值会随地球纬度的增加而增加”。

**3. 上下文是（除上述两种以外的）复句关系** 诸如因果、目的、假设、条件、转折、让步、选择、递进等等，这些复句都有标记性的关联词，因此不难发现。比如例1样卷第75题里的“只要……就……”，例2真题H61001第72题C项里的“原来”。

## ● 常见错误

1. 没留意上下文的时间顺序。
2. 不注意上下文之间的语义联系。
3. 理解不了复句内部的关系和含义。

## ● 应试策略与技巧

**1. 注意上下文的时间线索** 尤其注意“先……然后……”“……（再/又/还）……”“……才……”以及“于是”“终于”等暗含时间承接意义的关联词语。

**2. 注意上下文之间存在的并列、对比关系** 可能并不出现“一面……一面……”“既……又……”“不但……而且……”或者“不是……而是……”“与其……不如……”等明显的标志，但从句法结构和语境语义上可以加以判别。

**3. 多记一些各种关联词语，特别是固定搭配在一起的** 这样到了考试时，往往会比较省力。

## 练习（一）

**选句填空**

夫妻之间发生争吵应该是很正常的事，世上很少有不吵架的夫妻。（1）________，那就是：千万不能在孩子面前争吵！

儿童，（2）________，一般以父母的言行作为自己的行为标准。如果经常听到父母互相指责甚至谩骂，（3）________。而且在争吵中，流泪的妈妈一般是孩子眼中的弱者，因而（4）________，对爸爸也就有看法了。

也许，（5）________气就消了，爸爸也可能感到自己做得不对而向妈妈道歉，夫妻（6）________，和好如初。可是，孩子对爸爸的坏印象是不容易消除的。因为夫妻吵架，是在孩子面前发生的，但和好的亲热举动（7）________。如果夫妻能想到这一点，随时在意孩子，控制自己，不在孩子面前发生争吵，（8）________，而且夫妻之间也能减少或避免争吵。

A 然而有一点须加注意
B 这不仅对孩子好
C 妈妈哭闹一段时间后
D 特别是幼儿
E 父母在孩子心目中的形象就会受到严重损害
F 他们往往会同情妈妈
G 马上又恩恩爱爱
H 却往往是背着孩子进行的

## 考点与难点（二）　上下文是一个封闭的语法结构

### ● 说明

有时，被“挖”出来的部分是完整句子中的一个语法成分，上下文在一起才能构成一个成型的句子，否则就不完整。如上一节所述例 1 样卷第 71 题是句中的宾语，例 1 样卷第 73 题是句中的谓语，例 2 真题 H61001 第 74 题则是句中的主语。又如：

**【例 4】**

76—80.

一股红潮从东方卷起，黎明的东方即刻染成了半天血色。这可不是旭日东升时烧红的彩云，这是一场人类与动植物的大劫难……“森林起火啦！起火啦……”听到这样的呼喊，我用“心惊肉跳”来形容一点也不过分。（76）__________，惊慌失措。大火发起狂来，一夜之间就可使千万株大树化成灰烬，谁说不怕那才是说瞎话。“水火无情”，谁敢说个“不”字！

我刚到林场两天，在睡梦中听到有人喊：“森林起火啦！”我如被烫了一样跳起，听到森林武警和护林民兵的紧急集合哨在黎明的山林里嘟嘟吹响！远处的浓烟笼罩了森林，近处的大火吞噬着森林。山火奔跑的脚步声，（77）__________！

在森林大火迅速燃烧中，几乎所有的野兽和家畜家禽，（78）__________，在火中丧生。可是，有一桩奇事让人们吃惊不小。人们看到狼在嚎叫中集结。集结成群后，一只大红公狼带领大伙儿，（79）__________！当时人们误以为，它们有可能是感到末日来临，用集体自杀的壮举到火神安排的天国里去。然而，大火过后人们看到，（80）__________，都在大火中变成了焦尸，唯有狼群在烈火中逃生。它们只是毛被烧短了，蹄蹄爪爪烧伤了一些。这时人们才顿悟到狼的智慧。

A 都是在大火追逐下顺风而逃
B 火警会使所有的人目瞪口呆
C 顶风逆火奔向大火燃烧的火场
D 如同狂风卷大旗呼啦啦地作响
E 许多野兽家畜和因惊慌而乱跑的人们

答案 76. B 77. D 78. A 79. C 80. E（样卷 76—80 题）

这里样卷第 76 题、第 80 题都表现为句中的主语，样卷第 77 题、78 题、79 题则都是句中的谓语。

样卷第 76 题、第 80 题分别对应 B 项和 E 项，前者中“惊慌乱跑”与“惊慌失措”同义反复，因此不太可能出现在样卷第 76 题的位置；另外，B 项已出现的谓语“目瞪口呆”与下文“惊慌失措”形成并列关系，且样卷第 80 题后既然“都变成了焦尸”，自然不可能会“目瞪口呆”了。

样卷第 78 题、第 79 题都是谓语，前者的主语是一个全称“所有的野兽和家畜家禽”，后者主语是一个单数“一只大红狼”，故 A 项“都是……”就不可能出现在样卷第 79 题的位置上。样卷第 77 题也缺损谓语，但情况有点特别，是个比喻，同时还有另外一个特点，我们将在下一节继续讨论。

## • 常见错误

看不懂长句，分析不清长句的语法结构。

## • 应试策略与技巧

**1. 先看清上下文，留意有待填充的是句子的哪个部分** 这样不至于漫无头绪，避免挨个儿拿选项去试填。

**2. 把符合句法要求的选项做比对并排除** 这种情形的考题，一般说来，被“挖”出来的部分，如果是较复杂的名词结构，那不是主语就是宾语，如样卷第 80 题“许多野兽家畜和因惊慌而乱跑的人们”、例 2 真题 H61001 第 74 题“地球重力的地区差异”；宾语和主语有时也可以是一个小单句，如例 1 样卷第 71 题“制造一个巨大的秤来称”（例 3 真题 H61004 第 74 题“反正都已经帮了，再帮一次又何妨”，则是一个句子来做定语）；而（往往比较复杂的）动词结构就是谓语，如样卷第 73、77、78、79 题。

## 练习（二）

### 选句填空

一个富有的银行家（1）__________，对周围的一切都看不惯，脾气变得越来越暴躁。有一天，一位朋友告诉他，（2）__________，生活简单而幸福，有时间的话可以去请教请教。银行家便打算去拜访那个学者，希望从学者那里找到快乐的秘诀。

银行家自恃有钱，态度骄蛮，一进大学士家的门就不停地抱怨，（3）__________，孩子不够尊重自己，员工不感激自己，并说自己如何辛苦赚钱、如何劳苦功高。

学者早就看出他不快乐的原因，（4）__________向他说明这个简单的道理。突然，（5）__________，一下子启发了学者的灵感。

默默地听完银行家的话，学者拉着他来到客厅窗前，问："（6）__________你看到了什么？"

"我看见男人、女人和几个小孩儿。那些孩子在玩耍……"银行家说。

"很好。"学者又拉着他走到（7）__________的客厅另一边。学者接着问："告诉我，你在镜子里看到了什么？"

"当然是我自己了！"银行家不耐烦地回答。

"有意思，"学者意味深长地说，"窗户是玻璃做的，镜子也是玻璃做的，（8）__________，是镜子的玻璃上加了薄薄一层银。可仅仅因为多了这一丁点儿银，人们却再也看不到别人，只能看到自己了。"

**A** 妻子不够体贴
**B** 感到生活没有乐趣
**C** 二者唯一的区别
**D** 墙上挂着一面镜子
**E** 正苦于没有适当的方式
**F** 窗外传来儿童的欢笑声
**G** 透过这扇窗户
**H** 附近住着一位大学士

## 考点与难点（三）　信息重现

### ● 说明

被"挖"出来的部分（即选项），其部分内容或信息点，往往已在上文出现过，或在下文再现，这也是判断选项与上下文关系的一个重要标志。如前举例 1 样卷第 71 题“大的秤”、第 72 题“办法”、第 73 题“船上”，例 3 真题 H61004 第 71 题“要求”、第 72 题“接受”、第 73 题“希望”、第 74 题“帮”。例 4 样卷第 77 题，没有字面上的直接重现，但是细察之下，上文“脚步声”的“声”与 D 项“作响”，仍是相同信息。

从以上举例还可注意到，大部分的“信息重现”，是与我们前两节讲过的情形同时存在的，那么这种“重现”，实际上帮助了我们进一步锁定正确项。下面再看一个例子：

**【例 5】**

76—80.

（76）__________。造纸术，为文明传承带来了新的载体；印刷术，造就了文明传播的新媒介。它们对人类政治、经济、文化等诸多方面产生了重要影响，为世界文明的传播与发展做出了巨大贡献。

中国发明印刷术有着得天独厚的物质基础与技术条件。纸和墨的应用是印刷术发明的基本前提。（77）__________。秦晚期已有调制成型的墨丸；汉代已使用松烟中的炭黑制墨；南北朝时期，中国已掌握了成熟的制墨技术。作为纸的发明国，早在印刷术发明以前，中国的造纸术就经历了辉煌的发展历程。西汉时期，中国已发明了纸。公元 105 年，东汉蔡伦总结前人经验，（78）__________，使用废旧麻料、树皮等作为造纸原料，开辟了后代皮纸制造技术的先河，实现了造纸技术史上的重要突破。随着造纸技术的发展，纸逐渐普及到人类生活中。魏晋南北朝时期，中国纸张的使用进入转折时期。公元 404 年，东晋豪族桓玄颁布“以纸代简”令，终止了简牍书写的历史，（79）__________。人们选用麻、藤、树皮、竹等作为造纸原料，并运用施胶、涂布、染色等造纸加工技术，使纸张变得物美价廉。造纸术的发明，（80）__________，更为印刷术的发明提供了重要的承印材料。

**A** 造纸术和印刷术是中国古代的两项重要发明
**B** 改进造纸工艺
**C** 纸终于成为主要的书写材料
**D** 中国很早就已发现并使用墨
**E** 带来了书写材料的根本性变革

答案 76. A 77. D 78. B 79. C 80. E（H61001 76—80 题）

这里第 76 题对应的 A 项，是全文的总括，“造纸术”“印刷术”随即在下文（“发明”在下段）重现。第 77 题对应的 D 项“墨”，在其上下文都有。第 80 题缺损谓语，E 项为其补足（参见本课上一节），同时该项的“书写材料”是上文“纸”以及在下文“承印材料”隐性重现。第 78 题对应的 B 项“改进造纸工艺”，与上文“总结前人经验”是偶句并列关系（参见本课考点与难点（一）），并一起与下文各句的“使用”“开辟了”“实现了”形成一种排比句式。第79题对应的C项“终于”，呈现出与上文的时间关联以及某种结果状态（参见本课考点与难点（一））。

需要提醒的是，有时候行文中会出现诸如“此人……”“这种……”“那些……”“其中”等用代词来复指已述内容的情况，也可视为信息重现的一种。

## ● 常见错误

不注意选项与上下文之间的信息关联和语义联系，乱填一气。

## ● 应试策略与技巧

**1. 留意空档的上下文有没有出现某选项提到的信息** 尤其是名词类的信息。

**2. 注意相同意思的不同说法** 即对某一事物、事件的同义近义替换，如前述例4样卷第77题和例5真题H61001第80题，即是此类。

## 练习（三）

**选句填空**

一天晚上，有一家人家里的妻子和小孩儿都已进入了梦乡，丈夫下班回来因没带钥匙无法进屋，但他趴在窗户上无论怎样喊叫，（1）__________。忽然，丈夫灵机一动，嘴贴在窗玻璃上叫了声：“妈妈，我要尿了。”果不其然，妻子惊醒了，为丈夫开了门。

原来，人在酣睡期间，抑制便扩散到整个大脑皮质，但（2）__________称为“警戒点”。通过这个警戒点，睡着的人就可以保持与外面的联系。警戒点的神经细胞没有被抑制，（3）__________，这种能力与外界信息的意义有密切关系。有一个有趣的实验，给睡眠者反复播放有许多人名的磁带，睡者唯有听到正与他热恋的少女的名字时，（4）__________，皮肤电图也有变化。

睡眠的警戒点是人类长期进化而形成的一种自我保护能力。在古代，人们常受到群兽的威胁，即使睡觉时也要保持高度的警惕性。久而久之，人的大脑中便保留有一个奇妙的警戒点，（5）__________。

**A** 脑电图才发生变化

**B** 对外界保持有一定程度的警觉能力

**C** 也不能叫醒妻子

**D** 其中有某个不受抑制并处于兴奋的部位

**E** 这个部位甚至在人酣睡时也是清醒的

**本课小结**

- **主要考点难点：** 1. 上下文的逻辑联系；2. 上下文是一个封闭的语法结构；3. 信息重现。
- **考生常见错误：** 理不清上下文的时序和逻辑关系，不能理解复句的关系和含义以及长句的语法结构，抓不住上下文的信息关联。
- **主要应试策略：** 注意时间线索以及上下文的并列、对比，多记关联词语；搞清空档处缺损的是何种句法成分；留意上下文的信息再现和同义替换。

## 课后练习

**选句填空**

1—5.

不要以为水果代替正餐就能达到减轻体重、降低体内脂肪的效果，（1）________，也会造成体内脂肪的堆积。（2）________，但睡眠不足反会导致食欲增加。因为当睡眠不足又必须保持清醒时，会产生厌烦、焦躁的情绪，吃东西被当作是缓解焦虑的一种手段。研究证明，睡眠保证在8小时以上的人，（3）________。如果必须熬夜了，可适当食用脱脂奶、酸奶或水果。事实上，运动量过少，才是导致肥胖的主要原因。如果女孩子能够保证一周至少运动三次，每次半小时以上，特别是进行全身性运动，（4）________，比如游泳——即使不会游，（5）________，利用水的阻力达到燃烧身体脂肪的效果也是减肥的有效途径。

A 比少于6小时的人健康状况要好得多
B 就能很好地抑制脂肪的增长
C 只在水中迈步
D 水果中的果糖
E 还有些女孩子试图用少睡觉的办法来减肥

6—10.

1976年，唐山发生了历史上罕见的大地震，造成了严重的人员伤亡。（6）________，摇摇晃晃地驶向附近的玉田县。汽车走得很艰难，途中一直不停地左右摇晃，（7）________。好容易走完了80公里，到了玉田县城。伤病员被一个个抬下了汽车，这时，有人招呼司机下来休息休息，（8）________。打开车门以后，人们惊呆了。车里的司机头部严重受伤，腿也骨折了。（9）________，此时他趴在满是血迹的方向盘上已经停止了呼吸。这位司机在生命的最后一刻也没离开自己的方向盘，(10)________，听到他的事迹的人们无不为他的精神所感动。

**A** 似乎方向盘不灵了
**B** 可是怎么叫也没有回应
**C** 原来他也是个伤病员
**D** 奇迹般地把伤病员送到了目的地
**E** 地震以后一辆汽车满载着伤病员

11—15.

《三国演义》是一部历史题材的小说，是根据陈寿的《三国志》及裴注等史料，(11)__________，历数百年最后定稿于罗贯中。《水浒传》是以《宋史》和《宣和遗事》及元曲中的许多梁山泊英雄故事为蓝本而加工演化，(12)__________。《西游记》则是根据《唐史・三藏法师传》记玄奘往西天取经这段史实演化而成的，是部神魔小说。然而，(13)__________，而是借小说《水浒传》中描写西门庆与潘金莲的故事，把故事引申开来，写的完全是市井平民生活，通过写西门庆的一个家庭来反映社会的黑暗腐败，(14)__________。后来清代的《红楼梦》写贾家一族的家史，学的就是《金瓶梅》的写法。明史专家吴晗早在三十年代就撰文，说《金瓶梅》反映了政治、经济、文化、习俗等等，(15)__________。

**A** 这在我国小说史上是没有先例的
**B** 是一部明末社会史
**C** 唯独《金瓶梅》不以史书为依托
**D** 经说书艺人的加工
**E** 最后成于施耐庵之手

16—20.

别人都说，一个女孩子关心你的感情生活，为你"吃醋"，说明她喜欢你；(16)________，女孩子的心思，是不容易看出来的……所以，我一直都想试试玲对我有无好感。

(17)________。一日，玲到我这儿做饭，我边帮她洗菜，边聊起了我过去的一些感情经历，也没忘了标榜自己的情深似海。玲听得很认真，不时还插上几句，对我的坎坷恋情进行评价，一副投入的样子。我觉得时机到了，停顿了一会儿，鼓足了勇气，(18)________，轻轻问玲："你吃醋吗？"

"吃呀"！玲的回答果断而肯定。

顿时，(19)________。谁说"女人心，海底针"？并不是所有的女孩子感情都那么纤细曲折，玲不就很痛快地表白了吗！一切进展顺利，(20)________，我沉浸在一种甜蜜的想象之中……

“醋呢？”玲问。

“什么？”我有些摸不着头脑。

“你不是要拿醋给我吗？干吗呆坐着？！”

**A** 别人还说

**B** 涨红了脸颊

**C** 我心花怒放

**D** 看来玲对我是喜欢的

**E** 机会终于来了

21—25.

（21）________。一般来说，男人更渴望名声，炫耀能力；女人更追求美貌，炫耀服饰。（22）________，二者有精神和物质的区别。但换个角度看，这岂不恰好说明了女人的虚荣只是表面的，男人的虚荣才是本质性的？女人的虚荣不过是一条裙子、一个发型、一场聚会，（23）________，在家庭、儿女、婚丧等大事上抱着相当实际的态度。男人虚荣起来可了不得，他们要征服世界，名扬四海，流芳百世，为此不惜牺牲一生的美好光阴。当然，男人和女人的虚荣又不是彼此孤立的，（24）________。正如男人以娶美女为荣，女人以嫁名流为荣。各自的虚荣心又助长了对方的虚荣。要是没有异性的目光注意着，（25）________，男人追求声名的劲头也要大减。

**A** 正如一位哲学家所说的

**B** 女人就不会醉心于时装

**C** 他们实际上在互相鼓励

**D** 男人和女人各有各的虚荣

**E** 她们对待整个人生并不虚荣

## ►►► 第11课练习答案

**练习（一）** 1. A　2. D　3. E　4. F　5. C　6. G　7. H　8. B

**练习（二）** 1. B　2. H　3. A　4. E　5. F　6. G　7. D　8. C

**练习（三）** 1. C　2. D　3. B　4. A　5. E

**课后练习** 1. D　2. E　3. A　4. B　5. C　6. E　7. A　8. B　9. C　10. D
11. D　12. E　13. C　14. A　15. B　16. A　17. E　18. B　19. C　20. D
21. D　22. A　23. E　24. C　25. B

# 第12课 阅读第四部分（读短文，选择答案）1

## 题型与特点

### ● 题型

HSK（六级）阅读考试的第四部分，共有20题，试卷上提供若干篇文字，每篇文字带几个问题，要求考生从每个问题下面的四个选项中选出唯一正确的答案。

**【例1】**

81—84.

对于普通双排5座轿车而言，应该把哪个座位留给客人，才是最有礼貌的做法呢？专家表示，在社交应酬中，如果是主人自驾车陪客人出去游玩，那么副驾驶座就是最有礼貌的座位。而在公务接待中，副驾驶座后面的座位是最礼貌的座位。公务接待时，副驾驶座被称为“随员座”，一般是翻译、秘书的位置，让客人坐在这里是不礼貌的。

除了礼仪上的考虑，多数人更关心的是，车里哪个座位最安全。其实，坐在哪个位置，安全都是相对的。交通管理部门曾经资助一个专家小组专门研究这个问题。研究通过事故调查分析和实车检测后得出结论：坐在后排座正中间的乘客相对最安全。

分析结果显示，出车祸时，车内后排乘客的安全指数比前排乘客高出至少59%；如果后排正中间的位置上有乘客，那么车祸时他的安全指数比后排其他座位的乘客高25%。这是因为与其他座位相比，后排正中间的位置与车头和左右两侧的距离最大，撞车时这个位置受到的挤压相对最轻。

如果不喜欢坐在中间位置，那么坐在司机后方也是不错的选择。但是研究人员强调说，保障安全的前提是车上所有人员都要系上安全带，否则再安全的汽车也无济于事。

81. 自己驾车时，把哪个座位留给客人是最礼貌的？

**A** 副驾驶座　　**B** 驾驶座后座

**C** 后排正中间　　**D** 副驾驶座后座

82. 交通管理部门资助的项目主要研究：

**A** 怎样降低交通事故发生率　　**B** 应该把哪个座位留给客人

**C** 小汽车里哪个位置更安全　　**D** 小汽车里哪个位置最舒适

83. 后排座乘客比前排座乘客的安全指数高多少？

A 9%　　B 25%

C 将近 40%　　D 超过 50%

84. 根据上文，保障乘车安全最重要的是：

A 不疲劳驾驶　　B 系好安全带

C 规定乘车人数　　D 选择安全座位

答案 81. A 82. C 83. D 84. B（样卷 81—84 题）

## ● 特点

1. 这种题型是阅读考试最普遍的题型，在 HSK（五级）考试中已经出现过，但是到了六级，文章篇幅更长，难度加大，阅读速度要求更快。

2. 每篇文字的篇幅约在 500—1000 字之间，需要达到的阅读速度约 160 字 / 分钟。从考试的角度看，大概一分钟要完成一道题。

3. 题材广泛，信息量大，其内容涉及有关人生感悟、生活常识、社会现象、历史文化、科学技术等诸多方面。

4. 体裁上，有叙述，有说明，有议论。或对事件、事物做有层次、多方面的描述，或比较对照两个或更多的人物、事件、观点，或对某论点提供充分论据和论证。

## 考点与难点（一）　迅速查找所需信息

## ● 说明

流利性即目的语运用的熟巧程度，是高级阶段语言能力的一个重要表现。语言测试对于流利性的考查，主要是通过对语速的定量控制体现出来的；这一定量要求对于不同的（听、说、读、写）语言技能，又有不同的内涵。**通过快速阅读，查寻所需信息**，这是应用层面阅读能力的一个重要方面。像上述例 1 中的 4 道题，可以分别以题干信息中的“自己驾车给客人最礼貌的座位”“交通管理部门资助研究……”“后排座比前排座安全指数高……”“乘车安全最重要的保障”为标记，直接在原文的第 1 段第 2—3 行、第 2 段第 2—3 行、第 3 段第 1 行、第 4 段第 2 行找到相应答案。再如：

**【例 2】**

89—92.

1864 年，杨全仁由山东到北京做鸡鸭生意，由于他聪明勤快，加之平时省吃俭用，在生意红火的同时，原始积累也越积越多。一天，杨全仁在前门外看到一家叫

“德聚全”的干果铺要转让，便毅然将其买了下来。有了自己的铺子，起个什么字号好呢？于是，杨全仁请来一位风水先生商议。那位风水先生看了店铺之后，对杨全仁说：“鉴于以前这间店铺甚为倒运，晦气难除，现在你除非将‘德聚全’的旧字号颠倒过来，即改称‘全聚德’，方可冲其霉运，踏上坦途。”

风水先生一席话，说得杨全仁眉开眼笑，因为“全聚德”这个字号正中他的下怀。一来他的名字中有一个“全”字，二来“聚德”就是聚拢德行，可以向世人表明自己做生意讲德行。于是，他果断决定将店铺的字号定名为“全聚德”。

杨全仁改“德聚全”为“全聚德”，变干果铺为饭庄，主营北京烤鸭，兼营酱卤菜和炒菜。精明的他深知要想生意兴隆，就得有好厨师。当得知专为宫廷做御膳挂炉烤鸭的金华馆内有一位姓孙的老师傅，烤鸭技术十分了得时，他就千方百计与其套近乎、交朋友，经常一起饮酒下棋，相互间的关系越来越密切。后来孙师傅终于被杨全仁说动，在重金礼聘下来到了“全聚德”。

孙师傅来到“全聚德”之后，便把原来的烤炉改为炉身高大、炉膛肚大、一炉可烤十多只鸭子的挂炉，还可以一面烤，一面往里面续鸭。经他烤出的鸭子，外形美观，丰盈饱满，鲜美酥香，肥而不腻，瘦而不柴，为“全聚德”烤鸭赢得了“京师美馔，莫妙于鸭”的美誉。

新中国成立后，“全聚德”成为国家外事活动宴请外宾的重要饭店。一次，周恩来总理在“全聚德”宴请外宾时，一位外宾好奇地问起“全聚德”三个字的涵义，周总理解释说：“全而无缺，聚而不散，仁德至上。”这一解释，精辟地概括了百年“全聚德”一贯的经营思想。“全而无缺”意味着“全聚德”在经营烤鸭以外，还广纳鲁、川、淮、粤等菜系，菜品丰富，质量上乘无缺憾；“聚而不散”意味着天下宾客在此聚餐聚情，情意深厚；“仁德至上”则集中体现了“全聚德”人以仁德之心真诚为宾客服务、为社会服务的企业理念，这也正是“全聚德”的商魂所在，也是它被誉为“中华第一吃”的根本原因。

89. 风水先生的建议是：

| | |
|---|---|
| **A** 经营烤鸭 | **B** 转让店铺 |
| **C** 改变字号 | **D** 请好的厨师 |

90. 第2段中“正中他的下怀”的意思是：

| | |
|---|---|
| **A** 令他很有信心 | **B** 让他十分犹豫 |
| **C** 非常合他的心意 | **D** 和他起的名字一样 |

91. 孙师傅对北京烤鸭做了哪方面的改进？

| | |
|---|---|
| **A** 工具 | **B** 材料 |
| **C** 种类 | **D** 经营方式 |

92. 周恩来总理对“全”的解释是：

A 服务全面　　　　B 菜系齐全

C 最受欢迎　　　　D 全心全意

答案 89. C 90. C 91. A 92. B（样卷 89—92 题）

这里例 2 的 4 道题，也分别可以根据题干信息的“风水先生建议”“正中他的下怀”“孙师傅的改进”“周恩来的解释”，以此为标记，直接在原文的第 1 段第 4—6 行、第 2 段第 1—2 行、第 4 段第 1—2 行、第 5 段第 3—5 行，找到正确的答案。

当然，在以查阅所需信息为目的的跳读、扫读等快速阅读中，除了要求对目标信息的敏锐捕捉之外，也需注重对语段、语篇的整体把握，特别是在专业性、资料性的文字材料中。

## • 常见错误

1. 依然按照平时阅读训练、练习的老习惯，一上来先看文章，淹没在长文的汉字汪洋中，丈二和尚摸不着头脑，最后慌了手脚，没有时间或不能集中心神答题；或者虽然先看了问题，但阅读时仍是处处留心、生怕有所遗漏，眉毛、胡子一把抓，割舍不下与答题无关的冗余信息，经常捡了芝麻丢了西瓜，虽然靠前几篇阅读材料的问题答得很好，却已把时间用光。

2. 审题不够认真仔细，造成对题意或原文的理解有偏差，贸然作答。例如例 1 样卷第 81 题，要注意“自己驾车”这个条件，因为原文讲了“自己驾车”和“公务接待”两种情况；例 1 样卷第 84 题，如果不注意“最重要”的“最”，就很容易以为含有原文一直在讨论的内容“安全座位”的 D 项是正确答案。

## • 应试策略与技巧

**1. 先看问题，再读文章**　以上多次强调的“**所需信息**”，实际上就是**文章后面的问题**，并不是不同读者感兴趣的、真正需要的信息。考好快速阅读的关键是要有所舍弃，要能“舍得”，即对于（和考题）有关的信息要准确定位，无关的信息则毫不犹豫地舍弃，比如例 2 文章的第 3 段。

**2. 把题干里的关键词作为寻找答案的标记**　文章后各问题中的**关键词**是确定“所需信息”的依据。这部分阅读考题里，有近半题目中的关键词就是文章中的原词，可以直接拿来作为标记去查找。所以务必先确定问题中的关键词语，然后“按图索骥”找出其原文中的所在，再在其所在的句子及周围寻找问题的答案。（当然，也有部分题干的关键词对原文作了同义近义替换或有所概括。）

**3. 做题建议**　在绝大多数情况下，文后问题的顺序基本上是和行文顺序相一致的，因此可以先看第一个问题，浏览一段或数段文章，找到答案并做下**记号**（此时不必急着确定，以防别处有相关信息甚至更准确的答案）；然后再看第二个问题、再读下一段文章查找该题，如此进行直至做完该文的所有题目，最后确认并写出回答。不必在生词处停留（若此生词与问题有关，则尽可能在上下文寻找线索），无须注意与问题无关的句子和段落。

## 练习（一）

**一、快速浏览下面两段文字，先在文中画出相关的语句，然后回答问题**

1—2.

科举的基本制度就是通过考试逐级选拔人才。唐朝的科举考试分州县试和礼部试两级，宋代又增殿试一级。明清时考试增为四级：科试，及格者为秀才；乡试，及格者为举人；会试，及格者为贡士；殿试，及格者为进士，前三名分别称作状元、榜眼、探花。明清的各级考试，每隔三年举行一次，进士及第后授给一定的官职。

1．宋代有几级考试？

2．明清科举考试中哪一级及格后可以做官？

3—4.

科学扫描法，又称速读法或扫读法，指在有限的时间内尽快地、有目的地、有效地阅读文字材料，并获取所需信息的方法。主要原理是采取科学视读法，减少眼停次数、时间和回视，扩大视读广度，达到提高阅读速度的目的。它突破了按字词句读书的习惯，而是一行一行、一块一块地扫视；采取略读和寻读相结合的方式，略去一般性文字，发现重要信息才减慢速度。据统计，文章的一般性内容通常占全篇的75%，要点只占25%。又据研究，一般文章的组织结构，大体可分为七个部分：一是名称，二是作者，三是导语，四是一般内容，五是事实、数据、公式之类，六是新奇之点，七是争议之点。速读就像雷达跟踪目标，敏捷地抓住文章中的六七两点，而将其他略去，这样可用较少的时间赢得较大的阅读量。

3．科学扫描法的目的是什么？

4．科学扫描法抓取的是文章的哪些内容？

**二、请选出正确答案**

1—5.

广州市盛况空前的迎春花市于大年初一凌晨2时圆满结束。据广州市花市安全保卫总指挥部统计，花市期间共吸引了500万人次前往参观和选购，出现了人财两旺的可喜现象。

广州今年分别在越秀、东山、荔湾、海珠、天河、黄埔6区各设一个迎春花市。中心花市位于越秀区的教育路、西湖路和惠福路。天河花市由于首次将花市地点迁到天河体育中心内举行，并提前3天开幕，因而前往天河花市参观和选购的市民比去年大幅增加，成为全市规模最大的花市。

由于天气较好，第一日前往参观的市民就达到了100万人次，第二日上升到150万人次。为确保广大市民高高兴兴、平平安安逛花市，广州市公安局和各区公安分局共出动了数千民警和治安执勤人员在各个花市执勤，并在越秀、东山、天河等花市安装了闭路电视监控系统，花市期间均没有发生大的刑事案件和治安案件。往年到花市结束时，鲜花越卖越贱，卖不完的鲜花都会被花农砸掉。今年花市结束时，200多名身佩绶带的青年志愿者将花农捐出的卖剩的6000多盆花运到了老人院摆放。

1. 今年的中心花市是在哪个区?

**A** 越秀区　　**B** 天河区
**C** 东山区　　**D** 黄埔区

2. 今年哪个区的花市最大?

**A** 越秀区　　**B** 天河区
**C** 荔湾区　　**D** 东山区

3. 花市期间有多少名警察在执勤?

**A** 一万名以上　　**B** 6000多名
**C** 几千名　　**D** 200多名

4. 参观花市的人一共有:

**A** 100万人　　**B** 150万人
**C** 250万人　　**D** 500万人

5. 今年花市结束后，没卖掉的花:

**A** 被砸掉　　**B** 继续展览
**C** 留下来接着卖　　**D** 送给了老人院

## 考点与难点（二）　总览并捕捉细节

### ● 说明

阅读考试的一个重要方面就是考查考生捕捉细节的能力，看考生是不是真正读透了文章。这些细节常常包括文章涉及的时间、地点、相关人物和事物、关系、数字、原因、结果等等。前一部分的两个例子其实都属此类。但并不是所有题目都能根据标记直接找到答案，有些需要对所考查问题在文中的相关具体信息稍做概览和辨别，常采用的问题是：

下面各项正确的是：

根据上文，某事 / 某人：

××× 的原因是：

关于 ×××，可以知道：

除此之外，偶尔也会有“下面哪种说法符合上文的内容？”“这段材料没有谈到什么？”这类提问方式。如：

**【例 3】**

85—88.

一个年轻人获得一份销售工作，勤勤恳恳干了大半年，却接连失败。而他的同事，个个都干出了成绩。他实在忍受不了这种痛苦。在总经理办公室，他惭愧地说，可能自己不适合这份工作。“安心工作吧，我会给你足够的时间，直到你成功为止。到那时，你再要走我不留你。”老总的宽容让年轻人很感动。他想，总该做出一两件像样的事之后再走。

过了一年，年轻人又走进了老总的办公室。这一次他是轻松的，他已经连续 7 个月在公司销售排行榜中高居榜首。原来，这份工作是那么适合他！他想知道，当初老总为什么会将自己继续留用。

“因为，我比你更不甘心。”老总的回答出乎年轻人的预料。老总解释道：“当初招聘时，公司收到 100 多份应聘材料，我面试了 20 多人，最后却只录用了你。如果接受你的辞职，我无疑非常失败。我深信，既然你能在应聘时得到我的认可，也一定有能力在工作中得到客户的认可，你缺少的只是机会和时间。与其说我对你仍有信心，不如说我对自己仍有信心。”

我就是那个年轻人。从老总那里，我懂得了：给别人以宽容，给自己以信心，就能成就一个全新的局面。

85. 一年之后，年轻人：

**A** 当上了总经理　　**B** 成为公司的销售骨干

**C** 被调到另一个部门工作　　**D** 对自己的工作仍然没有信心

86. 老总当初为什么要留这个年轻人？

**A** 公司急需人员　　**B** 客户欣赏年轻人

**C** 相信自己没有看错人　　**D** 年轻人有丰富的工作经验

87. 关于年轻人，可以知道：

**A** 是作者的朋友　　**B** 适合销售工作

**C** 应聘了 20 多家公司　　**D** 在这个公司工作了 3 年

88. 上文主要想告诉我们：

A 好领导能决定公司成败　　B 成功离不开集体的支持

C 工作中要学会为人处事　　D 自信和宽容成就新天地

**答案** 85. B　86. C　87. B　88. D（样卷 85—88 题）

这里的样卷第 85、86、87 三题，都需要对原文的相关信息点，在浏览聚拢之后**稍做综合总结**，才能剔除似是而非的迷惑选项。

错误选项有哪些特点呢？错误选项一般是对原文信息进行编制、加工和改造，简单来说有两个方法：其一，把原文里不相干的信息胡乱组合；其二，增添原文没有的信息。再具体点儿，又可分析出主要有四种，可以各用一个成语来形容：

**1. 张冠李戴**　也就是信息移植。从选项里切分出来的各信息点（其主语、宾语，或者数据），在原文中可能都有，但是出现在不同地方，而选项故意把它们窜乱混在一起，把无关的几个信息点随意组合，比如例 3 的 87C。例 3 的 85A，也可视为此类。

**2. 添油加醋**　即增加部分新信息。选项里的信息点，大部分是原有的，小部分是添加的。比如例 3 的 86B 错，原文是说老总觉得客户会认可年轻人；例 3 的 87D 错是因为，根据原文所说是顶多工作了不到两年（半年 + 7 个月）。有时也会利用多义词来设计，即原文出现的是一个词的某个义项，而在选项中故意替换成其另一个义项，造成误导。

**3. 无中生有**　就是说，选项所提供的信息，在原文中完全不存在或根本没有提及。比如例 3 的 85C、86A。

**4. 南辕北辙**　即与原意相反或对立。选项提供的信息，恰与阅读材料的本来意思相反，或对原文是一种否定。比如例 3 的 85D 错，因为原文是说他很轻松、销售成绩第一。例 3 的 86D、87A 也是如此。

## • 常见错误

1. 被错误项中重新组合的干扰细节迷惑，难以准确判断。
2. 对阅读材料呈现出来的各种具体信息不加甄别，忽视了某些重要细节。

## • 应试策略与技巧

**1. 带着问题去读材料**　有了目的性，除了能节约做题的时间，也能避免遗漏。

**2. 注意同义、近义替换**　尤其是正确项，出题人往往不肯直接搬用原文词句，会做一些词义、句式上的替换加工。

## 练习（二）

### 一、快速浏览下面两段文字，先在文中画出相关语句，然后选出正确答案

1.

江苏南京特有的雨花石非常美丽，常常被收藏家视为珍宝。人们说，世上找不到两块相同的雨花石。然而，在南京有一位女画家，却能用画笔在鹅卵石上画出“雨花石”来，而且完全可以以假乱真。

1. 关于雨花石，下面哪句话不对？（并请画出各项在文中的同义或相关之处）

   **A** 只有南京才有　　**B** 收藏家非常喜欢

   **C** 每块都不相同　　**D** 画出来的不太像

2—3.

每学期开学时，研究生必须按学校规定的日期返校，持研究生证到系（所、中心）办理注册手续。研究生除了因自然灾害致使交通受阻等临时特殊事故（一般需要当地证明）不能按时到校注册者，均须事先向所在系（所、中心）请假，并同时报告所在教研室和自己的导师。不请假或请假未获批准而不按时注册者，按旷课论处（每天以旷课四学时计算）。

2. 一个需要请假的中文系研究生必须向谁请假？

   **A** 所在的学校　　**B** 自己的导师

   **C** 该校中文系　　**D** 所在教研室

3. 下列哪种情况下不能在规定时间返校的研究生按旷课处理？

   **A** 没向同学报告　　**B** 遇到特殊事故

   **C** 请假没被批准　　**D** 遇到自然灾害

### 二、请选出正确答案

1—5.

我青年时，如痴如醉地爱好文艺，也写点儿文章投稿。但从来没有想到向名家请教，给人家写信，更没有机会去拜访名家。也可能是因为当时没有写出像样的东西，更没有出过书，没有资格这样做。若干年以后，能出书了，也没有给名人送过书。编刊物，也很少向名人约稿，只是守株待兔，等候着青年人的投稿。所以虽身在文艺界，和文艺界的名人接触不多。

记得在延安，我发表几篇小说后，周扬同志曾到我的住处，看望我一次。也没有地

方坐，站着和我说了几句话，就走了。当时我是鲁艺文学系的教员，他是院长。那时鲁艺名家如林，我也不记得到谁的住处闲谈过。我自幼性格孤僻，总是愿意独来独往。

我认为，别的艺术门类，或许需要名家亲手指点，但文学一事，只要认真读名家的作品就可以了。千古名师，也无非叫你多读多写。文学，靠的是本身的素质和坚韧的努力。

1. 根据上文，作者年轻时：

**A** 常常喝得大醉　　**B** 写了很多作品

**C** 很少有机会接触名人　　**D** 不敢给名人写信约稿

2. 符合作者情况的是：

**A** 只等着发表青年人的作品　　**B** 名人常常得到他送的书

**C** 没有写出过像样的东西　　**D** 给他的刊物写稿的名人很少

3. 关于作者在延安时的情况，我们可以知道：

**A** 生活相当不错　　**B** 在文学系工作

**C** 不喜欢周扬院长　　**D** 很愿意跟人交往

4. 作者曾做过不同的工作，文中没有提到哪一种？

**A** 记者　　**B** 编辑

**C** 作家　　**D** 教师

5. 本文主要谈的是：

**A** 拜访名家没有用　　**B** 搞文学全靠自己

**C** 成为名家的经验　　**D** 鲁艺有很多名家

**本课小结**

- **主要考点难点：** 1. 迅速查找所需信息。2. 总览并捕捉细节。
- **考生常见错误：** 被长文淹没，茫无头绪；审题不细；被干扰项误导，对具体细节不加甄别。
- **主要应试策略：** 先看问题再读文章，以题干的关键信息作为标记去寻找答案，并注意题目及选项中对原文词句的同义近义替换。

## 课后练习

**请选出正确答案**（20 分钟内完成）

1—5.

听完音乐，不久就是电视大学的植物学课程，我接着看。这位教授很有学者风度，讲得也好。我在中学就喜欢植物学，成绩很不错。现在一听这个科、那个目，还是饶有兴趣。听着这种课程，我心里是平静的，走进忘我的境界。这里没有经济问题，没有政治问题，没有历史也没有现实，不是读报纸、看新闻。它只说明自然的进化，花花草草的生长规律，不会引起思想波动，也没有观念的冲突、意识形态的混乱，以及修辞造句的胡说八道。

“植物学，今天就讲到这里。下面是动物世界……”

“下面是英语教学。”这位外国女老师，教得多么好。我从 12 岁学英文，学了整整 8 年，英文老师有十几位，谁也没有这位女士教得好。我聚精会神听着，看着。我没有别的野心，不想出去留学，也不想交外国朋友。我只是想证实一下，当初废寝忘食学了那么多年英文，现在还记得多少。

各地风景名胜，习俗人情，我也爱看。

儿女们见我这样入迷，都很高兴，说：“早就劝您买一台，就是不乐意。您看现在多好！回头换一台彩色的吧……”

1. 根据上文，“现在一听这个科、那个目”的“科”“目”最有可能是：
   **A** 音乐名词 **B** 医学名词
   **C** 植物学名词 **D** 动物学名词

2. “不会引起思想波动”的，是指：
   **A** 政治经济问题 **B** 读报纸看新闻
   **C** 意识形态 **D** 植物学课程

3. 关于作者学习英语，可以知道：
   **A** 20 岁以前学过 **B** 外国老师教他
   **C** 学习时不太用功 **D** 现在已经都忘了

4. 作者喜欢看电视课程，最主要原因是：
   **A** 对植物学一直感兴趣 **B** 这种课程使心情平静
   **C** 他喜欢花花草草 **D** 现在已经忘了英语

5. 关于作者，可以知道：
   **A** 现在的电视是彩色的 **B** 孩子们不让他看电视
   **C** 也喜欢看风光节目 **D** 现在大概 30 来岁

6—11.

满大街都是杂志、报纸，满大街的报纸、杂志上都有美女照片，大家平日里看来看去可能早就不以为奇，认为这根本没有什么特别的。不过，最近美国芝加哥大学一个研究小组发现，只是看看一张有魅力的女人的照片，就足以让男人的虚荣心戏剧性地膨胀起来，使他对自己的收入期望值、事业的成功、地位及能力的自我评价都会有个飞跃。

研究小组让 18 至 36 岁的男人看杂志封面上的女性照片，志愿者分成两组，一组看年轻女性的照片，另一组看的则是 50 岁以上的妇女的照片，照片上的年轻女性都相当具有魅力。看一会儿之后，志愿者被要求完成一系列的情绪测试、个性及事业调查表。

比较了调查结果之后，研究成员詹姆斯 · 罗尼指出，两组之间出现了令人惊讶的差异。

看了年轻女性照片的男人都夸口说自己“更为雄心勃勃、在公司里处于更高的职位、收入更高而且声望更好”；约有 36% 的男人评价自己是外向型性格，另一组看老年女性照片的则只有 16% 的人如此评价自己。罗尼还发现，大多数看年轻女性照片的人的睾丸激素水平都提高了，约 80% 的人至少列出了一样与之有关的个性特征，另一组则只有 18%（男人的雄心及优势感都来自于自己高水平的睾丸激素，先前已有研究发现男人的这两样特征对女性相当有吸引力）。

还有更重要的一点是志愿者本身都认为照片没什么作用，他们告诉试验者看美女照片对他们回答调查表不会产生任何影响。这些男人认为他们的回答都是切乎实际的，并没有夸大其词。

罗尼表示，看照片会出现心理膨胀的变化相当令人吃惊。因为人们在日常生活中常常会看到有着美女照的杂志刊物，因此，确实需要重新评估一个人是否真的能对自己的个性等方面保持稳固的自我认识。

6. 接受试验者是：

**A** 18 至 36 岁的男人　　**B** 50 岁以上的男性

**C** 50 岁以上的妇女　　**D** 有虚荣心的男人

7. 看美女照片的人中睾丸激素水平提高者占：

**A** 16%　　**B** 18%

**C** 36%　　**D** 80%

8. 被试验者不需要做的是：

**A** 观看异性照片　　**B** 情绪测试

**C** 事业调查　　**D** 评价所看异性

9. 试验结果：

**A** 让人吃惊　　**B** 有吸引力

**C** 夸大其辞　　**D** 不足为奇

10．被试验者认为：

A 自己更为雄心勃勃　　B 能对自我保持稳固的认识

C 男人容易虚荣心膨胀　　D 看照片不会影响回答调查

11．根据上文可知：

A 男人虚荣心比较强　　B 男人的雄心能吸引女性

C 志愿者爱看美女照片　　D 志愿者的回答夸大其辞

12—14.

谈判地点在本国境内一般对东道主有利，这不仅因为情况熟悉，更重要的是可以担任会议主席，有权安排会议日程，能更顺利地达到自己的“战略”目的。开会时，两方要相对入座，不可混杂，以免对方窥见自己的记录。一次会议只可持续两三小时，不可过长。中间应有休息时间，以便有空儿请示上级。同时，休息期间，双方可进行非正式接触。这种非正式接触对于达成协议常有一定的作用，因为非正式场合便于双方互作暗示或提出建议。会议的第一阶段有两三天就足够了，然后转入第二阶段。有的国家政府常常连续作战，使对方无喘息时间，但这种做法一般不受欢迎。有的外国公司常在会议期间去邻国度周末，实际上是利用第三国的通信设备向上级请示，因为他们担心在东道国这样做会泄露消息。

12．关于谈判，下面哪种情况不太常见？

A 会议日程由东道主安排　　B 开会时宾主应该分开坐

C 会议主席由双方轮流担任　　D 自己的记录不让对方看见

13．本文告诉我们：

A 会议时间越长越好　　B 非正式接触也有作用

C 东道国的通信条件不好　　D 休息期间要让对方轻松

14．根据本文，谈判时：

A 应该互相暗示　　B 不必请示上级

C 不要泄露消息　　D 应去国外度周末

15—19.

从现有城市发展的角度来说，取消户籍制度对城市发展是不利的。中国现在的大城市，大多数（不包括深圳等享受特殊政策的经济特区）是从政治中心发展成为地区经济中心的，从现有的发展情况来说，由于其工业发展水平尤其是制造业的发展水平不高，因此对劳动力的吸纳能力极为有限。此外，如果放开城市的户口，涌入城市的不仅仅是技术和管理人才，而且大量的、低层次的农业剩余劳动力也将潮水般流向城市，从而引发“城市病”，而且主要对象是东部发达城市。也许有人会说，现在城市中不也存在大量的民工吗？但是并没有出现“城市病”。这恰恰是因为没有放开大城市户口的缘故。由于没有户口，这些民工在城市中无法定居，过着“候鸟”般的生活，而且，由于没有户口，外出的民工大多数是同乡结伴而行。如果能够定居，那么他们将以家庭为单位居住在城市的边缘地带，形成巨大的贫民窟。许多拉美国家的城市化情况就是最好的例证。

而且，对中、西部中等发达或不发达城市的发展来说，放开户口同时会导致优秀人才的外流。这部分外流的人才是城市发展最重要的人力资本，他们的流失，对一个城市（尤其是中、小城市）来说，是致命的打击，会使城市竞争力在很长的一段时间内持续下降。

从中国城市化发展的角度来说，现在也不是放开城市户口的最佳时机。中国的城市化，要走一条靠发展小城镇和新城市、吸收剩余劳动力的道路，而不是靠无限制扩大现有城市的规模。这就需要大批的技术、管理人才和数量巨大的工厂工人，而放开城市户口，会将新城市发展最重要的人才吸引走。而且，对于新兴城市来说，其消费主力是工厂工人，就现在的实际情况看，纯粹的农民是不适应现代大工业对劳动力的需求的，因为纯粹的农民对新知识技能掌握得不够；同时由于小农经济的影响，农民纪律性较差，缺乏分工协作精神，这也会影响到工作的效率。作为工人的劳动力的最佳选择是农村中受过初等教育和初、中级职业技术培训的农民和外出打工积累了一定工作经验的农民。而这部分人如果在大、中城市落户，中小城镇将面临着所需劳动力的短缺，而且，这种短缺将是结构性的。

从更长远的角度看，如果现在立刻改变现有户籍制度，在若干年之后，中国将会出现东部地区人口的极度膨胀，而西部落后地区则会比以前更落后。当然，从个人的角度看，从落后地区迁移到发达地区，是符合个人利益最大化原则的。不过，就拉美国家来说，大量的人口转移到城市，使农村土地得到集中、机械化生产成为可能，促进了农业的发展。转移到城市的那部分农业剩余劳动力，虽然很多人生活在贫民窟中，但他们的生活水平和质量仍然要高于农村；而且，随着城市的高速发展，会提供更多的就业机会，逐步消化掉城市中剩余的劳动力。

15. 取消城市户籍制度不太可能：

**A** 增加对劳动力的吸纳力　　**B** 引发“城市病”

**C** 导致中小城市人才外流　　**D** 拉大东西部差距

16. 中国的大城市：

**A** 城市竞争力不强　　**B** 往往是地区政治中心

**C** 急需剩余劳动力　　**D** 工业发展水平比较高

17．“城市病”是指：

A 民工无法定居，过着候鸟般的生活

B 农业剩余劳动力潮水般涌向城市

C 在城市边缘地带出现巨大的贫民窟

D 城市中存在大量低层次的民工

18．关于农民，下面哪种说法不对？

A 纪律性比较差　　B 很难分工协作

C 工作效率不高　　D 技能掌握不够

19．拉美国家的城市化：

A 阻碍了农业机械化　　B 治愈了“城市病”

C 使移民生活水平下降　　D 带来更多就业机会

## ►►► 第12课练习答案

练习（一）一、1. 三级　2. 殿试（注意，不是“进士”，进士是殿试的及格者）

3. 提高阅读速度　4. 新奇之点和争议之点

二、1. A　2. B　3. C　4. D　5. D

练习（二）一、1. D　2. C　3. C

二、1. C　2. D　3. B　4. A　5. B

课后练习　1. C　2. D　3. A　4. B　5. C　6. A　7. D　8. D　9. A　10. D

11. B　12. C　13. B　14. C　15. A　16. B　17. C　18. D　19. D

# 第 13 课 阅读第四部分（读短文，选择答案）2

## 考点与难点（三） 抓住主旨，把握作者的主要观点

### ● 说明

阅读考试中，另一个重要的考查点就是看考生是不是读懂了材料的**主要事实、中心思想和文章用意**，这就需要培养考生对材料的**整体**把握能力。第 12 课的例 3 样卷第 88 题“上文主要想告诉我们”，即是此类。这类试题常用的问题是：

上文主要说 / 介绍 / 讲的是：

上文想告诉我们：

这个故事说明了什么道理？

以下哪个可以作为上文的标题？

作者认为：

另外也有可能出现这类提问：

作者在这段文字之前 / 之后最有可能写了什么？

这是一则什么文章？

这篇文章可能选自什么刊物？

这篇文章最适合什么人阅读？

例如：

**【例 1】**

97—100.

许多人都有过无法集中注意力的苦恼，一件两三个钟头就能搞定的工作偏偏耗费了一整天都无法专注。那么，怎样才能保持较高的注意力水平呢？科学研究发现，当大脑的前额叶皮层被合适的化学物质刺激时，集中注意力的行为就产生了。尤其是多巴胺这类“愉悦性化学物质”的水平升高，更能促使注意力集中。当多巴胺水平升高时，你的潜意识就会希望获得更多的它带来的美妙感觉，这促使你更专注于正在做的事情。

所有人都会在某些因素影响下发生注意力减退，这包括疲劳、压力、生气等内部因素和电视、电脑等外界诱惑。其中，睡眠不足是最为普遍的因素之一。因为睡眠不足时人体内的供氧会受到影响，而氧气是制造那些化学物质的必需品。

为了赢回你的注意力，除了关掉闹钟，睡到自然醒以外，科学家们还发现了另外一招——吃零食。

如果你正在赶着去参加一个长时间的会议，那么，吃一点苹果、蛋糕之类的零食吧。这些食物会帮助你集中注意力，喝两口浓缩咖啡也是不错的选择。但是当心，过量的咖啡会过度刺激神经，从而减弱你的注意力。

然而当注意力减退是由压力或生气引起时，吃零食可能就没那么有效果了。要应对这类的注意力分散，最好的办法也许是马上开始有氧运动，滑冰或仅仅轻快地走上两圈都行。任何运动都比坐在办公桌前拼命想着集中注意力效果更好。如果不具备运动的条件，那么就推开椅子站起来——这个简单的动作也会告诉你的大脑：是时候清醒并警觉一下了。

97. 根据上文，注意力集中的原因是：

A 产生饥饿感　　B 受到外界诱惑

C 多巴胺水平降低　　D 大脑被某些化学物质刺激

98. 第 3 段中“睡到自然醒”的意思主要是指：

A 早睡早起　　B 睡眠充足

C 按时起床　　D 睡前少吃东西

99. 根据上文，对付因压力引起注意力减退的办法是：

A 有氧运动　　B 保证睡眠

C 安静地思考　　D 吃苹果等零食

100. 最适合做上文标题的是：

A 消除你的苦恼　　B 赢回你的注意力

C 培养你的好习惯　　D 提高你的工作效率

答案 97. D 98. B 99. A 100. B（样卷 97—100 题）

这里的第 100 题，如同上一课例 3 样卷第 88 题，是典型的要求归纳主旨的考题；而这里的第 97 题和第 99 题，需要对文章局部（第 1 段和第 5 段）有关内容进行归总并做出判断，可以说是具体而微的同类题型。

不难发现，对理论性文章，尤其要求能把握文章的基本观点和思路；一般文章，也须掌握其主旨、要点和梗概，有时候还会要求准确领会作者的态度和感情倾向。

## ● 常见错误

1. 抓不住材料的关键词句，找不出中心和重点所在。
2. 不能把全篇的重要信息点联系起来，因而推断不出全文或段落的主旨。

## ● 应试策略与技巧

**1. 注意文章和段落的开头与结尾** 开头和结尾往往是核心内容、观点或结论的所在。如第12课例3样卷第88题，其相应的核心文句即在文章最后。

**2. 找出相关的关键句** 如果主要信息或关键信息并不在较为明显的位置，它很可能藏在材料之中，这时就需要努力找到它。比如本课例1样卷第98题，解题的关键不在紧邻的上下文，而在上一段中间的“睡眠不足是最为普遍的因素之一”一句。

**3. 理清行文线索并进行适当的归纳和推理** 有时候，问题的正确答案并不是体现在某个句子上，它需要我们通过对整个材料进行梳理归纳才能得出。文章内部都有一定的时间、空间、逻辑等关系，如果能够理清其中的**线索**，那么就较易抓住材料的主要意思。

另外，有时可能还需要从一般规律推出个别结论。

## 练习（一）

**请选出正确答案**

1.

我养了许多小动物，什么金鱼呀、小猫呀、小狗呀等等。我对这些“好朋友”十分关心，课外一有空儿，我就观察它们、照顾它们。

最近我又养了两只小乌龟，这真是天大的喜事。因为我从没养过乌龟，觉得很新鲜。

1. 作者接着要写的最有可能是哪方面的内容？

**A** 养乌龟的新鲜经验　　**B** 他为什么要养小动物
**C** 用什么东西养动物　　**D** 金鱼、猫狗等小动物

2.

作为一种短小精悍、文字清奇而又雅俗共赏的文学体裁，笔记在中国具有悠久的传统。它始自魏晋，盛行于宋代。南朝刘义庆的《世说新语》、北宋沈括的《梦溪笔谈》、明代张岱的《陶庵梦忆》、本世纪丰子恺先生的《缘缘堂随笔》，都是文学史上的奇葩。然而近年来，笔记乏人问津，因此，我们推出这一套笔记丛书，并力邀三位当代文学大师来作序推介，也包含着挽回颓势之意。

2. 这段文字应该是：

**A** 笔记文学的出版说明　　**B** 笔记丛书的序言
**C** 推销笔记丛书的广告　　**D** 短小精悍的笔记

3—4.

《清明上河图》规模宏大，结构严谨。从总体来看，它可以分为郊野、汴河和街市三大段。首段描写城郊农村清明时节的田野景色：杨柳青青掩映着农舍酒家，阡陌纵横，田亩井然，农民正耕作于田间；几匹驮炭的毛驴缓行于绿荫深处；村头大道上，一队人肩挑背负，护拥着一骑马者和一乘轿者，轿顶上插满了杨柳杂花，似名门富豪踏青扫墓归来，正匆匆向城内进发。通过环境和人物的点染，对时间、地点和习俗做了简明的交代，为全图展开了序幕。

3．这段文字介绍的是作品的：

**A** 第一部分　　**B** 第二部分

**C** 第三部分　　**D** 作品全部

4．从这段文字看来，作品这一部分反映的是哪里的生活场面？

**A** 城镇街道　　**B** 郊外农村

**C** 豪富之家　　**D** 汴河两岸

5—7.

应不应该取消现有户籍制度呢？其实，所谓“取消”，并不是立刻废止，中国户籍制度的改革一定要与经济改革和政治改革同步，在经济和政治改革没有完全到位之前，对户籍制度只能限于修修补补，同时为进一步改革做铺垫和准备。这也是中国改革的一个特点。

现行户籍制度的废止一定要具备以下两个条件：一是国家完全取消对城市和城市居民的补贴；二是中国实现了不同区域的均衡发展。只有实现了这两个条件，分割城乡的户籍制度才能说到了寿终正寝的最佳时机。而现在各个省市进行的户籍制度改革，都是从本地区的利益出发，希望更多的吸收人才，但又不想承担增加人口所带来的压力和就业负担，而且现在城市中下岗工人的就业也是一个亟待解决的问题。因此，现在的城市户籍制度改革并不能看作是具有方向性和全局性的，它只是各个地方政府追求本地方利益最大化的一个手段，从全国范围来说，这种改革只能解决一时的问题。要想从全局的角度解决户籍制度的问题，国家必须要制定阶段性的政策，必要的时候要用行政强制力保证实施。

5．最适合做本文标题的是：

**A** 应不应该取消现有户籍制度　　**B** 现有户籍制度应该改革

**C** 何时才能取消现有户籍制度　　**D** 中国的户籍制度改革

6. 现在各地的户籍制度改革：

**A** 能解决下岗工人的就业问题

**B** 代表的只是地方利益

**C** 想缓解人口增加带来的压力

**D** 代表了某种改革方向

7. 根据本文，户籍制度改革：

**A** 是为进一步改革作铺垫和准备

**B** 需用行政强制力保证实施

**C** 有助于实现不同区域的均衡发展

**D** 应当分阶段、逐步地进行

## 二、阅读短文，找出最能概括作者意思的一句话

1.

运动员要出成绩，无论平时还是比赛，都必须绝对服从教练，把教练视为不可动摇的权威。不能想象，一个在运动员心目中不是权威的教练能带出一流的选手。我们国家有的运动队，教练员和运动员之间靠酒肉吃喝、哥们儿义气维持关系，训练和比赛都商量着办，这怎么行？这样的队伍，再过一百年也别想走向世界。

2.

说话是我们生活中极普通的事情，跟走路一样的普通。平常人很少有话不说的，有些人无说话的必要也要说话。可是，想想看，一个人独自说话不说话？不。偶尔有，我们就说那个人在那儿“自言自语”，似乎有点儿反常。这是什么道理呢？原来说话和走路不同，不是一种个人的行为，是一种社会的行为。说得明白些就是，要有人听着，我们才说话。

3.

人饲养小动物，有实际利益的需要，比如养狗是为了防盗，养猫是为了捉老鼠，养鸡是为了下蛋。但在养动物这件事上，感情和趣味的需要也很重要。中国有所谓“名士”，名士除了喜爱琴棋书画、梅兰竹菊以外，也有不少喜爱猫狗虫鱼的。就像人们一说起陶渊明就会想到菊花，一说起苏东坡就会想到竹子一样，人们一说起王羲之就会想到鹅，一说起林和靖就会想到鹤。世界上不能没有色彩，生活中不能没有情趣，小动物们带给人的情趣也无法替代。过去人们早起靠的是公鸡，“闻鸡起舞”是生命的呼唤，所以很美；现在早起靠的是闹钟，“闻闹钟起舞”只是机械的催促，所以怎么也美不起来。从情趣和美感的角度想，生活中如果没有了各种小动物，那该是一种多么可怕而又乏味的景象。

4.

中国作家现在很重视语言。不少作家充分意识到语言的重要性。语言不只是一种形式、一种手段，应该提到内容的高度来认识。最初提到这个问题的是闻一多先生。他在很年轻的时候，写过一篇《庄子》，说庄子的文字语言已经不只是一种形式、一种手段，本身即是目的。我认为这是说得很对的。文学作品的语言不是外部的东西，它是和内容（思想）同时存在，不可剥离的。语言不能像橘子皮一样，可以剥下来，扔掉。世界上没有没有语言的思想，也没有没有思想的语言。往往有这样的说法：这篇小说写得不错，就是语言差一点。我认为这种说法是不能成立的。我们不能说这首曲子不错，就是旋律和节奏差一点；这张画儿画得不错，就是色彩和线条差一点。语言是小说的本体，不是附加的、可有可无的。从这个意义上说，写小说就是写语言。小说的语言是浸透了内容的，浸透了作者的思想的。我们有时看一篇小说，看了三行，就看不下去了，因为语言太粗糙，语言的粗糙就是内容的粗糙。

5.

茅盾先生一生著述等身。最近又有新发现。他小学时代的若干篇作文找到了，并在某家文艺杂志上刊登出来。对此，我有点想法。

不消说，茅盾是一个杰出作家。但作家的"杰出"，只意味着他曾经写过杰出作品，并不意味着他写的一切都是杰出的。名人讲的不全是名言，杰出作家写的也不全是杰作，当他们处于少年时期，情况尤其是如此。鲁迅说得好："其实即使天才，在生下来的时候的第一声啼哭，也和平常的儿童的一样，决不会就是一首好诗。"如果我们看不到杰出作家也要经历幼稚浅薄的最初阶段，以致将其童年时期的练习之作也奉为杰作，那就近乎迷信了。

我这样说，是不是不敬重茅盾了呢？正相反。现在重新找到的茅盾小学时代的作文，其实早在1946年就曾由茅盾夫人回乡时发现。当时也有报刊编辑要求发表，但茅盾回答说："小学生作文嘛，有什么好发表的！"创作态度严谨的茅盾先生是自谦的。而这种高度的自谦，正显示出他深刻的自知，即对早年幼稚作品的清醒认识。作为后人，尊重前辈的这种"自知"，尊重由这种"自知"而做出的"不发表"决定，正是对前辈大师的最好敬意。

话又说回来，重新找到的这些作文，也还是很有意义的。对于研究像茅盾这样一位大作家来说，工作越细越好，资料越多越好。倘若不将它们刊登在教育熏陶广大青年读者的文艺杂志上，而是刊登在供现代文学史研究者阅读的专业性刊物上，那才是登对了地方。

## 考点与难点（四） 通过上下文领会词义语意

### ● 说明

通过上下文的线索来猜测或归纳词句含义，是一种必备的阅读能力。这部分的阅读考试也会直接考查考生对材料中某词语或短句的理解，题量在3道左右。所考词句，少数会在附近有所解释，但更多的是必须**从上下文的关系**里推测出来，这也是新HSK（六级）难于新HSK（五级）的一个表现。

如第12课中例2样卷第90题"第2段中'正中他的下怀'的意思是"，上下文没出现解释，必须联系上句"风水先生一席话，说得杨全仁眉开眼笑"，来理解正确项C项的"非常合他的心意"。又如本课上一节例1样卷第98题"第3段中'睡到自然醒'的意思主要是指"，也没有解释，要找到更远处前一段落说的"睡眠不足是注意力减退最普遍的原因"，再联系短句所在段落谈的是"赢回注意力"的办法，才能确认答案为B项"睡眠充足"。

再如样卷第95题（原文太长从略）考的是"房东"一词所指，材料全文主要都是在谈"海葵和小丑鱼的关系"以及前者对后者的"收留和保护"，由此就不难明白"房东"指的是"海葵"了。

再举三个上下文出现类似解释的语句的真题例子：

（1）真题H61001第82题，考的是"健谈"。原文相关语句是："她不断地问我……，我也尽可能陪她聊"，由此即可推断出"喜欢说话"是正确项了。

（2）真题H61001第89题，考的是"反其道而行之"。该句前一句是说"平地起高楼"（在地面上建高楼），两相对照，就可以知道是指悬空寺"建在悬崖上"。

（3）真题H61004第89题，考的是"压力也有最佳水平"。原文紧接着下一句是："适度的压力不仅能……还能……，而过高或过低的压力则……不利。"由此不难理解答案即是"压力要适度"。

需要提醒的是，平时留心多学习一些成语、俗话、熟语和惯用语，对考试会有很大帮助。因为有时所考词语就是来自其中，如果事先就已经学过、明白，那就是事半功倍了。

另外一种对语意理解的考查，可能会体现在复句、长句的理解上，这就需要能对复杂句子的句法关系、语言结构做出清理、分析。

**那么怎样读长句、难句呢？**

首先，对于很多复句来说，**关联词语**往往是理解句意最重要的形式标志。比如第12课例1样卷第84题，要做对就必须理解原文相关句的"否则"；第12课例3样卷第 86 题，要做对就必须理解原文相关句的“与其……不如……”。其他还有诸如“但是”“难道”“其实”“反而”“除非”“以免”“不是……就是……”“不是……而是……”“无论……都……”“即使……”“再……也……”等等，平时应该尽可能多记这样一些关联词语的用法和含义。

其次，碰到长句，可以用**缩略法**理清句子成分，即把最简单的主语、动词、宾语画出来。句子复杂难懂，一个重要的原因是句子的某一部分（比如定语和状语）太长。例如：

〈每次上课〉，王老师〈总是在黑板上〉挂（几张自然）地图，〈在解释中还〉增加了（不少关于古代的人文）知识，使我们〈初步〉了解了（祖国的美丽）形象。

句子可以简单划分为主语和谓语两部分。主语部分太复杂，一般是因为定语太长或主语本身是个句子。例如：

认为心理应该永远是稳定的，一旦异常就无法治疗的看法，并不符合心理学的
主语
原理。

谓语部分太复杂，则常常是由于动词前状语太长，或由于宾语太长。例如：

许多代表〈昨天在休息室里都热情地同他〉交谈。
状语

他找来许多心理学词典，发现“心理异常”里边提到的许多症状和自己的情况差不多。
宾语　宾语

**缩略法**除了可以通过略去修饰语而找出中心语之外，也可用来略去并列的修饰语和生僻词语，甚至略去无关紧要的举例和引语。

## • 常见错误

1. 不注意根据上下文的有关线索来理解词句，胡乱猜测。
2. 只根据字面意义来推断，或仅凭常识理解，未结合文章的具体情境。
3. 被复杂长句难倒。

## • 应试策略与技巧

1. 留意该词句的上下文，前后很可能有解释。
2. 注意上下文之间的并列、对比、反证关系，这些都有助于理解词义。
3. 注意行文线索，词义也可能暗含在语境中，或可以从事例、列举中归纳。
4. 平时多记一些成语、俗语、惯用语。
5. 学会读长句、难句。

## 练习（二）

### 一、解释画线词语的意思

1. 老师没来上课，学生只好放羊。
2. “民以食为天”，我想，没有一个人不爱吃好吃的东西。
3. 入夏以来，国家气象局的专家们每天都要工作十几个小时，有时甚至通宵达旦。
4. 万事俱备，只欠东风，就等着您来给我们领头了。
5. 目前中国的广告经营存在着很多问题，管理不到位，各类广告公司鱼龙混杂，致使一些不合格的广告公司也能够浑水摸鱼，放手开展业务。
6. 要练好演讲就得下工夫。开头不免有点儿磕磕巴巴、紧张生疏，不断练习，功夫到家了，才能得心应手，心里明白，嘴上纯熟。
7. 今天上午学校举行讲故事比赛，每人十分钟。不是讲现成的故事，而是自己编。这可真不容易！
8. 搞研究，最重要的是不能有门户之见，应该兼容并包，团结他人。否则搞成孤家寡人、单枪匹马，一个光杆儿司令，能成事吗？

### 二、画出句子的主语、谓语、宾语以及关联词语

1. 交际策略指人们在用第二语言或外语进行交际时，在表达遇到困难的情况下所采取的一种弥补语言知识欠缺的手段。

2. 一切外国的东西，如同我们对于食物一样，必须经过自己的口腔咀嚼和胃肠运动，送进唾液、胃液、肠液，把它分解为精华和糟粕两部分，然后排除其糟粕、吸收其精华，才会对我们的身体有益，决不能生吞活剥地毫无批评地吸收。

3. 照我的理解，用民族平等的原则来处理历史上的民族关系，并不是用一种简单的方法把不平等的民族关系从历史上删去，或者从那些不平等的民族关系中挑选一些类似平等而实际上不平等的史实来证实这个原则在古代中国已经实现，更不是把历史上的不平等的民族关系说成是平等的；而是揭露历史上的不平等的民族关系，用历史唯物主义的观点，批判的态度，指出那些不平等的民族关系的历史根源和历史实质。

## 三、请选出正确答案

1.

自从哥伦布发现新大陆后，16 世纪烟草从美洲传入欧洲，从贵族社会传入平民百姓，盛行了几百年，如今在欧洲已面临厄运，不再被认为是社交工具，不再是表现绅士淑女风度潇洒的装饰品，而被认为是一种公害。

1. 什么是一种公害？

**A** 哥伦布　　**B** 装饰品

**C** 平民百姓　　**D** 烟草

2.

有这样一些家庭，不少是独生子女家庭，家长对孩子不加约束，过于溺爱，毫无限制地满足他们的物质需要，却缺少精神方面的有效教育，使子女变成了自私自利、贪图享受、粗暴野蛮、丧失道德观念的人。

2. 什么人使孩子变坏了？

**A** 独生子女的家长　　**B** 缺少教育的家长

**C** 溺爱孩子的家长　　**D** 自私自利的家长

3.

人们常常看到，每当某事某物在竞争失败后，它的一些拥护者，不是研究它败在何处、何以失败，从而加以改进，提高它的竞争力，而是批评竞争对手太强，希望外部力量来抑制和打杀对手，以维持自己的生存和发展。

3. 一些竞争失败者为什么要打杀对手？

**A** 为了研究自己失败的原因　　**B** 为了改进并提高竞争力

**C** 不想让竞争对手变得更强　　**D** 为了维持自己的生存和发展

## 四、请选出正确答案

1—6.

古人把脸蛋漂亮放在第一位，这可从“沉鱼落雁之容，闭月羞花之貌”等众多赞词中看出来，可现在漂亮脸蛋已退居第三位。虽然如此，但要真想成为绝色佳人，好身材、好皮肤以外，好容貌也是非有不可的。

现代人有好容貌的是越来越多了。据考证这是人类进化史中必然出现的现象。我是很相信的。要不怎么小时候难得看见一张漂亮的脸，可现在，特别是挤在晚上的南京路、淮海路，俊男靓女随手抓抓就是一大把，简直比路边的霓虹灯更让人眼花缭乱。这也可成为上海的一个新观光景点了。

现代人的审美观点是百花齐放，不像古人局限于“柳眉杏眼樱桃嘴”。这真是一个好现象。你可以长得浓眉大眼，会有人说你活泼；长一双细眼，显得秀气；长一张大嘴，说是性感。反正，只要你五官不缺，自然会有人告诉你：小姐你真美。

1．“沉鱼落雁之容，闭月羞花之貌”是指：

A 脸蛋好看　　B 身材好

C 风景漂亮　　D 皮肤好

2．“绝色佳人”即：

A 俊男　　B 靓女

C 小姐　　D 现代人

3．对于现在的“绝色佳人”来说，长相的重要性排在：

A 第一　　B 第二

C 第三　　D 第四

4．本文的“眼花缭乱”是指：

A 进化太快　　B 观光客太挤

C 霓虹灯太亮　　D 好看的人太多

5．“百花齐放”是说：

A 活泼秀气　　B “柳眉杏眼樱桃嘴”

C 五官不缺　　D 什么样都有人赞扬

6．从本文可以知道：

A 上海有南京路和淮海路　　B 作者小时候长得比较漂亮

C 现代人审美观比较单一　　D 上海的新景点是霓虹灯多

**本课小结**

- **主要考点难点：** 1. 抓住主旨，把握作者的主要观点。2. 通过上下文领会词义语意。
- **考生常见错误：** 抓不住关键词句，找不出中心思想；不注意上下文的线索和逻辑，随意乱猜。
- **主要应试策略：** 注意开头结尾，找出关键句，理清线索并归纳；留意行文中（隐含）的解释或并列、对比关系；平时多记成语、俗话、惯用语和关联词语。

## 课后练习

**请选出正确答案**（20分钟内完成）

1—3.

大学生、研究生毕业以后，通常都喜欢到大城市、大单位工作。其实，这些地方虽然容易出人才，但同时也可能埋没人才。某名牌大学一位中年学者向导师提出，他希望带一名助手。这位年过七十、享受政府特别津贴的导师回答说："你带助手，谁给我当助手呢？"类似的事情并不少见。在著名的高等院校和研究机构，一个常见的现象是，年轻人在相当长一段时间内不能单独挑大梁。在科学界，经常流传着这样一句话："在某某单位是一条虫，出了某某单位就是一条龙。"这并不是一概反对年轻人去著名高等院校和科研机构谋求职业，只是想提醒那些已经在中小城市、一般院校和基层单位工作的人不要失望。也许在一个较小的地方，可以更快地成长。

1. 那位中年学者想带助手最有可能是因为：

   **A** 不愿给导师当助手　　**B** 希望独立开展研究

   **C** 担心埋没了人才　　**D** 想去大城市工作

2. "挑大梁"的意思应该是：

   **A** 单独搞建筑设计　　**B** 自由自在地工作

   **C** 独立承担重要工作　　**D** 享受政府特别津贴

3. 上文主要讲的是：

   **A** 导师和助手之间的矛盾　　**B** 小地方照样能很快成长

   **C** 年轻人多长时间后可以挑大梁　　**D** 到大单位大地方是好的选择

4—7.

几年前，报章媒体曾为某公司试行销售收入按比例提成而争论不休，担心造成员工收入差距太大。如今，国家劳动和社会保障部传出信息，企业将根据劳动力市场的合理价格确定职工工资水平，从而拉开各类人员工资收入的分配差距。

据介绍，即将实行的以岗位工资为主的基本工资制度，主要是根据现代企业工资收入分配及人力资源管理的特点，由各企业进行科学的工作岗位设置、定员定额和岗位测评，据此推行岗位绩效工资制、岗位薪点工资制、岗位等级工资制等各种形式的岗位工资制。

与此同时，企业还可以根据生产经营特点采取灵活多样的工资支付形式，诸如计件工资、浮动工资以及营销人员的销售收入提成等。对于董事会和经理层的成员，则可以按照责任和贡献取得报酬。企业具备条件以后，董事长、总经理可以考虑试行年薪制，科技人员可以实行按岗位、任务和业绩确定报酬的工资收入分配制度。

事实上，上海市一些国有企业为留住科技人员，已经改革了传统的工资分配制度，打破“大锅饭”，逐步开始工资谈判。在平等自愿的基础上，科技人员工资的具体数额由企业人员与科技人员谈判确定。

在南京，一些国有企业针对大学生、研究生对收入状况不满的问题，相继打破传统的工资制度，对新进的大学生、研究生实行协议工资制，使其实际收入增长30%—50%。有的企业还想出“新招”，研究生、大学生的协议工资由技能工资、各项补贴和“借款”工资组成，月收入分别超过1500元和1000元。

显然，实行以岗定薪的多元化工资制度，为稳定企业、留住人才发挥了积极的作用。

4. 属于传统的工资分配制度的是：

**A** 工资谈判　　**B** 协议工资

**C** 岗位工资　　**D** 吃大锅饭

5. 实行新的工资制度的效果，本文未提到：

**A** 留住人才　　**B** 增加员工收入

**C** 稳定企业　　**D** 拉大收入差距

6. 以下各种工资分配办法，将来可能实行的是：

**A** 谈判确定科技人员工资　　**B** 新进大学生实行协议工资

**C** 董事长和总经理实行年薪制　　**D** 销售收入按比例提成

7. 岗位工资制的主要内容是：

**A** 以岗定薪　　**B** 协议确定工资

**C** 技能工资　　**D** 销售收入提成

8—11.

在相当长的一段历史时期内，“个人主义”在汉语中是一个贬义词，是应被批判的思想。与许多西方社会相比，现代中国社会更加主张个人服从集体，“大公无私”“毫不利己，专门利人”是人们崇尚的美德。不过，近年来，中国人的观念发生了相当大的变化，在什么是个人主义、个人主义是不是有积极意义等问题上也出现了越来越多的不同看法。例如，西方记者曾问中国电影演员刘晓庆：“你认为中国电影界最优秀的女演员是谁？”刘答：“是我。”这一回答是不是过于突出个人，过于狂妄？人们提出了不同见解。据报道，也曾有记者问过奥林匹克十项全能冠军英国人Daley Thompson：“谁是最佳的十项全能运动员？”答曰：“我。”此回答并没有在西方世界引起争论。

又如，中国著名乒乓球运动员何智丽曾拒绝了教练让她把争夺世界冠军的机会让给队友的要求，并成功地摘取了世界冠军的桂冠。这种行为是不是“个人主义”？应褒应贬？人们的看法也不完全相同。这些似乎说明，中国人，至少是某些中国社会群体，对于“个人主义”的看法正经历着由贬向褒的转变。

8. 本文要说的是：

A 个人主义受批评的时间很长　　B 持个人主义的中国人在增多

C 西方社会比中国更重视个人　　D 中国人认为大公无私是美德

9. “近年来中国人观念变化”，指的是：

A 很少有人主张服从集体了　　B 对个人主义有了不同看法

C 个人主义成了崇尚的美德　　D 接受西方的个人主义观念

10. 有关刘晓庆和何智丽，可以知道：

A 刘晓庆是最优秀的女演员　　B 有人认为刘晓庆非常狂妄

C 何智丽曾拒绝过世界冠军　　D 刘晓庆支持何智丽的做法

11. 关于个人主义，本文的结论是：

A 西方国家的看法值得学习　　B 大家的争论很激烈

C 演员和运动员表现得很严重　　D 部分人认为有积极意义

12—16.

人们从事建筑活动，花力气最多、花钱最多的地方是建筑物的实体方面：地基、墙垣、屋顶等。但是人们真正需要的却不是这些实体，而是由这些实体围起来的“空”的部分，即所谓的建筑空间。现代建筑师都把空间的塑造作为建筑创作的重点来看待，给予了足够的重视。

人类对建筑空间的追求是人类按自身的需求进行社会实践的结果，是自有建筑以来的永恒课题。从原始人定居山洞、搭建最简易的窝棚到现代建筑空间，其间经历了漫长的发展过程。推动建筑空间不断发展创新的，除了社会的进步、新技术和新材料的出现以外，最重要的就是人们不断发展变化着的对建筑空间的需求。人与自然的接触，有不同的情况，所要求的建筑空间也不一样。人为了满足自身生理和心理的需求建造了私人居室，为适应宗教信仰的需要建造了寺庙和教堂，为了进行政治活动建造了官邸和宫殿，交往和流通的需求则促进了商店、剧院、学校等的建设，与大自然的接触和交往中，人们又创造出了园林……总之，人们的社会生活越发展，建筑空间的形式必然会越丰富，设计水平也越来越高。

12. 上文告诉我们：

A 从事建筑活动最费力　　B 建筑物实体是人们最需要的

C 建筑物实体花钱最多　　D 得到建筑空间花力气不多

13．建筑空间：

A 是建筑创作的主体部分　　B 是现代人追求的新课题

C 随着社会的变化而发展　　D 由人与自然的接触所决定

14．与人际交流关系密切的建筑是：

A 住宅　　B 官邸

C 商店　　D 教堂

15．最能体现人与自然关系的建筑是：

A 寺庙　　B 宫殿

C 民居　　D 园林

16．建筑空间发展创新，最重要的原因是：

A 人们变化着的需求　　B 新技术新材料的出现

C 社会实践的进步　　D 人与自然的接触

17—20．

明朝虽然建都北京，并集中了大量的军队，但还是发生了两次严重的军事危机。其中第一次危机是“土木之役”。在今天北京西北、河北省怀来县，有一个地方叫土木堡。当时蒙古的领袖也先带兵来打明朝，军事力量很强大，从几方面进攻：一方面攻打辽东，一方面攻打山西大同。那时明朝的皇帝英宗是个年轻人，完全没有军事知识。他听从太监王振，王振也同样没有军事知识。王振劝英宗自己带兵去抵抗，英宗也就糊里糊涂地带了五十万大军往当时正被也先部队包围的大同跑。还没有到那里，大同方面就派人来向皇帝报告，说那里情况很严重，不能去。于是英宗就决定班师。王振是河北蔚县人，他想回京路上让英宗带着五十万军队到他家乡去玩玩，显显自己的威风。谁知刚出发，他又一想，五十万大军所过之处，庄稼不就全给踩完了！对自己的名声利益有损害，又不愿去了。这样来回一折腾，走到土木堡那个地方，敌人就追上来了。当时正确的办法应该是进入怀来城内坚守，下面的将军也要求进城。王振不干，命令部队就地扎营。但是这个地方附近没有水源，不宜于坚守。结果五十万大军一下子被敌人包围了，造成了必败的形势。在这个地方待了两天，五十万人没吃没喝。到了第三天，王振让部队改变营地。部队一改变营地，敌人就乘机冲锋。结果全军覆没，皇帝被俘虏了，王振也死于乱军之中。这是明朝历史上最不光彩、最丢人的一次战争。

17．在土木之役中，明朝军队：

A 进驻在怀来城里　　B 粮食饮水很充足

C 全部都被消灭了　　D 不听王振的指挥

18. 上文“班师”是指军队：

A 进攻　　B 抵抗
C 往回走　　D 显威风

19. “王振不干”是说王振不愿意：

A 进城　　B 坚守
C 抵抗　　D 扎营

20. 根据上文，可以知道：

A 英宗不相信王振　　B 明朝军力比不上也先
C 也先的蒙古军打下了大同　　D 明朝在北京集中了大量军队

## 第12课练习答案

**练习（一）**

一、1. A　2. A　3. A　4. B　5. C　6. B　7. D

二、1. 运动员要……把教练视为不可动摇的权威。
2. 有人听着，我们才说话。
3. 在养动物这件事上，感情和趣味的需要也很重要。
4. 文学作品的语言不是外部的东西，它是和内容（思想）同时存在。
5. 杰出作家写的也不全是杰作，当他们处于少年时期，情况尤其是如此。

**练习（二）**

一、1. 放羊：比喻不加管理，放任其自由。根据原句，词意大概指：老师不来，没人管。
2. 民以食为天：老百姓把吃饭看成是最重要的事。以……为：把……作为。根据原句，词意大概指：人都喜欢好吃的东西。
3. 通宵达旦：整个晚上到早晨都没睡。通宵：整个晚上。旦：早晨。根据原句，词意大概指：一天工作时间“甚至”超过十几个小时，即熬夜。
4. 万事俱备，只欠东风：比喻各种条件都准备好，只等最后一个重要条件。（出自《三国演义》故事）俱：全，都。根据原句，词意大概指：别的都好了，只差您来当领头的。
5. 鱼龙混杂：比喻好的和坏的混在一起。根据原句，“鱼龙混杂”词意大概指：合格和不合格的公司都存在。浑水摸鱼：比喻趁混乱的时候捞好处。根据原句，“浑水摸鱼”词意大概指：因管理不到位，不合格的公司也可放手开展业务。

6. 得心应手：形容非常好用。应：适应。根据原句，词意大概指：工夫到家，心明、嘴熟，而不是磕磕巴巴、紧张生疏。
7. 现成：马上就可以拿来用的。根据原句，词意大概指：不是自己编的。
8. 门户之见：某一个派别的自己的看法。门户：这里指派别。根据原句，“门户之见”词意大概指：不能兼容并包、不能团结他人。光杆儿司令：没有士兵的司令，比喻没有下属或朋友，只靠他一个人。光杆儿：没有叶子等的植物枝干。根据原句，“光杆儿司令”词意大概指：孤家寡人、单枪匹马。

二、1. 交际策略（主语）指（谓语）人们在用第二语言或外语进行交际时，在表达遇到困难的情况下所采取的一种弥补语言知识欠缺的手段（宾语）。

2. 一切外国的东西，如同我们对于食物一样，必须经过自己的口腔咀嚼和胃肠运动，送进唾液胃液肠液，把它分解为精华和糟粕两部分，然后排除其糟粕、吸收其精华，才会对我们的身体有益，决不能生吞活剥地毫无批判地吸收。

3. 照我的理解，用民族平等的原则来处理历史上的民族关系，并不是用一种简单的方式把不平等的民族关系从历史上删去，或者从那些不平等的民族关系中挑选一些类似平等而实际上不平等的史实来证实这个原则在古代中国已经实现，更不是把历史上的不平等的民族关系说成是平等的；而是揭露历史上的不平等的民族关系，是历史唯物主义的观点，批判的态度，指出那些不平等的民族关系的历史根源和历史实质。

三、1. D　2. C　3. D

四、1. A　2. B　3. C　4. D　5. D　6. C

课后练习

1. B　2. C　3. B　4. D　5. B　6. C　7. A　8. B　9. B　10. B
11. D　12. C　13. C　14. C　15. D　16. A　17. C　18. C　19. A　20. D

HSK

# 第五单元 05

## 书　写

| 书　写 | | | |
|---|---|---|---|
| 总题数 | 1 题 | 考试时间 | 45 分钟 |
| 考试内容及时间 | 第一步 | 阅读一篇文章 | 10 分钟 |
| | 第二步 | 根据回忆，缩写成 400 字左右的文章 | 35 分钟 |

# 第14课　书写（读文章，缩写）1

## 题型与特点

### ● 题型

第101题给出一篇约1000字左右的文章，要求考生先用10分钟阅读，10分钟后，监考人员收回阅读材料，请考生把1000字左右的文章缩写为400字左右的短文，写作的时间为35分钟。这是HSK（六级）考试中出现的唯一的一道考查考生成段书面表达能力的题。例如：

**【例】**

第101题：缩写。

（1）仔细阅读下面这篇文章，时间为10分钟。阅读时不能抄写、记录。

（2）10分钟后，监考收回阅读材料，请你将这篇文章缩写成一篇短文，时间为35分钟。

（3）标题自拟。只需复述文章内容，不需加入自己的观点。

（4）字数为400字左右。

（5）请把作文直接写在答题卡上。

父亲是个赚钱的高手，儿子是个花钱的高手，父亲一笔生意能赚上百万，儿子一挥手就能用掉近十万。父亲常常劝儿子："学些本事，不要只顾着吃喝玩乐，万一有一天我破产了，你可怎么办？"儿子从来没有当回事，他如此能干的父亲怎么会破产呢？他想：就算他死了，也会给我留下一大笔遗产。

然而造化弄人，父亲真的破产了。儿子的生活一落千丈，曾经的"好朋友"都消失了，儿子受不了这样的打击，待在房间里准备自杀。父亲破门而入，用力给了儿子一个耳光："没出息，钱是我赚的，也是我赔的，与你不相干，我都没想死，你凭什么死！"

儿子被打醒了，不知所措，问父亲："现在我该怎么办？"

父亲考虑了一会儿说："凭我的面子，也许还能给你找个事做，就怕你吃不了这个苦。"

"让我试试吧。"儿子说，他下定决心要自立自强。

于是儿子便到了父亲的朋友林先生的公司做了一个小职员。工作很辛苦，开始儿子也想过辞职，但一想到自己富贵时的朋友不再理他，有钱时的女友也讥讽他时，他坚持了下来。他要用自己的努力换取别人真正的尊重。

儿子遗传了父亲聪明的头脑和坚韧的性格，再加上自己的刻苦和林先生的指教，他的工作干得有声有色，职位也一步步提升。不几年的工夫，他就当上了公司的总经理，并且娶了一个贤惠的太太。看着自己的家因为自己的努力变得越来越美满，他感到前所未有的充实。

然而，幸福与不幸总是联系在一起的。正当儿子的事业如日中天的时候，父亲病倒了，儿子想尽一切办法都无法换回父亲的命。临终前，父亲拉着儿子的手，满脸微笑，很满足的样子。

儿子不知道这是为什么，直到有一天，一个律师找到他……

律师将一份文件交给他，那是父亲的遗嘱，上面写着将自己的财产分成两半，一半送给林先生，条件是他必须将儿子培养成有用之才，另一半留给能干的儿子，暂由林先生掌管经营。如果儿子依然花天酒地，一事无成，这一半就捐给慈善机构。

原来父亲并未破产。儿子觉得父亲这样做实在令人难以理解。

律师又将一封信交给他：

亲爱的儿子：

当你看到这封信时，我已经不在人世了，你也知道我并非真的破产。

是的，儿子，我没有破产，我只不过用我的全部家当做了我有生以来最大的一笔生意，我成功了。

看着你一天天成长，我觉得我这笔生意做得很值。如果我将我的财产留给你，也许不用几年就会被你败光，而你也会因为无人管教而成为废物。现在我用我有价的财产换来了一个无价的能干的儿子，这怎么能不让我高兴！

儿子，相信你也能理解父亲的苦心，如果不是这样，你怎么会找到一个真正爱你的妻子和一群真正能够患难与共的朋友呢？

好好干！儿子，我相信你一定能超过我，创造更多的财富和价值。

（样卷第 101 题）

## ●特点

### 一、HSK（六级）作文考试的总体特点

在 HSK（六级）的考试中，“缩写”的题型是属于**主观性**的考试，这是这部分试题最大的特点。这种主观性考试区别于听力、阅读等客观性考试的最明显的地方有如

下几点：

**第一，考试的目的有所不同。**听力、阅读等客观性考试主要考查的是考生听和读的单项能力，而且都会在不同程度上、用不同形式测试考生的语言知识，主要考查的是考生对所输入内容的理解水平；而与“听”和“读”比起来，“写作”对考生来说是更大的挑战，写作考试不仅要考查考生的阅读速度、词汇量等，更侧重于测试考生的言语能力，也就是以考查考生直接运用语言进行书面表达的能力为主要目的；既考查考生接受大量文字输入后的阅读、理解和记忆能力，又考查考生的语言输出能力，所以，其考试结果能够反映出考生的综合语言水平。总起来看，客观性考试主要是考知识、考理解，而主观性考试主要是考应用、考输出。

**第二，由以上目的出发，客观性考试和主观性考试实际上对考生提出的要求也是不一样的。**对于客观性考试，考生只需要对所输入的内容理解和知道就可以准确地回答问题了，而主观性考试则要求学生进行成段地、准确地输出，显然要求更高，难度更大。

**第三，题目的形式完全不同。**正是因为考试的目的不同，所以作文考试的具体形式也和客观性考试的形式完全不同，在六级中，写作题型只有“缩写”一项，而前面的客观性考试中则全部使用“选择”这种考试形式。

**第四，考生答案的情况也完全不同。**客观性考试的答案有唯一性，即只有这一个答案是正确的；而作为主观性考试的作文考试，答案的内容带有极大的主观性，受到考生思维能力、性格情趣、人生经验、情感体验、学识专业等诸多主观因素的影响，因此与客观性考试中答案的唯一性相比，它具有多元性、复杂性、篇幅长等特点。

**第五，由以上所说几点带来的，就是评分的标准和方法不同。**客观性考试有唯一正确的答案，所以也就有唯一的评分标准；而主观性考试由于它的答案带有很大的主观性，每个考生的答案都是不相同的，所以就只会有一个**分级**的标准，而没有一个非常具体的、能够明确判断对与不对的客观评分标准，这就使对主观性考试的答案进行评分时也会带有阅卷者的主观性，即考生作文成绩的高低取决于阅卷者根据评分标准而做出的一个主观判断，因此评分的客观性多多少少会受到阅卷者主观意志的影响和制约。

还需要说明的一点是，高级阶段语言水平的高低重点体现在**得体性**和**流利性**两个方面，而这两个方面在作文考试中体现得最具体、最充分，所以考生一定要在这两个方面进行重点训练。下面简单解释一下这两个方面的具体含义。

**得体性**是指在交际中能用符合目的语文化习惯的语言进行交流，并能对操该种目的语的本族人的语言交际做出正确的理解和反应。得体性的重要前提是语言运用的**正确性**。作为一个更高档次上的语言能力，就要求学生达到既正确又得体的语言境界。对于汉语水平考试来说，得体性是一个非常重要的水平区分标准。而决定文章的语言是否得体的重要因素，是对**文化**的理解和掌握。中国文化中那些由历史的积淀而形成的社会文化和语言文化隐含在汉语的语音、语法、词汇中，这就要求学习者一定要充分重视对文化的学习、理解和掌握。

书面表达的**流利性**是指语言运用的熟巧程度。它的基础是使用目的语进行思维，因此也是高级阶段语言能力的一个重要表现。在HSK（六级）的书写考试中，对流利性的考查主要是通过对语速的定量控制体现出来的。除了要求学生在35分钟的时间之内把一篇1000字左右的文章缩写为一篇400字左右的短文之外，还要求汉字书写清楚，结构合理，语言表达通顺连贯，没有语法错误。因为如果语法失误过多，语言就会疙疙瘩瘩，根本谈不上流利。因此书面表达要做到流利，对语法方面的要求就比较严格。这一点是必须加以注意的。

## 二、HSK（六级）第101题与HSK（五级）第99题、100题特点比较

一个事物的特点往往在比较中表现得最为明显。我们拿HSK（六级）中的第101题与HSK（五级）中的第99、100题对比一下，就可以更为清楚地看到它的主要特点。

HSK（五级）第99题和第100题都是写短文的题，所要求的字数是一样的，都是80字左右，也没有任何对文体等的其他要求，最大的差别就是这两题所给的材料不同。99题给的是5个词语，100题给的是一张图片。而六级的第101题，题型与五级完全不同，是要求先阅读一篇1000字左右的文章，然后缩写到400字左右，这个数字是五级所要求的80字的5倍。但是，这三道题也有相同之处，就是它们所要考查的，都是考生书面语言的输出能力。

当然，HSK五级和六级的书写题除了所要求输出的字数差距很大以外，也还有很多的不同之处，了解这些可以帮助我们更好地、有针对性地备考和应试。

具体来看，主要有以下四个差别：

**1. 阅读对象和数量有差别。**五级的书写题不能说完全没有阅读，99题要看5个词，100题要看一张图片，但与六级比，阅读的对象和数量是完全不同的。六级的书写题是要阅读一篇1000字左右的文章，而且对阅读速度也提出了明确的要求。可见从阅读的对象和数量的角度看，五级、六级的书写有很大的差别。

**2. 出题和考查的目的不同。**五级“书写”部分通过使用词语写短文和看图写短文两道题，主要是要考查考生的基本词汇知识、词汇量和运用词汇的能力。当然，同时也可以考查考生的思维能力、想象能力、语言水平和综合写作能力。而六级的第101题要求考生阅读后“缩写”，这就既要考查考生的词汇量、语言知识及其掌握和运用

水平，又要考查考生的阅读能力、理解能力、记忆能力、写作能力和对中国社会、文化了解的广度和深度。

**3. 对考生的记忆能力的要求不同。**五级第99、100题对考生没有记忆力方面的要求，而六级对考生有短暂记忆力方面的要求。在10分钟内，不仅要求阅读，而且要求记忆文章的主要内容。这样的阅读，与普通的阅读在方法上也是有区别的。

**4. 考生选用的表达方法可能也会有所不同。**从样卷来分析，五级第99题和第100题，都是既可以用叙述的表达方法来写，也可以选择用议论或说明的表达方法来写，考生可以根据自已的擅长来进行选择；而六级的101题是需要阅读后记忆的，所以给出有人物、有情节的记叙文、散文的可能性更大，当然也不排除给议论文的可能性，所以考生使用叙述、描写的机会会更多一些。

鉴于HSK（六级）书写题具有区别于五级的以上这些特点，即便是已经通过五级的考生，要想顺利通过六级也不能掉以轻心，需要对这部分进行有针对性的强化练习。

## 三、对HSK三至六级书写部分的纵向分析

在HSK考试中，书写部分的题型从三级到六级保持着既有继承又有发展的态势，我们纵向地分析一下这种情况可以更加清楚地了解试卷设计者的目的和意图，也可以帮助我们更有针对性地备考。

在HSK一级、二级中没有“书写”部分，只有“听力”和“阅读”两个部分。从三级开始，在“听力”和“阅读”之后，设置了第三部分“书写”。纵观从三级到六级“书写”部分的情况，我们可以看到，从命题目的、考试要求和题型等都在不断地变化和发展中，具体呈现出以下一些特点：

1. 在三、四、五级中都有“完成句子”这个题型，可以看出出题人对考生语法知识的掌握和语感的重视。

2. 三、四、五级中的“完成句子”，每个小题都有4—6个切分。随着级别的提高，每个切分的双音节词语和短语在增加。三级中，每小题的双音节词大部分是1—2个，最多3个；四级中，短语明显增加；五级中，单音节词减少为一两个。而且句子也在逐渐加长，体现了各个层级之间的梯度。

3. 三级的“书写”部分有“根据拼音写汉字”的题型，体现了对汉字的重视，同时也对考生对拼音和词汇量的掌握提出了潜在的要求。但是，试题采用的是把拼音加在了句子中的方法，考生可以根据句子的意思来判定这个字是什么，这样做又降低了考试的难度。

4. 四级“书写”中出现了“看图写句子”的题型，实际上是根据设置的情景造句。这是在HSK考试一到四级各题型中第一次出现的主观性的试题，对考生实际运

用语言的能力提出了高一级的要求。

5. 五级“书写”中“写短文”的题型，说明对考生的输出要求从“写句子”进入到了“成段表达”的阶段。

6. 六级的书写题型是“缩写”，则进一步把对考生的输出要求从语句、语段发展到了语篇；而且这一题型还把输入与输出结合起来，对考生提出了快速阅读能力、理解和记忆能力、分析概括能力、写作能力等综合性的要求。

7. 六级“书写”中的“缩写”题型，因为在输入和输出两个环节中间，还有“记忆”环节，所以试题所提供的原文以记叙文为主，事件线索单一，人物也不会太多，以方便学生在十分钟内记忆重要内容。本题的主要测试目的，还是考查考生的书面表达能力。

综上所述，HSK 三到六级中的“书写”部分，对考生运用语言能力的要求从汉字，到语句，到语段，到语篇，逐级提高，符合语言学习的规律，是比较科学、合理的。

## 四、HSK（六级）书写的评分标准

要答好试题，我们除了要知道题型的特点之外，还需要了解评分标准，尤其是对于主观性试题来说更是如此。下面是 HSK（六级）第 101 题的评分标准：

| | |
|---|---|
| 0 分： | 空白。 |
| 低档分： | 内容与提供材料相关性不大；内容不连贯，有语法错误；有较多错别字。 |
| 中档分： | 内容与提供材料基本相符，有语法错误；内容与提供材料基本相符，有少量错别字；篇幅不够。 |
| 高档分： | 内容与提供材料相符，结构合理，表达连贯，无语法错误、错别字。 |

根据以上各方面的分析和所列出的评分标准，我们可以通过掌握以下几个方面的内容来答好这道题。

## 考点与难点（一）　明确主题，自拟标题

### ● 说明

**1. 什么是文章的主题？**

任何文章，不论篇幅长短，不论它的内容是记述一件事情还是说明一个观点，是说明一个事物还是描写一处风景，都应该有明确的写作目的，都需要确立一个中心，即要有一个基本思想、感情倾向或明确观点，并贯穿全文。这个基本思想、感情倾向和明确观点，就是**文章的主题**。可以说，主题是文章的“统帅”，有了主题的“统

领”，文章的内容才可以防止分散和混乱，使内容集中而又连贯。

在不同文体的文章中，主题的具体含义也有所区别。在叙述性的文章中，主题是指作者通过记叙的人物和事件表现出来的基本思想和主要感受；在议论性的文章中，主题就是作者对所要论述的问题所持的观点和看法；在说明性的文章中，主题就是作者想要说明的主要事实和作者的写作目的。

主题是文章的灵魂。它的重要性主要体现在三个方面：首先，主题决定了材料的取舍。如果没有主题，就没有选择材料的根据。其次，文章的篇章结构要根据表现主题的需要来安排。第三，文章的语言也受到主题的制约。如果文章没有明确的主题，只是堆砌很多华丽的辞藻，就会显得没有条理，好像漫无目的地在闹市中闲逛，完全不得要领。

**2. 主题从何而来？**

那么，一篇文章的主题从何而来呢？文章的主题是通过**对材料的分析和思考提炼出来**的。

主题蕴藏在大量的材料之中，要想得到一个好的主题，要经过这样几个步骤：

（1）积累和收集材料。这些材料，可以是自己直接得到的，也可以是间接得到的。材料越丰富，提炼的主题会越准确。

（2）分析和研究材料。面对大量的、各种各样的材料，要进行整理和排列，分析和研究它们之中到底包含着什么样的内涵。

（3）最终确立主题。材料中所包含的内涵可能是丰富复杂的，我们要进行归纳整理，分清主次轻重，从而最终提炼出一个明确的主题。

**3. 记叙文好主题应具备哪些条件？**

一个好的记叙文主题，应该具备以下几个条件：

（1）**正确**　主题要符合人、事、景、物的实际情况，反映这些人、事、景、物自身的本质和意义。

（2）**集中**　这意味着文章所要表现的人、事、景、物不管多么众多，多么复杂，作者都要找出它们的共同点，用一个中心思想把它们串联起来。

（3）**鲜明**　记叙文的主题要通过对人、事、景、物的叙述让人能够明确地感觉到，而不能是模糊不清的。

（4）**深刻**　这是较高层次的要求。一是指主题的思想容量大，具有很强的概括力；二是指主题对事物的本质概括得透彻，具有很深的洞察力。

（5）**新颖**　这也是一个较高层次的要求。一是指从新鲜的事物中提炼出新鲜的思想观点，二是指提炼主题时选取新颖的角度。

以上是关于文章主题的一些基本知识。

HSK（六级）的书写考试第101题中，会提供一篇1000字左右的文章，根据以上理论，这篇文章当然也有主题。考生想要很好地完成缩写，就需要在阅读时迅速发现并抓住原文的主题，这样才能准确缩写它的内容。

我们以样卷的试题为例，来分析一下这篇文章的主题（见第264页例文）。这篇文章讲述了一位富商父亲为了让只会花钱享受的儿子振作起来，成为一个对社会有用的人，煞费苦心地设计了自己假破产的情节，逼着儿子为了生存而努力工作。经过几年的锻炼，儿子终于成才了。而这时，父亲却因为生病而离开了这个世界。儿子从律师那里看到了父亲留给他的最后一封信，终于明白了父亲望子成龙的一片苦心。

这个故事是要告诉我们什么呢？应该说有两个主要的意思：一是父爱如山，天下的父母都有望子成才的美好愿望；二是“生于忧患，死于安乐”。年轻人如果沉溺于享受，只会成为一个无能的人，只有在艰苦的工作中才能锻炼成才。这个主题显然是非常励志的、积极的。

这样的主题在考生的缩写文章中也必须要体现出来，也就是说，缩写后的文章主题与原文的主题应该是**一致**的，这样才能体现出考生是否真正理解了原文的宗旨，也才能符合题目的要求。所以考生在阅读原文时，一定要快速理解和把握原文的主题。如果理解得不准确，就会影响缩写后文章的质量。比如有的考生认为，父亲不能打儿子的耳光；有的认为，儿子可以选择自己的生活方式，父亲不能强迫；有的认为，父亲这样做很傻，很冒险；有的不同意父亲的人生价值观，等等。这些意见不是不可以有，但是**不符合缩写的要求**。如果这些看法融合到了缩写后的文章中，必然会导致缩写文章不能准确地反映**原文的真实意思**。题目中有明确的要求：“**只需复述文章内容，不需加入自己的观点**”。因此，考生不能让自己对文章内容的个人看法左右缩写后文章的主题。

在确定了主题之后，考生可以根据主题给文章起一个**题目**。给文章命题有两个基本要求：一是**准确**，就是要符合文章的主题和核心内容，不能背道而驰；二是**精练**，就是文字要简短，用最少的字数去传达相对丰富的信息。另外要注意，题目一定要写在第一行的**中间部分**，这是最基本的格式要求。

当然，给文章命题的程序是灵活的，不一定是要在读完文章之后、开始写作之前，也可以是在写完文章之后再命题，甚至在写文章的过程中也可能突然灵光一闪，题目就出来了。但考生一定要记得在开始写作时留出第一行，作为写题目的位置。

## • 常见错误

1. 没有“主题”意识，不了解关于文章“主题”的基本知识，所以在阅读原文时根本不知道要关注文章的主题。

2. 由于背景差异、文化差异等原因，考生不能准确理解原文的主题，甚至把自己的一些个人理解和看法融入了缩写后的文章，导致缩写后的文章出现“跑题”的现象。

3．没有看清楚题目“不需加入个人观点”的要求，在陈述完故事后又加了不必要的评价或议论，出现“画蛇添足”的情况。

4．由于阅读能力有限，加上时间不够，考生没有完全读懂和理解原文的主要内容，以致于缩写后的文章内容与原文有出入，不能准确反映原文的主题。

### • 应试策略与技巧

1．在平时的学习和复习中，要注意了解有关主题的基本知识，建立起明确的“主题”意识，并贯彻到阅读任何文章的过程中去，多加练习。养成习惯后，到考试时就会自然而然地去理解文章的主题了。

2．要想准确地把握原文的主题，考生还需要在平时多多学习和积累一些关于中国历史、社会、文化、人情等各方面的信息和知识，学会准确理解中国人的价值观和心理、情感，这样才不至于因为对文章内容产生误解而影响到缩写。

就样卷提供的原文来说，它明显地表达了父母“望子成才”的中国传统价值观。对此应该如何来解读呢？由于受到传统社会结构、文化和思想的影响，中国的父母和子女的关系有别于西方，中国人的家庭关系是特别紧密而又深厚的；而儒家思想中“积极进取”“追求事业成功”的价值观使得中国的父母特别重视孩子的学业和前途，都对孩子寄予很高的期望，这就是所谓的“望子成龙，望女成凤”。如果你了解了这些文化背景，你就能够体会文章中的父亲的行为、做法和很多的细节了。对文化的深层次理解，对你准确理解文章的主题无疑是大有益处的。

3．看清题目的要求，严格按照题目的要求来写。题目要求只是缩写文章的内容，不要求加入任何个人的观点，那么就千万不要去“画蛇添足”，否则其结果就会事与愿违，反而吃力不讨好了。

## 考点与难点（二）　快速阅读试卷文章

### • 说明

**快速阅读**，这是 HSK（六级）书写考试的一个特点。1000 字左右的文章 10 分钟读完，就是平均每分钟要读 100 字左右。这个速度，对于已经达到相应水平的考生来说，应该是不算太快的。根据多次试验来看，有经验或有实力的考生，完全来得及阅读两遍。而且从样卷提供的阅读对象的难度来看，也不算太高。所以，考生如果平时多加练习，应该是可以顺利完成十分钟的阅读的。

在这里首先需要指出 HSK（六级）书写考试中对阅读要求的两个特点：

1. HSK(六级)书写考试中的快速阅读有别于一般的快速阅读。一般的快速阅读，目的是在尽可能短的时间里使接收的信息量最大化，接受并理解信息，这就是一般的快速阅读的主要目的。这种阅读对信息的记忆没有特别的要求，可以说是纯粹的语言输入；而在六级的书写考试中，快速阅读只是一个“**序幕**”，读完后还需要“**输出**”：缩写成一篇 400 字左右的短文。这是一个很大的差别。所以考生想要答好这道题，必须经过有针对性的、大量的练习。

2. HSK（六级）书写考试中的阅读也与第二部分阅读考试的目的与要求有所不同。在第二部分阅读考试中，是先输入再输出，但它的“输出”是根据文章的内容和题目的要求选择正确的答案，是以理解文章内容为主；而且，所阅读的文章也不会被收走，考生可以一边答题一边多次回看文章；六级书写考试也是先输入再输出，但它要求的“输出”不是选择正确答案，而是**复述、缩写**原文的内容，而且，“输入”的时间只有 10 分钟，之后原文被收回，考生要根据自己的记忆来复述原文的内容。所以，在六级书写考试中，从“输入”到“输出”，中间还有一个**记忆**的环节。这就对考生的阅读水平提出了更高的要求。

## • 常见错误

1. 在 10 分钟之内来不及读完全文，更顾不上分析主题和记忆相关的信息，这样就直接影响到了后面的复述缩写。

2. 在 10 分钟之内读完了全文，但因为平时没有接受过有针对性的训练，所以不得要领，不能快速抓住文章的主题，也不能有目的地、有效地记忆文章中的重要信息。这当然也会影响到后面的复述。

3. 考生词汇量不够，阅读原文时有很多生词，影响了对文章意思的理解。

4. 因为考试时的紧张和慌乱而影响了阅读和记忆。

## • 应试策略与技巧

有以上情况的考生，必须通过有针对性的训练来提高自己的阅读速度和水平。

1. 首先你可以先测一下自己当前的阅读速度。找一篇合适的文章（比如我们这本教材中的模拟试卷），坐下来，保持专心的状态，一只手拿着计时器，另一只手拿着阅读材料，一边阅读，一边计时。注意：必须保证阅读质量，不是光读完就算完成任务了，得记住材料中的主要情节才行。当你读完材料后，用字数除以阅读所用的总分钟数，把得到的结果取整，你就得到了你每分钟的阅读速度（字数 ÷ 阅读时间）。自己看一看，跟我们前面所说的 100 字 / 分钟的速度有多大差距。这样，可以对自己目前的阅读速度做到心中有数，而且也能知道自己还需要提高多少。

2. 学会用浏览的方式阅读。阅读时，并不是每个词都需要去理解的，因此，考生要练习**一组词一组词地**阅读，在一瞬间辨认一个短语、一个句子甚至一行两行的内容，从整体上理解它的意思。一旦形成这样的习惯，你将无疑会大大提高阅读速度。在阅读过程中，还可以忽略一些虚词和形容词等，把注意力集中在那些**动词**上，抓住一些实质性的**关键词**。考生可以在老师的带领下练习以“意群”或“块”为单位来浏览文章，这样的方法也被叫作“**整体阅读**”。

比如样卷所提供文章的第一、二段：

父亲是个赚钱的高手，儿子是个花钱的高手，父亲一笔生意能赚上百万，儿子一挥手就能用掉近十万。父亲常常劝儿子：“学些本事，不要只顾着吃喝玩乐，万一有一天我破产了，你可怎么办？”儿子从来没有当回事，他如此能干的父亲怎么会破产呢？他想：就算他死了，也会给我留下一大笔遗产。

然而造化弄人，父亲真的破产了。儿子的生活一落千丈，曾经的“好朋友”都消失了，儿子受不了这样的打击，待在房间里准备自杀。父亲破门而入，用力给了儿子一个耳光：“没出息，钱是我赚的，也是我赔的，与你不相干，我都没想死，你凭什么死！”

上面涂黑的文字，与主题故事情节发展的关系相对远一些，考生在阅读时，浏览即可，不必一字一字地细读。而有下画线的文字，则是比较关键的地方，需要考生重点加以注意。

3. 要**默读**，而不要轻声地把要读的东西念出来。发声阅读是快速阅读的大忌，会在很大程度上影响你的阅读速度，也不利于上面所说的用浏览的方式阅读。有实验表明，朗读每分钟最快约200字，而默读每分钟最快可达到800字左右，甚至还会更多。这是因为，默读时，文字信息不必经过听觉而直接由视觉接收，所以速度远远高于朗读。如果你想提高阅读速度，一定要养成闭上嘴默读的习惯，以便提高速度。

4. 用手指作为辅助。具体方法是：首先伸出食指指着你读的地方，并随着阅读逐行移动。当读到一行末尾时，把食指抬高一点，然后快速地移到下一行。这样做看起来很简单，也有点儿幼稚，但能够有效地帮助你集中注意力。

5. 在阅读时，尽量扩大视野的范围，充分发挥视线的“余光”作用，这样可以多看到一些文章内容。所谓“一目十行”，指的就是这种方法。

6. 避免重复阅读。重复阅读是指你不断地回去看你已经读过的文字。这个习惯会让你浪费很多时间，所以一定要纠正过来。看的时候集中精力，一口气看完，不要来回重复阅读，避免眼睛不断地来回移动。如果你读完一遍以后还有时间，可以从头再读一遍，有利于加深记忆。

7. 考生在阅读中，非常清楚地理解每个词语的准确含义恐怕是比较困难的。如果遇到不明白的词语和句子，用两个办法应付：一是根据上下文猜测。比如样题中的这句话："然而，幸福与不幸总是联系在一起的。正当儿子的事业如日中天的时候，父亲病倒了。"如果你不明白"如日中天"的意思，那么，联系上文儿子"有声有色""步步提升""美满""充实"等词语，可以猜测一下，这个词的意思差不多就是：一切都非常好。第二个办法就是先忽略过去，接着往下看。不要在自己不明白的一两个词语或一两个句子上花费太多的时间，因为这些也许并不会影响你对全文的整体理解。

8. 快速阅读是一项技能，要想提高水平，就需要不断练习，才能熟能生巧。另外，考生还应该着力提高自己的语言实力，扩大词汇量，培养语感。如果做到了这些，相信应付 HSK（六级）的"书写"部分就游刃有余了。建议考生常为自己的阅读计时，看看自己经过练习有了多大提高。

## 考点与难点（三）　　记忆重点信息

### • 说明

前面已经讲到，HSK（六级）第 101 题，在"输入"和"输出"这两个环节中间，考生还有一件重要的事情要做，就是"记忆"。

因为第 101 题所要求的输出是"复述""缩写"，而且在考生缩写时，原文是要被收走的，所以，考生在阅读的同时，必须**记忆**文章的主题和关键内容，才能完成后面的输出任务。这个环节非常重要，直接决定着这道题回答的质量。前面的阅读环节你读得再快再好，如果没有记住，或重要的信息记得不全，那么后面的复述也没法进行。

### • 常见错误

1. 精神过度紧张，导致阅读结束后，脑子里一片空白，什么也没有记住。

2. 没有掌握记忆的要领，读完以后，对重要信息掌握得不全面或者不准确。

3. 因为记不清楚了，所以缩写时只好自己编造一些内容，造成缩写后的文章与原文内容有出入。

4. 因为不能记住原文中一些关键词语和句子，考生只能用自己的话来复述，增加了因语法错误而被扣分的机会。

### • 应试策略与技巧

**1. 通过强化训练提高记忆力**

要做好六级第 101 题，一个关键的环节是记忆。常听留学生抱怨说：最怕的就是记忆，说自己记忆力不好，从小在学习中就没有被要求记忆过什么，等等。那么，是不是在这个电脑和网络的时代，就不需要我们人类用大脑记忆了呢？记忆力就不重要了呢？我们的记忆力到底能不能经过训练而得到提高呢？

根据科学的解释，记忆力是识记、保持、再认识和重现客观事物所反映的内容和经验的能力，是人的大脑所具有的一项最基本、最重要的能力，也是人类智商的重要组成部分。在智商测试中，有很多题都是测试被测试者的记忆力的。人的记忆力需要经常使用和练习，才能保持和提高，否则就会退化。所谓"用进废退"，这是所有生物体共有的规律。

有的考生说，我的记忆力不好，实在记不住这么长的文章的内容。其实这是平时不使用、不练习、不训练自己的记忆力的结果，也是没有经过训练和练习的缘故。人的记忆力是有个体差异的，有的人强一些，有的人弱一些，但用10分钟阅读一个1000字左右的故事并记忆主要人物和情节，这是一般人经过练习都应该能够做到的。

在做第101这道题时，需要的是一个**短时记忆**。考生应该**在平时多做实战性的强化练习，强迫自己在10分钟之内完成1000字的阅读，并复述出原文的主要内容**。经过这种有针对性的强化训练，就一定能够在考试时顺利完成题目规定的任务。

**2. 注意力高度集中是快速记忆的重要条件。**

我们所说的注意力高度集中，就是专注、专心。心理学理论告诉我们，只有在记忆时专心致志、聚精会神，信息和对象才会在大脑皮层中烙上深深的印迹；反之，注意力不集中，无意注意过多，精神涣散，一心二用，这些都会使人记忆力下降，大大降低记忆的效率。所以，考生在10分钟的阅读时间内，**必须保持注意力的高度集中**，千万不要因为周围的人或事而分心，这样才能记得多、记得清楚。

**3. 记忆时，要保持良好的心理状态。**

心理学实验证明，心情舒畅、精神饱满、自信心很强的人，记忆效果就好，反之则差。所以考生首先要树立起自己记忆力优良的信心，并时时提醒自己要记住必须记住的东西，而且坚信自己"一定能记住"！另外，强烈的愿望也可以刺激和促进我们的记忆。对考生来说，如果你抱着"我一定要记住""我一定要考好"这样的信念去记忆，会有助于你的记忆能力的超常发挥；而如果你对自己没有明确的要求，抱着一切随便、考成啥样算啥样的心理去记忆，就不利于记忆力的最大化发挥。

其次，在考试前一定要休息好，这样考试时才能有足够的精神去努力记忆；如果考前熬夜，那么就会造成恶性循环，考试时没有精神，头脑昏昏沉沉，在这样的状态下无法保持良好的记忆力。在现实中这样的例子数不胜数。

第三，考生要有意识地锻炼和提高自己的心理素质，在考试时避免过度紧张，紧张会带来情绪慌乱而使我们无法集中注意力；另外，紧张时人体内的去甲肾上腺素分泌增加，它是损害精神集中功能和记忆力的大敌；反之，在宽松的环境中，保持平心静气的状态，人的脑垂体后叶就会分泌加压素，它对增强记忆功能是大有好处的。

**4. 想让短时记忆有良好的效果，还需要一些具体的方法**

• 要有目的地在阅读中记忆。这里所说的目的是指以文章的主题为中心，围绕着主题去进行记忆，不要去记一些无关紧要的词句，而要把文章的**主题及重点内容**作为记忆的重点。

考生可能会产生一个疑问：我还没有读呢，不可能知道文章的主题。那怎么根据主题来有目的地记忆呢？解决这问题最好的方法，就是在 10 分钟之内**快速阅读两遍**：第一遍，先用 2—3 分钟**浏览**一遍，了解文章的大概内容，确定文章的主题；第二遍，用 7—8 分钟**细读**一遍，重点记忆与主题有关的重点信息，包括主要人物、故事的主要情节和结果。

• 在理解的基础上记忆。理解基础上的记忆和记忆前提下的理解相统一。感性认识是理性认识的基础，没有记忆，不可能上升到理解；而理性认识比感性认识更可靠、更正确、更深刻，没有理解，记忆就像一盘散沙一样，失去应用的价值。在记忆中尤其如此。所以，要在充分理解的基础上记忆对象，这样会取得比较好的效果。

• 辨别事物的特征会有助于记忆。找到记忆对象的特点，根据它的特点去记忆。比如在大纲样卷的书写文章中，父亲的特点是爱子心切，望子成龙，儿子的特点是浪子回头，后来居上；事件的特点是父亲用假破产来激励儿子奋发努力；文章结尾特点的是一封父亲去世前写给儿子的信。抓住了这些特点，文章的脉络也就基本上清楚了。

• 把握句子中的关键词。对于文章中的一些长句、难句，要迅速确认话语信息核心，也就是我们现在通常所说的“关键词”，在找到关键词后迅速理解句子或段落的意思，这样也可以帮助我们记忆内容。

对于完成第 101 题来说，记忆是非常重要的一个环节。记忆的多少和好坏，直接关系到考生作文的质量。有的考生觉得，10 分钟的时间肯定记不住具体的句子，那么就记住主要的内容就行了，写的时候再用自己的话来表达。这样做不是不可以，但有一个前提，就是你必须能够用**正确的语言**来表达，否则就会错误百出。所以，为了减少语言上的错误，建议考生在阅读时还是要尽量多记**原文的词语**。我们的教学实践证明，只要多多练习阅读和记忆的方法，考生就有可能更多地记住原文的内容。

## 实例分析

下面列举几篇学生对六级大纲样卷第 101 题的文章缩写的作文，并分别进行分析评述。

在“分析”的部分，主要就文章审题、主题表现、材料选择、篇章结构等方面进行评述，对具体的语言文字问题不做修改，学生可在教师的指导下，作为练习完成这一内容。

**题目** 文章原文见第 264 页例文。

**实例** *1*

人生真正的价直

有一个父亲很会赚钱，但是他的儿子却很
（一下子能赚好几万块钱）
会花钱。这父亲担心自己儿子的来来。所以假
（破产了 一下能花好几万块钱。）
装自己的财产。发生这情况之后儿子的朋友，
女友都离开了，再不会找儿子了。儿子想不开
想自杀的时候，父亲给儿子一个耳光，扇了一
下。儿子重新开好自己的职业，虽然很小的职
业。但是通过父亲朋友的帮忙，自己的努力，
儿子升职的很顺利，而且娶了[illegible]很好的妻子。
父亲去世了，儿子才知道原来破产父亲的财
产。为了儿子的未来故意这么做的。父亲把自
己的财产分了两分，一半儿给力帮自己儿子的
朋友，一半给送去公司。但是父亲得到了最好
的结果。儿子有事业成功，可以做好自己的环
境，重新找到了新可靠的朋友，还找到了爱自
己的妻子。儿子很感谢父亲的按排，要是没这
么做，可能现在的儿子也不在了。这故事让我
们好好贵惜自己的能力，别光靠别人，无能
无力解决办法。其实钱没那么重要，钱没了怎么
办，但是有自己的能力可以赚钱。

20× 20= 400

**分析**

一眼看去，这篇作文的字数还是基本够的。虽然作者一开始忘记了写题目，但后来还是补上了。需要说明的是，补写题目没有问题，但不需要在稿纸的上方画上方格后再写，这样会使卷面显得凌乱。直接写在方格外面在正中位置就可以了。

细看之下，这篇作文问题很多。

其一，存在大量的错别字和病句，而且一些汉字写得模糊不清。文章的题目“人生真正的价值”这句话没有问题，但可惜其中已经出现了错别字。对于文章中其他错别字和病句，这里就不一一指出了，教师可以带领学生把文章中汉字和语法上的错误找出来，并进行修改。

仅此一个方面的问题，就会让考生的成绩下降一个档次。所以说，考生的语言基础非常重要。不是篇幅够了就可以了，而是必须建立在表达正确的基础上。

其二，原文中有很多重要的情节在缩写后的文章中缺损了。比如，儿子得到工作的过程，他的决心和行为，父亲临终前与儿子的对话，父亲留下的信，等等。这说明考生在阅读时没有抓住和记忆文章中的很多关键的内容，而且也使得缩写后文章的内容在很多地方与原文不相符。

其三，文章最后的议论起了画蛇添足的作用。题目的要求中说得非常清楚：“**只需复述文章内容，不需加入自己的观点。**”考生没有仔细看清题目的要求，而是在文章的最后加了一段议论，这不仅是毫无必要的，而且说明考生没有仔细审题。

其四，从文章的缩写部分和议论部分我们都没有看到作者结合“人生的真正价值”这个标题而安排的内容。如果说这个题目是考生提炼的文章的主题的话，那么这个主题并没有通过复述和议论得到很好的表现，它与文章的内容没有很好地联系起来。

其五，我们可以看到，原文是根据表达的内容分了很多段的，缩写后虽然只有400字了，但考生也最好根据表达的内容分一下段，这样文章看起来更有节奏感，表达意思更清楚，也更像一篇完整的文章而不是一个大的段落。

**实例 2**

有一个儿子和父亲，儿子喜欢花钱，父亲是一个赚钱的人。儿子常常花在喝吃玩，有一天父亲叫个父子，对儿子问：万一我破产，你怎么做？儿子说：我们没破产，不用想了。

后来，父亲真的破产，儿子不知道该怎么办才好，准备自杀。这时候父亲来对儿子说：破产的是我。我还在活着，你怎么会自杀呢？
　　儿了下了决心，找朋友帮忙，但是花钱一
起喝玩的朋友已经不理他。儿了自己努力坚持
下去总于当了一位总经里。
　　后来父亲死去之后看了他写的信，在信
里发现其实父来没破产，为自己的儿了把自己
钱的一半给善　机关。另一半流给自己的儿了
　　儿了看到父亲的信很感动。~~努力生活~~。
没想到父来对自己这么做。儿子对父亲很感谢
坚持努力生活下去。

20× 20= 400

## 分析

这篇作文的字数差得比较多，而且也没有题目，结构上显得不够完整、规范。

内容上的详略失当是这篇作文致命的问题。我们可以发现，这位考生显然没有完成这种题型的经验，在阅读时，原文的前半部分看得比较细，想必花的时间也比较多；而后半部分读得比较粗，可能是时间不够了。这种情况反映到作文中，考生对原文前面的内容概括得比较全，而父亲生病后的情节就说得太简略了，以至于也造成了篇幅上的不足。

那么考生对原文的内容复述得是否准确呢？应该说也存在不少问题。有些细节与原文不符，比如作文中说“儿了自己努力坚持下去总于当了一位总经里”“为自己的儿了把自己钱的一半给善〇机关。另一半流给自己的儿了”等等，不光有很多错别字，句子也不通，而且也与原文的内容相差甚远。这说明这位考生在10分钟记忆原文的内容方面缺乏训练和经验，不能准确抓住原文中的很多重要信息点。

这个例子清楚地说明，如果考生的语言基础不够好，又不能记忆一些原文中的语句，只能用自己的话来表述原文的内容，那么不仅会使复述的内容缺损或与原文不

符，而且还会造成很多语言上的错误。

下面这个例子也有这方面的问题。

**实例 3**

101.

父亲的生意

有一位父亲，他是赚百万钱的高手。有一位儿子，他是花近十万钱的高手。父亲对儿子说"你要学习，但为何花很多钱？如果破产了你就怎么办？"但只想一死父亲，他的财产就我的。但父亲真的破产了。生活很贫穷。曾经的儿子的好友也都没用了。所以儿子想自杀。然后儿子快自杀时，父亲骂儿子一顿。儿子决定要独立生活。儿子当父亲的朋友林先生的公司的职员。儿子认真地工作。富裕时的儿子好友，女朋友也再打交道。儿子的职员档次越来越高了。终于他当了总经理。还有和一位很聪明的女性结婚了，由此可见，幸福和不幸有密切的关系。然后儿子的生活渐渐地幸福了。但有一天父亲死了。他最后对儿子一笑。律师找到儿子，给父亲写的遗嘱。这个遗嘱这样写"我的遗产一半给儿子，一半给林先生。林先生，如果我儿子过认真地生活就把这个钱给儿子。如果我儿子和以前一样每天玩儿的话，把这个钱给贫穷的儿子或者老院里。儿子知道原来父亲并未破产。儿子很感动。然后他决定超过自己的父亲而努力。父亲一辈子的"生意"就成功了。虽然父亲死了。但是他也许在天堂笑眯眯地看儿子。如果那时候没用"破产"，现在，不那么幸福。就每天玩儿，朋友也他太太也没用。总的来说，这位父亲不是溺爱自己的孩子，就很聪明的父亲。

**分析**

这篇作文的字数是够了，但作者的语言基础也不够好，加上在阅读原文时没有进行必要的记忆，所以造成了很多语言上的大大小小的错误。

另外还有一个问题是，这篇作文中的一些细节与原文内容不符，作者对原文的情节记忆得不准确，所以只好凭自己想象了。应该说这也与作者的阅读能力、记忆能力和语言表达能力有关系。

比如，“父亲对儿子说‘你要学习，但为何花很多钱？’”“儿子认真地工作。富裕时的儿子好友，女朋友也再打交道”“还有和一位很聪明的女性结婚了，由此可见，幸福和不幸有密切的关系”“但有一天父亲死了。他最后对儿子一笑”“儿子很感动。然后他决定超过自己的父亲而努力”，等等。类似这种不是内容与原文不符就是语法有错误的句子在作文中比比皆是。

另外，作文也没有根据内容分段，而是一段到底，结构上看起来也不够合理、规范。

**实例 4**

环境

我环境是让人的个性改变，没有什么困难地过去生活的话，应该成连什么都只自己不会的人了，相反说从小时候做很辛苦的工作了人们，应该成了有道理，可以自己一个人过去生活的人。

这个父亲挺好的教育，所以儿了会成长了那样的人，但是如果父亲没有那样的话，虽然并不是一定能说，父亲的公司被儿子破产。起妈成不能只自己过去生活的儿了。

因为钱有关系困难和问题一辈子没有的话，不要自己努力呀，節约也没有，自尊心越来越高，不能了解别人的困难和辛苦，这样的感到这些人们是比自己低的，就起来这样有点奇怪的认为。

　　另外一个比如说，小时候父母都是小偷的。天天，游人等狙着去城市，可能这样地成长了人们是不能发现自己做的事情是好坏。

　　但是我说是，不是有好工作的大人们的儿子们会都成好个性。

　　我觉得日本的老师人们养了儿子们是与众不同，是大部分的性个是冷寞，还有不擅长运动，最后是我真讨厌的点，而且自尊心挺强的

　　我看了这书写材料最大的印像是，人的个性是随

**分析**

这篇作文的汉字写得还是比较端正的，但可惜的是内容彻底“跑题”了。作者完全没有了解试题的要求和考试的目的，对相关的考试信息也不清楚，以至于把应该对原文进行缩写的作文写成了谈“心得体会”，连题目都变成了与原文内容不相关的“环境”。这就完全偏离了试题的要求。

从语言来看，这篇作文的问题也不少，很多地方的表达让人看不明白是什么意思，读起来非常吃力，毫无连贯性可言。

准备参加 HSK 考试的考生们应该引以为戒，在考试前要充分了解考试的特点、要求、目的，掌握一些必要的应试方法，积累一些完成试题的经验，这样才能顺利通过考试，得到你希望的结果。

## 本课小结

- **主要考点难点：** 1. 明确主题，自拟标题。
  2. 快速阅读试卷文章。
  3. 记忆重点信息。
- **考生常见错误：** 1. 没有“主题”意识，不了解关于文章“主题”的基本知识。
  2. 由于背景差异、文化差异等原因，考生不能准确理解原文的主题，导致缩写后的文章出现“跑题”的现象。
  3. 出现“画蛇添足”的情况。
  4. 没有完全读懂原文，使得缩写后的文章内容与原文有出入，不能准确反映原文的主题。
  5. 在10分钟之内来不及读完全文和记忆相关的信息，直接影响到了后面的复述缩写。
  6. 在10分钟之内读完了全文，但不得要领，不能有目的地、有效地记忆文章中的重要信息。
  7. 由于精神过度紧张而影响记忆。
  8. 因为记不清楚了，所以缩写时只好自己编造一些内容，与原文内容有出入。
- **主要应试策略：** 1. 注意了解有关主题的基本知识，建立起明确的“主题”意识。
  2. 考生还需要在平时多多学习和积累一些关于中国历史、社会、文化、人情等各方面的信息和知识，学会准确理解中国人的价值观和心理、情感，这样可以帮助考生准确理解主题。
  3. 看清题目的要求，严格按照题目的要求来写，不要“画蛇添足”。
  4. 先测一下自己当前的阅读速度，了解自己目前的情况。经过练习后再反复测试几次，了解自己有没有进步。
  5. 学会用浏览的方式阅读。
  6. 要默读，而不要轻声地把要读的东西念出来。
  7. 避免重复阅读。
  8. 通过强化训练提高记忆力。
  9. 注意力高度集中是快速记忆的重要条件。
  10. 记忆时，要保持良好的心理状态。

## 课后练习

### （一）

缩写。

（1）仔细阅读下面这篇文章，时间为 5 分钟。阅读时不能抄写、记录。

（2）5 分钟后，老师收回阅读材料，请你将这篇文章缩写成一篇短文，时间为 25 分钟。

（3）标题自拟。只需复述文章内容，不需加入自己的观点。

（4）字数为 150 字左右。

（5）学生完成缩写后交流速读和记忆的经验，老师进行点评。

（6）老师评阅作文。学生根据老师的意见修改作文。

今天太高兴啦！因为正好没有课，我和朋友要出发去广西桂林旅游啦！

来北京学习已经一年了，我除了去天津旅行过一天以外，没有去过别的城市。很久以前就知道“桂林山水甲天下”这句话，所以我和朋友决定去桂林。听说五一劳动节时旅游的人很多，很难买到火车票，所以我们决定跟旅行团一起去旅行。总之，这次旅游是我一直梦寐以求的！

此时此刻我正在开往桂林的火车上。当我踏上火车时，又兴奋又激动，因为我从来没坐过如此长时间的火车：从北京到桂林要 23 个小时才能到达。我和朋友的票是卧铺票，一张上铺一张下铺。这是我第一次坐卧铺，感觉特别兴奋，看着火车上的一切都觉得很新奇，旅途的劳累早已被抛到了九霄云外。我们乘坐的火车要经过河北、河南、湖北、湖南，最后到达桂林。现在我们正在河南境内，沿途看到了很多美丽的自然景致，有雄伟的大山，茂密的树木，清澈的湖泊，还有红色的土壤等等，简直是一顿视觉大餐。

现在，天色已经渐渐暗下来了，但我还是贪婪地欣赏着窗外夕阳西下的美景，久久不愿移动我的目光。

### （二）

缩写。

（1）仔细阅读下面这篇文章，时间为 5 分钟。阅读时不能抄写、记录。

（2）5 分钟后，老师收回阅读材料，请你将这篇文章缩写成一篇短文，时间为 25 分钟。

（3）标题自拟。只需复述文章内容，不需加入自己的观点。

（4）字数为 150 字左右。
（5）学生完成缩写后，分组讨论原文的主题，交流速读和记忆的经验。老师进行点评。
（6）老师评阅作文。学生根据老师的意见修改作文。

在靠近边塞的地方，住着一个会算命的人。他能根据事物的发展变化推断吉凶。有一天，他的马丢了，他家里人都很着急，邻居们都来安慰他们。可他却说：

“怎么见得这不是我的福气呢？”

过了几个月，那匹马回来了，还把另外一匹骏马带了回来。人们听说了这件事，都跑来祝贺他说：“恭喜你得到了一匹骏马。”这个会算命的人平静地说：

“得到骏马当然是好事，但是也不见得就不是一场灾祸。”

这个人的儿子喜欢骑马，得到这匹骏马后，非常高兴，马上拉出去骑。没想到这匹马性子很暴，人刚一骑上去，它就猛地一甩。他儿子从马上摔了下来，把腿摔断了。大家都佩服这位算命先生的先见之明，可他仍然平静地说：“腿摔断确实是很可悲的事，但是也不见得就不是一件好事。”过了一年，远方的军队侵略这里，这里的青壮年都去打仗了。战争持续了很长时间，去打仗的人差不多都死了。而算命先生的儿子因为摔断了腿，不能去前线打仗，因此而保住了性命。

生活就是这样，有时候福里隐藏着祸，有时候祸也可以转化为福。这里面有着很深的道理。

## （三）

缩写。

（1）仔细阅读下面这篇文章，时间为 5 分钟。阅读时不能抄写、记录。
（2）5 分钟后，老师收回阅读材料，请你将这篇文章缩写成一篇短文，时间为 20 分钟。
（3）标题自拟。只需复述文章内容，不需加入自己的观点。
（4）字数为 200 字左右。
（5）学生完成缩写后，分组讨论原文的主题，交流速读和记忆的经验。老师进行点评。
（6）老师评阅作文。学生根据老师的意见修改作文。

在一口很浅的小水井里，住着一只青蛙。它每天自由自在地生活着，觉得自己是最幸福的了。

一天，一只东海的大鳖路过这里，青蛙热情地邀请它到自己的家里做客。它们边走边谈。

青蛙得意地对大鳖说："你知道吗？我生活在这里是多么快乐呀！在井的外边，我可以自由地玩耍，在井栏上跳来跳去；当我感到累了的时候，我就钻到井壁上的小洞里休息。我可以在井水里游泳，只把胳膊和脸露出水面；我可以在泥里跳舞，泥刚刚埋没我的脚面。多么有意思的生活呀！你看水里那些虾呀、蟹呀、小蝌蚪呀，谁能有我这么自在呢？我独自生活在这样一个小天地里，享受着所有的快乐，真是美极了。你不想到我的井里去看看吗？"

青蛙的一番话，把大鳖的心都说动了。它真想到井里去看看。可是它的身躯太庞大了，左脚还没伸到井里，右脚就被绊住了。它费了好大的力气才把脚退了出来。于是，它给青蛙讲起大海的故事来。

"你见过大海吗？大海非常辽阔。你往远处游，永远也游不到头；你往深处游，永远也摸不到底。古时候，曾经出现过十年中有九年发大水的现象，可是海水没见增多；后来又发生了八年中有七年大旱的灾害，可是海水也没见减少。无论什么时候，我们见到的大海永远是那么大，那么深。居住在大海里，才能真正感受到自由自在的快乐呢！"

青蛙听了大鳖的一番话，吃惊得说不出话来，呆呆地愣在那里，好像丢掉了什么似的。

## （四）

缩写。

（1）仔细阅读下面这篇文章，时间为 6 分钟。阅读时不能抄写、记录。

（2）6 分钟后，老师收回阅读材料，请你将这篇文章缩写成一篇短文，时间为 20 分钟。

（3）标题自拟。只需复述文章内容，不需加入自己的观点。

（4）字数为 200 字左右。

（5）学生完成缩写后，分组讨论原文的主题，交流速读和记忆的经验。老师进行点评。

（6）老师评阅作文。学生根据老师的意见修改作文。

那是去年七月底的一天。首尔的天气十分闷热，在路上到处都可以看到人们在喝冰水，扇扇子。我在首尔书店旁边的麦当劳等朋友，很想就这样坐在有空调的地方泡上半天。翻看参考书的时候，我忽然听见一位老婆婆在旁边的柜台点菜。

"最小的汉堡包，最小的薯条和可乐，还有，再加一个番茄酱吧。"

人山人海的麦当劳本来是儿童的天堂，很少能看见独自到这里来的老年人。老婆婆的花白头发和破旧的棉背心，在麦当劳的灿烂色彩的衬托下，显得越发可怜。估计她是一位流浪的老婆婆吧。没有钱，没有靠得住的孩子，白天在公园游荡，晚上在养老院和别的老人聚在一起，撮一顿免费的便饭。那些有孩子的老年人，有时候恐怕会在孩子家吃闭门羹，抑或受不了媳妇的冷漠，只能在外边买一点儿便宜的小吃。

老婆婆的套餐终于来了。她拿着盘子，走到窗口旁边的位子。小小的身躯蜷缩在窗口的椅子上，一口一口吃着奶酪汉堡包。在我看来，她是那么孤独！我慢慢地向她走去。老婆婆把番茄酱挤出来的一刹那，我问她：

"奶奶，尝尝西餐的味道怎么样。还可以吗？"

老婆婆惊诧地回答："还可以，我最爱吃的就是麦当劳啊！"

老婆婆喝一口可乐，继续说："在家里吃饭不外乎泡菜饭、酱汤这类，简直受罪。而且儿子媳妇都说麦当劳是垃圾食品，他们却常带孙子来吃，从来没带我来过这儿。麦当劳很好吃，哪是什么垃圾食品呢？再说，吃麦当劳便宜极了，确实物美价廉。看到孩子在麦当劳其乐融融地吃汉堡包，也让我不由自主地兴奋和跃跃欲试。我吃这汉堡包，吃得上瘾了。"

老婆婆咬了一下汉堡包，舔着嘴唇周围的番茄酱，脸上堆满了十分满足的微笑，她那副过瘾的样子我永远不会忘记。

## （五）

缩写。

（1）仔细阅读下面这篇文章，时间为 8 分钟。阅读时不能抄写、记录。

（2）8 分钟后，老师收回阅读材料，请你将这篇文章缩写成一篇短文，时间为 25 分钟。

（3）标题自拟。只需复述文章内容，不需加入自己的观点。

（4）字数为 250 字左右。

（5）学生完成缩写后，分组讨论原文的主题，交流速读和记忆的经验。老师进行点评。

（6）老师评阅作文。学生根据老师的意见修改作文。

夏天的天气闷热得要命，一丝风也没有。稠乎乎的空气好像凝住了。天气热得叫人坐立不安。但是，我留恋夏天，因为我夏天的时候学会了游泳。从那时候起游泳成为我最喜欢的运动。

一天，我看见妈妈带着游泳衣去游泳，心里痒痒，要她带我一块儿去。

第二天下午，我在妈妈的带领下来到游泳场。我觉得游泳场好大呀！这个游泳场有两个游泳池，游泳池壁都贴着花纹美丽的马赛克，每边有三个跳台。当时，已有不少大人、小孩儿在池中游泳了。

我妈妈像一个很有经验的教练，教我做准备活动，然后，让我在跳台前站稳，对我说："学游泳要从跳水开始，捏着鼻子往下跳！"我向下一看，很害怕，怎么也不肯。这时，一个五六岁的小女孩正在跳水，小女孩的爸爸一喊"跳"，小女孩就"扑通"一声跳下了水。那时候我已经八岁了。妈妈我看了一眼，说："你看人家比你小，都敢跳，难道你不如她吗？"我心里想：不能让妈妈看扁了，一定要鼓起勇气搏一搏。我站在跳台上，捏着鼻子，闭起眼睛"扑通"一声跳了下去。我喝了几口水，总算闯过了第一关。我又上了跳台，一次、两次、三次……一遍一遍地练习跳水，终于学会了跳水。

接着，我就下水开始憋气。妈妈做示范，先捏住鼻子，深呼吸，潜入水下；然后嘴里慢慢吐气，憋了一分多钟。妈妈对我说："别急嘛，慢慢来。说不定你以后憋的时间比我还长呢！"我暗暗下了决心，决定向30秒钟努力。经过数次的锻炼，我终于突破了30秒。这时，妈妈说：现在我可以教你游泳了。

她托着我的身子让我慢慢划。渐渐地，我可以离开她的手独自划动了。我从游泳池的一边划到另一边。虽然姿势不优美，但是我学会了基本的游泳……

那些天是我最快乐的日子，因为我学会了游泳。

现在我已经长大了，也学会了各种各样的泳姿，如果有空儿的话，我一定会游泳或打网球。

我觉得，在我们的生活里运动是很重要的一件事情。运动的时候每个人都会感到疲劳，但对我来说，这不是一般的疲劳，这是快乐的疲劳。每个人应该找到自己最喜欢的运动，只有找到的人才能叫幸福的人。

## （六）

缩写。

（1）仔细阅读下面这篇文章，时间为10分钟。阅读时不能抄写、记录。

（2）10分钟后，老师收回阅读材料，请你将这篇文章缩写成一篇短文，时间为35分钟。

（3）标题自拟。只需复述文章内容，不需加入自己的观点。

（4）字数为350字左右。

（5）学生完成缩写后，分组讨论原文的主题，交流速读和记忆的经验。老师进行点评。

（6）老师评阅作文。学生根据老师的意见修改作文。

电话铃响了，她伸手去接，里面是一个粗大嗓门的男声：“劳服公司吗？”

“不是，您打错了。”她说。

对方“哦”了一下，“咔嚓”挂了电话。

她有些失望，重新拿起抹布擦桌子、窗台。每天，她就这样盼着电话铃响，希望能给她带来好消息。三个多月前，她去“再就业信息服务中心”填了表，她不知道会不会有哪家单位看中自己。

刚刚过了两分钟，电话铃又响了。没想到，电话里仍然是刚才那个声音：“请问是劳服公司吗？”

“不是的，先生，您又打错了。”她忍不住觉得好笑，拖长的语气中带着几分怨嗔。

男人似乎觉得有些意外，怔了一下，说：“真糟糕！那……您能不能给我查一下劳服的电话号码？”

“您打114吧。”她说。

“我知道，可是114老是占线。”男人歉意地笑了一下。

“嗯——好吧，您稍等。”她从桌上的书堆里找到了那本破旧的电话号码簿，翻了半天，也没查到劳服公司。

于是，她拿起话筒，说：“对不起，我没有查到劳服公司，您自己再查查吧。”

“哎呀……我有点儿急事，不太方便，麻烦您再给我查查好吗？我一会儿再打电话给您。”

还没等她回答，那边就挂了电话。她有些纳闷，不知道那个人遇到了什么麻烦。犹豫了片刻，她拨了拨114，却一下就拨通了。她查到了那个电话号码，找笔记了下来。

不一会儿，那个电话果然又打了过来，那个男人刚“喂”了一声，她就把查到的电话号码告诉了对方。

“没错，谢谢您！”那个男人高兴地接口说道：“您是叫红梅吗？”

她很惊讶对方居然知道自己的名字，忙问道：“您是谁？”

“我是劳服公司。”男的说：“我们公司需要一个做接待工作的人，看来您可以胜任。明天您来报到吧。”

她明白了，高兴得跳了起来。

# 第 15 课 书写（读文章，缩写）2

## 考点与难点（四） 缩写的概念和要求

### ● 说明

考生回答 HSK(六级)"书写"部分的第 101 题，在经历了快速阅读、强化记忆后，进入的最后一个环节是**缩写**。

所谓缩写，就是在不改变原文的主题、内容、情节等的前提下，把一篇内容较多、篇幅较长的文章压缩成较短的文章。缩写既是一种常用的写作练习方式，也有它的实用价值，比如我们给一篇长文或者一本书写"内容梗概"，实际上就是一种缩写。

要完成好 HSK（六级）考试中书写部分的缩写，有六个方面的要求：

**第一**，抓紧 10 分钟的阅读时间，全力以赴认真阅读原文，理清原文内容和层次结构，抓住主要内容，领悟中心思想，把握文章的要点。只有对原文内容有了清楚的了解，做到心中有数，缩写出来的文章才不会离谱。

**第二**，缩写后的文章要体现原文的风格和面貌。也就是说，缩写不能改变原文的主题，不能改变原文的体裁、框架和语言风格，甚至连**人称**也不能变。要保持原文中的主要事件和它的发展过程、最终结果，也要保持原文人物的基本特点。还有，内容安排的顺序、表达方法也都要维持原样。

**第三**，要准确理解全文主题和各段段意。我们知道，主题是文章的灵魂，缩写时不能另立新的主题，而且也不能远离原文的中心，而应抓住原文的中心及要点，并以此为准绳，去筛选原文的材料，凡是能突出表现原文中心的材料、要点，尽可能予以选择或保留，反之，则可以删去或精简。要看清原文的开头、故事的展开以及结尾是怎样写的，段与段之间是如何过渡和衔接的，理清文章的思路，掌握文章的主题和段意。这样，缩写后的文章才不易漏掉原文的主要情节，而且主题能和原文保持不变。否则，文章就会走样，不符合缩写的要求。

**第四**，要按照题目要求的字数删繁就简，将原文的篇幅缩短或者去掉部分描写语句，把握住原文主要事件的主要材料，删掉次要事件和次要材料，或者对有些次要事件加以概括，或者删去一些无关紧要的介绍。

**第五**，缩写后的文章要语言顺畅，衔接自然，前后连贯，使文章成为一个整体。缩写不是内容摘要，缩写后的作文虽篇幅比原文短小，但一定要连缀成篇、结构完整、中心明确，使全文成为一个有机的整体，做到短而不乱。

**第六**，根据题目要求，考生只要缩减原文的内容即可，不需加入个人观点。

## 常见错误

1. 阅读时过于紧张或没有集中注意力，对原文内容掌握粗糙或有重要遗漏，甚至出现跟原文内容相违背的情节。

2. 没有准确理解全文主题，导致缩写后文章的主题偏离原文主题。比如我们前面分析过，样卷第101题所给文章的主题是：一方面表现了父亲对儿子的深挚感情，一方面说明年轻人需要在艰苦的环境中经受锻炼才能成熟起来。但有的考生却把这篇文章的主题理解为父亲跟儿子闹矛盾，互相不能理解，后来和解了；或者父亲跟儿子一起努力，取得了成功，最后父亲死了；或者父亲去世后，儿子继承了父亲的事业，他努力工作，最后取得成功，等等。如果这样来理解主题，缩写出来的文章势必不能体现原文的内容和宗旨。

3. 缺少关键情节，或人物、情节与原文有出入。在对样卷第101题的文章缩写时，有几个关键情节是不能缺少的，比如：儿子一开始不努力，只知道花钱；后来父亲“破产”，儿子要自杀；在父亲的劝导下，儿子决心自立；儿子去父亲朋友的公司工作，因为努力而获得成功；父亲因病去世；律师给儿子看父亲的遗嘱和信，儿子得知父亲并未破产，是为了让他奋起而苦心设计的一个“骗局”。这些重要情节在缩写时不能没有，也不能改变。

4. 只是机械地去除文章的一些字句，文章结构不清楚，语言表达不流畅，前后没有连贯性，各段之间只是生硬地组合在一起，没有成为一个有机的整体。

5. 在文章中画蛇添足地加上一些自己的评论。根据缩写的要求，这样做不仅不会为你加分，反而会因为不符合试题要求而被扣分。

## 应试策略与技巧

1. 考生一定要在平时的复习中注意了解关于缩写的一些基本要求，并在练习中努力按照这些要求来做。

2. 阅读时要学会通过关键人物和关键情节去抓住主题。样题中的关键人物就是儿子和父亲。儿子一开始花天酒地，一事无成。后来之所以获得成功，一个很重要的原因是父亲“破产”使他感受到了世态炎凉，激起了他的奋起努力的决心。这就说明了，年轻人需要在艰苦在环境中锻炼自己，才能成长、成才。至于后来儿子得知父亲并未破产，是为了让他奋起而苦心设计的一个“骗局”，就更加说明，父亲“望子成龙”心切和他对儿子的深深的父爱。抓住了这些关键的内容，你的缩写才能够体现原文的本质。

3. 在文章的语言和结构方面，考生还是需要平时在老师的指导下多加练习。在平时的练习中，有一个具体的操作方法，就是做完缩写之后，自己读一遍自己的文章并进行录音，然后听一遍自己的录音，听的时候不要看着文章，这样比较容易发现自己的问题。如果有的地方连自己都听不懂，那表达肯定是有问题了。这样反复训练，有助于考生减少语言表达上的错误。另外，注意通过多种方式提高**语感**是使得文章流畅连贯的最根本的办法。

4. 严格按照题目的要求来写，把文章缩短就可以，不要过多添加原文以外的、自己的语句，更不必发表任何评论或者感想等。

## 考点与难点（五）　缩写的步骤和方法

### • 说明

#### 步骤

在 HSK（六级）的考试中，缩写的基本步骤可以概括为四个字：**读**、**记**、**选**、**缩**。

1. **读**　就是阅读，这是完成缩写的第一步。我们在缩写前要读懂内容，抓住要点，认真分析出文章的中心和每段的主要内容，明确文章的中心，保留原作的要点和部分优美的词句，缩写出来的文章才能有血有肉，达到好的效果。

2. **记**　就是记忆，这是完成缩写的第二步。在阅读的同时，考生要注意记忆原文的主要内容、主要观点、主要情节、主要人物、主要段落和语句，为后面的输出——缩写做好充足的准备。需要注意的是，在 10 分钟的阅读过程中，是不允许抄写或者记录的。也就是说，只能依靠大脑来进行记忆。

3. **选**　就是挑选。经过 10 分钟的阅读和记忆，原文被收走了，考生进入了缩写的阶段。在这个过程中，要依据记忆中的文章的主要内容，有选择地删去那些与原文中心内容、中心事件和主要观点关系不大的成分，以及次要论点，次要人物的语言、动作等。要想清楚哪些内容必须保留，哪些内容可以删减并要考虑怎样连缀成文。

4. **缩**　就是缩减。在写的过程中，考生可以采用缩短句子、段落的方法，使文章的字数达到题目要求的 400 字左右。

在实际的写作过程中，“读”与“记”应该是同时进行的，考生要边读边记；“选”与“缩”也应该是同时进行的，考生要边选边缩写。

#### 方法

在进行“缩写”时有一些具体的方法，是需要考生加以掌握的。这里以第 264 页样卷中的文章为例来加以说明。

1. 把长的句子缩成短句。

**【例 1】**

儿子从来没有当回事，他如此能干的父亲怎么会破产呢？他想：就算他死了，也会给我留下一大笔遗产。

可以缩减为：儿子不相信父亲会破产。

**【例 2】**

儿子遗传了父亲聪明的头脑和坚韧的性格，再加上自己的刻苦和林先生的指教，他的工作干得有声有色，职位也一步步提升。

可以缩减为：儿子很聪明，再加上努力，在公司干得非常出色。

**【例 3】**

律师将一份文件交给他，那是父亲的遗嘱，上面写着将自己的财产分成两半，一半送给林先生，条件是他必须将儿子培养成有用之才，另一半留给能干的儿子，暂由林先生掌管经营。如果儿子依然花天酒地，一事无成，这一半就捐给慈善机构。

可以缩减为：律师给他看了父亲的遗嘱，上面写着，自己的财产一半给林先生，请他把儿子培养成才；另一半暂由林先生保管，如果儿子将来不求上进，就捐给慈善机构。

2．把原文中的对话改为叙述。比如样卷中的这一段对话：

**【例 4】**

……父亲破门而入，用力给了儿子一个耳光："没出息，钱是我赚的，也是我赔的，与你不相干，我都没想死，你凭什么死！"

儿子被打醒了，不知所措，问父亲："现在我该怎么办？"

父亲考虑了一会儿说："凭我的面子，也许还能给你找个事做，就怕你吃不了这个苦。"

"让我试试吧。"儿子说，他下定决心要自立自强。

我们把这段对话改为用叙述的方式来表达，就可以缩减很多字数：

父亲给了想自杀的儿子一记耳光，儿子被打醒了。父亲答应给儿子找个工作，但一定要能吃苦才行。儿子下决心一定要自立自强。

经过这样的处理，这段话就从 140 多字减到了 57 字。

3．删减文章中的次要人物、次要情节、次要场面、外貌描写、景物描写等。上面所举的例子，就是删减了原文中次要内容的结果。

4. 对内容做适当概括。即对文章中的叙述、描写及对话进行概括。比如样卷第101题文章中的这一段：

**【例 5】**

不几年的工夫，他就当上了公司的总经理，并且娶了一个贤惠的太太。看着自己的家因为自己的努力变得越来越美满，他感到前所未有的充实。

然而，幸福与不幸总是联系在一起的。正当儿子的事业如日中天的时候，父亲病倒了，儿子想尽一切办法都无法换回父亲的命。临终前，父亲拉着儿子的手，满脸微笑，很满足的样子。

这是一段叙述，我们对它进行一番概括：

没过几年，他就当上了总经理，还建立了幸福的家庭，生活过得很充实。然而就在这个时候，父亲病倒了。临终前，父亲拉着儿子的手，脸上露出了满足的笑容。

经过对内容的概括，原来 140 多字的两段话缩减到了 71 字。

从以上这些例子可以看到，这些缩减文字的方法在实际使用时，常常是交叉或重合在一起的，我们在这里之所以把它们分开，是因为这样讲解起来比较清楚。

## • 常见错误

1. 考生对缩写的步骤没有清楚的概念，拿到试卷上的原文后，没有做好阅读和记忆的心理准备，以致于 10 分钟后，没有记住文章的主要内容。

2. 不清楚“读”和“记”应该同步进行的方法，阅读的时候不注意记忆，等读完再去记忆，降低了效率。

3. 不清楚“选”这个环节的原则，保留了次要的情节和内容，而放弃了关键的、重要的部分，本末倒置。

4. 在进行缩写时，由于语言能力不过关，造成很多语言错误，句子不通，意思含混，语气生硬，前后缺少呼应。

5. 因为平时缺少训练，语言表达不熟练，再加上阅读时也没有记住一些重要的、关键的内容，造成在规定的时间内不能完成 400 的缩写文章，或者缩写后的语言错误过多。

## • 应试策略与技巧

1. 认真学好关于缩写的步骤和方法的基本知识，并在平时的练习中反复操练和体会，从总体上提高语言水平，积累写作经验，提高写作速度。

2. 特别需要强调的是，一定要多多进行实战训练，强迫自己在规定的时间内，高度集中注意力，也像考试那样完成缩写的内容。而不能只是一般性地随便写一写，练一练。

3. 有目的地缩减语言和内容，而不是盲目地随意删减。要做到这一点，首先应准确把握原文的主题和中心思想，并围绕着它，使用前面介绍的缩减的方法来决定对内容的取舍。

4. 缩写完成后最好能够从头到尾默读一遍，检查一下是否有前后不一致的地方，或语言不通、交代不清、主次不分等情况，再看看语言和各段之间衔接是否自然。

## 考点与难点（六） 使文章具有连贯性和逻辑性

### ● 说明

连贯性和逻辑性是评判一篇文章好坏的最基本的两个标准。

**1. 文章的连贯性**

缩写后的文章，需要保持语言的通顺流畅、结构的合理完整和前后的连贯顺畅，这就是所谓的“连贯性”，我们在前面已经强调过多次了。在缩写过程中，考生要把经过缩减的句子连贯而又有机地组合起来，构成一篇完整的文章，这是评判文章好坏的重要标准。

这里面有两个关键词，一个是“连贯”，另一个是“有机”。我们可以这样来解读这两个词。

所谓“**连贯**”，就是在一个中心事件或中心观点的统领下，用语言进行成段表达的过程。它也是书面表达中句子排列组合的规则以及加强语言联系与衔接使之更为通畅的方法。 它的三个条件是：**统一的话题，合理的顺序，前后的呼应。**

所谓“**有机**”，是指事物构成的各部分互相关联，具有不可分的统一性。具体到一篇 400 字左右的短文中，“有机”就是指文章中的词句都按照一定的**逻辑关系**组合在一起，构成了一段完整的文字，互相之间不能分割。

我们可以看到，这两个词是联系在一起的。你的短文连贯了，语言就是有机联系在一起的；而你的短文的语言有机地结合在一起了，那么也就是做到连贯了。

了解关于连贯的三个条件，对写好短文非常重要。

首先是“**统一的话题**”，实际上也就是要有一个核心的事件或论题，也可以理解为就是文章的主题。主题适用于任何长短的文章。我们所要缩写的对象，也就是 1000 字左右的原文，肯定是有主题的，经过缩写后的 400 字短文也一样，而且主题还要跟原文保持一致。在这个主题的统领之下，我们才知道如何选择需要保留的内容，如何选择需要删除的内容，以及如何把长句子缩短，等等。只有这样，缩减后的文章的词句才能围绕着这个主题而有机地结合在一起。

其次是“**合理的顺序**”，就是短文中的语句按照合理的顺序和逻辑关系连接和组合起来，而不是乱七八糟、杂乱无章的。

最后是“**前后的呼应**”。每一篇文章都会有开头和结尾，所谓“前后呼应”，就是指短文的开头、结尾和中间的每一部分内容之间都要建立一种联系，让人感觉到这篇文章是一个完整的整体。

**2. 文章的逻辑性**

在评判一篇文章或一段文字的优劣时，“逻辑”是人们常常提到的一个词，“有逻辑”“逻辑性强”都被认为是对文章的称赞，反之，如果大家认为这篇文章不符合逻辑，也就说明它的内容和语言比较混乱，意思表达也不太清楚。评判 HSK 的作文当然也是如此。

那么，文章的逻辑是什么呢？记叙文有没有逻辑呢？如果有的话，具体又是指什么呢？

“逻辑”是英文 logic 的译音，它本来的意思是思想、思维、理性、言语。具体到我们的文章写作中，“逻辑”有三层具体的含义：

**（1）指思维的规律。**就是文章的语言和文意的表达，要符合人类一般的、正常的思维规律和客观规律，如果违反，就会造成语言和思维的混乱。简单地说，思维规律有这样四条：

一是**同一律**。同一律的基本内容是：在同一思维过程中，使用的概念和判断必须保持同一性，亦即确定性。同一律是任何判断的逻辑基础，其作用是保证思维的确定性。在写作中，违反同一律要求的常见错误就是思维混乱，主题或语言表达前后不一。

二是**矛盾律**。矛盾律的基本内容是：在同一思维过程中，对同一对象的两个相互矛盾或对应的判断，其中至少有一个是假的，不可能全是真的，也可以两个都是假的。矛盾律是否定判断的逻辑基础，它的作用是排除思维中的自相矛盾，保持思维的不矛盾性。因此也可以说，矛盾律是从否定的方面肯定同一律。在写作中，如果违反了矛盾律，就会出现观点不清，或者前后内容、人物性格等自相矛盾的情况。

三是**排中律**。排中律的基本内容是：在同一思维过程中，对同一对象的肯定判断与否定判断，这两个相矛盾的判断，不能同假，必有一真。也就是说，在同一条件下，对某思维对象的肯定判断和否定判断，概括了该对象的某种属性的所有情况，不可能存在既不是 A 又不是 B 的第三种情况。排中律要求我们必须在 A 与 B 之间做出明确的选择，或者肯定 A，或者肯定 B，不能模棱两可，含糊其辞。

排中律和矛盾律既有联系，又有区别。排中律和矛盾律都不允许有逻辑矛盾，违反了排中律，同时也就违反了矛盾律，所以两者是互相联系的。它们的区别在于：矛盾律指出两个互相矛盾或反对的判断不同真，并没有排除“同假”的可能；而排中律则进一步要求，两个互相矛盾的判断必有一真，完全排除了“同假”的可能。从这个意义上讲，排中律是矛盾律的继续和发展。

排中律的作用与矛盾律基本相同，都用于排除思维中的自相矛盾，保持思维的不矛盾性。它是反证法的逻辑基础。当直接证明某一判断为真有困难时，根据排中律，只要证明与其相矛盾的判断为假即可。

四是**充足理由律**。充足理由律的基本内容是：在思维过程中，任何一个真实的判断必须有充足的理由。充足理由律是进行推理和证明的逻辑基础。其作用是保持判断A、B两个事物之间的联系有充分根据和有论证性。任何判断或论证，只有当它具有充分的根据，也就是具有充足的理由时，才能是正确的、合乎逻辑的，才能具有论证和说服的力量。

总结起来看，思维逻辑的这四条基本规律从不同的方面表现了同一思维过程的各个特性，它们之间有着内在的不可分割的联系。同一律是从正面，即从肯定方面来巩固概念和判断，它要求思维过程必须有规定性。作为它的反证的矛盾律是从反面，即从否定方面来巩固判断，矛盾律要求在思维中不能有矛盾的思想存在。至于排中律，则是从肯定和否定两方面来巩固判断，或肯定，或否定，非此即彼，二者必居其一。作为终结定论的充足理由律，则要求对这个有规定性的、没有矛盾的论断提出证明，指出它之所以正确的充足的理由。理解并且运用好这四个原则，对于写作时保持文章的逻辑性有非常重要的作用。

**（2）指客观的规律**。任何事物都有其发生、发展的客观规律，比如生命有生老病死，自然界有春夏秋冬，时间有先后早晚，事情有发生、发展、结果，等等。总而言之，客观规律就是指不以人的意志为转移的客观世界的规则。我们在写作时，文章主题、语言和内容等都不能违背这些规则，否则就会出现逻辑混乱甚至错误的情况。

**（3）正确使用复句**。复句就是由两个或两个以上的分句组成的、表达一个完整的意思的句子。复句中分句之间的关系往往也表示了某种逻辑关系。所以，正确使用复句对于使文章具有逻辑性也是很有好处的。

根据分句和分句之间的关系，可以把复句分为联合复句和偏正复句两大类。分句之间或用逗号分开，或用关联词连接。

总结以上内容，我们可以看到，逻辑性并不是议论文的专利，其他**任何文体，包括记叙文也都是有逻辑性的。**

比如同一律、矛盾律和排中律告诉我们，在写记叙文的过程中，主题和内容要前后统一，在情节和人物等各方面都不能有互相矛盾的地方存在；另外，逻辑还是指大自然和人类社会中客观存在的规律，这也是写作记叙文绝对不能违反的，比如在对时间、方位等的叙述中，更是应该遵循正常的逻辑，不能违反。如果出现时间、地点、方位、年龄等前后矛盾、混乱，不符合客观规律的情况，那这篇文章的逻辑性就出现问题了。

在一篇文章中，连贯性和逻辑性是既密切相关又各有侧重的。连贯性侧重指文章的结构安排和语言表达，具体说来，就是文章结构完整，安排合理，前后贯通，首尾呼应，语言表达通达顺畅；而逻辑性侧重指文章内在的含义、各段之间的关系和语句之间的关系是否合情合理，衔接自然，前后一致。两者在文章中具有相互促进的作用。一般来说，文章有连贯性，就会使得它的逻辑清楚、合理；而文章有逻辑性，就会使它结构合理，语言表达前后连贯。

## • 常见错误

1. 考生缺乏关于连贯性和逻辑性的基本知识，也没有写文章要有连贯性和逻辑性的明确意识。因此在写作时不能有意识地使文章做到有连贯性和逻辑性，造成文章表达混乱，前后不一，意思杂糅，主题或内容相互矛盾等一系列的问题。

2. 内容或语言表达违背客观事物的规律，造成逻辑混乱。就是我们平时常说的：说话不符合逻辑，前后矛盾。

3. 语言表达不顺畅，语病太多；或者所使用的复句有语病，关联词语使用不当，造成文章意思表达不清，这些都会影响文章的连贯性和逻辑性。

## • 应试策略与技巧

1. 在文章的连贯性和逻辑性方面，恐怕不是考试时用什么特别的技巧可以解决的，考生一定要把工夫下在考试前。首先，考生写文章一定要树立“**连贯性**”和“**逻辑性**”这两个意识，因为这是评判文章质量的主要标准之一。

2. 具体了解写作中的“连贯”和“逻辑”指的是什么，学一点这方面的知识，这样才能在写文章时有意识地往“有连贯性、有逻辑性”的方向去努力。

3. 在阅读中抓住文章的主题，并在缩写时紧紧围绕着主题来决定内容的取舍和语言的表达，并注意文章前后的呼应和一致，这是保证文章具有连贯性的关键。

4. 了解和学好汉语中的复句，准确掌握和运用关联词语，这样既可以增加文章的逻辑性，也可以提高文章的总体水准。

5. 在考试中，写文章出现逻辑混乱的情况，还有一个重要的原因是时间紧张，来不及仔细思考，更没有时间检查写完的文章，在匆忙中出现前言不搭后语，缺少逻辑性的问题。解决的方法只有两个：一是平时一定要在老师的指导下多做模拟练习，积累实战经验，而且练习时就要按照考试的要求严格控制时间，这样熟能生巧，到考试时才能把握好时间；二是在实际考试中，前面的时间一定要抓紧，有了相对充足的时间，才有可能去考虑和注意文章的逻辑性。

## 考点与难点（七）　看清原文的结构

### ● 说明

我们前面已经讲过，在缩写试卷提供的原文时，不能背离原文的主题和中心，也不能改变它的结构，只能缩减、概括语言和次要内容。这里还有个很重要的概念，就是“结构”。我们需要了解“结构”这个概念及其相关的知识，才能看清和理解原文的结构，也才能帮助我们在完成“缩写”这道题时做到不改变文章的主体结构。

**1. 文章的“结构”**

那么到底什么是文章的“结构”呢？

“结构”这个词是从建筑学中借鉴过来的术语，指的是文章中组织材料、编排内容的具体形式。我们可以把一篇文章比喻为一个人，把主题比喻为“灵魂”，把材料比喻为“血肉”，而结构，就可以比喻为“骨架”。没有骨架，血肉都无所依附，不能构成一个完整的形体，灵魂也就无处寄托了。也就是说，如果没有结构，各种材料就如同一团乱麻，不能形成一篇文章，主题当然也就无法得到表现了。因此，结构是文章除了主体、材料以外的第三个要素，要写好文章，就不能不认真考虑文章结构的设计。

**2. 记叙文结构设计依据的原则**

一般来说，作者在对记叙文进行结构设计时，都会依据以下这些原则：

**首先**，记叙文的结构设计必须与客观事物自身的内在规律相适应，符合正常的逻辑。记叙文常常以事件为表现对象，而事件一般都是按照“**发生→发展→高潮→结局**”这样的规律在运动的，因此，叙事的文章一般也可以按照这个程式来安排结构。有时，为了表现事件产生的背景和事件所造成的影响，可以在“发生”之前加一个“序幕”，或者在“结局”之后加一个“尾声”。也可以采用“倒叙”的手法，把“发展”“高潮”“结局”这三个环节中的一个提前，放到“发生”的前面。但不论怎么样，这个结构的基本程序没有改变。

说到以记人为主的记叙文，是以表现人物思想、性格、经历等为主要内容，这些都需要通过人物一系列的行为和经历才能表现出来。因此，记人的文章的结构，或是按照实际顺序纵向展示人的行为和经历，或是按照人物所做的事情的性质来进行归类，横向排列人的行为和经历，这两种安排也是符合正常的逻辑的。

**其次**，记叙文的结构设计，必须有利于表现文章的主题。主题是贯穿全文的“灵魂”，记叙文的结构设计，必须有利于表现主题，才能把各种材料和所要表达的思想感情结合成为一个完整的、有序的整体。比如，写叙事性的文章，是采用顺叙还是倒叙的结构方式，需要不需要加上“序幕”和“尾声”，都要根据表现主题的需要来选择。

**再次**，记叙文的结构设计还要力求新颖，避免公式化和单一化。文章是作者的“精神产品”，应该以新颖独特为追求的目标。我们在讲到主题、材料时，也强调过这一点，结构当然也不例外。我们在这里介绍记叙文结构设计的基本原则，不是说记叙文一定会按照某种公式去安排文章的结构，只是总结出一些规律，供考生在阅读原文和缩写时参考。

### 3. 记叙文的结构方式

下面再介绍一下五种常见的记叙文的结构方式。

#### （1）按照时间顺序安排结构

事件的发生发展、人物的成长经历、景物的所见所闻，都是处在一定的时间“线条”上的，所以，一般作者在写记叙文时都会自觉或不自觉地按照时间顺序安排文章的结构。这种结构的文章常常会给人以有条不紊、次序井然的感觉。

#### （2）按照空间位置安排记叙文的结构

人物的活动和事件的展开都是以一定的空间为背景的，自然风景和城市风貌等也可以以不同的空间为单位来呈现，所以，人们在写记叙文时常常会采用的第二种结构方式就是按照空间位置来安排结构。

这种结构的记叙文，有两种基本形式。

一是作者让自己处于某个**固定**的观察位置上，然后由此分别观察处于不同位置的几个事物。这样的安排是从局部到整体来加以呈现，作者所要表现的内容自由度相当大。

二是作者让自己处于行动之中，并按照**行动的路线**，逐个展现观察到的不同事物。这样写来，交代得非常清楚，文章的结构也就严谨而又有序了。

不管采用这两种中的哪一种，“空间”的不断“转移”和有序推进都会使得文章条理清楚，内容充实。

#### （3）把按照时间顺序和按照空间位置结合起来安排记叙文的结构

这种结构也有两种具体形式：

一是时间顺序和空间位置完全一致。随着时间的推移，空间也在一个一个地变换。这种结构模式比较容易掌握，是比较常见的。

二是时间顺序和空间位置并不完全一致，形成一种时间和空间“纵横交错”的状态，作者可以在同一个时段中展示两个甚至三个空间的情景。这种结构有利于对处于不同时段、不同空间的人和事等进行有条理地叙述。这种结构模式比较适合表现时间跨度较大、空间转换比较频繁的人和事等复杂内容。对于HSK（六级）第101题来说，原文一般在1000字左右，一般只能反映单一线索的故事，所以使用这种结构的可能性不是太大。

**（4）按照作者对事物、人物的思想感情的发展变化来安排记叙文的结构**

这种结构实际上是第一种结构的“变体”，因为人的思想感情在一般情况下也是按照时间顺序发生发展的，只是文章的切入点，或者说角度有所变化。文章的内容不是或不主要是通过时间的推移来表现，而是以作者内心的感受和分析认识为主线来呈现，在表现文章内容时体现出层层深入的递进关系，这是它与纯粹的按照时间顺序来安排结构的一个明显区别。

**（5）用并列组合的方式来安排记叙文的结构**

这种结构就是通过对材料进行分类，把“意思”相近的内容“并列组合”在一起，以达到充分表现主题的目的。

以上我们介绍了五种记叙文安排结构的方法。应该说，文章的结构是千变万化的，仅这五种远远不能包含它的全部。但这五种结构是最基本、最常用的。初学汉语写作的留学生，不妨从模仿这些最基本的结构入手练习汉语写作，等到运用得熟练自如了，就可以灵活多样地安排记叙文的结构了。

**4．记叙文结构的组成部分**

最后说说记叙文结构的几个具体组成部分。

**（1）段落和层次**

段落是指文章的自然段，是写文章时根据表达的意义划分的单位。写文章分段的主要作用有两个：第一个作用是，通过段落的划分揭示文章表述过程中的一个个步骤，使得文章内容进展的节奏清晰；第二个作用是，段落的划分有助于揭示文章层次。

层次是文章中比段落更大的意义单位，在一些篇幅短小、内容简单的文章中，有时候一个段落就是一个层次，所以自然段能够帮助读者理解层次；而在一篇结构庞大的文章中，有的层次包含的意思比较多，需要分成若干段落来表达，这时候，一个层次可能就会包含几个自然段落。在这种情况下，层次不能一下子就看得很明白，而自然段则有形式上的标志（每段开头都要空两个字，一段结束要换行），所以可以帮助读者更好地区分层次。

段落的划分是为表达主题和内容服务的。划分段落的基本原则是单一性和完整性。单一性是说一个段落中只能表达一个意思，而不能把两个或两个以上的意思混杂在一个段落中；完整性是说要在一个段落中把一个意思表达得清楚、完整，不能把一个意思拆开放在几个段落中，这样就会造成文章的表达杂乱无章。

层次的组合要体现的是内容的同一性。组合在同一层次中的段落，所表达的意思应该在同一个大范围内，是从几个不同的层面或角度去说明一个大的观点。

**（2）过渡和照应**

这是文章结构中的辅助成分，起到衔接和强调的作用。

过渡是在文章的层次或段落之间起连接的作用，使它们构成一个紧密的整体。过渡的方式多种多样，最简单的就是在一段的开头加上“但是”“其实”“不仅如此，而且”“总而言之”等词语；另外，还可以在段落的开头或结尾用诗句、整句或设问等来承上启下；还可以使用短小的段落来进行过渡。

照应说的是文章的有些内容需要在不同的位置互相照顾、呼应，以起到加强表达的作用。常用的形式有“**首尾照应**”（开头和结尾相互呼应）和“**文中照应**”（在文章中间多处照应）。

**（3）开头和结尾**

开头和结尾在文章中居于比较特殊的位置，也有着特殊的作用，是文章中具有特殊意义的基本成分。

**开头**

文章的开头既关系到往下行文是否能够顺当，也关系到是否能使人产生读下去的愿望。记叙文的开头，一般有这样几种常见的写法：

1）开门见山，直接点题，便于让读者阅读时迅速了解全文的要点。

2）首段设问，然后针对问题逐步展开文章的内容。

3）阐明写作动机，然后进入记叙。

4）先渲染一下气氛，然后再进入记叙。

5）引用名言警句来作为开头，揭示文章的主旨。

6）截取文章内容中最关键、最有吸引力的一个点来作为开头，有意制造一种悬念。

**结尾**

文章的结尾是全文的总结，有时可以表现客观事物变化发展过程的最终结局，有时也可以表现作者思想感情发展变化的结果，有时可能又会承担两方面的任务。以下几种常用的结尾方法，可以作为参考：

1）顺着文章内容的发展趋势，点明事情的结局。

2）总结全文的内容，揭示文章主题。如果这种方法与“开门见山”的开头写法结合起来，就形成了“首尾照应”。

3）不直截了当地说，而是用委婉含蓄的方法点出主题，让读者慢慢领悟。

4）用开朗乐观或有趣幽默的语言结束全文，给人留下愉悦的感受。

5）用饱含哲理的语言作为结尾，给人启发，发人深思。

记叙文的开头和结尾的写法是五花八门、变化无穷的，肯定不只局限在这里所举的这些，留学生应该在平时的阅读中多加留意，学习体会，渐渐就可以掌握更多的写作方法。

### ● 常见错误

1．考生没有关于文章结构的知识和意识，在阅读时不会分析和理解文章的结构。

2．在缩写时随意改动原文的主体结构，甚至于影响到了对原文主题的表现，使得缩写后的文章面目全非，没有忠实于原文，不符合题目的要求。

3．由于没有看清原文结构，再加上时间比较紧，使得缩写后的文章结构和内容混乱，层次不清楚，前后没有呼应。

4．由于时间紧张，来不及完成全文，使得缩写后的文章结构不完整。

### ● 应试策略与技巧

1．考生在平时要注意学习关于文章结构方面的知识，建立清晰的结构意识。

2．考试时拿到原文后，一边阅读，一边分析它的结构，看看它属于五种结构模式的第几种，并把这种结构的主体部分体现到缩写后的文章中。拿大纲样卷中的文章来看，虽然文章中没有明显的表现时间进展的词语，但实际上是比较典型的按照时间顺序安排结构的文章，它的脉络基本是这样的：（开始时）父亲赚钱，儿子花钱；父亲“破产”，儿子要自杀，被父亲打醒，决定自立自强；儿子在父亲的朋友林先生的公司工作出色，得到提升，并且成立了家庭；父亲得重病去世；儿子从父亲的信里得知真情。文章的时间线索非常清晰，考生如果有“结构意识”，就可以很容易发现，一旦把握了原文的脉络，对于缩写是有很大帮助的。

3．在缩写的过程中，也要注意文章的层次和段落、过渡和照应、开头和结尾等问题，这对于保持文章的整体性和连贯性是很有好处的，可以使你的缩写文章显得自然流畅，像一篇原创作文而不只是缩写的文章。

## 实例分析

下面列举几篇学生的作文，题目的形式是 HSK（六级）第 101 题，即“缩写”，并进行分析评述。

在“分析”的部分，主要就文章审题、主题表现、材料选择、篇章结构等方面进行评述，对具体的语言文字问题不做修改，学生可在教师的指导下，作为练习完成这一内容。

## 题目

缩写。

（1）仔细阅读下面这篇文章，时间为 10 分钟。阅读时不能抄写、记录。

（2）10 分钟后，监考收回阅读材料，请你将这篇文章缩写成一篇短文，时间为 35 分钟。

（3）标题自拟。只需复述文章内容，不需加入自己的观点。

（4）字数为 400 字左右。

（5）请把作文直接写在答题卡上。

有位医生年纪大了，但是他的医术非常高明，许多年轻人都想拜他为师。老医生最后选了其中一位年轻人，带着他给病人看病，传授他治病经验。没过几年，年轻人就成了老医生的得力助手。

因为老医生的名气越来越大，从四面八方来看病的人与日俱增。为了不让来看病的人等得太久，老医生决定让年轻医生也独立给病人看病，并给了他一个独立的房间。两人约定：病情比较轻微的患者，由年轻医生诊断；病情比较严重的患者，由老医生出马。

这样实行了一段时间之后，找年轻医生看病的人越来越多。起初，老医生不以为然，反而很高兴："小病都治好了，当然不会拖延成为大病，病人减少了，我也乐得轻松。"

直到有一天，老医生发现，有几位病人的病情很严重，但是仍然坚持选择年轻医生，对此，他百思不得其解。

老医生和年轻医生的感情很好，互相信赖，所以他不相信年轻人会从中搞鬼，故意抢病人。"但这是为什么呢？"老医生问他的妻子，"为什么大家不来找我看病？难道他们不知道我的医术高明吗？我刚刚获奖的消息就登在报纸的头版上，很多人都看得到啊！"

正好老医生的妻子这几天感冒了，为解开丈夫心中的疑团，老医生的妻子就以普通病人的身份去丈夫的医院看病，顺便看看问题出在哪里。

医院里负责接待的护士很有礼貌，对两位医生的介绍也都非常客观，并没有刻意暗示病人要找哪一位医生看病。

来医院看病的病人非常多，虽然老医生和年轻医生已经分开看病，但病人等候的时间仍然比较长。在医院等候区等候的时候，病人们就聊起天儿来，交换彼此的看病经验。

老医生的妻子也坐在等候区，仔细听周围病人谈论对医生的看法。大家都说，年轻医生看病时非常仔细，跟病人的沟通很多，而且很亲切、很客气，经常给病人加油打气。"不用担心啦，回去多喝开水，睡眠要充足，很快就会好起来的。"类似这样的鼓励，让病人感到很轻松、愉快。而老医生的情况正好相反，他看病的速度很快，往往病人不用开口多说，他就知道问题在哪里，跟病人之间缺少必要的沟通；同时他的表情很冷淡，仿佛对病人的痛苦毫不在意，缺少同情心。因此，病人们总结：虽然年轻医生的经验不够丰富，但是他足够耐心、细致，并且关心病人，找年轻医生看病，他们心里会得到很大的安慰和鼓励；而老医生虽然经验丰富，但是他看病时漫不经心、与己无关的态度，让病人本来就因身体疼痛而糟糕的心情雪上加霜。所以，他们最终都选择了年轻医生。

当妻子回到家告诉老医生这些见闻时，他惊讶地张大了嘴巴，然后陷入了沉思中……

（H61001 第 101 题）

**实例 1**

他们的看病的对象

老医生在第一段时候觉得快要辞职和找一个自己的能力继受的年轻人。找到后也他的目的和感觉也许没改变，但那个年轻人成有名了，来客人越来越后，有点改变老医生的内在。

老医生的客人越来越时候觉得寂寞和担心，因为老医生希望辞职样了是，老医生辞职的事情，大家都不愿意，大家想更多时间他在这医院，所以老医生辞职时候让大家佩服自己，又有名着离开工作的地方。

可是，年轻人成真有名了，长成也挺快的，来的客人是非常多，如果跟现在一样着过去时间的话，肯定老医生辞职时候不会让大家佩服自己，可能到那时候大家都觉得最会信赖的医生是年轻人。

为什么变了这样，我觉得他们的专门是对女生的种类，而且来客人是大概跟年轻医生差不多的年代，由于医生的能力差不多，那一定大家选择年轻医生。

　老医生没有办法。

## 分析

这篇作文从格式上看基本还是规范的，有题目、有段落，标点符号也用得比较正确。要注意的只是每一段的前面应该空两格。

从内容上看，问题就比较大了。首先作者好像不太了解考试的要求，在阅读时没有注意记忆原文的情节和内容，缩写时主要使用自己的语言，而这位考生的汉语基础又比较差，在语言表达上问题很多，导致很多地方都看不懂是什么意思。文章在内容上和语言表达上都缺少连贯性和逻辑性。

其次，作文中的内容很多与原文不符，说明作者不是没有看懂和理解原文，就是记忆得不对，或者语言表达错误。比如："老医生在第一段时候觉得快要辞职和找一个自己的能力继受的年轻人""老医生辞职的事情，大家都不愿意""老医生辞职时候让大家佩服自己，又有名着离开工作的地方"，等等，这些句子既表达得不清楚，又与原文内容有出入。

第三，文章的倒数第二段试图分析病人之所以选择年轻医生的原因，这样做一是不符合题目的要求，所以是没有必要的；二是分析得也不对，与原文内容不符。原文中已经通过病人之口清楚地说明了他们之所以选择年轻医生的原因，完全不是像作者所理解的那样，所以这一段只是"画蛇添足"而已。

**实例 2**

老医生和年经医生

　有位年纪大的医生，他有两下子，所以他很有名了。很多人来自各地想看老医生。有时候，老医生决定选択一位年经的医生，老医生

开始带他一起看病人。年经医生很优秀，他成
了老医生的助手了。之后，老医生决定把年经
医生独立开医院。年经医生看病症比较轻的患
者，老医生看严重的患者。老医生原来觉得自
己很忙，所以他认为分开患者就可以让自己自
由。开始之后，这个办法很有功力，可是以后
大部分的病症严重的患者想看年轻人了。老医
生觉得莫名其妙，不知道理由。两座医院的设
备和护士的态度差不多一样。故老医生听有个
患者的意见。有个患者说："年轻医生看我时，
口音很温柔，让我打起精神来，所以会话的机
会也很多。他经验很少，所以通过跟我的会话
才知道在哪里有问题。但是老医生呢，你跟我
会话时你的表情比轻冷谈，所以有一点可怕。
你的经验很够，你就知道问题在哪里，会话的
机会很少，对我来说，比轻无聊。"

**分析**

这篇作文篇幅够，虽然有错别字，但写得还是比较清楚整齐的。应该说，作文的前半部分还是不错的，语言上有些小毛病，但基本通顺，内容也与原文基本相符，说明这位考生对原文的前半部分看得比较仔细，记忆力也是比较强的。

不过作文的后半部分就不太理想了，很多情节与原文不符，比如"两座医院""故老医生听有个患者的意见""他（年轻医生）经验很少，所以通过跟我（患者）的会话

才知道哪里有问题”“会话的机会很少，对我来说，比轻无聊”，等等，都与原文内容相差较大。

出现这种情况，还是说明考生阅读和记忆时缺乏经验，没有安排好时间和精力，在前半部分用时、用力较多，而到了后半部分，时间就不够了，看得不够仔细，很多内容也没有记清楚。这种情况是考生应该注意加以避免的。

另外，这篇作文没有进行必要的分段，而且还有一些六级考生不该出现的错别字，这些也会成为减分的因素。

**实例3**

有一位年纪大的医生，他是一位高手治病得很有经验。所以有很多年轻的医生想来拜他令这位高手的年纪大的医生教一下他治病的办法。

有一天，这位老医生选了一个年轻的医生当了他的高助手。要是患者得了严重的病，他就自己治病，反而如果患者得了比较轻微的病，这位医生就令这位年轻的医生治病。因为老医生的很有名，所以越来越多的患者们来看病

有一天，这位老医生的妻子坐着在患者们的周围，一听到患者们的看法怎么对于她自己的丈夫与她这位年轻的医生。对患者们的角度来讲，他们以为，虽然这位年轻的医生没有那么多的经验可是他的太度是比较热情的，常常跟患者们加油。他们对这样的情况很美满。但

患者们相反说，老医生虽然有很多经验，却他
的太度是比较冷淡的，一点儿加油的说法也不
说，只是快快地治病就完了。他们患者对这样
的太度也不太满意。
　　各位医生可以有不同的风格对于患者。有
的医生觉得最起码的是跟患者讲一点儿没关 20=400
系了，可是有的医生相反对患者比较热情地说
话。所以"忍"对这篇文章来说，老手的医生却缺少热情感
也说不定是好医生。

**分析**

这位考生的汉字书写还是比较熟练的，文章的篇幅不仅足够，而且还有富余；从语言表达看，虽然有一些语病，尤其是在使用有些虚词时语法错误比较明显，比如"得""反而""对于""对""相反""却"等，导致有些句子不通，但总体的意思还是能够让人明白的。

这篇作文的主要问题除了缺少文章题目外，还在于缺失了应该有的内容，增加了不该有的内容。

所谓"缺失了应该有的内容"，是指作文中缺少了原文中的重要内容。原文中的故事说到，老医生让年轻医生独立给病人看病，并且两人做了明确的分工。一开始老医生很高兴，觉得年轻医生帮他减轻了负担，但不久就发现，很多病人都跑到年轻医生那里去了，连本来应该由他负责的病情比较重的病人也不例外。他觉得有点奇怪，回家跟妻子说了这件事。妻子决定利用自己要去医院看病的机会探个究竟。这才有了老医生妻子提到病人议论的情节。这部分内容在作文中没有体现出来，而是从老医生和年轻医生分开看病后就直接进入了妻子在医院听到患者议论的情节。

出现第二个问题的主要原因是考生阅读原文不够仔细，或者忘记了这部分重要情节。

所谓"增加了不该有的内容"，指的是作文的最后一段，作者对医生的不同风格发表了自己的议论，这是完全没有必要的画蛇添足。

出现这个问题的主要原因是考生不了解考试要求。

这两个方面，都是其他考生应当引以为戒的。

## 本课小结

- **主要考点难点：**

1．缩写的概念和要求；

2．缩写的步骤和方法；

3．使文章具有连贯性和逻辑性；

4．看清原文的结构。

- **考生常见错误：**

1．阅读时过于紧张或没有集中注意力，对原文内容掌握粗糙或有重要遗漏，甚至出现跟原文内容相违背的情节。

2．没有准确理解全文主题，导致缩写后文章的主题偏离原文主题。

3．缺少关键情节，或人物、情节与原文有出入。

4．只是机械地去除文章的一些字句，文章结构不清楚，语言表达不流畅，前后没有连贯性，各段之间只是生硬地组合在一起，没有成为一个有机的整体。

5．在文章中画蛇添足地加上一些自己的评论。

6．考生对缩写的步骤没有清楚的概念，不能高效地利用时间。

7．清楚“选”这个环节的原则，保留了次要的情节和内容，而放弃了关键的、重要的部分，本末倒置。

8．在进行缩写时，由于语言能力不过关，造成很多语言错误，句子不通，意思含混，语气生硬，前后缺少呼应。

9．考生缺乏关于连贯性和逻辑性的基本知识，也没有写文章要有连贯性和逻辑性的明确意识。

10．考生在写作时不能有意识地使文章做到有连贯性和逻辑性，造成文章表达混乱、前后不一、意思杂糅、主题或内容相互矛盾等一系列问题。

11．内容或语言表达违背客观事物的规律，造成逻辑混乱。

12．语言表达不顺畅，语病太多；或者所使用的复句有语病，关联词语使用不当，造成文章意思表达不清，这些都会影响文章的连贯性和逻辑性。

13．考生没有关于文章结构的知识和意识，在阅读时不会分析和理解文章的结构。

14．在缩写时随意改动原文的主体结构，甚至于影响到了对原文主题的表现，使得缩写后的文章面目全非，没有忠实于原文，不符合题目的要求。

15．由于没有看清原文结构，再加上时间比较紧，使得缩写后的文章结构和内容混乱，层次不清楚，前后没有呼应。

● **主要应试策略：**

1. 考生一定要在平时的复习中注意了解关于缩写的一些基本要求，并在练习中努力按照这些要求来做。
2. 阅读时要学会通过关键人物和关键情节去抓住主题。抓住了关键的内容，你的缩写才能够体现原文的本质。
3. 在平时的练习中，有一个具体的操作方法，就是做完缩写之后，自己读一遍自己的文章并进行录音，然后自己再听一遍录音，听的时候不要看着文章，这样比较容易发现自己的问题。
4. 不要过多添加原文以外的、自己的语句，更不必发表任何评论或者感想等。
5. 认真学好关于缩写的步骤和方法的基本知识，并在平时的练习中反复操练和体会，提高语言水平，积累写作经验，提高写作速度。
6. 要多多进行实战训练，强迫自己在考试规定的时间内，高度集中注意力，严格计时地完成考试要求的内容。
7. 有目的地缩减语言和内容，而不是盲目地随意删减。
8. 缩写完成后，最好能够从头到尾默读一遍。
9. 考生写文章一定要树立“连贯性”和“逻辑性”这两个意识。
10. 在阅读中抓住文章的主题，并在缩写时紧紧围绕着主题来决定内容的取舍和语言的表达，并注意文章前后的呼应和一致。
11. 了解和学好汉语中的复句，准确掌握和运用关联词语，这样可以增加文章的逻辑性。
12. 考生在平时要注意学习关于文章结构方面的知识，建立清晰的结构意识。
13. 考试时拿到原文后，一边阅读一边分析它的结构，看看它是属于五种结构模式的第几种，并把这种结构的主体部分体现到缩写后的文章中。
14. 在缩写的过程中，也要注意文章的层次和段落、过渡和照应、开头和结尾等问题，这对于保持文章的整体性和连贯性是很有好处的。

## 课后练习

（一）

缩写。

（1）仔细阅读下面这篇文章，时间为 8 分钟。阅读时不能抄写、记录。

（2）8 分钟后，老师收回阅读材料，请你将这篇文章缩写成一篇短文，时间为 30

分钟。

（3）标题自拟。只需复述文章内容，不需加入自己的观点。

（4）字数为350字左右。

（5）学生完成缩写后，分组讨论原文的主题和结构，老师作点评分析。

（6）老师评阅作文后讲评。学生根据老师的意见修改作文。

他们经营着一家效益还不错的小书店，两个人轮流守着，他值上午班，她值下午班。日子就像秋天的湖水一样平静而悠闲。他们和和睦睦，相敬如宾，从来不会有争吵。争吵对于他们来说实在是个奢侈的东西。

每天，他早早起床，做好早餐，然后去书店开门营业，约摸快到十点钟的时候，他就给她发个短信，“小懒虫，该起床了！”这时，她睡衣里的手机就会震动，她于是起床，吃他留给她的那份早餐，收拾家务，做午饭，到书店，两个人一起吃午饭，她留下来值班，他回家睡午觉。到了傍晚，他会拎着做好的饭菜到书店，两个人共进晚餐。然后一起守到八点钟，踏着月光或者顶着风雨携手回家。这就是他们的一天——近乎格式化、轨道式的生活。

有一天，他像往常一样做好了早餐，然后去书店，等到了书店，才发现出门前竟忘了拿钥匙。他于是折回家取。临到楼下一看，整栋楼已经被警察完全封锁了。只见烟雾弥漫，警灯闪烁。消防队员们正挥舞着水龙头全力扑火。但似乎并没有什么效果，火势越来越大。楼梯口不时有人跌跌撞撞、狼狈不堪地逃出来。现场乱得像一锅煮沸了的粥。他心里一惊，她一定还在睡觉。

他一把扯起布条围成的隔离带想往里冲，被一名警察拦住，警察叽里呱啦说了一通什么，他听不到，他张开嘴巴大声地说“我的妻子还在里面！”警察也听不见。他急得满脸通红，揪住警察的胳膊乞求他让他进去。他说他的妻子还在里面，一定还在睡觉，她的耳朵失聪了，听不见任何声音，他必须进去，若再不进去救她，她会被烧死的。

——他居然忘了自己也说不了话，听不见声音。

警察并不理会他，一招手又叫来一个警察，一起拽住了挣扎的他。他们当然不能容许任何一个市民在这危急的时刻舍身犯险，这无疑是自投火海、自寻死路。

他号啕大哭起来，眼泪像泄闸的洪水。警察还是不理他，任凭他又哭又闹。

突然，他想起了什么，迅速从衣袋里掏出手机，拇指飞快地按着键盘，屏幕上立即出现了几行小字，“雯，快醒醒，失火了！”不到两分钟，六楼一扇窗户的窗帘向两侧掀开，玻璃后面出现了一位身穿红色睡衣的女子。他嘴里“哇哇”地叫着，一手猛拽警察的胳膊，一手指着那扇窗户，狠劲儿地跺脚。

“那里有个女人！”警察大声地喊道。

无数道目光齐刷刷地聚焦在六楼的那扇窗户，以及窗户后的红衣女子身上。消防队员立即把消防车开过来，升起云梯，组织施救……红色的火焰像魔鬼张开的血盆大口，顷刻间吞噬了整栋大楼……

她是这场火灾里最后一个幸存者。人们都知道了她那美丽动听的名字——雯。

（二）

缩写。

（1）仔细阅读下面这篇文章，时间为10分钟。阅读时不能抄写、记录。

（2）10分钟后，老师收回阅读材料，请你将这篇文章缩写成一篇短文，时间为35分钟。

（3）标题自拟。只需复述文章内容，不需加入自己的观点。

（4）字数为400字左右。

（5）学生完成缩写后，分组讨论原文的主题和结构，老师作点评分析。

（6）老师评阅作文后讲评。学生根据老师的意见修改作文。

有个叫文杰的小青年，父母几年前相继去世，一直和姐姐文梅相依为命在一起生活。

文杰十九岁那年高中毕业，参加高考榜上无名。姐姐拉着他的手说："文杰，再复读一年吧，姐支持你。"文杰握着姐的手，使劲儿地摇了摇头。他深知姐姐这几年支持他上学的艰难，姐在一家效益不好的纺织厂上班，每月不足3000块钱的收入维持着姐弟俩的生活。为了让自己在学校安心学习，正该打扮自己的姐姐省吃俭用，没穿过一件好衣裳，更别提什么化妆品。姐不小了，本来在去年就要结婚的，因为他参加高考把婚礼推到了今年。

一连几日，文杰去寻找打工的地方，下决心要用挣来的钱在姐姐婚礼前送给姐姐一份厚重的礼物。

可在他只干了将近一个月，人家嫌他手脚笨把他辞了。文杰茫然地徘徊在大街上，离姐结婚的日子越来越近了，如此下去，靠什么去买一份送给姐姐的礼物啊？

文杰就是在这种情况下铤而走险的。这天傍晚他犹豫着走进一家收拾得挺干净的饭馆，用身上剩下的几块钱要了一碗拉面。吃饭时他看见一个西装革履的中年人在柜台前付款时从兜里甩出一叠崭新的票子。文杰的眼绿了，自己要是有这么多钱多好啊，就可以了却送给姐姐一份厚礼的愿望了。

文杰就是这时候蹦出了那个想法。他撂下饭碗，跟踪中年人走出了饭馆，在那个人走进一处阴暗的胡同时，文杰扑了过去。然而，钱没抢成，他反而被送进了看守所，因抢劫罪被判了三年徒刑。

文梅泪如雨下。她后悔没能说服弟弟去学校复读，后悔没有对弟弟尽到责任。

文梅去监狱看弟弟。接见室里，文杰淌着满脸忏悔的泪水，想到姐姐的婚礼日期快到了，抽泣着说："姐，我真的对不起你，辜负了你的期望。我本来是想在你结婚前给你买一份礼品的，现在买不成了。姐，你婚礼快到了，弟弟只有在心里向你祝福了。"

文梅攥着文杰的手，使劲儿地摇着头说："姐把婚礼推迟了，姐没有理由在这个时候离开你，姐没有对你尽到心，姐要等你出来的时候才考虑婚礼的事。"

文杰惊异地看着眼前的姐姐，他的心针扎一样地疼。没有想到姐又推迟了婚期。他哀求姐姐："姐，我又连累了你，我对不起你！姐，你这样，人家还等你吗？"

姐攥着他的手说："文杰，你这个样子，姐能有心思结婚吗？他如果真心对我，会等我的。弟弟，好好地学习改造，不要再说了，姐相信你会提前释放的。姐等你出来，在你出狱的那天，姐举行婚礼。"

文杰记住了姐的话。他在劳改的工厂学会了使用电脑，学会了电脑设计，他设计的一套技术管理程序被应用到企业管理之中。文杰受到表扬，被减免刑期。

文梅隔一段去看一次文杰，每次文杰都会告诉姐姐他进步的消息。文梅说："文杰，这就是你送给姐姐的最好礼物。"

由于文杰出色的表现，三年刑期变成了两年。文杰出狱的日子是这年的国庆前夕，文梅身着婚纱站在门前等他，显得非常漂亮。文杰静静地看着姐姐，他觉得姐姐是世界上最美的女人。他大声地喊着："姐姐，姐……"举着一把红艳艳的鲜花向姐姐奔去。

## （三）

缩写。

（1）仔细阅读下面这篇文章，时间为 10 分钟。阅读时不能抄写、记录。
（2）10 分钟后，老师收回阅读材料，请你将这篇文章缩写成一篇短文，时间为 35 分钟。
（3）标题自拟。只需复述文章内容，不需加入自己的观点。
（4）字数为 400 字左右。
（5）学生完成缩写后，分组讨论原文的主题和结构，老师作点评分析。
（6）老师评阅作文后讲评。学生根据老师的意见修改作文。

朋友阿华是某网络公司的 CEO，人长得高大俊朗，是当今女孩心目中的白马王子。所以他请我帮他找对象时，我一口答应了。不过我对这位新新人类采用这种土得掉渣的寻找配偶方式表示不解。阿华说他已经历了四次网恋，都以失败告终。其中一次，持续了半年有余，搞到最后，他费尽了心机，才弄清对方和自己一样，竟是一个爷们儿。他不想再徒劳地浪费时间、精力和感情了。

我请他设定标准。

他说，要求不高，年轻、漂亮、智商要高，而且最好还要几分古典。

这要求，还不高？要多高有多高。但没办法，我和阿华是朋友，我当然得想办法完成使命。

我介绍了女孩真真去和阿华见面。只见了一面，阿华就对我说不行，真真虽然年轻漂亮，但头脑太简单。他说这样的女子生下的孩子智商不会太高。

我为自己的轻率有些愧疚，于是又找了一位有古典美的女孩去见他。约会了两次之后，阿华又说，女孩太羞涩太拘谨太小家碧玉了，一个在交际场合上不能应付自如的太太，对他日后的事业不能提供他所需要的帮助。阿华是个志向高远的人。阿华说，成功人士与太太大抵是珠联璧合，相辅相成。

我又替他找了女大学生阿霞。阿华开始挺满意。两人频频约会、吃饭，在一起时很亲密的样子。我以为这喜酒是吃定了，但有一天阿华垂头丧气地来找我了。他让我通知阿霞不谈了。他说阿霞虽然条件不错，但在交往中阿霞的一些“不可忽视”的弱点也渐渐浮出水面。过于理性，精于算计（阿霞是学财会的），世故俗气，对财富的占有欲太强，等等。他说他做了预测，结果令他失望。预测的结果是他们的婚姻不会长久（天知道他使用了什么预测术）。这使得他痛下决心，斩断情缘。

不用多说，你们也能猜到，我夹在中间该是多么地尴尬。对女孩子来说，被一个男人拒绝，是件极没面子的难堪事。而这种拒绝又要由我这个讷于言的中间人去委婉地对女孩表述出来。这真让我为难死了。我臭骂了阿华一顿。

阿华说，我感谢老李你替我介绍替我斡旋，但你没有权力让我放低我对爱情追求的标准。老李你没有这个权力！我不得不承认阿华说的“理论”。我确实没有权力干涉阿华对爱情的选择。不过我再也没涉足阿华的婚事。

阿华不久前举办了婚礼。新娘兰兰是一位进城打工的农家姑娘。这真的让我感到震惊。阿华因为生病在家，便在社区找了家政服务员兰兰来家里做钟点工。两人“几个钟点”下来，还就产生了爱情，生发了火花。幸福的阿华在酒宴中老老实实地交代了他的爱情故事。席间我偷偷以阿华的标准观照兰兰，结果让我陷入了迷惘之中。后来，我在一次朋友间的聚会中就此请教过阿华。这老兄瞪了我一眼，在对我的不恭表示极大愤慨的同时，他说，那只是你的感觉，我对我的太太是十分十分地满意。

## （四）

缩写。

（1）仔细阅读下面这篇文章，时间为10分钟。阅读时不能抄写、记录。

（2）10分钟后，老师收回阅读材料，请你将这篇文章缩写成一篇短文，时间为35

分钟。

（3）标题自拟。只需复述文章内容，不需加入自己的观点。

（4）字数为400字左右。

（5）学生完成缩写后，分组讨论原文的主题和结构，老师作点评分析。

（6）老师评阅作文后讲评。学生根据老师的意见修改作文。

超市小得不能再小了，只有三间房子，里面摆满了货架，门口放着一张木质单桌，上面放着计算器。这便是收银员的位置。超市邻近一所小学，生意就出奇地好。

没事的时候，我爱到那个超市去转悠，也不买什么东西，可就是想去转。在琳琅满目的货架之间，不是看货物，而是看着收银员姑娘。天地良心，我不是什么好色之徒，是收银员实在长得太美了。她收银时按动计算器的时候，那好看的指头便翘成兰花形状，美不胜收，美得让人心尖打战。最好看的应该是她那双眼睛，清澈透亮，有着包容一切的阔大无垠。

超市里经常涌满了附近的学生，在货架之间穿梭往来，挑选着各自喜欢的东西，气氛安详而平静。当然，既是公众场所，自然也免不了有些不和谐的音符。

这天，我注意到一个十来岁的男孩，他在超市里转了许久，从这排货架转到那排货架，半个小时后，他走了出来，紧紧地握着手里那本语文课本。

孩子走过了收银台。

孩子走到了门口。

这时老板把他叫住了，老板说：请把你手里的书打开！

孩子吓了一跳，脸色马上白了起来，把书紧紧地抱在了怀里，向后倒退一步。

打开！老板一声断喝，从男孩手里夺走了课本，捏着书脊，从课本中间抖出一支圆珠笔。

老板说，想不到你小小年纪就学会偷了，长大了还不知道会变成什么样子哩。掏钱吧，掏双倍的价钱买走吧。

这时收银员说话了，她说，老板，你弄错了，这支笔是这孩子买下的。

老板说，他交钱了吗？我怎么没见他交钱呀？

喏，在这儿。她指着桌角的一枚硬币，说，他刚放这儿的，我还没有来得及收起来。

这时候，恰巧一绺阳光从门口斜射进来，照在那枚硬币上，那枚硬币顿时变得生动起来，闪射出耀眼的银色的光亮，亮闪闪的。

下班的时候，我等在超市门外，等着一脸疲惫的收银员出来。我说，我们可以谈谈吗？她警惕地看着我，问，谈什么？

我说，谈那枚硬币。我亲眼看到是你从自己口袋掏出来放到桌子上的。你为什么要这样？

她说，你想让我怎样？当场揭发他吗？你知道可能的后果吗？

我点了点头。

她又说，人都会犯错误，只要不是不可饶恕的错误，我们应该想办法为他遮掩。这对你是一种美德，对他则是拯救。更何况，他还是个孩子，是因为年幼无知而犯的错误。

我明白了。我说。

她说，你还没有完全明白。那是个从来没有偷过东西的孩子。而且他急于有一支圆珠笔。

你怎么知道？

他的眼睛。

我笑了，我说，那么你看看我的眼睛里有些什么。

她说，对不起先生，我有男朋友了。

## （五）

缩写。

（1）仔细阅读下面这篇文章，时间为 10 分钟。阅读时不能抄写、记录。

（2）10 分钟后，老师收回阅读材料，请你将这篇文章缩写成一篇短文，时间为 35 分钟。

（3）标题自拟。只需复述文章内容，不需加入自己的观点。

（4）字数为 400 字左右。

（5）学生完成缩写后，分组讨论原文的主题和结构，老师作点评分析。

（6）老师评阅作文后讲评。学生根据老师的意见修改作文。

他爱她，但他很穷，买不起花店里的鲜花，他跑到几十里的城外采来一束束芳香扑鼻的野花儿送给她。起初，她不接受，但他不气馁，每天为她送来一把鲜香的山花和一副憨诚的笑脸，不管她接还是不接。渐渐地，她被他那淳朴的浪漫所征服。她想，她真的无法离开他了，于是她决定嫁给他。在嫁给他之前，她出了事。

一天，他接到一个电话，是个男人的声音："你的女友在我手上，如果你还想见到她，就乖乖地给我送来十万元钱，如果报警我就撕票！"说完，电话那头便传来她的哭声："你不要给他钱，你报警吧！"他听了，很是紧张，惊慌地叫道："你别怕，就是卖血我也会弄到十万元钱的！"说完这话，他清醒了过来，他明白自己没有能力在五个小时内弄来十万元钱。可弄不来钱他就再也见不到她了，想到这，他号啕大哭起来。就在这时，电话又响了起来："钱准备好了吗？如果没钱我就不客气了！"

“如果你这样做，我也不想活了，在我死之前我会把你碎尸万段！”他歇斯底里地叫着。她听见了他的声音，透过声音她知道了他是真正地爱着她的。接着，她回到了他的身边。

见到她平安回来，他又是高兴又是惊讶，他不明白绑匪为何轻易地放过了她。她说：“绑匪知道你真的没有钱，而且绑匪也被你的爱打动了。”他听了憨憨地笑，一脸灿烂。

接下来她就嫁给了他，心甘情愿地过着贫困而快乐的日子，但那场游戏一直是个秘密，她没告诉过他。

转眼十年过去了，他们有了孩子，过上了富人的生活。有了钱后，他的应酬多了起来，经常不着家门。她不高兴了，她怀疑他在外面有了别的女人。可他没有，其实他一直是爱她的。她不相信，心情越来越糟。一天，她突然想起了十年前玩过的那场游戏。

之后，他接到了一个与十年前内容一样的电话：“你的老婆在我手上，如果你还想见到她，就乖乖地给我送来五十万，如果报警我就撕票！”她在一旁焦急地等着他像十年前那样说出一句令她感动的话来，如果是这样，她就相信他一直是爱着她。

可结果令她失望了。

他说：“五十万太多了吧？”

她向“绑匪”伸出了三个手指。“那么给三十万吧。”“绑匪”道。

“三十万？好，如果你杀了她我给你三十万。”

“为什么？”“绑匪”问。

“因为我也想杀了她。”他笑道。

她惊出了一身冷汗，天呀，他怎么变得如此阴险。

她伤感地回到了家，见她平安回来，他激动地过来拥抱她。她推开了他的手，哭道：“你为什么叫绑匪杀了我？”

他说：“我那是反其道而行之，要知道，罪恶的欲望是无法得以满足的呀！要不你也无法平安回来。”

“哼，你的欲望我也决不让你得到满足。你不知道吧，绑架只不过是我设置的一场游戏而已，十年前那次也是。”说这话时她两眼怒火。

他听了，一阵目眩，气愤地叫：“你怎能这样？”

见他这个样子她有点得意。之后，他真的对她有了二心。终于有一天，他向她提出了离婚，他说我不能一辈子承受你的爱情游戏。她不肯离，她说就是拖我也要拖死你。

两人就这样在仇恨中生活着，没有了一丝爱情，孩子成了他们唯一的寄托。

## （六）

缩写。

（1）仔细阅读下面这篇文章，时间为10分钟。阅读时不能抄写、记录。

（2）10分钟后，老师收回阅读材料，请你将这篇文章缩写成一篇短文，时间为35分钟。

（3）标题自拟。只需复述文章内容，不需加入自己的观点。

（4）字数为400字左右。

（5）学生完成缩写后，分组讨论原文的主题和结构，老师作点评分析。

（6）老师评阅作文后讲评。学生根据老师的意见修改作文。

一天，唐僧对三个徒弟说："为师接到天庭的通知，鉴于取经队人浮于事，浪费严重，为节约开支，必须进行机构改革，精简25%的人员。按照这个比例，刚好是精简一个人。大家议一议，看精简谁最合适。"

孙悟空说："我看精简八戒最合适，他不但干活少，还贪吃贪睡。"猪八戒嘟哝说："我是多吃一点儿，多睡点儿，可从来没误过赶路，除妖的时候还出过大力气。师傅，您可不能无缘无故让我下岗啊！"唐僧不愿大家闹矛盾，就安慰猪八戒说："出家人以慈悲为怀，为师岂能让你无故下岗？"

唐僧瞧一瞧沙僧，希望他主动承担这个精简名额，沙僧却说："师傅，我是您最老实的弟子，犯的错误也最少，您不至于让我下岗吧？"唐僧只好苦笑说："为师知道。"

精简谁呢？唐僧犹豫不决。猪八戒凑过来说："猴哥犯的错误最多，不如把他精简掉算了。"孙悟空说："我几时犯过错误？"猪八戒说："你头上的紧箍咒被师傅念过多少次了？你不犯错误？难道是师傅犯错误，乱念你的咒？"在这节骨眼儿上，孙悟空哪里敢得罪师傅，不得不软下来说："就算我犯错误最多，可我立功也最多呀，将功抵过已经绰绰有余了。"

唐僧说："罢了罢了，让为师好好想一个晚上再说。"

唐僧整整想了一个晚上，第二天对孙悟空说："悟空，为师决定让你提前退休。"孙悟空问："为什么让我退休，不让八戒和沙师弟退休？"唐僧说："你是我的大徒弟，工龄最长，你不退休谁退休？"孙悟空说："可我还是壮年，正是大显身手的时候呀！"唐僧说："为师考虑到了，所以提你三级工资，也算不亏待你了。"不干活还能多拿钱，孙悟空万万想不到有这种美事，就爽快地说："既然如此，那我就提前退休吧。"他乐得回花果山享清福。

孙悟空退休后，唐僧骑上白龙马，领着猪八戒和沙僧，继续往西天取经。一日，正走在大路上，半地冒出一股黑烟，黑烟立刻变成一个妖怪，拦在路中间，不让他们过去。这个妖怪瘦不拉叽的，也没多大本事，但比猪八戒和沙僧厉害。只斗了几个回合，猪八戒和沙僧就败下阵来。唐僧赶紧叫猪八戒去花果山请孙悟空。

孙悟空赶来时，唐僧已经被妖怪抓到山洞里去，沙僧在洞口徒劳地敲打石壁，把喉咙都喊哑了。孙悟空说："沙师弟，让开，看俺老孙的。"他化作一缕青烟，钻进山洞，不到一顿饭的工夫，就把唐僧救出来了。

唐僧重获自由后，痛定思痛，决定用双份工资返聘孙悟空继续随队去西天取经，专门负责除妖开路。报告打到天庭，玉皇大帝居然批准了。这样，孙悟空就领到了三份工资，取经队的开支自然也比精简机构前大得多。

猪八戒嘟哝说："师傅，猴哥又回来了，那咱这机构不是没精简吗？"唐僧说："怎么没精简？悟空现在是编外人员，不占编制名额。在职人员由四个减少到三个，刚好精简了25%。"

# 第16课 书写（读文章，缩写）3

## 考点与难点（八） 关于记叙文、叙述和叙述的方法

### ●说明

HSK（六级）第101题的要求是把1000字左右的文章缩写为400字，并在10分钟的阅读后收走原文，让考生凭记忆进行缩写。根据这种情况、样卷所提供的阅读原文以及历年真题，我们可以得出以下分析：在正式考试时，第101题所提供的原文的文体，以记叙文的可能性最大，那么缩写后的400字短文当然也得是记叙文。上一课已经介绍了有关记叙文结构方面的内容，本课继续介绍其他相关知识。

**1．记叙文的基本要素**

记叙文有六个要素，即时间、地点、人物、事件、原因和结果。这六个要素又以人物为核心，一般构成这样的关系：什么人物——在什么时间、地点——干什么事——是什么原因——有什么结果。这六个要素通常又被称为六个W，即who、what、when、where、why、how。

把记叙文的这些要素交代清楚是很重要的，它们可以使读者完整地了解人物的活动和事件发展的过程，从而准确地了解文章的内容。从写作的角度来说，交代清楚这些要素，可以使文章条理清楚，脉络分明，结构完整。如果要素残缺，必然会削弱文章的表达效果，读者也就难以全面、完整地了解文章的内容。所以，记叙文的内容一般都包含这六个要素，直接或间接地回答这六个W。

**2．记叙文的人称**

人称，就是作者叙述的角度和立足点。换句话说，就是作者以什么地位，从什么角度来叙述。

记叙文的人称，通常有第一人称、第二人称和第三人称。

**（1）第一人称**

作者以“我”或“我们”的身份在文章中直接出现，用“我”或“我们”的口吻进行叙述。给人的感觉是所叙述的事情都是作者亲身经历或者亲眼看到、亲耳听到的。

采用第一人称的优点是能使读者产生真实感和亲切感，也便于作者直接表达自己的思想感情。但是，这种写法也有局限性。因为这种叙述只能从“我”的所见所闻去

写，在“我”活动范围以外的人和事就无法安排进去，别人的一些心理活动也很难写进去。所以，它反映生活的广阔性就不能不受到限制。

**（2）第二人称**

作者以“你”或“你们”的口吻在文章中进行叙述，给人的感觉是作者在和读者或文章中的人物直接对话。这样写，能使作者和读者或文章中的人物的距离拉得更近一些，能使读者感到亲切，也能直接体现作者对文中人物的感情和评论。

在具体的写作过程中，第二人称比较难以把握，弄得不好会造成人称的混乱，在表达内容上也有一定的局限性，所以不是所有的内容都适合于用第二人称来进行叙述。

**（3）第三人称**

第三人称，就是作者站在第三者的立场上，用叙述他人事情的口吻来说话，把人物和事件直接展现在读者面前。在文章中所用的主要人称代词是“他”或“他们”。

运用第三人称进行叙述的好处是：作者不直接在文章中露面，可以根据自己的意图去表现，不受个人身份的约束。另外，用第三人称去反映事件和人物都有宽广的活动范围，不受时间、空间的限制，能够比较自由、灵活地反映客观内容。当然，它也有局限性，不如第一人称那样富有真切感，也不能像第一人称那样直接抒发作者的思想感情。

### 3．什么是叙述？

叙述是运用文字最常用的一种方法，它最明显的特点就是陈述“过程”。

叙述的性质主要体现在两个方面：一是记叙人、事物的变化和发展过程，呈现出线索的特点；二是叙述一般都会寓情、寓理，记人是如此，记事是如此，记物也是如此，只有这样，叙述才会具有意义。

叙述作为一种最基本的表达方法，在很多文体中都很有用。例如小说、散文、新闻文体、调查报告、游记、日记、传记、报告文学、读书笔记，甚至在议论文和论文中，只要涉及人和事，都会用到这种表达方式。

另外，叙述作为一种表达方法，不仅在书面表达中常用，而且也是口语中最常用的表达方法。

### 4．叙述的方法

记叙文有一些基本的写法，也可以说是叙述的方法，最常用的有顺叙、倒叙、插叙等几种。下面分别介绍。

**（1）顺叙**

顺叙就是按照时间的推移、事件发展的进程或人物活动的次序来进行叙述。这是“叙述语言”的基本类型，是写记叙文的常用方法之一。这种方法叙述起来有头有尾，顺序而下，不仅层次清楚，而且给人以完整的印象，也便于组织材料，比较符合读者的“接受心理”。

但顺叙容易产生的毛病是罗列现象，缺乏剪裁，平铺直叙，较少波澜。因而在运用顺叙手法时，要分清主次详略，力戒“流水账”现象。

**（2）倒叙**

这是顺叙的逆转，即先把事件的结果或高潮写出来，然后再按一定的顺序叙述。它并不是由“尾”至“头”的整个逆叙（如5 4 3 2 1），这样的倒叙是很少的，而只是局部的“倒插”，如5 1 2 3 4，即“结局”提前；或4 1 2 3 5，即“高潮”提前等。所以倒叙的方法实际上只是顺叙的一个局部的变通而已。

文章采用倒叙的写法，有的是因为事件的结局有特殊意义，先写出来加以突出、强调；有的是因为事件的结果能引起读者的兴趣，所以先写出来引人入胜；有的是为了造成悬念，引起读者寻根究底的兴趣。

**（3）插叙**

插叙就是在叙述主要事件的过程中，暂时中断原来的叙述线索而插入与文章内容有关的另一内容的介绍或交代。这可以帮助读者了解事件发展的缘由，丰富叙述的容量，也可以使文章在结构上富于变化。插叙结束以后，文章仍然回到原来的叙述上来。

插叙还可以对事件中人物的身份、性格做简要的介绍，或对事件中的某一个环节做出解释和说明等等。但是，文章的插叙不可太多，否则会使文章显得杂乱和进展缓慢，也会使读者感到纷乱和厌烦。运用插叙的时候，也须注意把“插叙”部分的开始点和结束点交代明确。

**（4）详叙**

详叙就是详细、细致地叙述。在记叙人、事、物的过程中，为了突出重点，在关键的地方需要进行具体、详细的叙述。

**（5）略叙**

略叙就是简略地叙述。对于与文章的主题关系不是那么密切的内容，可以写得简略一些，概括一些，以突出重要的材料。这是与“详叙”相对应、相配合的。任何叙述，都不能不分主次，不分详略。该粗的地方就粗，该细的地方就细；该快的地方就快，该慢的地方就慢。“略叙”的好处就是“粗”而“快”，它像电影里的“大全景”，视野开阔，轮廓清晰，给人以“整体”的认识，而且能较快地推进情节的展开，加快文章的节奏；而“详叙”的好处则在于它“细”而“慢”，它像电影里的“特写镜头”，能起到放大的作用，让人从细部进行观察，从而能精雕细刻地展现事物的面貌，以“慢”节奏给读者造成强烈的印象。写记叙文时，把“详叙”和“略叙”很好地结合起来，能够使文章粗细相间，快慢有致，有点有面，有详有略，既有深度，又有广度，获得比较好的表现效果。

**（6）总叙**

总叙就是在记人、记事、记物时，先从总体上进行概括性的叙述，给读者一个完整的整体印象。

**（7）分叙**

分叙就是把文章所要记叙的人或事进行分别的叙述。分叙与总叙是相对应的。总叙要求概括地介绍全局，而分叙则要求具体地分开记叙局部，以局部来表现全局。分叙一般是在总叙之后，分部叙述。这正如我们观察事物一样，先把事物的整体看在眼里。这个看在眼里的总体事物，只是一个总的印象或轮廓而已，要知道这些事物的详细情况，就要仔细地观察，把事物分成几部分来看。在一篇文章里，可以是总叙——分叙，也可以是分叙——总叙，还可以是总叙——分叙——总叙。

我们拿大纲样卷的例文来分析一下，看看它用了哪些叙述方法。这篇文章总体上采用的是“顺序”的方法，按照事件发生的先后顺序来叙述过程。开始的一段是：

父亲是个赚钱的高手，儿子是个花钱的高手，父亲一笔生意能赚上百万，儿子一挥手就能用掉近十万。父亲常常劝儿子：“学些本事，不要只顾着吃喝玩乐，万一有一天我破产了，你可怎么办？”儿子从来没有当回事，他如此能干的父亲怎么会破产呢？他想：就算他死了，也会给我留下一大笔遗产。

文章一开始，作者把几个含有对比意味的“分叙”句子组合在一起，形成一段“总叙”。作者用了几个“父亲……，儿子……”，分别介绍了父亲跟儿子的基本情况。

下面的一部分——

然而造化弄人，父亲真的破产了。儿子的生活一落千丈，曾经的“好朋友”都消失了，儿子受不了这样的打击，待在房间里准备自杀。父亲破门而入，用力给了儿子一个耳光：“没出息，钱是我赚的，也是我赔的，与你不相干，我都没想死，你凭什么死！”

儿子被打醒了，不知所措，问父亲：“现在我该怎么办？”

父亲考虑了一会儿说：“凭我的面子，也许还能给你找个事做，就怕你吃不了这个苦。”

“让我试试吧。”儿子说，他下定决心要自立自强。

于是儿子便到了父亲的朋友林先生的公司做了一个小职员。工作很辛苦，开始儿子也想过辞职，但一想到自己富贵时的朋友不再理他，有钱时的女友也讥讽他时，他坚持了下来。他要用自己的努力换取别人真正的尊重。

这可以说是一段“详叙”，较为详细地叙述了儿子从颓废到崛起的基本过程。而下面的一段——

儿子遗传了父亲聪明的头脑和坚韧的性格，再加上自己的刻苦和林先生的指教，他的工作干得有声有色，职位也一步步提升。不几年的工夫，他就当上了公司的总经理，并且娶了一个贤惠的太太。看着自己的家因为自己的努力变得越来越美满，他感到前所未有的充实。

这一段可以说是“略叙”，用几句简短的话概括了儿子努力后取得的工作成绩和家庭的情况。

而之后的那部分——

然而，幸福与不幸总是联系在一起的。正当儿子的事业如日中天的时候，父亲病倒了，儿子想尽一切办法都无法换回父亲的命。临终前，父亲拉着儿子的手，满脸微笑，很满足的样子。

儿子不知道这是为什么，直到有一天，一个律师找到他……

律师将一份文件交给他，那是父亲的遗嘱，上面写着将自己的财产分成两半，一半送给林先生，条件是他必须将儿子培养成有用之才，另一半留给能干的儿子，暂由林先生掌管经营。如果儿子依然花天酒地，一事无成，这一半就捐给慈善机构。

原来父亲并未破产。儿子觉得父亲这样做实在令人难以理解。

律师又将一封信交给他：

亲爱的儿子：

当你看到这封信时，我已经不在人世了，你也知道我并非真的破产。

是的，儿子，我没有破产，我只不过用我的全部家当做了我有生以来最大的一笔生意，我成功了。

看着你一天天成长，我觉得我这笔生意做得很值。如果我将我的财产留给你，也许不用几年就会被你败光，而你也会因为无人管教而成为废物。现在我用我有价的财产换来了一个无价的能干的儿子，这怎么能不让我高兴！

儿子，相信你也能理解父亲的苦心，如果不是这样，你怎么会找到一个真正爱你的妻子和一群真正能够患难与共的朋友呢？

好好干！儿子，我相信你一定能超过我，创造更多的财富和价值。

这可以说又是一段“详叙”，介绍了父亲去世时、去世后的情况和父亲的一封信。在这封信的写作上，作者又运用了抒情的手法，这一点我们后面还要谈到。

我们可以看到，这篇文章穿插运用了多种叙述的方法，有详有略，繁简得当，把一个复杂的人生故事讲述得清晰、生动。

**5．叙述的要求**

最后说说写作时运用叙述手法的基本要求：

（1）交代明白。就是要把叙述的一些要素介绍得清楚明白。

（2）线索清楚。叙述就是表现事物发展的过程，既然是过程，就有开始、中间和结束，不管采用什么样的叙述方法，都要注意把这个过程显示清楚。

（3）繁简得当。我们看到样卷所提供的记叙文中，有详叙，有略叙，该“繁”的地方很详细，该“简”的地方简明扼要，两者结合可以更好地表达文章的主题和内容。

### ● 常见错误

1. 不了解关于记叙文和叙述的基本知识，不能有意识地注意到关于叙述的各个方面，使得缩写后的短文文体特点不突出。

2．一些要素交代得不明白，线索也不清楚。

3．叙述的人称混乱，一会儿是第一人称，一会儿是第二、第三人称，使得内容也随之发生混乱。

4．不懂得使用多种叙述的方式来表现内容。

### ● 应试策略与技巧

1．注意学习和掌握关于记叙文和叙述的基本知识，有意识地从各个方面去写好记叙文。

2．如果原文是以记人为主的记叙文，考生应该着重保留和表现能够突出人物特点的内容。

3．如果原文是以记事为主的记叙文，考生则应该注意表现清晰的发展线索，而且要注意根据主题选择材料，做到繁简得当。

4．叙述最大的特点是**呈现“过程”**。把握了这一点，就能够写出记叙文的特点来。

## 考点与难点（九）　关于记叙文中的描写和描写的方法

### ● 说明

写记叙文主要采用的是叙述、描写、抒情等表现方法。这些手法的运用可以使记叙文更加生动，具有吸引力和感染力。在 HSK（六级）的考试中，无论是阅读的环节还是缩写的环节，考生都需要了解关于“描写”的知识，学会运用描写的手法。

**1．什么是描写？**

所谓描写，也叫作“描绘”“描摹”，就是用形象的语言，对人物、事件、环境做具体、细致的描述和刻画。它也是记叙文中最常用的、最基本的表现手法之一，常常和叙述结合在一起使用。

好的描写，能使所表现的人物栩栩如生，让读者如见其人，如闻其声；使所叙述的事件细节生动，让读者有如亲历；使所描绘的环境具体真实，让读者有身临其境的感觉。可以说，在客观事物的基础上，借助于联想和想象，用语言文字来塑造形象，从而给人以直觉的、立体的感受，这就是描写的最基本的特点。所以有人说，描写就是用语言来“写生”。在样卷提供的原文中，就有一些地方运用了描写的手法：

**【例 1】**

★儿子遗传了父亲聪明的头脑和坚韧的性格。（性格描写）

★儿子从来没有当回事，他如此能干的父亲怎么会破产呢？他想：就算他死了，也会给我留下一大笔遗产。（心理描写）

★父亲破门而入，用力给了儿子一个耳光。（行为描写）

★儿子被打醒了，不知所措，问父亲：“现在我该怎么办？”

父亲考虑了一会儿说：“凭我的面子，也许还能给你找个事做，就怕你吃不了这个苦。”

“让我试试吧。”儿子说，他下定决心要自立自强。（心理和语言描写）

★临终前，父亲拉着儿子的手，满脸微笑，很满足的样子。（行为和表情描写）

在这些句子里，有人物性格描写，有行为和心理描写，有人物语言描写，还有人物表情描写等。虽然比较简单，但也给文章增加了文学色彩，很好地表现了人物性格和情感。

综上所述，描写的性质体现在三个方面：一是描写是运用语言文字作为媒介来塑造各种形象；二是描写既可以刻画出具体事物，也可以表现出不可捉摸的抽象事物；三是描写可以给人以直觉的、立体的感受。所以说，它是语言的“造型术”。

### 2. 描写的要求

考生在缩写时，如果能够自觉地运用描写手法，可以增加文章的形象感和语言的美感，对提高成绩有好处。描写有以下具体要求：

（1）在平时的生活中要学会观察和体验。这是由描写的性质决定的。要描写得生动直观，最好能够掌握第一手材料，直接观察，直接体验，直接感受，这样才能把握描写对象的特点。第二手材料也并非不可取，但容易缺乏新鲜感和自己的特色。

（2）描写要有明确的目的。描写只是一种手段，其目的是为了表现文章主题，因此每一段描写的目的和作用都要明确，不要为了描写而描写。

（3）描写要确定视点。“视点”可以理解为就是观察点或立足点，可以从固定视点或变化视点两种方式中进行选择。好的视点不仅有利于捕捉事物的特点，也有助于作者发现新的内容。

（4）描写要善于捕捉事物的特点。为了具体、生动地再现客观事物，描写时必须抓住事物的特点，以避免雷同。世界上的事物是千差万别的，正如法国作家福楼拜所说，世界上没有两粒相同的沙子，没有两只相同的苍蝇，没有两双相同的手掌，没有两个相同的鼻子。因此，抓住事物独有的特点，并千方百计地突出这个特点，这样的描写才会是生动的，也才会给人以新鲜的感觉。

（5）描写要做到具体、真切。描写的对象是事物的状貌、形态、情景等，这些都是具体可见的，因此描写首先要把事物的具体形象写出来，让人仿佛亲眼看见了一样，感到十分真切。好的描写总是绘声绘色、活灵活现的，写声如闻其声，写人如见其人，写景如临其境，而要达到这种效果，最重要的是描写的语言与事物紧密“附着”，真实、贴切，没有“间隙”。当然，要达到这种境界，是需要付出相当长时间的努力的。

### 3. 人物描写

根据描写内容的不同，我们可以把人物描写分为以下几种：肖像描写、心理描写、语言描写、行动描写。

#### （1）肖像描写

就是对一个人的容貌、神情、身材、姿态、服饰等特征进行描述。请看一位中学生写的《爸爸》：

**【例 2】**

爸爸中等身材，看上去有 50 岁了，其实才 38 岁。长年在风雨中劳作使他格外老得快。

爸爸头发稀少，中间秃秃的，他把头发留得长长的，并用几绺长发把发亮处掩盖起来。两道浓眉时弯时挺。当他眯眯笑时，眉毛弯得像一个钩；当他集中精力干活时，眉毛直挺着好像两个“一”字。那炯炯有神的眼睛深深地凹陷进去，古铜色的脸，左颊上有颗黑痣。岁月毫不留情地在他的额头刻了一道道深浅不一的皱纹，嘴唇四周留着些许胡子。手和脚都结着厚厚的硬茧子。经常穿一套蓝色衫裤，赤着脚在田里干活。

（《爸爸》）

这段人物肖像描写，由于作者都抓住了人物的基本特征，所以写得生动形象，人物也随之在读者面前活了起来。

#### （2）心理描写

这是对人物的思想活动和内心世界的描写，是人物描写的“内向化”和“深刻化”，也是塑造人物形象、刻画人物性格的重要手段。

看下面的例子。年轻的女护士给一位专家当手术助手，感到很庆幸。在伤口缝合前，她发现少了一块纱布。能不能怀疑是专家出了错？确信是专家的错误后敢不敢指出来？她经历了一番思想斗争。同时，专家的心情也不平静。

**【例 3】**

“怎么，纱布只剩 11 块？”她心里一惊，“我记得明明用了 12 块呀！是不是数错了？”她急忙又数了两遍，还是 11 块。看看地上，没有。一定要告诉医生，她的脑子里立刻闪出了这个念头。可是，她又一转念：“人家可是一位外科专家，我只是一个年轻的护士，他会承认自己的失误吗？即使承认了，会不会记恨于心？算了，还是不说，即使将来出了事，也不是我的责任。”

此时，医生正要给病人进行刀口缝合手术。刚才，复杂的手术不容他多想，心里只有一个念头：“一定要又快又好地完成手术。”现在，手术已近尾声，伤口就要缝合，他想：“这位小护士第一次给我做助手，就能如此熟练地递送器械，真不简单。可是她会发现少了一块纱布吗？发现了她敢告诉我吗？这倒是个问题。不过，一会儿就会知道她是不是一位真正合格的助手了。”

医生伸出了手，女护士递上缝合针，她的手竟有些发抖，脑子里两个念头在打架。告诉，不告诉，她无法决定。突然，她想到了病人。“腹内留下纱布，病人会怎么样？即使没有生命危险，也一定会留下后遗症！医务人员的天职是救死扶伤，我不能见死不救。”

她终于说话了：“大夫，请不要缝合，还有一块纱布没取出来。”

“这是不可能的，我从来没有失误过。”

“可是，这是事实呀，您瞧，这里是 11 块纱布，而您用了 12 块，这不是少了一块吗？”

“噢，你肯定吗？”

“是的。”

“你是一个合格的助手。”专家边说边把藏在手里的第 12 块纱布递给了女护士。

（《一块纱布》）

再看一例。自己的自行车铃被偷后，“他”对别人的车铃动了心。经过一番心理活动，他终于打消了这个念头，战胜了自己。下面一段描写反映了“他”的心理转变过程。

**【例 4】**

……对，把它摘下来，安到我的自行车上！正好四周没人。这不能怪我！别人偷走了我的车铃，我再拿你的，我并没有得到什么便宜，只当是那小偷拿走了你的铃吧。要怪你就怪那偷铃贼。偷铃贼？被我摘了车铃的人会不会也这样骂我？肯定会！他也会像我一样愤怒吧？他也会像我这样去想着摘别人的铃吗？哎呀，那样类推下去不就形成恶性循环了吗？不能这样做。自己痛恨偷铃贼，却又去做同样的事，那成了什么了！我不能做这种问心有愧的事。

（《车铃》）

**（3）语言描写**

语言描写就是对人物对话或独白的描写。它的作用主要有两点：一是刻画人物性格，塑造人物形象；二是展示事情经过，推动故事情节的发展。样卷提供的原文中，这种方式用得比较多。下面再举一个例子，请读一读，并在老师的指导下分析一下其中的人物语言表现了人物什么样的性格。

**【例5】**

“妈妈，台灯怎么不亮了？”我大声喊。

“喂，他爸，孩子的台灯坏了。”妈妈对爸爸说话总要先“喂”一声。

“噢？是电路有毛病了吧，我去找电工检查一下。”爸爸放下报纸，发福的脸上没有任何表情。

“爸，还是我自己来修吧！”

“你？得了吧！我的未来的大学生，这可不是闹着玩儿的！”

“爸，没事儿，我学过电学，让我试试吧！”我乞求着。

“别胡闹！看你的书去！”爸爸板起了脸。

“我……”

“还愣着干吗？复习功课去！”硬邦邦的，没有半点商量的余地，脸上的每一个细胞都显出不可抗拒的威严。

妈妈见我不高兴，忙跑过来，对我说：“唉，别试啦，怪危险的，你爸也是好意。去，看书啊！”

没办法。爸爸的话对我来说就是最高指示，不能有半点异议——当然了，人家是“爸爸”嘛！

（《台灯风波》）

**（4）行动描写**

就是对人物的行为、动作进行描写。好的行动描写不仅要写出人物在做什么、怎么做，还要通过人物的行动显示出人物的性格和内心活动。不同身份、不同性格的人，他的行动也会不同。这些不同，正是人物的个性之所在，应该很好地加以表现。请通过下面短文中的行动描写分析一下人物的性格与心理。

**【例 6】**

今天第一节就是实习老师的课。我们刚坐下，他就站到了教室门口。他，身穿藏青色西装，袖子很长，一张扁平的脸，既不英俊又无风度。我摇了摇头。

上课铃还未响，教室里静得出奇。他在教室门口踱来踱去，好像浑身不自在，不时地抬起手腕，提一提长长的袖子，两分钟内竟看了三次表。

铃声响了。他走到讲台前，向同学们敬了个礼，用有些颤抖的声音说："今天，我来讲鲁迅先生的散文《藤野先生》。"说完，从纸盒中挑出一支粉笔，先仔细端详了一番，像是笔上有什么问题的答案似的，然后转身审视了一下黑板，一挥手，用力写下课文的题目。出乎意料，他的字竟写得潇洒有力。他讲课说话流利，只是快了些，声调平板，近乎背诵。这也难怪，人家是第一次走上讲台嘛。

他一手拿书，另一只手拿着一支粉笔，不时调转两下，似乎在调整紧张的情绪。他很快适应了教学环境，动作放松了，语调也自然了。他那标准的普通话朗读令人赞叹，讲话也很风趣，引得我们不时地笑着，几十道目光被他牢牢吸住。从同学们的表情和神态看，大家都服了他。

说心里话，我觉得，他当老师够格！

（《实习老师》）

### 4. 景物描写

在记叙文里常常需要插入几笔生动的景物描写，以增强文章的形象性和感染力。概括地说，景物描写的主要作用有三点：一是可以衬托人物的性格、情绪，二是可以渲染、烘托气氛，三是可以传达各种感情。

按照所描写的内容来说，景物描写可以分为三种：自然景物描写、人造景物描写、场景描写。

#### （1）自然景物描写

下面是《在长白山自然保护区里》一文中一段对东北长白山"天池"的描写。

**【例 7】**

长白山天池是中朝两国的界湖，北部在我国境内。整个天池略呈椭圆形，南北径长 4 公里，东西径长 3 公里，面积 9.2 平方公里，湖面海拔 2155 米，是东北地区最高的湖泊。天池平均水深 204 米，最深达 312.7 米。湖水碧蓝，水平如镜，宛如一块碧玉镶嵌在群峰之间。在天池周围还有由火口垣形成的 16 个海拔 2500 米以上的奇峰峭壁直插云霄。群峰千姿万态，在晴空下，倒影映入水中，湖光山色更为动人。站在 2600 多米的峰顶俯瞰悬崖脚下的天池，由于水面离我们有近 500 米的距离，使人感到惊心动魄。

天池四周，曾被悬崖陡壁所环抱，但在东北侧有一缺口，池水从此处向外流泻。经过1250米长的峡谷后，跌落到长数公里、宽数百米、陡壁高二三百米的大障谷中，形成了一个高达68米的长白瀑布，这就是松花江的第二发源地，二道白河的源头。远望瀑布高挂，如银带摇晃；近看瀑布飞流，似轰雷喷雪。瀑布下形成深20米的水坑，下面变成了激流，冲击着乱石，白浪翻滚，发出宏大的响声，在大障谷中奔腾而下，景色非常壮观。

在这里，作者不仅以语言再现出天池的壮丽景色、俯瞰天池时惊心动魄的感觉，还写出了长白瀑布飞流的动态和它冲击乱石发出的宏大的声响，以及作者观望瀑布时的感受。

再看几段短小的写景文字：

**【例8】**

黄昏是美丽的，秋天的黄昏尤其美丽。当西风吹过几阵之后，太阳便不再是炽热火红的了，它的光芒变得温柔而淡黄。

（《写作鉴赏辞典》）

夏日的夜晚，宁静、安详。晚风悠悠，吹去了白日的炎热和喧闹，送来一阵阵沁人心脾的花的芳香。院子里，梧桐树在微风中摇曳着，树叶哗哗，奏着轻悠的小夜曲，一轮明月从枝叶的缝隙中洒下它那皎洁的光华。

（《写作鉴赏辞典》）

中午，群峰披上金甲，阳光在水面上跳跃，长江也变得热烈了，像一条金鳞巨蟒，翻滚着，呼啸着，奔腾流去。而一面又把它那激荡的、跃跃的光辉，投向两岸陡立的峭壁。于是，整个峡谷，波光荡漾，三峡又充满了秋天的热烈的气息。

（《写作鉴赏辞典》）

院子里在下着雪，紧密的、大朵的雪。雪花是那样轻柔，那样清幽，小心地铺到瓦上，铺到地上，怕惊破人们的好梦似的。瓦片和地面渐渐地臃肿了，白色的院子，白色的夜。

（《写作鉴赏辞典》）

**（2）人造景物描写**

看下面这一段对故宫太和殿的描写：

【例 9】

太和殿的总面积达两千多平方米，由 72 根楠木大柱所支撑，太和殿内外装饰得富丽堂皇，在整个太和殿内外雕刻与彩画着众多龙纹，这是封建社会最高等级的建筑形式。大殿外的三层台阶每层都围有石雕栏板，在龙凤纹饰的望柱下面，伸出排水用的汉白玉螭首（龙头）1142 个，如遇下大雨时龙口会喷水千条，流水状如白练，此曾被誉为“千龙吐水”。

（《太和殿》）

太和殿是故宫的主体建筑，这一段描写虽然不长，但不仅写出了太和殿的外形，而且写出了太和殿的雄伟气势。

位于北京丰台区的卢沟桥是著名的历史遗迹，以雕刻有 486 个狮子而闻名。来看一段著名建筑学家罗哲文在《名闻中外的卢沟桥》一文中对这些雕刻精美、神态活现的石狮子的生动描绘：

【例 10】

有的昂首挺胸，仰望云天；有的双目凝神，注视桥面；有的侧身转首，两两相对，好像在交谈；有的在抚育狮儿，好像在轻轻呼唤；桥南边东部有一只石狮，高竖起一只耳朵，好似在倾听着桥下潺潺的流水和过往行人的说话……真是千姿百态，神情活现。

（《名闻中外的卢沟桥》）

**（3）场景描写**

如果说景物描写表现的是自然环境，那么场景描写表现的就是人类的生活环境。它主要以人物活动为中心，对人物在一定的时间、空间展开活动而构成的生活画面进行描述。场景描写的内容也很丰富，可以写热烈、欢庆的场面，可以写正式、严肃的场面，也可以写悲哀、痛苦的场面和紧张、惊人的场面。

先看一下鲁迅小说《孔乙己》的开头一段：

【例 11】

鲁镇的酒店的格局，是和别处不同的：都是当街一个曲尺形的大柜台，柜里面预备着热水，可以随时温酒。做工的人，傍午傍晚散了工，每每花四文铜钱，买一碗酒，——这是二十多年前的事，现在每碗要涨到十文，——靠柜外站着，热热地喝了休息；倘肯多花一文，便可以买一碟盐煮笋，或者茴香豆，做下酒物了，如果出到十几文，那就能买一样荤菜，但这些顾客，多是短衣帮，大抵没有这样阔绰。只有穿长衫的，才踱进店面隔壁的房子里，要酒要菜，慢慢地坐喝。

（《孔乙己》）

这是一幅旧中国江南小镇的风俗画，酒店的格局、酒客的种种不同一一写来，也为孔乙己这个站着喝酒而穿长衫的唯一的人的出场搭好了舞台。

最后看一段对山城重庆的一条小巷的早晨的描写：

**【例 12】**

七点半钟，各种小贩唱着自己随口编的叫卖曲走进小巷。“醪糟鸡蛋——”,“发糕，热烙的——”瞧，卖大饼的姑娘来了，她一点也不拘束，大声叫卖着，熟练地招呼顾客、称秤、收钱，最后一声“慢走”，使人心里热乎乎的。火苗舔着锅底，蒸笼“呜呜”直响，锅上烟雾缭绕，鲜肉大包散发出来的香味儿使人垂涎三尺。卖豆浆、油茶、小面的小摊更是热气腾腾，香味儿扑鼻，主人殷勤地招呼着过往行人。老婆婆卖的五香茶叶蛋，吸引了不少小孩。

小巷的口子，有不少从南岸下来的农民，有卖菜的，有卖肉的。你看那刚从地里割来的韭菜、莴笋，还带着露珠，鲜嫩嫩的；刚从水塘里捞起来的鲫鱼、草鱼，在水盆里扑腾着，水灵灵的；那咯咯乱叫的母鸡，那昂首环视的公鸡，那嘎嘎直叫的肥鸭，欢蹦乱跳的虾……丰富的农产品，使人目不暇接。一张张黝黑而又带着微笑的脸向人们诉说着自己的东西的鲜嫩肥美，同顾客讨价还价。喧闹声此起彼伏，在小巷上空回荡。

（《山城的早晨》）

## • 常见错误

1. 不了解关于描写的基本知识，不懂得有意识地在缩写过程中运用描写的方法。

2. 描写太少或者没有，文字很单调，不够生动有趣。

3. 描写太多，冲淡了主要的内容和线索，是缩写后的文章重点不突出，内容空虚。

4. 自己添加原文中没有的、新的描写文字，画蛇添足；如果再加上描写得不确切、不恰当，那就会使自己的文章大大减分了。

## • 应试策略与技巧

1. 注意学习和掌握描写的基本知识，在平时的阅读中有意识地注意学习各种描写的方法，并多加练习。

2. 要把扩大词汇量放在重要的位置。只有掌握了丰富的词语，才有可能在文章中更好地使用描写的手法。

3. 对于原文中描写的内容，不太重要的地方可以减去；但重要的、对表现主题有用的描写，需要保留，或者缩减，或者换其他简短的词语和句式来表现。

4. 描写时要善于抓住人物或事物的特点。

5. 任何描写都要围绕主题来安排，任何脱离主题的、为了描写而做的描写，在考试中都是没有意义的。

## 考点与难点（十） 关于记叙文中的抒情和抒情的方法

### ● 说明

在记叙文中常常会用到的另一种表达方法就是抒情。记叙文跟人密切相关，而人都是有感情的，这一点在文章中必然会体现出来。

**1. 什么是抒情?**

“抒情”就是在记叙文中抒发自己的感情。一个人在感知各种客观事物的时候，会产生各种各样的内心体验，有些客观事物可以让人喜爱，有些可以让人厌恶；有些会让人开心愉快，有些会让人生气愤怒，如此等等。这种因客观事物而产生的内心体验就是感情。正因为人的感情是伴随着对客观事物的感知出现的，所以我们在记叙人或事的时候，也就常常会把自己内心的体验表达出来。这就是记叙文中的抒情。在样卷的原文中，有一段相当重要的抒情文字：

**【例 13】**

当你看到这封信时，我已经不在人世了，你也知道我并非真的破产。

是的，儿子，我没有破产，我只不过用我的全部家当做了我有生以来最大的一笔生意，我成功了。

看着你一天天成长，我觉得我这笔生意做得很值。如果我将我的财产留给你，也许不用几年就会被你败光，而你也会因为无人管教而成为废物。现在我用我有价的财产换来了一个无价的能干的儿子，这怎么能不让我高兴!

儿子，相信你也能理解父亲的苦心，如果不是这样，你怎么会找到一个真正爱你的妻子和一群真正能够患难与共的朋友呢?

好好干！儿子，我相信你一定能超过我，创造更多的财富和价值。

这是样卷第 101 题文章的最后，儿子看到的父亲生前写给他的一封信。这封信基本完全采用抒情的手法，深切地表达了一位慈父对儿子的殷切期望和无私挚爱，读来感人至深。

**2. 抒情的作用**

抒情这种方式在记叙文的写作中运用是很广泛的。古人说：“感人心者，莫先乎情。”抒情这一表达方式是最能打动人心，触动读者的心弦的。所以，抒情这种方式在记叙文中不是无足轻重可有可无的，它便于作者表明爱憎，表白感情，使文章达到以情动人的效果。具体来说有三点：

一是可以用抒情点题，揭示文章内容的深层意义，有画龙点睛的作用；二是可以表达作者对人物、事件的看法和评价，阐述自己由此阐述的感悟；三是可以既抒发作者的情感，也可以抒发记叙文中人物的情感，增强文章的感染力。

### 3．抒情的方式

一般来说，抒情的方式有直接抒情和间接抒情两种。

所谓直接抒情，就是不借助于媒介，直截了当地抒发自己的情感。这种方式的特点是痛快淋漓地直抒胸臆，毫无掩饰，感情奔放强烈。上面所举的样卷中的例子就是属于这一类的。

再例如，作家茅盾的《白杨礼赞》中，一开头作者就直接抒发了感情：

**【例 14】**

白杨树实在是不平凡的，我赞美白杨树！（《白杨礼赞》）

作者热情地歌颂了白杨树，感情饱满、深沉。文章的中间部分和结尾，也都有这种热情的礼赞，特别是结尾，作者以充沛的感情大声疾呼：“我要高声赞美白杨树！”这种直接抒情的文字，不加任何的掩饰，十分真挚、热烈。

关于直接抒情，需要说明的是，直接抒情是与间接抒情相对而言的。其实可以说并没有绝对的直接抒情，因为任何感情都不是虚无缥缈、没有来由的，也不是抽象的、孤立存在的，都需要有所依附，如果离开了记人记事，也就谈不上抒情了。同时写作时也应注意，直接抒情在文章中不宜使用太多，要适当才好，否则会让人觉得空泛或者做作。

所谓间接抒情就是依附于其他事物或人物来抒发感情的方式。这种抒情方式在记叙文中运用得比较多，因为它比直接抒情显得自然而随意，在写作中也比较容易处理。同时，因为是依附于实际内容，并借助其他方式来抒情，所以也具有委婉、含蓄的特点。

间接抒情主要有以下三种：

**（1）在叙述中抒情**　作者在文章中记人记事时，一边叙述，一边抒发感情。这种叙述文字比一般的不带感情的叙述更具有浓厚的主观感情色彩，更能够打动读者。

著名作家冰心的《一只木屐》很好地运用了这种方法。文章开头写作者在日本横滨码头乘船离开，在码头上看到漂浮在海面上的一只木屐。文章是这样叙述的：

**【例 15】**

我默默地倚伏在船栏上，周围是一片的空虚和沉重，时间一分一分地过去，苍茫的夜色，笼盖了下来。

猛抬头，我看见在离船不远的水面上，飘着一只木屐，它已被海水泡成黑褐色的了。它在摇动的波浪上，摇着、摇着，慢慢地往外移，仿佛要努力地摇到外面大海上去似的！

啊！我苦难中的朋友！你怎么知道我要悄悄地离开？你又怎么知道我心里丢不下那些把你穿在脚下的朋友？你从岸上跳进海中，万里迢迢地在船边护送着我？

（《一只木屐》）

这些是作者叙述自己在横滨码头之所见，这种叙述就是充满感情的叙述。这一天，作者是悄悄离开横滨的，当时中日还没有建交，作者需要绕道回国。当即将离开这片国土的时候，对往日的朋友充满了依恋之情，这是很自然的。作者从海上漂浮着的一只旧木屐，想到这是穿木屐的朋友在默默相送，这里运用了丰富的联想，由物及人，而且联想到了万里之外的地方，想象是这只木屐由岸上跳进大海，万里迢迢地护送着自己。作者对日本朋友依依不舍的深情，就这样流露在字里行间，在平淡中见出真情。

**（2）在描写中抒情**　作者通过描写人物、事物或景物来抒发感情。我们也可以把这种抒情方式称为寄情于人，或者寓情于物、寓情于景。

下面举一个寓情于景的例子。著名作家冰心的散文《樱花赞》不仅描写了盛开的樱花，同时也表达了自己的真挚感情。作者随中国作家代表团访问了日本金泽市，离开的那一天，出租车司机为了送中国代表团，把预先定好的同行业罢工的行动推迟了一小时，作者知道后深受感动。这一天，恰逢樱花盛开，作者用一段文字描绘了一片美丽的花海：

**【例 16】**

我的心猛然地跳了一下，像点着的焰火一样，从心灵深处喷出了感激的漫天灿烂的火花……

清晨的山路上，没有别的车辆，只有我们这十一辆汽车，沙沙地飞驰。这时我忽然看到，山路的两旁，簇拥着雨后盛开的几百树几千树的樱花！这樱花，一堆堆，一层层，好像云海似地，在朝阳下绯红万顷，溢彩流光。当曲折的山路被这无边的花云遮盖了的时候，我们就像坐在十一只首尾相接的轻舟之中，凌驾着骀荡的东风，两舷溅起哗哗的花浪，迅捷地向着初升的太阳前进！

（《樱花赞》）

这一段先写了听到司机的话时的心情，接着写一路所见，是一片樱花的世界，自己置身于花海之中，如痴如醉，如同在海上泛舟一样，有飘飘荡荡、心旷神怡的感觉。这里有生动的比喻、丰富的想象，把烂漫的春色完美地勾勒了出来；同时，作者饱满、真挚的感情也跃然纸上，渗透在字里行间。这就是情与景的结合，达到了景中有情、情中有景的情景交融的境界。

**（3）在议论中抒情** 记叙文中有时候也免不了会有议论的元素出现，主要是作者对人对事的评价和看法。如果一边发议论一边抒发感情，就是在议论中抒情。这种文字比纯粹发议论的文字有更浓厚的感情色彩，理性和感性的结合会增加文章的说服力和感染力。

在作家刘宾雁的报告文学《一个人和他的影子》中，作者写了一位在政治运动中经历坎坷的人，在他身处逆境的时候，有一位年轻的姑娘爱上并嫁给了他，这引起了很多人的非议，这姑娘也因此而受到了不公正的待遇。写到这里，作者心情激动地发表了一些议论：

**【例 17】**

这也难不倒周跃华。她干脆不予理会，仍然昂首走过新津市的街道，紧靠着她的未婚夫，谈笑风生。

不应该给这位姑娘立一块碑吗？为她的正直、坚强和勇敢？为她的眼力？偌大一个新津县城，唯有这一名女子，不是干部，不以革命派自居，不唱形形色色的高调。唯有她，真正按照一个人本身的真实价值，而不是他的政治标签，他的地位、身世、门第和财产，给了他应有的评价。她抛弃幻影，选择了人。

（《一个人和他的影子》）

在这里，作者的观点和感情倾向结合在一起，是非常明朗的。作者贬斥和嘲讽了世俗的眼光、小市民的偏见，高度评价和热情赞扬了这位姑娘的清白无辜、正直纯洁和眼力胆识。她能够坚持自己的价值观而不随波逐流，是难能可贵的。作者在议论中表达了强烈的爱憎，抒发了感情，观点和感情有机结合、交融在一起，以至于使读者难以区分哪些是议论，哪些是抒情了。

## ● 常见错误

1. 不清楚抒情这个概念，也不会分析和理解原文中的抒情元素，不会有意识地在缩写中运用抒情手法。
2. 抒情不适当、不自然，把握不好分寸，给人做作的感觉。
3. 不知道如何缩写原文中的抒情部分，缩写后语言不够自然流畅。
4. 抒情时词语和句式单调，缺乏新鲜感和感染力。

## ● 应试策略与技巧

1. 考生要在平时注意学习和掌握关于抒情的基本知识，了解抒情的作用和方式，并且在阅读中注意学习别人的抒情方法和词语，在练习中增加这方面的写作经验。

2. 不适当、不自然的抒情是写作记叙文的大忌。一定要掌握好抒情的分寸和火候，这样读者才会被打动。考生平时要多阅读，多体会。

3. 对于原文中的抒情段落，可以采用两种方式缩写：

一是在内容和语言上采取删除和简化的方式，二是把第一人称的抒情变成第三人称的叙述。

4. 在缩写中进行任何抒情，都要围绕着主题来进行，不能脱离主题做空洞的抒情。

## 实例分析

下面列举几篇学生的作文，题目的形式是新 HSK（六级）第 101 题，即“缩写”，并进行分析评述。

在“分析”的部分，主要就文章审题、主题表现、材料选择、篇章结构等方面进行评述，对具体的语言文字问题不做修改，学生可在教师的指导下，作为练习完成这一内容。

### 题目

缩写。

（1）仔细阅读下面这篇文章，时间为 10 分钟。阅读时不能抄写、记录。

（2）10 分钟后，监考收回阅读材料，请你将这篇文章缩写成一篇短文，时间为 35 分钟。

（3）标题自拟。只需复述文章内容，不需加入自己的观点。

（4）字数为 400 字左右。

（5）请把作文直接写在答题卡上。

她患了肺癌，住了院，做了手术，手术后，医生说她癌症晚期，在人世间的日子，也就一个月了。起初孩子们忍着悲痛，不愿意把这消息告诉她，可越掩盖她越怀疑，因为从女儿的眼睛里，她已经读到了她的病情。到她的男人真正把病情的真相告诉了她时，她倒平静下来。死，她倒不怕，人早一天或晚一天，都要死的，这只是个早晚的问题。可目前，她不愿死，也不能死，因为她还放心不下她的男人：他不会做饭，不会洗衣，不会照顾自己，他有高血压，连按时吃药都不知道。

他就是这样一个书呆子，几十万字的书，能写；可连热了减件衣服、冷了添件衣服都不会。这衣食住行，一切都得她操心。一次，单位要她去外地出差，她就去了三天，可回来，家里锅、碗、瓢、勺都翻了天。大女儿在外地工作，生孩子的时候，她去了一个月，家里便去了电话，说老头子高血压病犯了，住了院，她急急忙忙地回来，到了医院，据医生说，老头子这病，就是不按时吃药闹的。你看，她离开一天行吗？她想，在她的有生之年，得教会他做饭、洗衣，按时吃药，他知道自己照顾自己了，她再去死，到那时，她死也瞑目了。

在住院的日子里，本来医院的饭菜很好，汤汤水水的都有，可她不吃，她要让他送饭，让他亲自做了饭给她送来。她要吃他炒的菜、熬的鸡汤，尽管他做得不好吃，她也要他来做。

他第一次送的小米饭，有点儿煳味，她仍说好吃、好吃。他含着泪，看着她把饭吃了。

他每次送饭来，她都忍着疼痛，问他，衣服洗了没有？药按时吃了没有？老头儿点点头。

老头儿知道她的用意，便有意地穿上件新洗的衣服让她看，她看了，那苍白的脸上，便泛上一丝的笑。

女儿知道了，便说，爸爸的衣服我来洗，饭我来做。她说，还是让你爸自己做吧，自己洗吧。你们上班，时间有限，再说，他自己会做了，我死了也放心了。

这些，老头儿心里明白。

她在医院里住了20余天，便出院了。回家来，她还忙着培养老头儿的自立能力。他做饭，她亲自看着他往锅里添水，添几碗水，放多少米，米熬到什么时候才好吃，她都告诉他，这是她平时的经验，她像一个老师教小学生那样，耐心又细心，看着他炒菜、洗衣，每天都提醒他吃药……

饭菜、洗衣，学得差不多了，可就是，那高血压的药，他总忘了吃。

她想，我还是不能死啊！

夜里，老头儿躺在她的身边，深情地说："其实，做饭、洗衣，我早就学会了。可我知道，你总牵挂着我，就不离开我。有个心理学家，曾讲过这样的一个故事：二战时集中营的人，自然死亡中毫无牵挂的占多数，而那些牵肠挂肚的人大都活下来。我总希望你牵挂着我，始终不离开我……"

女人笑了，她因放心不下他，竟然熬过了预死期，一个30天，又一个30天，转眼已过了五十个30天了，老天竟然让她奇迹般地活了下来！

**实例 1**

101.

?

故事是关于一个患了一种很严重病的女人。女
人去看大夫然后大夫告诉她在这个世界的时间
不会很长而她只剩下了几天。女人说她全然不
怕死，因为每个人都要．只是一个关于早死还
是晚死的问题。她最怕的事情就是离开她的丈
夫，因为他丈夫依靠她而他自己什么多不会做
。做饭，洗衣服，做各种各样的家务，他怎么
都不会。最重要的就是她的丈夫也有高血病而
她每一个次离开家一段时间她丈夫因为忘了，
而不吃他的高血药。所以在女人的最后几天她
让丈夫为她什么都做，而且虽然女儿很想帮助
她爸爸，但是妈妈不让她做，因为她想让她的
丈夫自己去做而学会，为了她去世后可以不要
靠别人，而靠自己的能力．所以作者在耐心地
，好象一个老师一样的在教她的丈夫怎么做饭
什么的而每天问他你记得做这个吗，你记得做
那个吗，什么的而最重要的问他吃不吃他的高
血药．

**分析**

这篇作文在形式上存在很多问题：一是第一行空着，没有写题目；二是一段到底，没有分段，在形式让人觉得不够规范；三是作文一开始也没有空两格；四是有两处把标点符号写在了一行的第一格，这也是不符合汉语写作的规矩的。从这些细节可以看出作者在汉语写作方面还没有受过规范化的训练。

这篇作文的字数是够的，语言表达上有一些问题，但基本上还算清楚。不过作者在阅读时还不够仔细，所以作文中有些内容与原文不符。在原文中，医生认为“女人”的生命还有一个月，而在作文中，考生记成只有几天了；原文中“女人”后来出院回家了，并且继续训练丈夫的生活能力，而在作文中，考生没有提到这一点，认为所有的一切都是“女人”在医院里做的；更重要的是，在原文中，“女人”创造了奇迹，竟然打破医生的预言，活了下来，而在作文中，考生没有提到这一点。

这个情节之所以重要，是因为它在原文中对表现主题起了很大在作用。原文通过这个患了绝症的“女人”对自己缺少生活能力的丈夫在自己离开人世后的生活不放心，努力培养丈夫生活能力，直至后来因爱情而创造生命奇迹的故事，表现了夫妻之间的一片深情，说明真挚的爱情是可以改变一切的，甚至生死。现在作文中没有了这个情节，故事主题的深度和感人程度就差得多了，而且也没有把原文的精髓和主旨很好地体现出来。

**实例 2**

长寿

有位老女人患肺癌了。手术已经完了，可是医生告诉他，她的癌症是晚期了。她的生命只有三十天。她觉得现在不能死。是因为，她有一个男孩子，可是他不能做菜、洗衣服、吃高血压的药，所以她的心情不能稳定下来。她开始教给孩子怎么功夫。孩子开始带来他亲自做的饭，最初他做的饭不好吃，但越来越好了。几天后，孩子学会怎么做饭、怎么洗衣服，可是还不学会吃药。她又想：“现在不能死。”三十天以后，她退院了。她为了自己的孩子教一般的家务，常常想不愿死。终于，她患癌症但是过一个三十天，过两个三十天，竟然过五个三十天了！有位专家说，如果人有很大的但心的话，人并不会那么简单死。有很多很多的但心的人可以很长时间活下去。往往叫做“长寿”的人大概是这样子。

**分析**

这篇作文的问题比较严重，可以归纳为以下几点：

第一，一般来说，题目可以表达作者对原文主旨的理解。而本文的题目起为“长寿”，与原文的主旨并不符合。从作文的最后部分来看，考生错误地理解了“长寿”这个词的含义。

第二，作文第一句称女主人公为“老女人”，甚为不妥。原文中称女主人公为“她”“女人”，感情色彩至少是中性的。而“老女人”一词在汉语中常含贬义，用来称呼原文中的女主人公是不合适的。这说明考生对汉语称呼的褒贬色彩还把握得不够准确。

第三，这篇作文的内容，只有前三行是与原文内容相符合的，后面就乱了，原文中的丈夫变成了“男孩子”，教丈夫做家务、锻炼他的生活能力变成了教“儿子”；不放心丈夫也变成了不放心“孩子”。这一变化使得原文的主旨“赞美爱情”变成了作文中的“赞美母爱”，这就完全跑题了。

这位考生在阅读原文时太过粗心了，把“丈夫”误记成了“孩子”，使得作文中的主要人物与原文不符，从而也导致了在主题表达上与原文存在误差。

第四，作文中还存在着不少语言错误，包括病句和错别字。篇幅也比所要求的400字差了将近100字。

**实例 3**

一位女性的奇迹

一个女性患了癌症。医者说，他的生命只有一个月。所以，他感到了很辛苦。她的孩子们也感到了很辛苦。他的男人，洗衣，做饭，照顾孩子也都不会。所以，他想自己去世的后怎么照顾他们。住在医院的时候，她想了想各种各样的事。住在开始的时候，她不太怕死，但是，越来越她怕死。有一天，她的爸爸，看她来了。爸爸对她很好。做饭，洗衣，照顾孩子，什么的。她的男人还是不会做饭，照顾孩子，洗衣什么的。她的病很严重。但是，她终于活了五十个三十天。所以这个是说得上奇迹。她的男人，虽然什么家务也都不会。但是，男人对她有爱情。她觉得难过的时候，男人常常在她的旁边儿。这个男人想她去死以后的事。爸爸对她的照顾，好像老师和学生的关系一样。她对爸爸表示感谢。爸爸和男人的爱情，她活着去五十个三十天。这是医学上不可能的。所以这个故事知道的人吃了一惊。这个故事从前还没有。因此看这个故事的人，感动的感情袭上心头。她能想到最愉快的事，就是和亲人一起聊天儿。

**分析**

这篇作文的题目倒是总结得不错，符合原文的主旨。如果改为“一位女性创造（的）奇迹”语言表达会更准确。

作文开始部分连用了两个“辛苦”，这个词用得是不对的。“辛苦”的意思原指味道辛辣而苦，比喻艰难困苦，很疲倦的感觉，现在多指工作和劳作的感受，而不是得病以后的心情。考生把“痛苦”“难过”错用为“辛苦”了。

在接下去的一段中，考生提到“她”的爸爸来了，帮她做饭、洗衣、照顾孩子等等，这些内容都与原文不符，是考生读得不够仔细，记错了。

作文后面的内容与原文的出入更大了，考生说，“她”之所以创造了奇迹，是因为男人虽然还是什么都不会，但对她有爱情，一直陪伴在她身边。这样说完全与原文的内容相悖；考生还说“爸爸对她的照顾，好像老师和学生的关系一样”，这样来比喻父女关系就更不恰当了，更何况原文中根本没有出现"她"的爸爸。考生把"她"活下来，创造生命奇迹归因为她父亲和丈夫对她的爱，这也与原文的主旨相去甚远。恰恰相反，原文是要表现"她"对丈夫的深爱创造了奇迹。

最后要指出的是，考生错用了"爱情"一词。在汉语中，"爱情"只是指男女之间相爱的感情，用于夫妻和情人之间，而不可以指父爱、母爱、友爱等其他感情。作文中用来指父亲对女儿的爱，这是不可以的。

## 本课小结

- **主要考点难点：**
  1. 记叙文、叙述和叙述的方法；
  2. 描写和描写的方法；
  3. 抒情与抒情的方法。

- **考生常见错误：**
  1. 不了解关于记叙文和叙述、描写、抒情的基本知识，不能有意识地使用各种方法写作记叙文，使得缩写后的短文表达方法单调，语言无趣、无味。
  2. 叙述要素交代得不明白，线索也不清楚。
  3. 叙述的人称混乱。
  4. 描写太少或者没有，文字很单调，不够生动有趣。
  5. 描写太多，冲淡了主要的内容和线索，使缩写后的文章重点不突出。
  6. 自己随便添加原文中没有的、新的描写文字，画蛇添足。
  7. 抒情不适当、不自然，把握不好分寸，给人做作的感觉。
  8. 不知道如何缩写原文中的抒情部分，缩写后语言不够自然流畅。
  9. 抒情时词语和句式单调，缺乏新鲜感和感染力。

- **主要应试策略：**
  1. 注意学习和掌握记叙文和叙述、描写、抒情的基本知识，并多多进行练习，有意识地使用各种方法来写好记叙文。
  2. 如果原文是以记人为主的记叙文，考生应该着重保留和表现能够突出人物特点的内容。
  3. 如果原文是以记事为主的记叙文，考生则应该注意表现清晰的发展线索，而且要注意根据主题选择材料，做到繁简得当。
  4. 要把扩大词汇量放在重要的位置。
  5. 对于原文中描写的内容，不太重要的地方可以减去。但重要的、对表现主题有用的描写，需要保留，或者缩减，或者换其他简短的词语和句式来表现。

6. 描写时要善于抓住人物或事物的特点，而且任何描写都要围绕主题来安排。
7. 运用抒情的手法时，一定要掌握好分寸和火候，使语言既适当又有感染力。
8. 对于原文中的抒情段落，可以采用删除简化及改变人称两种方式缩写。
9. 在缩写中进行任何抒情，都要围绕着主题来进行，不能脱离主题做空洞的抒情。

## 课后练习

（一）

缩写。

（1）仔细阅读下面这篇文章，时间为10分钟。阅读时不能抄写、记录。
（2）10分钟后，老师收回阅读材料，请你将这篇文章缩写成一篇短文，时间为35分钟。
（3）标题自拟。只需复述文章内容，不需加入自己的观点。
（4）字数为400字左右。
（5）学生完成缩写后，分组讨论原文的主题、结构和表达方法，老师作点评分析。
（6）老师批改学生作文，并讲评。学生根据老师的意见修改。

晚上十一点了，我躺在病床上一点儿睡意也没有，双眼紧盯着手机的屏幕，她的短信怎么还没来呢？“噜噜噜……”手机终于响了，我打开手机看到了：“祝你今晚做个好梦，晚安！”才放心睡去。

近两个月，被病魔缠身的我就靠这手机短信支撑着。每天早晨，我打开手机，总会有短信，有时是：“今晨好冷，请多穿衣服呀！”有时是：“早上好，愿你今天开心多一点。”

我是父母失败婚姻的受害者，父母离婚后，母亲准备远嫁台湾时出车祸死了。有钱有势的父亲给我娶了后妈，后妈比父亲小20多岁，只比我大一岁，父亲疼她远远超过了疼我这个儿子。

两个月前，我得肝炎进了医院。父亲很少有时间陪我，我的精神几乎崩溃，我每天都是闷闷不乐，好几次我真想一死了之随母亲而去。我的邻床是位50多岁的老头儿，由于病魔缠身，脸色蜡黄，头发稀疏，但精神不错，也没专人陪护，只有他上班的儿子下班后给他送饭，他还经常安慰我：“小伙子，打起精神来，这点儿病算不了什么，你这么年轻，一定能扛过去的。”

他也很孤独，每天都在摆弄手机玩。有一天，他看到我实在是烦躁不安就对我说："小伙子，医院没条件上网，你觉得孤独，用手机聊天吧，你拨05988，就会有人陪你聊天。"说着他亲自帮我选好昵称。只几分钟，就有一位昵称"丽丽"的小姐给我发来短信："你好，我是快乐女神，我会给你带来快乐。"

人在忧伤的时候特别渴望心灵的抚慰，我把我的痛苦和烦恼一股脑儿地倒给了这位快乐女神。她以一个姑娘特有的柔情细心地抚慰着我那颗受伤的心灵，慢慢地，该聊的我们都聊了，她每天早晨和晚上准时给我发短信。就这样，给她发短信、读她短信，成了我医院生活的精神支柱。

有一天，我从外面散步回来，看到隔壁床位收拾干净了。"他怎么了？"我问给我打针的护士。"已经不行了，转到特殊病房去了。"我的心情异常沉重，为这位可亲可敬的老伯伯难过。

一个月后，我终于战胜病魔，走出了医院。回到家的第一件事就是给"丽丽"打电话，虽然我早知道她的电话号码，我也打过，可她从来都不接，她说我的病治好了再接我的电话。现在我是多么想念她，渴望能听到她的声音呀！我要亲口感谢她在我最痛苦时带给我的快乐。谁知电话打过去了许久，对方才接电话。"喂，你好，我出院了！"我迫不及待地说。对方的声音却很低沉、沙哑，还是个男人的声音，"祝贺你！"然后是长长的叹息声。

"喂，你是……"我刚想再问，对方已挂机。

以后我再拨这个号码时变成了空号，又拨了几次，依然是空号。

两个月后，我到医院复查，无意中在一沓病历上看到了那个手机号，我问医生，医生告诉我，这个手机号是和我同病房的老头儿的。我惊愕得说不出话来，顿时泪水"吧嗒吧嗒"滴落，打湿了我的衣襟。

## （二）

缩写。

（1）仔细阅读下面这篇文章，时间为10分钟。阅读时不能抄写、记录。

（2）10分钟后，老师收回阅读材料，请你将这篇文章缩写成一篇短文，时间为35分钟。

（3）标题自拟。只需复述文章内容，不需加入自己的观点。

（4）字数为400字左右。

（5）学生完成缩写后，分组讨论原文的主题、结构和表达方法，老师作点评分析。

（6）老师批改学生作文，并讲评。学生根据老师的意见修改。

锐和妍是一对有着七年婚龄的夫妻，他们都在职场上打拼，都有各自的社交圈和客户群。即使回到家中，锐和妍的手机也会不断地鸣叫，此起彼伏，比赛似的。

为了表示对对方的忠诚，锐和妍都没有给手机加密，这样，他们就可以随意看对方手机里的东西，像进入一个不设防的城市。不仅如此，他们还常常帮对方接手机，久而久之，接出问题来了。

给锐和妍打电话的人，当然有男有女。不过，锐的电话女的比男的多一些，妍的电话男的比女的多一些，这都是正常现象。但是，放在夫妻间就不正常了。锐替妍接电话，噢，男的。下次再接，还是男的。锐很不悦，嘴上不说，心里在嘀咕：为什么你的电话总是男人打来的？

妍替锐接电话，接了一个，是女的，偏巧接下一个时，还是女的。妍也很不悦，她经常在锐听完电话后就直接问他：她是谁呀？来电话什么事情？

尤其让他们怀疑的是，有时候电话通了，那头儿只"喂"了一声，再也不出声了。或者匆匆说了句打错电话了，便把电话挂断。其实，这也很正常，因为来电话的人，听是一个陌生的声音，真以为拨错电话了，任何使用手机的人，都会遇到这种事情。但是，放在夫妻间，这也不正常，锐和妍都怀疑对方有事瞒着自己。

越怀疑，他们越想查对方的手机。这一查，又查出事情来了。

每次查对方的通话记录，锐和妍总能在手机屏上发现几个熟悉的号码，时间长了，这些号码就上了"黑名单"，重点关注。

遇上心情不好的时候，查来电记录，有"黑名单"上的号码，锐和妍很可能立即就火了，朝对方嚷道：这个电话什么时候来的？什么事情？想想看，此话一出，他们之间能不充满火药味吗？

一次，妍在锐的手机上查到一条这样的短信："手机是人类最伟大的发明，你是我最伟大的发现，我已申请注册，专利号是5241（我爱是你），有效期为一万年。"短信是锐的同事朱小姐发来的。面对妍的责问，锐轻描淡写地说，你就没有收到这样的短信？现在短信满天飞，全是闹着玩儿的。

妍说，再闹着玩儿，这个家就玩儿完了！说，你和朱小姐什么关系？

任凭锐怎么解释，妍还是不相信。锐急了，把手机摔在地板上，发誓说，我不用手机了，再用我就不是人！

虽然这么说，但是锐和妍谁也做不到，在职场上打拼，手机对于他们是不可或缺的，他们实在不敢想象离开手机会糟糕到什么程度。

锐仍然用手机。幸好那部手机只被锐摔坏了显示屏，不影响锐继续使用，接电话和拨电话照样可以，就是不显示所有信息，也不能查询了。妍自然无法再从锐的手机里找到令她烦恼的事情，索性不过问了。眼不见，心不烦，于是，妍的心情又好了起来。锐见妍不过问他的手机，也就不好意思再查妍的手机，没想到，这样锐也有了一个好心情。

他们又恢复到了原来的亲密程度。

（三）

缩写。

（1）仔细阅读下面这篇文章，时间为10分钟。阅读时不能抄写、记录。
（2）10分钟后，老师收回阅读材料，请你将这篇文章缩写成一篇短文，时间为35分钟。
（3）标题自拟。只需复述文章内容，不需加入自己的观点。
（4）字数为400字左右。
（5）学生完成缩写后，分组讨论原文的主题、结构和表达方法，老师作点评分析。
（6）老师批改学生作文，并讲评。学生根据老师的意见修改。

"爸，您喝茶！"

憋了一肚子怨气的沈洋刚下班回家，便遇上了一件怪事，一向不大懂事的儿子居然也学会了孝顺。望着眼前那杯热气腾腾的茶，沈洋突然有种想哭的冲动。瞧，儿子才十岁，就会孝顺父母了。一瞬间，满肚子的怨气消失得无影无踪了。他颤抖着接过茶，迷蒙的热气里，一股清香沁人肺腑，再轻轻抿上一口，哇，真是从嘴里一直香到脚心。

他感动得一把抱住儿子："儿子，说，想要什么，老爸买给你！"

儿子也显得有些兴奋："爸，我正想跟你说，明天我们班去春游，我想多买点儿东西。"

"没问题！"沈洋大力拍拍儿子的肩："说吧，要多少钱？"

儿子小心地伸出了五根手指，"50块！"

沈洋随手从自己的皮夹里掏出一张"老人头"："儿子，多买点儿好吃的，可别给你老爸丢脸！"

"谢谢爸！"儿子拿过钱，一溜烟便跑得无影无踪。可沈洋却着实兴奋了几天。

冬去春来，儿子上高中了。

这天，儿子兴冲冲地跑回家，"爸，快，快换件衣服，我请你去看电影。"

沈洋挺纳闷的，儿子怎么突然想起请他看电影了？他不是一向不爱看电影吗？

儿子看出了他的心思，特地解释道："爸，这部电影可是国际大片，不看的话，可是终身遗憾的。"

看到儿子一本正经的模样，沈洋明白了。得，原来儿子是孝顺他，那他又怎能不去呢？

父子俩兴高采烈地看完了电影，并肩走在回家的路上，儿子突然揽住沈洋的肩：“爸，找你商量个事！”

“什么事？你说吧！”

“爸，我想买一部便携式录音机，我们班好多同学都有……”

“好啊！反正你学习也能用上嘛！”

“可是……”儿子的表情有些为难。

“缺钱，对不对？说吧，要多少？”

“500块！”

几天后，儿子多了部便携式录音机，沈洋却吃了一个月的白饭。

转眼，儿子成了一名大学生。

大二刚开学，有一天，儿子神神秘秘把沈洋拉出了家门，七弯八拐之后，父子俩坐在了某海鲜酒楼的包厢。一桌子菜很快便上齐了。

儿子给他倒上一杯酒：“爸，我敬你！这些年，你辛苦了！”

沈洋一听这话，眼圈随即便红了。自从老婆死后，这些年，他既当爹又当妈，真是挺辛苦的。

“爸，你放心，等我大学毕业，我会好好孝顺你的！”儿子又倒上一杯酒。

“好！好！”沈洋接过酒一饮而尽，满脸欣慰的笑容。

“不过，爸……”

儿子的欲言又止让沈洋突如其来打了个寒战，他小心翼翼地问：“儿子，有事吗？”

“爸，我想买台电脑……”

下面的话，沈洋一句也没听进去，心里有些凉飕飕的。

这顿饭吃掉了沈洋5000块。

终于，儿子工作了。

沈洋也正式退居二线，每天在家种种花，养养鸟，日子过得倒也悠闲。

有一天，已经半年没回来的儿子突然回家了。沈洋高兴得手忙脚乱，一下子打翻茶叶，一下子弄破茶杯，儿子却一把拉住他的手，递给他一张机票，“爸，我是特地回来请您去旅游的，你瞧，我连机票都买好了！”

听了这话，沈洋的手停了一下。

“只是……”儿子继续往下说，却听见“扑通”一声，沈洋已直直地躺倒在地上。

## (四)

缩写。

（1）仔细阅读下面这篇文章，时间为10分钟。阅读时不能抄写、记录。

（2）10分钟后，老师收回阅读材料，请你将这篇文章缩写成一篇短文，时间为35分钟。
（3）标题自拟。只需复述文章内容，不需加入自己的观点。
（4）字数为400字左右。
（5）学生完成缩写后，分组讨论原文的主题、结构和表达方法，老师作点评分析。
（6）老师批改学生作文，并讲评。学生根据老师的意见修改。

阳光保险柜厂厂长老吴退休了。他的房间里有一个小巧的保险柜，老吴像对待初生婴儿样对其呵护有加，早中晚都要小心翼翼地擦一次。他当了二十年的厂长，这保险柜也跟了他二十年。老吴一天天老了，保险柜却崭新如初。

老吴有两个儿子，大儿子叫有仁，二儿子叫光明。老吴自老伴去世后，一直是跟着小儿子过的。小儿子家境不是太宽裕，但对待老吴是有求必应，好茶好饭好酒地伺候，小儿媳也像亲闺女一样照顾他。老吴逢人便夸，光明两口子孝顺啊！而有仁呢，当个副镇长，住着偌大的房子，却没为老吴留出一席之地。老吴好个烟酒，有仁家里把吃不完的烟酒廉价卖给小卖部，也没见他送给老吴一点。有仁每月给光明二百块钱，算是老吴的赡养费。

一天，老吴晨练时跌了一跤，中风了。

老吴在床上躺了两年，两年里烧茶递水、洗澡做饭，都是光明两口子的事。有仁总是借口工作忙，只是把赡养费从二百提到了三百元。

到了这年的秋天，老吴一天天不行了。这天，有仁突然哭哭啼啼地找到光明，说这么多年没有真正对老吴尽过孝心，要把父亲接过去好好服侍几天。光明看出有仁尽孝是假，惦记父亲的保险柜是真，便婉转地道：“哥，你去征求一下爸的意见。”

有仁拉着父亲骨瘦如柴的手，哽咽着道：“爸，儿子工作太忙，没能好好照顾您，您就去我家住些日子，让我尽尽孝道吧！”

老吴摇头不同意，有仁好话说了一箩筐，老吴执意不肯。

又过了几天，老吴到了弥留之际。亲朋好友都聚到了他的床前，他叫来了有仁与光明，道：“儿啊，爸这辈子没有什么东西留给你们，只有一个保险柜，保险柜是六位数密码，今天当着众亲朋的面，你俩猜，谁猜的密码对了，保险柜就归谁。”

有仁迫不及待：“爸，一定是您的生日！”

老吴摇摇头，有仁顿觉浑身冰凉。他紧张地看着光明，他希望光明也猜错，这样他就还有机会。

老吴注视着光明，光明此刻的心都碎了，“爸，您还能活，怎么突然说这些话啊！”

老吴吃力地道：“光明，你，你也猜一个吧。”

光明不忍拂拒，只得报出了一个六位数，“爸，201314，儿子爱您一生一世啊！”

老吴微笑着点点头，又示意光明将耳朵贴到他的嘴边，说了一句：“记住爸爸的生日啊！”光明点着头痛哭流涕……老吴含笑九泉了。料理完老吴后事，光明就去开保险柜。他用201314这个密码，可怎么打也打不开。光明突然想起父亲临终的一句话，他用父亲的生日数字一试，保险柜开了！天哪！当时有仁猜的密码是对的，只是父亲根本不想把保险柜给有仁啊！保险柜里躺着父亲一生的积蓄……

光明抱着保险柜号啕大哭，父亲是多么爱他啊！

## （五）

缩写。

（1）仔细阅读下面这篇文章，时间为15分钟。阅读时不能抄写、记录。

（2）15分钟后，老师收回阅读材料，请你将这篇文章缩写成一篇短文，时间为45分钟。

（3）标题自拟。只需复述文章内容，不需加入自己的观点。

（4）字数为500字左右。

（5）学生完成缩写后，分组讨论原文的主题、结构和表达方法，老师作点评分析。

（6）老师批改学生作文，并讲评。学生根据老师的意见修改。

按照我的计划，很快就可以和那家公司签订合同了。一旦合同签订，我们的赢利是相当可观的。置身商海这些年来，我有许多经验让对方和我们签合同。

但我的如意算盘打得太早，我们的合同，被一个叫雷波的副经理卡住了。那小子有着MBA的高学位，头脑清醒着呢。他一看那合同，很快就发现他们公司完全可以有更多的赢利。所以他卡住了不签。眼看到手的美餐，就因为这样一个人的作用要前功尽弃了吗？

我召集公司的部门经理开会，商讨对策。首先是要弄清雷波的资料，看有什么办法可想。几个部门经理中，张唯似乎十分了解雷波，雷波的资料在她口中一一道来：雷波，25岁，未婚……

停住。我打断张唯的介绍：你和他很熟吗？

我们认识。他在追我的一个表妹。张唯说这话的时候，我注意到她脸上划过一丝红晕。

哦。是吗？我并没有多问。会议继续进行。大家的发言很多，目的就是让雷波同意签字。但大家都知道，要他签字，除非雷波突然弱智。难啦！

最终这次会议不果而终。会后，我留下了张唯。张唯是个十分能干而且漂亮的女孩儿。

张唯，你今年多大了？我问。

24了，有事吗，总经理？张唯对我的问话很吃惊。

没什么，我说，随便问问。哦。对了，看你整天这么累，怎么不见你男朋友呢？

总经理笑话我了，我还没有呢。张唯的脸上又有了一丝红晕。

不说这个了，说说雷波吧，他追你那表妹追得怎么样了？我说。

还行，他每天给我表妹送一束玫瑰花，看样子是真喜欢我表妹。

那你表妹对他怎么样？你感觉。

对他呀，张唯睁大眼睛想了想，说，还行。只是还没答应他。

张唯的话音未落，我突然提高音量说，现在就交给你一个任务，帮助雷波追到你表妹。为此，我可以专门放你一个月假。

总经理，这和我工作有关吗？我们不是要雷波签字吗？即使我们帮了他，他也不会因为感激而同意签字的呀！张唯急了。

我笑出了声，说，我知道，你照我说的做就是了，不管你完不完成任务，就当我放你一个月假总行了吧。

张唯笑了，谢谢老总！

于是，张唯就开始进行这次特殊任务。每隔三天，我都打电话问问张唯：你表妹和雷波怎么样了？张唯总开心地说，还行，看样子我表妹就要答应他了，他们俩最近很近。我说很好，你努力帮他们，给他们提供机会。

有一次，我甚至还碰到张唯。她和一个女孩儿在一起，正和雷波一起喝咖啡，看样子那女孩儿就是她表妹了。张唯果然不负所托。

时间一天一天过去。半个月后，我拨通张唯的电话，我说怎么样了，他们的关系如何？

张唯说很好，我表妹已经答应他了。他们俩正热恋呢。

我说那好，你可以回来了呀。

张唯有些不高兴的样子，总经理，你不是答应给我一个月时间吗？如果我说他们关系还不是很好呢？

我说好好。你玩儿吧你玩儿吧。

挂了电话，我马上派人重新整理合同。说整理，其实只是把它换了个说法而已，实质没变。然后我再派人把合同送到雷波的手中。送合同的人一脸担心，说，经理，合同没变，雷波是不会签的呀！我说，你不送去看看怎么知道？

下午，送合同的人回来了。一进公司，他就大声地喊，经理，真神了你！

我不慌不忙地给他倒了杯水，说你慢慢说。

他一口将水吞下肚，迫不及待地说，雷波那小子怎么突然弱智了，他看了一阵，我以为他会发现的，结果他居然签了。

我说，他是弱智了。你赶紧去准备庆功宴吧。

待他下去之后，我拨通了张唯的电话。我说张唯，你先回来把庆功宴吃了再去和雷波恋爱吧。

什么！张唯在电话那头儿吃惊地说道，原来总经理早知道？

是的，你根本就没什么表妹，那天和你一块儿的姑娘只是你的一个朋友而已。回来吧，雷波签字了。我说。

您怎么知道的是我和雷波在恋爱？雷波怎么签字了？我不明白。

你会明白的。我笑了笑就挂了电话。

我没有亲口告诉张唯，其实我只是早知道，恋爱中的男女都是很弱智的而已。

## （六）

缩写。

（1）仔细阅读下面这篇文章，时间为 15 分钟。阅读时不能抄写、记录。

（2）15 分钟后，老师收回阅读材料，请你将这篇文章缩写成一篇短文，时间为 45 分钟。

（3）标题自拟。只需复述文章内容，不需加入自己的观点。

（4）字数为 500 字左右。

（5）学生完成缩写后，分组讨论原文的主题、结构和表达方法，老师作点评分析。

（6）老师批改学生作文，并讲评。学生根据老师的意见修改。

儿子离开伤病的父亲走了。

儿子回到家里，石破惊天地产生了学习欲。离开了一高，又被二高除名，哪儿是向他开放的校门呢？眼前他已经断了钱路，再依靠老爸去拿钱买学上，已经不可能了。怎么办呢？要依靠自己的决心，去打开求知的大门。于是，夜里儿子就刺破了手指，在一张白纸上，写下了一份“血书”。

第二天早上，儿子就到县教委去了。来到教委大院，他双膝跪在地上，把“血书”展放在面前，垂头默默不语。

教委的人们震惊了，纷纷上前观看。

**血　书**

亲爱的阿姨、叔叔、伯伯：

我叫许腾飞，今年 17 岁。我并不是一个坏小孩，最初学习优秀，初三以后学习滑坡，整日贪玩，泡在网吧、舞厅；抽烟、饮酒、打架闹事。从一高今年转到二高，前些日因恶作剧污辱了女生，被学校除名。回顾往日，心情沉痛，对不起辛勤培育我的老师，对不起为我含辛茹苦的爸妈。我决心痛改前非，重新做一个好孩子，遵守纪律，努力学习。恳请阿姨、叔叔、伯伯，再次给我这个犯过错误的孩子一个学习机会让我重返校园，我会以优秀的学习成绩，回报老师和家长。请相信我吧！再给我个学习机会吧！谢谢！

教委的同志劝他回去，等待研究研究。

儿子一直跪着不起。饥了啃干馍，渴了就打开院子里的水龙头喝些凉水，重新还跪在原来的地方。

儿子的求学欲，最终感动了上帝。教委主任答应他进三高做旁听生，以观后效。儿子激动地掉下了眼泪，对教委主任磕了个头，起身走了。回到家里，就给在医院养病的老爸打了个电话，报告了这个特大的喜讯。

老爸欣喜若狂，再也躺不住了，提前就出了院。一个星期后，老爸的伤疮愈了，额头上留下一块圆形的伤疤，酷似砸上的一块“钢印”。

为了生存，更是为了供养儿子上学，老妈就推起车子沿街叫卖冰糕。夜里帮老爸在夜市上卖炒米粉。一个建筑队的老板，昨日里的百万富翁，弹指间变成了个穷光蛋。人们瞧到老爸额头上的那块伤疤，谁都猜想到他不是被绑架了，便是被抢劫了。的确如此，老爸携款前往省城购买设备的时候，路上遭到了匪徒的袭击，车被夺去，款被劫走，被打晕了的老爸险些丧命。民不告，官不究，老爸硬说是他酒后驾车，自己造成的车祸。他还是为了儿子，他说，歹徒扬言，如果报案就杀了他的儿子。

树倒猢狲散。过去儿子的一帮小兄弟没一个再亲近他了。儿子变成了一只羔羊，白天在学校里安安分分地听课，夜晚回到家里，做完当天的作业，还要补习以往的功课。老爸在夜市上撤了摊子，很晚了儿子还不肯上床休息。每当他觉得疲困，老爸额头上的那颗“钢印”就闪现在他的眼前，立刻使他精力旺盛，求知欲倍增。由于儿子守纪律，学习刻苦努力，暑假里的期终考试，获得全校高二年级的第四名，由旁听生转为三高的正式学员。

儿子高中毕业了。在高考中，18 岁的儿子以优秀的成绩被一家重点大学录取了。可是，儿子却高兴不起来，老爸额头上的那颗“钢印”，在他脑海里不住地闪动，那是老爸为了他险些丧命打在他心上的烙印。他心里深感内疚和痛酸。眼前老爸带着额头上的那块使他刻骨铭心的“钢印”，不顾酷暑寒凛，在夜市上叫卖“炒米粉”，仅仅顾得一家人的生活，哪有那么多钱让他去上名牌大学呢？那要花费多少钱呀！他不愿让老爸再为他苦苦挣扎了。

这天夜里，老爸破例地没有出摊，特地在家里备了一桌，有鸡、有鱼，更有儿子爱吃的大虾。这是一年多来，一家人吃到最好的一次晚餐。儿子说话了，儿子撒了个谎，说他考上了师范。

老爸笑了。老爸说儿子的老师，早就向他祝贺道喜了，他考上了重点大学。儿子瞒不过去了，儿子说师范费用低，不忍心让老爸老妈流血流汗，再去欠债供他去上大学。

老爸心里十分激动，感到儿子长大了，懂事了。老爸一脸凝重地说，爸妈就是盼的你这一天啊！老爸不但要你上重点大学，还希望你考研究生、博士生，将来出国深造呢！儿子呀！老爸的谜底该向你揭开了。过去，老爸对你实在没有办法，为了挽救你，去年就导演了那场被匪徒抢劫的悲剧。车子我是卖了，银行的存款卡仍在老爸身上，老爸额头上的这块伤疤，是我自己用石头砸破的！

爸！儿子一声悲叫，起身扑向老爸，扑通，跪在地上，仰面望着老爸额头上的那块伤疤，心里万分悲伤，呜呜呜地痛哭流涕……

[illegible]

[illegible]

[illegible]

HSK

# 第六单元 06

## 模拟考试（二）

# 汉语水平考试
# HSK（六级）
# 模拟试卷（二）

## 注 意

一、HSK（六级）分三部分：

1. 听力（50题，约35分钟）

2. 阅读（50题，50分钟）

3. 书写（1题，45分钟）

**二、听力结束后，有5分钟填写答题卡。**

三、全部考试约140分钟（含考生填写个人信息时间5分钟）。

# 一、听力 06

## 第一部分

第1—15题：请选出与所听内容一致的一项。

1. A 儿子考得最差
   B 儿子进步很快
   C 最后妈妈很高兴
   D 妈妈煮了五个鸡蛋

2. A 我们什么时候出发
   B 企业都要追求利润
   C 不要忘记我们的目的
   D 发展科技是我们的任务

3. A 应该怎样喝酒
   B 天热应该喝凉酒
   C 古代人喝酒没节制
   D 生气时喝酒能缓解情绪

4. A 这家有两辆旧车
   B 礼物是一个照相机
   C 无法满足孩子的要求
   D 爸爸开车送孩子上大学

5. A 这个方法很贵
   B 老米为别人抽了血
   C 用自己的血最放心
   D 医生建议病人都这样做

6. A 游客爱写“到此一游”
   B 中国的景点很简单
   C 景点里的东西最重要
   D 中国人爱在景点牌子前照相

7. A 原因还不清楚
   B 鞭炮声损害听力
   C 山里人的听力好
   D 学者至今不敢相信

8. A 他去世了
   B 他会两种外语
   C 他是英美文学研究者
   D 他从英文翻译了《十日谈》

9. A 他爸爸很早去世
   B 他爸爸是百万富翁
   C 他对爸爸的看法在改变
   D 他始终认为爸爸了不起

10. A 应该办什么手续
    B 密码被人盗用了
    C 怎样在银行取钱
    D 什么是密码焦虑征

11. A 名人都应该写自传
    B 普通人出版回忆录
    C 出版商只为名人出书
    D 老人值钱的东西留下来了

12. A 鸡蛋只是食物
    B 每个人都有压力
    C 别人不会从外面打你
    D 人要自己成长得到新生

13. **A** 哪些人难找对象
**B** 男女择偶方向一致
**C** 大龄女青年择偶困难
**D** 地位越高选择余地越大

14. **A** 现在比从前好
**B** 老照片教育当代人
**C** 先生在家安详地读书
**D** 图书馆被炸得一无所有

15. **A** 做饭很费时间
**B** 自己做饭能长寿
**C** 饭店的饭菜味道好
**D** 和亲友出去吃饭是享受

# 第二部分

## 第 16—30 题：请选出正确答案。

16. **A** 他为什么提出那个提案
**B** 他和女委员的意见分歧
**C** 他是怎么向人们解释的
**D** 提案出来后的各种反应

17. **A** 男女是否应该同工同酬
**B** 妇女是否应该回到家庭
**C** 男女在家里应如何分工
**D** 如何看家庭妇女的地位

18. **A** 由于误解
**B** 出于偏见
**C** 习惯思维
**D** 水平太低

19. **A** 他的观点发表在报上
**B** 第一个支持者是女性
**C** 想来见他的人多极了
**D** 反对者后来逐渐减少

20. **A** 有趣
**B** 后悔
**C** 鼓舞
**D** 疲惫

21. **A** 她很喜欢给别人发微博
**B** 她要做湖南台电视节目
**C** 她被这些故事给感动了
**D** 小时候母亲是她的偶像

22. **A** 按传统文化表达
**B** 把母亲当做孩子
**C** 给母亲买好礼物
**D** 在短信中表达爱

23. **A** 平等交流
**B** 当好长辈
**C** 喜欢哄他们
**D** 教他们知识

24. **A** 孩子为妈妈而骄傲
**B** 孩子在快乐地成长
**C** 孩子知道她很辛苦
**D** 不必写她添了白发

25. **A** 只有一个儿子
**B** 生活态度悲观
**C** 是节目主持人
**D** 重事业轻家庭

26. **A** 他今年六十岁了
**B** 他是画院的主席
**C** 他的头衔非常长
**D** 他感到自己老了

27. **A** 四匹大马拉的车
**B** 一幅马拉车的画
**C** 他的小说的书名
**D** 四个方面的工作

28. **A** 被选入中学课本
**B** 翻译成多种外语
**C** 写了二百多本书
**D** 写新加坡的生活

29. **A** 他的大学以文科为主
**B** 用他的名字命名学院
**C** 他有八十个本科学生
**D** 那是一所新建的大学

30. **A** 按个人性情做
**B** 集中做一件事
**C** 同时做几件事
**D** 指挥别人去做

## 第三部分

第 31—50 题：请选出正确答案。

31. A 卖东西
B 挑鸡蛋
C 写纸板
D 转一转

32. A 他的鸡蛋不太新鲜
B 纸板上有的词多余
C 他想去哪儿办事情
D 是不是要送给别人

33. A 得到了很多的鸡蛋
B 在纸板上写了些字
C 懂了应听别人意见
D 没达到自己的目的

34. A 房间里
B 院子里
C 大门外
D 奶奶家

35. A 说话人哭了
B 奶奶没有过来
C 妈妈不在家里
D 父亲发脾气了

36. A 喜欢去开门了
B 更依赖奶奶了
C 不再怕父亲了
D 开始知道独立

37. A 眼睛怎么动
B 看得对不对
C 拍什么照片
D 标题怎样写

38. A 猫
B 照相机
C 大标题
D 广告的文字

39. A 在哪里登广告好
B 顾客的使用意见
C 佳能相机好不好
D 哪些信息吸引人

40. A 中国有了《收养法》
B 收养人的年龄在上升
C 很多有子女的家庭收养孩子
D 福利院收养的孩子大幅度增加

41. A 降低了年龄限制
B 对学历要求高了
C 必须自己没孩子
D 要求家庭条件好

42. A 他只有一个儿子
B 为孩子找个伴儿
C 他家庭生活富裕
D 他孩子身体不好

43. **A** 作家少读者多
**B** 没有文学精品
**C** 文坛竞争激烈
**D** 作品供大于求

44. **A** 严酷
**B** 宽容
**C** 自我欣赏
**D** 机会均等

45. **A** 不谋而合
**B** 完全不同
**C** 略有分歧
**D** 大同小异

46. **A** 充满着信心
**B** 很幸灾乐祸
**C** 不满而激烈
**D** 谦虚而和善

47. **A** 他没钱买票
**B** 大妈已经有票了
**C** 大妈给他买了票
**D** 他给大妈买了票

48. **A** 他忘了带
**B** 被偷走了
**C** 在座位下
**D** 在口袋里

49. **A** 他很粗心
**B** 他是太原人
**C** 他帮了大妈
**D** 大妈给了他钱

50. **A** 应该小心小偷
**B** 应该尊敬老人
**C** 应该真诚待人
**D** 应该帮助别人

# 二、阅 读

## 第一部分

第 51—60 题：请选出有语病的一项。

51. **A** 地球上最古老的动物的历史或许可以追溯到距今 5.85 亿年前。
  **B** 全球经济仍处动荡期，但很多游客打算用于旅行的消费要比去年更多。
  **C** 随着年龄的增长，人们的记忆力开始减退，能否让人重拾记忆备受科学家关注。
  **D** 近年来，高校学生的培养深受社会广大用人单位的欢迎，就业率明显提高。

52. **A** 人们应尽量避免午后高温时段不要进行户外活动，注意安排好作息时间。
  **B** 1500 万年前，南极洲气候比现在温暖湿润，最高气温可达 7℃，降水量也比现在高数倍。
  **C** 故宫，又名紫禁城，位于北京市中心，今天人们称她为故宫，意为过去的皇宫。
  **D** 人的发展受先天素质的影响，更受后天实践的制约。后天形成的能力不仅与本人的努力程度有关，也与实践的环境有关。

53. **A** 目前由强降雨或酷热天气导致的洪涝灾害还很少见，但未来会变得十分常见。
  **B** 这些陈旧的观念不清除，将会直接阻碍我们进一步深化改革的进行。
  **C** 贵州是中国苗族聚居、苗族文化保存最完整的省份之一。
  **D** 为期 9 天的第 15 届上海国际电影节在上海大剧院落下帷幕。

54. **A** 科学工作者要有开阔的心胸，和自己学术观点不一样的同行也应做到坦诚、包容。
  **B** 追求幸福是人的一项基本目标，幸福是全世界人类生活中的普遍目标和期望。
  **C** 鹦哥岭省级自然保护区成立于 2004 年 7 月，为海南省陆地面积最大的自然保护区。
  **D** 这一研究成果将对儿童智力发育异常的早期诊断乃至治疗有所帮助。

55. **A** 留学经历能让学生自信地说外语，拓宽全球视野，将他们变成创新、好学和爱思考的人才。
  **B** 由于适当的温度有助于化学反应速度的提高，工期将选在气温较高的五六月份进行。
  **C** 众所周知，中国学生对西方管理教育课程的热情与日俱增，此类课程尤其受中国女性追捧。
  **D** 最新研究显示，恐龙可能是热血动物，并非不是先前通常认为的冷血动物。

56. **A** 目前的洗涤剂已经非常先进，但有些污渍还是难以去除在较低温度下。

**B** 虽然清明是一个追思先人的传统节日，但其文化内涵并非只此一项，远足踏青、亲近自然等也是中国人传承千年的传统习俗。

**C** 在半数青少年心目中，与上社交网站相比，和朋友在现实生活中面对面交流是他们更喜欢的方式。

**D** 他家住的平房因年久失修而大面积漏雨，屋内连个下脚的地方都没有。

57. **A**《现代汉语词典》第六版收纳了 239 个对老百姓生活有影响的外文词。

**B** 商标注册申请量在一定程度上反映了一个国家或地区的经济发展水平。

**C** 联合国大会第二十八届会议把汉语列为大会和安理会的六种工作语言。

**D** 2011 年全球能源消费增长 2.5%，其中新兴经济体的消费份额保持上升势头。

58. **A** 游览名胜古迹、体验中国民俗文化等活动，让外国留学生亲身感受到中华文化和历史。

**B** 不少学生偏食、挑食，导致钙、锌、铁等营养素明显不足，营养状况不容令人乐观。

**C** 思想就像一株野草，如果植于野外，自然茁壮成长，如果置于盆内，或许就衰败了。

**D** 尊重孩子的选择并通过合理的方式将其转化为孩子的志向，这样的教育才有希望。

59. **A** 绿茶的产量优势将进一步下降，红茶、黑茶等将继续引领茶叶生产、消费领域。

**B** 科学的发展与全人类的文化是分不开的，在西方是如此，在中国也是如此。

**C** 中国境内旅游将达到 33 亿人次，在 15 年内每年都将以 5% 到 8% 的速度持续。

**D**《论语》研究已有两千多年的历史，《论语》的英文译本从 19 世纪算起已经有不下 30 种。

60. **A** 中国是世界上人口最多的发展中国家，劳动者充分就业的需求和劳动力总量过大的矛盾将长期存在。

**B** 北极的生态系统正因全球变暖而变化，一些地方已经出现森林，这种变化可能会进一步加剧全球变暖。

**C**《福布斯》列出未来 10 年内就业前景最好的专业，酒店业便是其中之一。

**D** 生活是一幅丰富多彩的画卷，如果得不到你的欣赏，那不是它缺少美，就是你缺少发现。

## 第二部分

### 第 61—70 题：选词填空。

61. 在地震中，木质建筑物最________。木头具有弹性，并且能与地震的力量一起________。如果木质建筑物倒塌了，会留出很大的生存空间。________，木质材料密度最小，重量最轻。

A 固定　晃动　另外　　B 牢固　移动　而且
C 结实　行动　还有　　D 稳定　活动　再说

62. 上医院________病人时，中国人不________两手空空，一般都要买些礼物。不过，在买礼物前，最好先考虑一下病人的病情、年龄和饮食________等，才能把礼送得更恰当、更贴心。

A 看望　愿意　结构　　B 访问　喜欢　要求
C 探望　习惯　限制　　D 拜访　在乎　爱好

63. 近年来，越来越多________天气的发生引起了人们强烈的关注与重视。科学家们认为，虽然恶劣天气的发生具有________的随机性，但是全球气温变暖________是真正的幕后黑手。

A 极端　一定　才　　B 特殊　确定　就
C 奇怪　明显　也　　D 异常　必要　便

64. 在河西走廊中部，有一片亚洲最大的马场，总面积________于两个香港的大小。它________悠久的历史，创立者是汉朝大将军霍去病。________2000 多年间，这里一直是历代皇家养马之地。

A 等同　具有　至今　　B 同样　享有　同期
C 相同　富有　之前　　D 相当　拥有　此后

65. 云南是中国少数民族最多的省份，共有 25 个少数民族，________，人口最少的是独龙族，仅 5500 人。________受历史渊源、地理环境、社会发展水平、文化________等诸多因素的影响，云南较多地保存了各民族传统文化的构成要素和整体________。

A 至于　因为　不同　风格　　B 另外　尽管　差距　风情
C 而且　就算　差别　风俗　　D 其中　由于　差异　风貌

66. 敦煌壁画有一种特有的东西——那种________的敦煌样式与敦煌精神，还有敦煌的冲击力和魅力。________我们的目光触碰到敦煌的画面，心灵即刻就会被它这种________强烈的独特的审美气息所________。

A 难能可贵　只有　十分　传染
B 独一无二　只要　极其　感染
C 得天独厚　倘若　彻底　感动
D 不相上下　除非　完全　吸引

67. 说起小人书，许多人都有着一________挥之不去的情感，简单勾勒的图画，________上短短的文字，薄薄的几十页，就讲述了一个个________的故事。到如今，________的小人书，成了许多人对于过去的________。

A 阵　添　喜闻乐见　以前　回忆
B 丝　注　兴高采烈　过去　留恋
C 种　配　令人神往　当初　纪念
D 道　加　众所周知　从前　记忆

68. 导盲犬作为盲人的"眼睛"，________主人走盲道、识别主要交通标志等，是盲人出行的重要________。从8月1日起，一项________视障人士携带导盲犬出入公共场所、搭乘公共交通工具的条例正式开始________。

A 引导　依赖　同意　出现　B 领导　依据　许可　形成
C 指引　依托　承认　执行　D 带领　依靠　允许　生效

69. 近年来，________旅游业的迅猛发展，西藏，这片________而美丽的土地被越来越多的国内外游客所熟知。在那里，印有西藏风景的明信片特别受游客________，人们把明信片寄给家人和朋友，与他们________西藏风情。

A 鉴于　可爱　喜爱　度过　B 随着　神奇　欢迎　分享
C 经过　秘密　影响　了解　D 因为　奇妙　爱戴　目睹

70. 皮影戏，________于中国北方，是一________具有2000多年历史的民间艺术。皮影戏对表演者的________有很高的要求，表演者除了要能一人________三四个影人木偶的动作，还要________配合场上的配乐，兼顾旁白和唱词。

A 来源　项　技术　限制　紧密
B 由来　类　艺术　约束　机密
C 起源　门　技艺　控制　密切
D 来历　批　技巧　束缚　周密

## 第三部分

### 第71—80题：选句填空。

71—75.

一名妙龄“美眉”，因不堪他人在网上对自己公开侮辱，（71）________。前些日子，南京市鼓楼区法院受理了这起网上侵权案。

这位李姓“美眉”今年22岁。去年2月，李小姐开始上网，（72）________。去年11月，李小姐参加某网站一些网友举行的网友聚会，互通了网名和真实姓名。回家后，李小姐上网却发现，刚才一起打牌的一名熟悉网友，竟在网上发出一份侮辱性的帖子，称李小姐是某网站上的“竞开的交际花”，（73）________。李小姐当即发帖要求对方不要乱写侮辱人。（74）________，这位网名“大飞跃”的网上无赖又将先前的帖子复制多份，放到其他公开的版块上。

自今年3月起，此人又以“华帅哥”的网名发帖子，炮制更为恶劣的侮辱性语言，声称“我和‘阿妹时光’有一腿”，还捏造了“华哥哥我好喜欢你写的文章”等多条留言，假冒李小姐的网名署名。其中有的帖子内容极端下流，对李小姐的人格和名誉进行恶毒诽谤和侮辱。这些侮辱性的帖子对李小姐名誉造成极大的损害，（75）________。李小姐要求法院判决被告停止侵害及赔偿精神损失。

**A** 当网站管理者把帖子删除后

**B** 还有一些粗俗、不堪入目的言语

**C** 将其告上法庭

**D** 并为自己取了网名

**E** 甚至相恋甚好的男友也离她而去

76—80.

火星上是否曾经有过生命？火星现在又是否存在着生命？（76）________。这颗表面环境与地球最为相似的行星，一直备受人们的关注。诸多证据表明，火星曾经存在生命的可能性很大。（77）________，还有待于进一步的科学探索。

目前已探测出火星表面有江河冲刷成的峡谷和河床遗迹，其在当时的条件下是适合出现生命的。（78）________，科学研究确认此低洼处为十亿年前海洋的遗迹，就更足以证明火星上存在过生命。

地球上很多生物灭绝后留下的遗迹，都是通过考古挖掘，（79）________。而人类对火星进行的科学探索活动，目前尚局限于火星的表面。因此，即使现在的火星上没有生命，（80）________。太空探测今后向火星深层发展，将会有更多的发现，也许就更能证明火星上有过生命。火星之旅已不再遥远，到本世纪二十年代，人类的脚步就会踏上火星的土地。

**A** 科学家对前者予以肯定回答

**B** 也不能断定其就没有存在过生命

**C** 火星上现在有无生命

**D** 最新探测还发现火星北部有低洼处

**E** 从地下找到线索后发现的

## 第四部分

### 第81—100题：请选出正确答案。

81—84.

毕业晚会上，平时总是很严肃的老教授忽然说："我们来做个游戏——障碍赛。"

他指挥着我们，在教室中间拦上一高一低两根绳子，又在讲台跟前摆上了几把椅子。

游戏是这样的：参赛选手都摘下眼镜蒙上眼睛，先要钻过、跨过这两根绳子，然后从椅子中间穿过去，再走上讲台。在这个过程中，身体任何部位都不能接触到障碍物，否则就算失败。游戏前，可以不蒙眼睛先试着走两次，适应一下。

游戏开始。五位同学都被蒙上了眼睛。我们一边起哄提示"抬脚，抬得高一点""弯腰，低点，再低点""向左一点，要碰到椅子了"，一边笑得开心无比——因为这时，我们已经在老教授的示意下，悄悄地撤去了绳子，搬走了椅子。其实已经没有障碍了，看他们还做出那样谨慎而夸张的动作，怎能不让人觉得好笑？

游戏的结尾，是五位选手站在讲台上，一起取下蒙眼巾。看着空荡荡的教室，他们先是疑惑，然后也大笑起来。

等大家都笑过后，老教授开口道："你们就要离开学校，到社会上打拼去了。我没有什么送给你们，只是想通过这个游戏让你们明白：在人生中，有些你以为的障碍，其实并不存在。最大的障碍，是在自己心中的。"

81. 这个游戏是：

**A** 在开学的晚会上　　**B** 老教授提议的

**C** 在操场上进行的　　**D** 师生们一起做

82. 做游戏时：

**A** 不能摘下眼镜　　**B** 不能碰到绳子

**C** 要坐到椅子上　　**D** 不能事先练习

83. 关于做游戏，下面正确的是：

**A** 有人碰到了障碍物　　**B** 玩游戏的人不专心

**C** 观众帮助了选手　　**D** 障碍物已经被拿走了

84. 老教授想告诉学生什么？

**A** 不要轻易相信别人　　**B** 不要害怕离开学校

**C** 最大的障碍是自己　　**D** 闭上眼睛专心思考

85—88.

1910 年，德国习性学家海因罗特在实验过程中发现一个十分有趣的现象：刚刚破壳而出的小鹅，会本能地跟在它第一眼看到的自己的母亲后边。但是，如果它第一眼看到的不是自己的母亲，而是其他活动物体，它也会自动地跟随其后。尤为重要的是，一旦这小鹅形成对某个物体的追随反应，它就不可能再对其他物体形成追随反应。用专业术语来说，这种追随反应的形成是不可逆的，而用通俗的语言来说，它只承认第一，无视第二。

这种后来被另一位德国习性学家洛伦兹称为"印刻效应"的现象，不仅存在于低等动物里，而且同样存在于人类之中。几乎所有的心理学家和社会学家都知道，人类对最初接受的信息和最初接触的人都留有深刻的印象，他们用"首因效应"等概念来表示人类在接受信息时的这种特征。

于是我们发现，人类对任何堪称"第一"的事物都具有天生的兴趣并有着极强的记忆能力。不经意地你就能列出许许多多的第一，如世界第一高峰，中国第一个皇帝，美国第一个总统，第一个登上月球的人，等等，可是紧随其后的第二呢？你可能就说不上几个。看来，人类确实像那只小鹅那样，承认第一，却无视第二。

85. 根据上文，刚出生的小鹅：

**A** 只跟在妈妈后面　　**B** 跟着第一眼看到的活动物体

**C** 看见什么活物都跟着　　**D** 只跟着第一眼看到的动物

86. 下面哪种情况跟"印刻效应"有关系？

**A** 一见钟情　　**B** 日久生情

**C** 日久见人心　　**D** 半途而废

87. "首因效应"是指：

**A** 第一个原因最为重要　　**B** 首要因素决定成败

**C** 第一和第二同样重要　　**D** 最初的印象最深刻

88. 以下哪项正确？

**A** "印刻效应"会被经验修改　　**B** 小鹅凭本能找到自己的妈妈

**C** 人类能客观对待第一和第二　　**D** 某些方面人类和低等动物一样

89—91.

有一个人在沙漠行走了两天，途中遇到暴风沙。一阵狂沙吹过之后，他已认不得正确的方向。正当快撑不住时，突然，他发现了一幢废弃的小屋。他拖着疲惫的身子走进了屋内。这是一间不通风的小屋子，里面堆了一些枯朽的木材。他几近绝望地走到屋角，却意外地发现了一座抽水机。

他兴奋地上前汲水，却任凭他怎么抽水，也抽不出半滴来。他颓然坐地，却看见抽水机旁，有一个用软木塞堵住瓶口的小瓶子，瓶上贴了一张泛黄的纸条，纸条上写着：你必须用水灌入抽水机才能引水；另外，不要忘了，在你离开前，请再将水装满，后来的人还会用得上。

他拔开瓶塞，发现瓶子里果然装满了水！饥渴疲惫的他本能般地把瓶子送到嘴边。

此时，他的思想开始天人交战。如果自私点，只要将瓶子里的水喝掉，他就不会渴死，就能活着走出这间屋子！而如果照纸条做，把瓶子里唯一的水，倒入抽水机内，万一水一去不回，他就会渴死在这地方了……到底要不要冒这个险？

最后，他决定把瓶子里仅有的水全部灌入看起来破旧不堪的抽水机里，然后他以颤抖的手汲水，一下，两下，三下……水真的大量涌了出来！

他将水喝足后，把瓶子重新装满水，用软木塞封好，然后在原来那张纸条后面，再加了一句他自己的话：相信我，真的有用；在取得之前，要先学会付出。

89. 第四段中的“天人交战”是指这个人：

**A** 饥寒交迫　　**B** 内心很矛盾

**C** 下决心冒险　　**D** 反省自己的自私

90. 根据上文，下列哪项正确？

**A** 行人在沙漠里迷路了　　**B** 有人在小屋里等他

**C** 抽水机有故障不能用　　**D** 行人喝光了瓶里的水

91. 下面哪一项可以用作这个故事的标题？

**A** 欲取先予　　**B** 助人助己

**C** 沙漠历险　　**D** 自救救人

92—96.

外国人见面打招呼多不用疑问句，Hello 两声就完事了。中国人以前爱问“吃了吗？”现在改问：“忙什么呢？”也许也是随口一问，但也同样让人难于回答。“还没吃”或“没忙什么”全是废话，认真报告就显得傻。究其根源，中国是一个注重人际交往的国家，知根知底是好朋友的标志，不是说一点隐私都不能有，而是在大家的概念中，似乎只有涉及男女之间的事才算得上隐私，对于其他的则双方都有“知情权”——不管你爱不爱说，爱不爱听。

现在已经知道女人的年龄不便问了，但还是很想知道，于是就迂回一下，问一问属相。一般人再反常从长相上也差不出 12 岁去。类似的还有“你哪年大学毕业的？”

中国人互相攀比的心理集中反映在对别人收入的好奇心上。在外资企业和一些企业化管理的单位，员工之间不许互问薪金已成为规矩。即使在街上，“你一个月挣多少钱？”这样直接的问话也已显得生硬和唐突。于是一些富于语言技巧的人把好奇心隐藏在关切下面。“你那儿待遇还行吧？”“对薪酬方面满意吗？”因此，一句含糊的“还行”“过得去”绝对是不令人满意的，回答越详细越准确越好，“三四千”都属态度不好的。

在所有常用问话中，问对方来自哪里是最没有顾忌的，刚一认识就敢问，稍微熟悉就更要问，从来没有人觉得有什么不妥。其实这句话还真烦人，一个原因是由于中国人的籍贯特别复杂，不容易说清楚，很多人从小长大的地方和父母的籍贯毫不沾边；另一个原因是，中国地方太大，一些人对某一些地方的人有偏见，后者自然不愿时时被提起。有些人的回答是这样的：“你看我像哪里人？”对方真要猜来猜去，他也只是不置可否地笑一笑。

92. 中国人认为可以看做隐私的是：
**A** 年龄　　**B** 收入　　**C** 籍贯出身　　**D** 男女之事

93. 根据上文，以下哪个对于收入的回答最让人满意？
**A** 不怎么样　　**B** 马马虎虎　　**C** 四千八　　**D** 五六千

94. 以下问题中，较少用来问男人的可能会是：
**A** 你是哪里人？　　**B** 最近忙不忙？
**C** 你属什么的？　　**D** 收入怎么样？

95. 有人用“你看我像哪里人”来回答，最有可能是因为：
**A** 自己并不清楚　　**B** 不愿别人知道
**C** 中国地方太大　　**D** 想让对方注意

96. 根据上文，中国人：
**A** 最喜欢问对方的籍贯　　**B** 常用的问话大多不易回答
**C** 认为好友之间没有秘密　　**D** 互相打听同事的工资

97—100.

为公众广泛关注的婚姻法修正案草案，再经斟酌，现已提请九届全国人大常委会第二十一次会议第三次审议。

全国人大法律委员会认为，对违反结婚实质要件的，如重婚、有禁止结婚的亲属关系、未到法定婚龄等，草案已经规定为无效婚姻；对符合结婚实质要件只是没有办理登记手续的，为了保护妇女的权益，应采取补办登记等办法去解决。

关于禁止重婚和其他违反一夫一妻制的行为，修正案草案原来规定“禁止重婚和其他违反一夫一妻制的行为”。全国人大法律委员会副主任委员顾昂然说，考虑到一一列举违反一夫一妻制的行为比较困难，因此法律委员会建议将原有的规定修改为“禁止重婚。禁止有配偶者与他人同居”，对社会上存在的“包二奶”现象明确予以制止，相信该条款会对涉嫌此事的有妇之夫产生震慑作用。

全国人大常委会委员和有关法律专家，在审议和修改婚姻法修正案草案时提出，家庭暴力与虐待行为有重合，但虐待不能包括所有家庭暴力的具体情形，主张将禁止家庭暴力与虐待分别规定，建议将原法律修正草案规定的“禁止家庭暴力或以其他行为虐待家庭成员。禁止遗弃家庭成员”修改为：“禁止家庭暴力。禁止家庭成员间的虐待和遗弃”。

对无效婚姻或被撤销的婚姻，怎样分割同居期间所得的财产？原修正草案规定：“无效或被撤销的婚姻，自始无效。当事人不具有夫妻的权利和义务，但同居期间所得的财产，除重婚的以外，按照共同财产分割；对有过错的一方，可以少分或不分。”有的常委委员和部门提出：首先宜由当事人协议，同时，因重婚导致婚姻无效的财产处理问题，应当着重保护合法婚姻当事人的财产权益；而“离婚财产”在“照顾女方和子女利益的原则判决”之外，还应考虑照顾劳动能力较低一方。

97. 对于符合条件但自行宣布“结婚”者，全国人大法律委员会提出应：
**A** 不予理睬　**B** 规定其为无效　**C** 禁止其存在　**D** 补办登记手续

98. 根据上文，“包二奶”是以下哪类人的行为？
**A** 未婚男子　**B** 已婚男子　**C** 已婚女子　**D** 重婚者

99. 关于家庭暴力和虐待，有关法律专家认为：
**A** 家庭暴力和虐待行为应区别对待　**B** 家庭暴力和虐待行为基本重合
**C** 家庭暴力和虐待行为各不相干　**D** 虐待行为包含了家庭暴力

100. 以下哪一条是婚姻法原修正案草案的条文？
**A**“禁止重婚。禁止有配偶者与他人同居。”
**B**“禁止家庭成员间的虐待和遗弃。”
**C**“无效婚姻的财产分配，先由当事人协议。”
**D**“离婚财产按照顾女方和子女利益的原则判决。”

# 三、书 写

## 第 101 题：缩写。

（1）仔细阅读下面这篇文章，时间为 10 分钟，阅读时不能抄写、记录。

（2）10 分钟后，监考收回阅读材料，请你将这篇文章缩写成一篇短文，时间为 35 分钟。

（3）标题自拟。只需复述文章内容，不需加入自己的观点。

（4）字数为 400 字左右。

（5）请把作文直接写在答题卡上。

拖延病是当下白领阶层中挺时髦的一种病征。早在我上大学时，同宿舍的女孩虫子就已经“患”上了这种病。

某次大考的前一天，虫子的功课还有一半没看过，而这一天的时间也已经过去一半了。如此紧迫的形势都不能破坏虫子每天一个午觉的习惯，但临睡之前，她叮嘱我下午两点务必把她叫起来。

两点一到，我尽职尽责地去叫醒她。虫子迷迷糊糊翻了个身，嘴里说：“再睡十分钟。”十分钟后，这一幕原封不动地重新上演一遍。反复数次之后，我忍无可忍地拍起了桌子：“都快三点了，你明天还考不考试？”

虫子揉着眼睛缓缓支起了半个身子，却没有下床的意思，以坐姿在床上继续打盹儿。这一打盹儿又是二十分钟。好不容易磨磨蹭蹭下了床，然后梦游似地走到书桌边，一屁股跌坐在椅子上。这次虫子倒是没睡，改成了两眼直勾勾地望着前面发呆。

眼看半个小时又一晃而过，虫子还在魂游天外，就在我马上忍不住又要发飙的时候，虫子忽然“腾”地一下站了起来，大步流星地走进了宿舍的卫生间。虫子在卫生间里又是二十分钟毫无动静，我已经开始怀疑她是不是掉进了下水道。终于，冲水的声音响起来。

几分钟后，虫子从卫生间里走出来。我满怀期待地看着她，只见她缓缓地从书桌边经过，又缓缓地走到自己床边，然后“扑通”一声栽倒在枕头上，再次睡了过去……

当天晚上熄灯后，我欲哭无泪地给其他舍友们描述着自己彻底被虫子打败的遭遇，舍友们笑得前仰后合，而虫子正在走廊灯下连夜鏖战，第二天60分万岁地过了关。

现在，网络时代的来临，竟让我也不知不觉染上了这个毛病。

经常在晚上睡觉前，雄心壮志地决定第二天要写几千字的文章，然后给自己上好七点的闹钟。早上闹钟一响，人倒是起来了，但蹲马桶那么无聊，总得找点儿事情做吧？于是拿着手机开始看新闻。新闻看完，再顺便去微博瞧一眼吧。一圈忙完，早上的例行如厕才算结束，这时候已经差不多快八点了。

洗脸刷牙吃早餐，八点半开机，端坐电脑前准备写作。但是……刚才发的微博有没有人回应啊？看一眼再写无妨。这一看就到了九点多，开始动笔吧。对了，淘宝上买的东西今天应该到了，去网上看看物流跟踪。物流查完，顺便再看看关注的几家店有没有上新货吧。忙完一看表，怎么都十点了？得，这就写！还没敲出一句整话呢，门铃响了，快递送到。收包裹、验货、试穿、确认评价，全部搞定后是十一点多。算了，反正上午也写不了什么了，午饭前看看“天涯”吧，偏巧赶上个热帖，午饭都没顾上吃追着看完了，再一抬头，外面天都黑了……

某天在网上看到这样一句话：你所浪费的今天，是昨天死去的人奢望的明天。瞬间被这句话击中，关了家里的WIFI（无线网），把手机放到远远的地方，老老实实地对着电脑开始码字。开始时心里颇不好受，但没过多久，就不知不觉进入了状态，在紧张专注所带来的另外一种愉快体验中很快完成了任务。

后来再想拖延的时候，我会告诉自己：你需要克服的不是漫长的几小时，而只是短短的几秒钟。

# 模拟考试（二）听力录音文本、答案及题解

## »»» 听力录音文本

（音乐，30 秒，渐弱）
大家好！欢迎参加 HSK（六级）考试。
大家好！欢迎参加 HSK（六级）考试。
大家好！欢迎参加 HSK（六级）考试。

HSK（六级）听力考试分三部分，共 50 题。
请大家注意，听力考试现在开始。

### 第一部分

第 1 到 15 题，请选出与所听内容一致的一项。现在开始第 1 题：

1. 这一天，儿子一回家就对妈妈说："妈妈，这次我考试得了第五名，快给我煮个鸡蛋。"妈妈一听高兴极了，说："好孩子，进步真快！妈妈今天给你煮两个鸡蛋！参加这次考试的一共有多少人？"儿子小声说："五个人。"

2. 有一位诗人说过："我们已经走得太远，以至于我们忘记了为什么要出发。"确实是这样，我们不能为了科技而科技，以至于忘记了科技的目的是为人类服务；不能为了利润而利润，以至于忘记了企业的社会责任。

3. 现在不少人喝酒没有节制，甚至一次喝几种酒，这对健康没有好处。古代人喝酒很有讲究：首先，喝酒时心情要好，过分伤心或愤怒时不要喝酒。其次，喝酒要温热了再喝，不喝凉酒。第三，一次只喝一种酒，不混着喝。这些都是对健康有好处的。

4. 孩子考上了大学，我们想给他一个礼物，他爸爸说买个好的照相机，我说出国旅游一次，但孩子说他想要一辆小汽车。这我们可没想到，于是我们打算把他爸爸的车给他，他还不要，说那辆车旧了，开到学校不好看。一家两辆车，我们可负担不起。

5. 老米要做一个手术，时间定了以后她先在医院抽了两次血，存在医院，准备动手术的时候用。这是一种节约血的好方法，既能满足医院的需要，又能节省病人的费用，而且自己的血是最可靠的，所以医生推荐身体条件合适的人使用这一方法。

6. 中国游客喜欢拍“到此一游”的照片，所以给中国游客准备的景点也很简单，景点里面有什么东西无所谓，门口立一块有景点名称的牌子最重要，要不然中国游客就不知道在哪里留影了。没有留影，回去怎么证明自己游览过那个地方呢？

7. 一般人都认为，住在山里的人听力肯定比城里人好，但一项调查发现，不管哪个年龄段，住在山里的人的听力都比城里人差。开始学者们不敢相信，继续调查，结果发现，山里人过年过节、办婚事等都放鞭炮，声音很响。原因终于找到了。

8. 著名翻译家王永年精通英语、俄语、西班牙语、意大利语等多种语言，他翻译的美国作家欧·亨利的小说，受到英美文学研究者的好评，他还从意大利语翻译了世界名著《十日谈》。7月21日，他永远离开了他的读者。

9. 他七岁时觉得爸爸很了不起，什么都懂。二十岁时他觉得爸爸跟不上时代了。三十岁时他常想：如果爸爸当年像我这样能干，他今天肯定是个百万富翁了。他五十岁时爸爸去世了，这时他才发现爸爸其实相当高明。

10. 现在什么都要密码，让人头疼。简单的数字怕被人盗用，复杂的数字又记不住。万一知道密码的人突然出了事情，银行里的钱就取不出来，还要拿着各种证件去办复杂的手续，弄得人很紧张。这就是现代人的密码焦虑症。

11. 自传不再是名人的专利，越来越多的普通人开始出版他们的回忆录。出版商开始推出各种服务，抢占市场。人们逐渐意识到，老一辈人有一些值得一讲的东西，如果不保留下来就会永远消失。

12. 鸡蛋，从外面打破是食物，从里面打破是生命。人生也一样，从外面打破是压力，从里面打破是成长。如果你等待别人从外面打破你，那么你只能做别人的食物。如果能让自己从里面打破，你就会发现，自己的成长相当于得到了一次新的生命。

13. 择偶就是找对象结婚，择偶的方向往往是男性向下找，女性向上找。女性在职场上每上一个台阶，择偶上的选择余地就小一点。所以，现代都市婚姻的性别分化明显：高层次的女性和低层次的男性都有择偶困难。

14. 这张照片拍的是伦敦的一家图书馆，1940 年在战争中被炸成了废墟，只剩下了几个书架的书。在画面上有三位先生静静地站在废墟中，在安详地读书。在当今这个浮躁的时代，缺少的就是这种宁静的心灵。因此，这照片让无数人感到震撼。

15. 科学家统计分析发现，经常在家吃饭的人能活得更长。自己动手做饭，不仅食物更有营养，饮食结构更加符合家人的身体情况，而且购买、准备、制作以及和亲朋好友一起吃饭等各个环节对人的身体健康都有好处。

## 第二部分

第 16 到 30 题，请选出正确答案。现在开始第 16 到 20 题：

第 16 到 20 题是根据下面一段采访：

女：在全国政协会议上，有一个提案格外引人注目，这个提案是："家政的呼唤与回归——男女平等与分工的思考"。提出这个提案的是著名医学翻译家、全国政协委员王贤才教授。王教授，您好！听说您这个提案引起了很大的反响和争议，能不能跟我们说说，这个提案提出以后有哪些反响？

男：有支持我的，觉得我这个观点是好的，但是也有反对的。就在全国政协会议期间，我就接到很多电话，坚决反对的。我记得印象最深的呢，是武汉有一位妇女，打电话给我，她说："王委员啊，你为什么要全国妇女都回家？"我听了之后感到很遗憾，因为我觉得她误解了我的意思。我的意思并不是要全国妇女都回家，我也没有这个能力要全国妇女都回家。我只是感觉到，应该提高家庭妇女的社会地位，号召、鼓励妇女在自愿的基础上回到家庭里面去。

女：支持您的人都说了些什么？

男：支持我的人认为我现在提出这个问题非常好，的确男女应该有所分工，各有侧重，共同把家管好，把孩子照顾好。

女：支持您的男性偏多还是女性偏多？

男：现在总的印象呢好像男性偏多些，但是首先起来支持我的是个女性，她说"我看了你的大会发言材料"，我说"哪一份呢？"她说"就是关于妇女回家的问题的那份"。我当时就很紧张，我说"你肯定很反对吧？"她说，"不，我很支持。"

我就说，“那我太感谢你了，我特别看中你的支持，因为你本身是位女同胞。”

女：也是因为反对的太多了吧？

男：那时候反对的还没起来，后来逐渐地反对的就多起来了，我住的这层楼里面就有大量的妇女界的委员，她们都纷纷打听：“王贤才是谁呀？怎么提这么个提案哪？”

女：是不是只要有电话到您的房间您的心就跳？

男：那个阶段里面总机告诉我，给我房间打电话要排队，等着往里面接，有媒体的，有个人的。所以我后来就讲，我说我的确是心力交瘁了，累死了。没有想到会这样。

16. 男的主要谈的是什么问题？

17. 支持者和反对者的主要分歧是什么？

18. 男的认为人们为什么反对他的提案？

19. 根据这段采访，下列哪项正确？

20. 这件事使男的感到怎么样？

第 21 到 25 题是根据下面一段采访：

男：各位网友，大家好！我们今天为大家请到的嘉宾，不论是在事业还是在家庭上都很出色，她就是著名的节目主持人杨澜！杨澜，您好！欢迎您做客新华网。

女：谢谢主持人！各位网友，大家好！

男：我看到您最近在博客上发布了一个消息，下个月就是母亲节了，您在征集母子母女之间的故事作为母亲节的礼物，您为什么会选择这样的方式呢？

女：我们的节目《天下女人》在湖南卫视播出，有很好的收视率，在做节目的过程中，有上千个网友给我们发来微博，还有他们给母亲或者母亲给孩子的短信，读了很感动，比如有位网友说：“小时候妈妈是我的偶像；十几岁时，妈妈是我的敌人，因为那时我开始叛逆了；等我自己做了妈妈以后，我觉得妈妈是我的朋友”。我自己有女儿，我母亲也健在，我觉得母子母女之间的关系就是这样的，这些故事本身就很感人。于是我就产生了这种想法，要以母子母女之间的故事作为母亲节的特殊礼物。

男：以前我们向母亲表达爱可能不是那么直接，现在表达的方式可能更多了一些，那您对您自己的母亲怎么表达爱呢？

女：我觉得就是把她当做我自己的孩子。我妈妈已经 70 多岁了，我可能越来越多地把她当成自己的孩子，可能从我们传统的文化上不应该这样，但是我感觉就是这样。老小孩、老小孩，就是说老人要哄，你要哄她，让她高兴，陪她去买东西，跟她说说开心的事情，我觉得我现在把我妈哄得挺好。

男：那您自己的两个宝贝会不会哄您？

女：我把我自己的孩子当成平辈看，我不哄他们，我通常会和他们讨论各种社会现象，比如有的学校给孩子戴绿领巾，你们怎么看？学校让孩子背古文，你们怎么看？我很尊重他们的看法，我觉得作为母亲，鼓励和尊重孩子个人的人格是对他们最好的教育。我也跟他们说，你们母亲节给妈妈写信总是写妈妈多么辛苦，又添了白发什么的，我说你们不需要这样想，因为有没有你们，妈妈也会有白发的，所以没有关系，但是你们要想，有了你们，妈妈觉得很开心、很骄傲，而且妈妈的付出也不是单纯的辛苦，而是一种双向的情感的沟通，其实在整个过程中都是很快乐的。

21．女的为什么要征集母子母女之间的故事做母亲节的礼物？
22．现在女的怎么向她母亲表达爱？
23．女的怎么教育她的孩子？
24．看了孩子写的母亲节的信，女的怎么想？
25．关于女的，可以知道什么？

第26到30题是根据下面一段采访：

女：各位网友，大家好！今天我们演播室非常荣幸邀请到一位嘉宾，他就是中国当代著名作家，同时他又是画家、全国政协常委、中国文学艺术界联合会副主席、中国小说学会会长、中国民间文艺家协会主席冯骥才。冯老先生，您好！您的抬头太长了，我只好给大家念一念。冯老先生，听说最近您在北京画院举办了一场成就展，在展览中您新推出了一部书叫《生命经纬》，是您70岁的时候写的一部总结自我的书。在书中您提到一个“四驾马车”，能不能跟我们说说这“四驾马车”都是什么？

男：您刚才说我今年是70岁，这很对。但您称我“冯老先生”，我感觉有点儿不舒服，这个“老”我是有点儿不甘心的。我觉得我还有四件事做得正带劲儿，我把它叫作“四驾马车”。哪四件呢？一个是文学，对我来讲是一件很大的事情。我这次在北京展览的时候，我拿来我的文学作品，各种版本有200多种。还有课本，我的作品进入小学、中学还有台湾、马来西亚、韩国、新加坡等地的中文课本，有很多。第二是我的绘画，这是一大块。第三是文化遗产抢救，这是现在我最焦虑、最投入的一件事。第四，我在一所大学里面还有工作，是天津大学。天津大学是历史上第一所大学，1895年建的，大学是理工科为主的。现在天津大学非常重视它的人文，他们把我请去搞一个人文学院，说用你的名字来称呼，所以这个学院就用我的名字命名。我在这个学院里，现在带的博士生是8个，这是一件很大的事。这四件事情就是“四驾马车”。

女：您这“四驾马车”的四件事，每一件可能都需要一个人的全部精力，您是怎么做的呢？

男：我是喜欢平行工作的，我喜欢同时推动。比如我在做文化遗产考察的时候，我可能到一个山里去，坐四五个小时的车去，去鉴别那里是一个什么样的文化遗产。路上这四五个小时，我不能把它白白扔掉了，我可能就把我的小说拿出来了。我从车窗往外看，比如在山里的时候，我可能感受周围的山林，为绘画找材料找感觉。我这“四驾马车”是这样的：文学和绘画，我觉得是出自于一种个人的性情；文化遗产抢救和教育是理性的，我必须做的。对我来讲，这四件事情是在一起的，这是我生活的全部。

26. 关于男的，我们能知道什么？
27. “四驾马车”是什么？
28. 男的的文学作品怎么样？
29. 关于男的的教育活动，下列哪项正确？
30. 现在男的是怎么工作的？

## 第三部分

第 31 到 50 题，请选出正确答案。现在开始第 31 到 33 题：

第 31 到 33 题是根据下面一段话：

有一个小伙子带了一些鸡蛋要在市场上卖，他在一块纸板上写着：“新鲜鸡蛋在此销售”。

有一个人过来对他说：“小伙子，你何必要写‘新鲜’这两个字呢？难道你卖的鸡蛋不新鲜吗？”他想一想有道理，就把“新鲜”两个字擦掉了。过了一会儿，又有一个人对他说：“小伙子，你为什么要写‘在此’这两个字呢？你不在这里卖，还会去哪儿卖？”他也觉得有道理，又把“在此”两个字擦掉了。又过了一会儿，一个老太太过来对他说：“小伙子，‘销售’这两个字是多余的，不是卖的，难道会是送的吗？”他一听有理，又把“销售”擦掉了。这时来了一个人，对他说：“‘鸡蛋’这两个字是多余的，大家一看就知道是鸡蛋，何必写上‘鸡蛋’两个字呢？”结果，所有的字全都被擦掉了。他在市场上待了一天，来来往往的人不知道他是在干什么，所以没有一个人来买他的鸡蛋，他只好又把那些鸡蛋拿回家。

这个故事告诉我们：如果别人的意见都听，反而会使我们失去自己的目标。

31. 这个小伙子想在市场上干什么？
32. 那几个人来和他说什么？
33. 他待了一天，结果是什么？

第 34 到 36 题是根据下面一段话：

我 5 岁的时候，有一天晚上，因为闹得太厉害，又让父亲发脾气了，只记得他生气地把我赶到了大门外面，然后就插上了门闩。大门外面黑黑的，什么也看不到，我害怕地哭了出来。以往，不管因为什么原因让父亲发脾气，只要我一哭，奶奶就会护着我。所以我以为一哭奶奶就会来，但是这次没有听到奶奶的脚步声。只听到父亲大声说："就会哭！今天没人给你开门。"我明白哭没有用了，如果奶奶都被父亲说服，那么家里已经没有人敢给我开门了。想到这里，我不哭了，开始使劲儿推门。那个时候的街门是两扇对开的，使劲儿推能推开一个小缝儿，伸手就能够到门闩。我使劲儿推门，把手伸进去，够着门闩，一点儿一点儿地挪动，门终于被我弄开了，我看到奶奶、父亲、母亲都站在院子里看着我。长大以后才知道，那天晚上奶奶其实听到了我的哭声，母亲因为这事还跟父亲吵了起来，但父亲不让别人来开门，他说，"让她自己开门进来。"正是那晚的独自开门，让我渐渐独立起来，也让我明白：哭没有用，想回家，必须自己开门。

34. 那天晚上说话人在哪里哭？
35. 这天和以往有什么不一样？
36. 这件事对说话人有什么影响？

第 37 到 39 题是根据下面一段话：

很多广告都会提供丰富的图片和文字信息，哪些信息可以吸引消费者的注意呢？心理学家利用眼动仪来研究人们在看广告时眼睛是怎么动的，先看哪里后看哪里，在哪一部分看的时间长，在哪一部分会反复看，等等，得到了很多发现。例如，日本一家广告公司曾对一幅佳能照相机广告进行了眼动研究。这幅广告的最上方是大标题，下面是一只猫的头部的特写镜头，再下面是照相机和广告的文字。结果发现，几乎所有的人都是先看猫，然后往上面看大标题，再往下面看照相机，最后才看文字。大部分人对猫看的时间最长，而且反复看，但是对广告的文字却看得比较少。通过这个研究，公司发现，广告的文字部分远远不如插图部分可以吸引人们的注意力。

37. 心理学家在研究什么？
38. 大多数人最先看的是什么？
39. 公司做这个研究是想知道什么？

第 40 到 42 题是根据下面一段话：

近年来，前往北京市第一儿童福利院收养孩子的市民大幅度增加，其中 1/3 是有子女的家庭。为什么会出现这种现象呢？原来，旧的收养法对于收养福利院里的孤儿和残疾儿童没有做出规定，而且收养人必须年满 35 周岁。几年前开始实施的新《收养法》规定，收养孤残儿童和社会福利机构抚养的查找不到亲生父母的弃婴和儿童，可以不受收养人有无子女等限制，收养人年龄也降低为30周岁。34岁的鲁先生生活富裕，女儿已经4岁，看到女儿孤孤单单，感到对孩子的健康成长不利，前不久，他从福利院收养了一名3岁的女孩儿。据有关人士分析，如今越来越多的家庭具备了收养孩子的物质条件。为独生子女找个伴儿，是许多收养人申请收养的一个目的。

40．这段话主要谈了一个什么新现象？
41．新《收养法》对收养人的条件做了什么修改？
42．鲁先生为什么要收养一个女孩儿？

第43到46题是根据下面一段话：

我期望的文学环境是这样的：少量的作家和大量的读者。可惜目前的情况却恰恰相反：各种写书的所谓作家多如牛毛，而真正有品位的读者却没有多少——大多数人都在盲目地消费着一些粗制滥造的低水平读物，即使偶尔有精品诞生，也很快就被那些低水平读物所淹没。文坛上有句俗话——写诗的人比读诗的人要多。那么写给谁看呢？作家们只好自我欣赏。

中国的作家人数可能是全世界最多的，可惜的是，我们至少已经有几十年没有产生文学大师了。对于这一现象，人们往往抱怨文学环境不好，我却不以为然。说起来不好意思，我反而期待文学环境更恶劣一些——最好就像弱肉强食的自然界一样无情。那样，想投机的人将会逃走，想赚钱谋利的人将会破产，无能的人将会被自然淘汰，而只有那些在艰难危险的恶劣环境中能顽强地向前走的人才能生存下来。

43．说话人认为目前中国的文学情况怎么样？
44．说话人希望有一种什么样的文学环境？
45．根据这段话，说话人跟很多人的看法怎么样？
46．说话人的语气是什么样的？

第47到50题是根据下面一段话：

有一次，我去太原出差，在太原的街上，我向一位大妈问路，正好她也要坐2路车。我们就一边聊一边走到了车站。上车以后，我坚持要替大妈买票，但是大妈拿出了她的月票，表示她不用再买票了。

正当我准备下车时，我忽然感觉到我左边的裤子口袋里扁扁的。“我的钱包不见了！”我大声地喊了出来，并跑到座位下边找了找，可是地上什么也没有。有人就问：“是不是刚上车时被小偷偷走了？”

到站了，我在下车时一下子摸到了上衣口袋里的一个硬东西。钱包在上衣口袋里！我一下子想起来了，原来买完票以后我随手把钱包换了地方，自己却忘了。

但是这时车上的人都在为我着急，都在议论现在小偷多、治安不好等话题。当时我怕把事情说出来了全车人会笑我粗心，就什么也没说。下车后，我听见带我上车的大妈把头伸出窗外，大声地问我："小伙子，还有钱吗？"这时，车要走了，我没来得及回答，但我非常感动，同时也很惭愧。善良的大妈可能是想给我一些路费，她哪里知道我最后却欺骗了她和大家。

47. 根据这段话，下列哪项正确？
48. 他的钱包在哪儿？
49. 关于说话人，我们知道什么？
50. 说话人想告诉人们什么？

听力考试现在结束。

## 》》》答案

### 一、听力

#### 第一部分

1. A　2. C　3. A　4. C　5. C
6. D　7. B　8. A　9. C　10. D
11. B　12. D　13. A　14. B　15. B

#### 第二部分

16. D　17. B　18. A　19. B　20. D
21. C　22. B　23. A　24. D　25. C
26. C　27. D　28. A　29. B　30. C

#### 第三部分

31. A　32. B　33. D　34. C　35. B
36. D　37. A　38. A　39. D　40. C
41. A　42. B　43. D　44. A　45. B
46. C　47. B　48. D　49. A　50. C

### 二、阅读

#### 第一部分

51. D　52. A　53. B　54. A　55. D
56. A　57. C　58. B　59. C　60. D

### 第二部分

61. B　62. C　63. A　64. D　65. D
66. B　67. C　68. D　69. B　70. C

### 第三部分

71. C　72. D　73. B　74. A　75. E
76. A　77. C　78. D　79. E　80. B

### 第四部分

81. B　82. B　83. D　84. C　85. B
86. A　87. D　88. D　89. B　90. A
91. A　92. D　93. C　94. C　95. B
96. B　97. D　98. B　99. A　100. D

## 三、书写

101.【参考答案】

网络时代的拖延病

现在有一种拖延病挺流行的。在我上大学的时候同宿舍的女孩虫子就有这个病。

有一次大考的前一天，时间已经过去半天了，而虫子的功课还差很多没复习。但她不想放弃午睡，就让我下午两点叫她。到两点了，我叫了半天她才迷迷糊糊地起来，又发了半天呆，还上了厕所，接着又倒在床上睡着了。那天晚上，虫子在走廊里复习，第二天的考试居然也以60分的成绩通过了。

现在，在这个网络时代，我也染上了拖延病。

在晚上睡觉前，我常常计划第二天早上七点起来，写出几千字的文章。到时候人虽然起来了，却拖着不想干活。拿手机不是看新闻，就是看微博，再加上洗脸刷牙吃早餐，到8点半才打开电脑，又看了一些更新的微博，就到了9点多。刚要动笔，突然想起查查在淘宝买的东西怎么样了，顺便再看看几家网店有没有上什么新货。这时，淘宝送货的来了，收货、试穿，一通忙乎之后，就11点多了。反正上午也干不了什么了，又看了一个热帖，再一抬头，天都黑了。

　　后来下决心关了WIFI，把手机放在远处，结果很快就完成了任务。其实只要克服想拖延的想法，就能够克服拖延病。

## 》》》题解

51.（D）搭配不当。应改为：高校培养的学生~~的培养~~深受社会广大用人单位的欢迎，……。

52.（A）句义混乱。应改为：人们应尽量避免午后高温时段~~不要~~进行户外活动，……。

53.（B）成分多余。应改为：……将会直接阻碍我们进一步深化改革~~的进行~~。

54.（A）缺少介词。应改为：科学工作者需要有开阔的心胸，对和自己学术观点不一样的同行也应做到坦诚、包容。

55.（D）句义混乱。应改为：……并非~~不是~~先前通常认为的冷血动物。

56.（A）语序错误。应改为：……但有些污渍还是难以~~去除~~在较低温度下去除。

57.（C）缺少成分。应改为：联合国大会第二十八届会议把汉语列为大会和安理会的六种工作语言之一。

58.（B）成分多余。应改为：……营养状况不容~~令人~~乐观。

59.（C）缺少谓语。应改为：……在15年内每年都将以5%到8%的速度持续增长。

60.（D）错用连词。应改为：……如果得不到你的欣赏，那不是它缺少美，~~就是~~而是你缺少发现。

61.（B）第一个空儿可以用“牢固”或“结实”，表示不容易受到破坏。第二个空儿只能用“移动”，表示位置改变，而不能用表示人的“行动”。
62.（C）第一个空儿可以用“看望”或“探望”。第三个空儿只能用“限制”，“饮食限制”指的是病人在饮食上的禁忌。
63.（A）第三个空儿只能用“才”，在转折义的句子中强调引出说话人认为正确的内容。
64.（D）第二个空儿可以用“具有”或“拥有”，与“悠久的历史”搭配。第三个空儿只能用“此后”，表示从汉代之后的2000多年时间，但是并不意味着到现在。
65.（D）第一个空儿只能用“其中”，表示后一句出现的独龙族是25个少数民族之一。
66.（B）第二个空儿只能用“只要”，与下文的副词“就”搭配。
67.（C）第一个空儿只能用“种”，与“情感”搭配。第三个空儿只能用“令人神往”，表示小人书上的各种故事让人充满好奇和渴求。
68.（D）第三个空儿只能用“允许”，表示自上而下地同意。第四个空儿只能用“生效”，表示法律、条令等开始正式执行。
69.（B）第四个空儿只能用“分享”，组成“与……分享”的结构。
70.（C）第一个空儿只能用“起源”，“起源于中国北方”，意为从中国北方开始出现。第二个空儿只能用量词“门”，与名词“艺术”搭配。第四个空儿只能用“控制”，与名词“动作”搭配。第五个空儿只能用“密切”，与动词“配合”搭配。
71.（C）单看上文，C、E两项均可，但E则使下文“法院受理”落空。
72.（D）正好承上文“开始上网”而来。其他各项都不合适。
73.（B）E看似也可，但B才是上文说的“侮辱性的帖子”的内容之一。
74.（A）下句的“又……”如何如何，正与A的“当……后”相连贯。
75.（E）承上文，进一步说明对李小姐的伤害。
76.（A）是对上文两个问题中前一个的回答。
77.（C）与上文对举，同时又是下句的主语。
78.（D）下句“此低洼处”正复指D所说的探测结果。
79.（E）与上句形成“都是通过……发现的”这样一个完整结构。
80.（B）与上句形成复句的“即使……也……”让步关系。
81.（B）见原文第一段。D不对，因为原文第四段说参加游戏是“五位同学”。
82.（B）原文第三段说“身体任何部位都不能接触到障碍物”。D与第三段最后“游戏前，可以不蒙眼睛先试着走两次”不符。
83.（D）原文第四段：“已经……撤去了绳子，搬走了椅子。其实已经没有障碍了”。

84.（C）见原文最后一句话。

85.（B）原文第一段："如果它第一眼看到的不是自己的母亲，而是其他活动物体，它也会自动地跟随其后。"注意，"活动物体"并非只是"动物"。

86.（A）原文说"印刻效应""只承认第一，无视第二"，第二段并说人类的这种情况称作"首因效应"："人类对最初接受的信息和最初接触的人都留有深刻的印象"。选项中只有A与"第一印象"相关。

87.（D）见第二段对"首因效应"的定义，并参见对"印刻效应"的说明。

88.（D）原文第二段说"'印刻效应'的现象不仅存在于低等动物里，而且同样存在于人类之中"。A原文未提及。B则未必（也可能找了其他活动的物体）。C与原意相反。

89.（B）据下文可知他内心纠结于两种选择。

90.（A）原文说，"一阵狂沙吹过之后，他已认不得正确的方向"。

91.（A）见第二段关于抽水机的使用说明，以及最后这个人给后来者的留言："在取得之前，要先学会付出。"

92.（D）第一段说"似乎只有涉及男女之间的事才算得上隐私"。其他三项都是常被问的。

93.（C）见第三段"回答越详细越准确越好"。根据此段，A、B都是"绝对是不令人满意的"，D则"属态度不好的"。

94.（C）A、B、D都是常被问的问题。C是用来问女人年龄的"迂回"（间接）问法，见原文第二段。若问男人年龄，就会直接问了。

95.（B）根据原文最后一段，籍贯问题难于回答有两种情况：一是"不容易说清楚"，二是自己不太愿意说。A、C、D都与此二者无关。

96.（B）综合第一段说"让人难于回答"，第三段说怎么回答都"不令人满意"，第二段和第四段说被问者不愿或不便回答，可推知答案。A的"最喜欢"肯定不对。C、D与原文第一段、第三段相关信息不符。

97.（D）见第二段最后一句。

98.（B）第三段讲到要把原草案里较模糊的"禁止其他违反一夫一妻制的行为"明确为"禁止有配偶者与他人同居"，目的是为了制止"包二奶"现象；该段最后一句又再次强调了行为主体"有妇之夫"。

99.（A）见第四段："全国人大常委会委员和有关法律专家……主张将禁止家庭暴力与虐待分别规定"。C、D两项与原意相反。与B项相关原文是："家庭暴力与虐待行为有重合，但虐待不能包括所有家庭暴力的具体情形"。

100.（D）见最后一段最后两行。A、B都是建议修改后的新条文。C条文不存在。

# 汉语水平考试 HSK（六级）答题卡

请填写考生信息

按照考试证件上的姓名填写：

| 姓名 | |
|---|---|

如果有中文姓名，请填写：

| 中文姓名 | |
|---|---|

| 考生序号 | | |
|---|---|---|
| | | [0] [1] [2] [3] [4] [5] [6] [7] [8] [9] |
| | | [0] [1] [2] [3] [4] [5] [6] [7] [8] [9] |
| | | [0] [1] [2] [3] [4] [5] [6] [7] [8] [9] |
| | | [0] [1] [2] [3] [4] [5] [6] [7] [8] [9] |
| | | [0] [1] [2] [3] [4] [5] [6] [7] [8] [9] |

请填写考点信息

| 考点代码 | | |
|---|---|---|
| | | [0] [1] [2] [3] [4] [5] [6] [7] [8] [9] |
| | | [0] [1] [2] [3] [4] [5] [6] [7] [8] [9] |
| | | [0] [1] [2] [3] [4] [5] [6] [7] [8] [9] |
| | | [0] [1] [2] [3] [4] [5] [6] [7] [8] [9] |
| | | [0] [1] [2] [3] [4] [5] [6] [7] [8] [9] |
| | | [0] [1] [2] [3] [4] [5] [6] [7] [8] [9] |
| | | [0] [1] [2] [3] [4] [5] [6] [7] [8] [9] |

| 国籍 | | |
|---|---|---|
| | | [0] [1] [2] [3] [4] [5] [6] [7] [8] [9] |
| | | [0] [1] [2] [3] [4] [5] [6] [7] [8] [9] |
| | | [0] [1] [2] [3] [4] [5] [6] [7] [8] [9] |

| 年龄 | | |
|---|---|---|
| | | [0] [1] [2] [3] [4] [5] [6] [7] [8] [9] |
| | | [0] [1] [2] [3] [4] [5] [6] [7] [8] [9] |

| 性别 | 男 [1] | 女 [2] |
|---|---|---|

注意　请用 2B 铅笔这样写：▬

## 一、听力

| | | | | |
|---|---|---|---|---|
| 1. [A] [B] [C] [D] | 6. [A] [B] [C] [D] | 11. [A] [B] [C] [D] | 16. [A] [B] [C] [D] | 21. [A] [B] [C] [D] |
| 2. [A] [B] [C] [D] | 7. [A] [B] [C] [D] | 12. [A] [B] [C] [D] | 17. [A] [B] [C] [D] | 22. [A] [B] [C] [D] |
| 3. [A] [B] [C] [D] | 8. [A] [B] [C] [D] | 13. [A] [B] [C] [D] | 18. [A] [B] [C] [D] | 23. [A] [B] [C] [D] |
| 4. [A] [B] [C] [D] | 9. [A] [B] [C] [D] | 14. [A] [B] [C] [D] | 19. [A] [B] [C] [D] | 24. [A] [B] [C] [D] |
| 5. [A] [B] [C] [D] | 10. [A] [B] [C] [D] | 15. [A] [B] [C] [D] | 20. [A] [B] [C] [D] | 25. [A] [B] [C] [D] |
| 26. [A] [B] [C] [D] | 31. [A] [B] [C] [D] | 36. [A] [B] [C] [D] | 41. [A] [B] [C] [D] | 46. [A] [B] [C] [D] |
| 27. [A] [B] [C] [D] | 32. [A] [B] [C] [D] | 37. [A] [B] [C] [D] | 42. [A] [B] [C] [D] | 47. [A] [B] [C] [D] |
| 28. [A] [B] [C] [D] | 33. [A] [B] [C] [D] | 38. [A] [B] [C] [D] | 43. [A] [B] [C] [D] | 48. [A] [B] [C] [D] |
| 29. [A] [B] [C] [D] | 34. [A] [B] [C] [D] | 39. [A] [B] [C] [D] | 44. [A] [B] [C] [D] | 49. [A] [B] [C] [D] |
| 30. [A] [B] [C] [D] | 35. [A] [B] [C] [D] | 40. [A] [B] [C] [D] | 45. [A] [B] [C] [D] | 50. [A] [B] [C] [D] |

## 二、阅读

| | | | | |
|---|---|---|---|---|
| 51. [A] [B] [C] [D] | 56. [A] [B] [C] [D] | 61. [A] [B] [C] [D] | 66. [A] [B] [C] [D] | 71. [A] [B] [C] [D] |
| 52. [A] [B] [C] [D] | 57. [A] [B] [C] [D] | 62. [A] [B] [C] [D] | 67. [A] [B] [C] [D] | 72. [A] [B] [C] [D] |
| 53. [A] [B] [C] [D] | 58. [A] [B] [C] [D] | 63. [A] [B] [C] [D] | 68. [A] [B] [C] [D] | 73. [A] [B] [C] [D] |
| 54. [A] [B] [C] [D] | 59. [A] [B] [C] [D] | 64. [A] [B] [C] [D] | 69. [A] [B] [C] [D] | 74. [A] [B] [C] [D] |
| 55. [A] [B] [C] [D] | 60. [A] [B] [C] [D] | 65. [A] [B] [C] [D] | 70. [A] [B] [C] [D] | 75. [A] [B] [C] [D] |
| 76. [A] [B] [C] [D] | 81. [A] [B] [C] [D] | 86. [A] [B] [C] [D] | 91. [A] [B] [C] [D] | 96. [A] [B] [C] [D] |
| 77. [A] [B] [C] [D] | 82. [A] [B] [C] [D] | 87. [A] [B] [C] [D] | 92. [A] [B] [C] [D] | 97. [A] [B] [C] [D] |
| 78. [A] [B] [C] [D] | 83. [A] [B] [C] [D] | 88. [A] [B] [C] [D] | 93. [A] [B] [C] [D] | 98. [A] [B] [C] [D] |
| 79. [A] [B] [C] [D] | 84. [A] [B] [C] [D] | 89. [A] [B] [C] [D] | 94. [A] [B] [C] [D] | 99. [A] [B] [C] [D] |
| 80. [A] [B] [C] [D] | 85. [A] [B] [C] [D] | 90. [A] [B] [C] [D] | 95. [A] [B] [C] [D] | 100. [A] [B] [C] [D] |

## 三、书写

101.

100

不要写到框线以外！

接背面

# 汉语水平考试 HSK（六级）答题卡

接正面

200

300

400

500

不要写到框线以外！